本研究受原国家人口和计划生育委员会委托并资助

中国社会科学院创新工程学术出版资助项目

# 家庭问题与
# 政府责任

## 促进家庭发展的国内外比较研究

# FAMILY DEVELOPMENT
# AND
# GOVERNMENT
# RESPONSIBILITIES

A Comparative Study of Policy Efforts
in China and Abroad

主　编

唐　灿　张　建

社会科学文献出版社
SOCIAL SCIENCES ACADEMIC PRESS (CHINA)

# 目　　录

# 序

在传统社会，特别是在传统农村社会中，家庭承担着生产和生活的各种功能，家庭不仅是一个生产经营单位，生老病死也要靠家庭自己去解决。现代化的过程，实际上也是家庭功能不断向社会分离的过程：企业、公司和合作组织替代了家庭经营，商店替代了家庭消费自足，银行替代了家庭储蓄，学校替代了家庭教育，养老社会保障替代了家庭养老，甚至网恋和电视速配代替了传统的相亲……

近几十年来，中国社会发生了千年未有之巨变，家庭作为社会的基础和细胞，其变化是这种巨变的一个重要部分。

首先，为了经济的发展和福利的增长，国家实行了严格控制人口的计划生育政策，与此同时，家庭生育行为随现代化进程也发生了深刻变化。在这双重力量的推动下，中国迅速地从一个高出生率、低死亡率和高自然增长率的社会转变为低出生率、低死亡率和低自然增长率的社会。家庭的小型化、少子化成为一个明显的趋势，城市独生子女的青年一代成为中国历史上从未有过的一代新人。

其次，在快速的工业化、城镇化以及城乡户籍分离和城乡之间存在巨大差距的背景下，数以亿计的以农村青年为主的农民工进城打工，带来诸如农村人口快速老龄化、城市随迁流动儿童教育和农村留守儿童照料等诸多问题。

再次，住房制度的改革和住房价格的飞涨，极大地刺激了城镇居民的购房行为，中国在很短时间内成为世界上住房自有率最高的国家之一，代际分居成为普遍现象，老年空巢家庭和青年独居家庭大量增加。加之社会流动的加快，因工作地点分离而产生的夫妻分居现象也大幅度增加，四世、三世同堂的传统大家庭几乎不复存在。

又次，随着现代化的进程，人们的家庭观念和赡养观念也发生了深刻变化。初婚年龄推迟，离婚率上升，单亲家庭增多。老年人的孤独和缺乏照料越来越成为一个社会问题。

最后，随着城镇化和大量新兴高楼住宅小区的涌现，整个社会在从一个熟人社会向陌生人社会转变，街坊、邻里形同陌路的现象相当普遍，家庭成为一个个人海中的孤岛，社会亟须构建新型的社会关系连接纽带。

在这种社会巨变的大背景下，各种家庭问题仅靠家庭自身的能力已经难以解决。在国家层面建立一整套家庭政策体系，已经成为大势所趋和世界各国的普遍做法。

我国已经实施了一系列的家庭政策，包括计划生育政策、困难家庭补助政策、最低生活保障政策等。但我国对家庭政策，还没有一套系统的认识和完整的设计。

这本关于家庭政策的著作，不是一本一般的学术著作，它基于一项从一开始就旨在建立家庭政策体系的研究。这项研究 2012 年启动，历时一年，由中国社会科学院社会学研究所研究人员与原国家人口和计划生育委员会（现合并为国家卫生和计划生育委员会）相关政策部门合作完成。我希望这项研究有助于推动我国家庭政策体系的建立，也希望这成为一项长期合作的开始。

李培林

2013 年 9 月 20 日

# 前　言

我问一些青年干部，"计划生育"英语怎么说，十有八九回答"family planning"，我再问"family planning"汉语怎么说，十有八九回答"家庭计划"。同一个词，经过"出口转内销"，怎么就成了两个词了呢？"计划生育"和"家庭计划"区别何在？

在一次交谈中，我请教中国社会科学院的唐灿研究员，谈论之后，就达成了合作开展家庭发展课题研究的共识，就有了大家看到的这本专著。

自古以来，中国社会以家庭为细胞，但政府不多干预家庭事务。过去的千百年来，中国的人类再生产类型主要是"高出生－高死亡－低增长"模式；新中国成立后，经济社会的快速发展，特别是医疗卫生妇幼保健水平的提高，人口增长出现了"高出生－低死亡－高增长"的状况，以至于到20世纪六七十年代，总和生育率达到6以上，人口数量由十年增长一个亿，缩短到五年增长一个亿，人口规模成为制约中国发展的主要因素。在这种情形下，中国政府提出了计划生育的国策，从70年代初的"晚、稀、少、好"，到70年代末的严格控制人口，政府干预家庭的主要内容就是生育控制，所以相对应的家庭计划就是计划生育。

到20世纪末，我国的总和生育率已经降低到2.1的更替水平，人口再生育类型由"高出生－低死亡－高增长"转变成"低出生－低死亡－低增长"，人口工作进入稳定低生育水平阶段。家庭发展也随之呈现多元复杂的情况，主要有规模小型化、类型多样化、居住离散化和功能弱化等，围绕家庭保障为主的基本公共服务也提到了政府的议事日程上来。国际上特别是发达国家的家庭发展趋势和相关家庭政策的提出与实施，为我国的家庭发展和家庭政策提供了有益的借鉴。这时家庭的计划生育也就难以概括家庭发展的内涵，逐渐地从"计划生育"向"家庭计划"发展，也就逐渐回归到 family planning 的本意。实践中用家庭计划来取代计划生育，应该说是合情合理的。参与并记录这个转变的过程，应该是很有意义的。

感谢中国社会科学院课题组以及有关专家的贡献。

张　建

2013 年 9 月 20 日

# 导论
# 家庭问题与政府责任

唐 灿

  中国正在经历深刻的人口与社会转型，家庭变迁既是这一转型过程的结果，也是推动这一转型过程的重要因素。处在变迁中的家庭，在今天面临着全新的矛盾、焦虑和问题：家庭结构被各种各样的生活方式所改变；家庭的传统规范受到外来文化和市场文化的剧烈冲击；温情脉脉的家庭关系被财产纠纷、赡养纠纷、婚外情，以及青少年的个体化趋向等，啃噬得伤痕累累；单亲家庭和农村老龄家庭的贫困化问题愈发尖锐；居家养老、老人照料和儿童照顾等需求，成为城乡家庭的普遍压力；城市"剩女"、农村"剩男"问题，早已令人口学家、社会学家们忧心忡忡……纷繁复杂的婚姻家庭问题已经溢出家庭的范畴，成为严峻的社会问题，亟待社会重视，也在呼唤政府的关注与关怀。

  家庭向来被认为是私人领域，很少得到政府的重视和干预。但是在欧美国家，在经历了激进的 20 世纪 60 年代之后，家庭的衰落引发了极大的社会问题，也引起了普遍的关注。家庭作为社会稳定的基石，其重要性在 20 世纪六七十年代后被重新认识。自那时起，欧美国家普遍开始研究、制定支持和扶植家庭的公共政策；至 20 世纪 90 年代，许多欧美国家更是先后成立了专司家庭事务的政府职能部门。在中国，近年来，家庭问题也开始引起社会各界的关注。一些地方政府部门开始进行利用社区资源支持家庭的试验。在中央政府，2011 年胡锦涛总书记在一次讲话中专门提到，建立家庭发展的政策体系，提高家庭发展能力。中国人口发展的"十二五"规划中也明确提到，建立和完善家庭发展的政策体系。

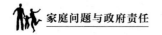 

## 第一节　当前中国家庭面临的问题

在人口与社会转型的背景下，中国家庭面临着诸多严峻和紧迫的问题，家庭发展能力受到极大的削弱和挑战。

### 一　人口转型与家庭功能削弱

自 20 世纪 80 年代改革开放以来，中国人口结构和人们的生活方式发生了结构性的变化，与此同时，家庭承担传统责任的能力受到不同程度的挑战。总体趋势表现在以下几方面。

**1. 人口出生率持续下降，户均规模日益缩小**

据"六普"数据，中国的总和生育率已经达到 1.18，较之 1982 年的 2.86，下降了 1.68。30 年计划生育的结果是，中国妇女的生育率已经远远低于世代更替水平（2.1）。与生育率下降相关的是，中国户均人口日益降低。"六普"数据显示，中国户均人口为 3.09 人，比"五普"时的 3.46 减少 0.37 人，低于许多发达国家的户均水平。大城市更是出现超低生育率。据"六普"报告，上海市户均人口为 2.49 人，杭州为 2.59 人，天津为 2.80 人，兰州为 2.82 人。而人口老龄化最严重的日本，据 2011 年的统计，户均人口为 2.46 人。中国大城市的户均人口已经接近日本水平。

**2. 初婚和生育年龄推迟，不育家庭增加**

过去 20 年，中国未婚人口增加了一倍，其中主要是晚婚的贡献。根据历年的人口普查数据，1990 年，中国人口平均初婚年龄为 22.79 岁，其中男性为 23.57 岁，女性为 22.02 岁；2000 年，平均初婚年龄为 24.14 岁，其中男性为 25.11 岁，女性为 23.17 岁；2010 年，平均初婚年龄上升为 24.85 岁，其中男性为 25.86 岁，女性为 23.89 岁。20 年间，中国人口初婚年龄提高了 2 岁之多。大城市的初婚年龄更高，2011 年，上海市的初婚年龄，男性为 29.26 岁，女性为 27.15 岁；北京市在 2011 年的统计结果是，男性初婚年龄为 27.8 岁，女性为 26.2 岁。

与初婚年龄相关的生育年龄也在推迟。据人口普查数据，2000 年，中国人口平均初育年龄为 24.50 岁，城市、镇和乡村的平均初育年龄分别为 25.94 岁、24.79 岁和 23.88 岁；2010 年，中国人口平均初育年龄为 26.15

岁，城市、镇和乡村的平均初育年龄分别为 28.83 岁、26.30 岁和 25.33 岁。十年间推迟了 1.65 岁。2006 年，北京市生育率最高的两个年龄组分别是 25～29 岁和 30～34 岁，旺育年龄不断推后。北京市 35 岁以上的未生育（包括暂未生育和自愿不育）女性，1990 年占比 4.08%，到 2006 年上升到 11.79%，此后还在继续增加。上海市 2008 年的一项统计显示，未婚者的生育意愿只有 0.85 个。户籍人口表示不愿生育的比重占 7.93%，而 2003 年占比为 3.37%。有 83.4% 的被调查者感到抚养孩子的经济压力很大。在大城市，由政策导致的强制性节育已经转变为由观念导致的自愿节育，这一转变也正在中小城市甚至许多农村地区发生。

**3. 离婚率上升，未婚同居正在成为普遍的生活方式**

粗离婚率从 1985 年到 2010 年持续上升，1985 年为 0.45‰，1990 年为 0.70‰，2000 年为 0.95‰，2010 年为 2.0‰[①]。与此同时，未婚同居已经成为年轻人，甚至是中老年人的较为普遍的生活方式。

**4. 小家庭形式多样化**

"丁克"、"空巢"、同居、单身、单亲，甚至同性恋等非标准的小家庭模式上升，社会对多样化家庭模式的宽容和接纳程度大大增加。根据人口普查数据，1982～2000 年，中国标准的核心家庭（一对夫妇和他们的未婚子女）比重从 52.89% 下降为 48.87%；而只有一对夫妇的夫妻家庭比重则从 4.78% 上升为 12.93%；同期，独居家庭从 7.97% 上升为 8.57%，到 2010 年第六次人口普查时，更迅速增长到 14.53%（张翼，2013）。而且据预测，独居家庭占比还有继续增加的趋势。

城市的数据更加鲜明地报告了小家庭形式多样化的趋势：据抽样调查数据，1982～2008 年，城市主干家庭从 24.29% 骤降到 13.9%；其他大家庭模式也在继续降低中。在小家庭模式中，标准核心家庭比重从 66.41% 降至 50.2%；独居家庭从 2.44% 大幅上升为 10.4%，到 2010 年 "六普" 时，更增至 17.95%；夫妻家庭从 1993 年的占比 12.07% 到 2008 年上升为 20.0%（张翼，2013）。这些数据清晰地表明，小家庭模式已经成为趋势，在小家庭模式中，标准核心家庭的绝对主导地位正在退化，多样化的小家庭模式因其富有个性和独立性，正在越来越多地被人们选择为个人生活的样式。

---

① 据历年《中国民政统计年鉴》。

5. 大规模的人口流动

迄今,全中国流动人口规模超过 2 亿人,全国农村留守妇女有 4700 万人,留守儿童有 5800 万人。家庭的离散化成为普遍现象。

6. 人口老龄化

据"六普"统计,全国 60 岁以上的老人占比 13.26%,较之"五普"上升了 2.93%;65 岁以上的老人约为 1.2 亿人,约占总人口的 8.87%。2011 年,全国 80 岁以上的高龄老人超过 2000 万人,失能半失能老人约有 3300 万人,他们对社会照料的需求日益增大。

伴随上述人口转型过程,传统的家庭结构和家庭稳定性发生了很大改变,家庭的传统功能被削弱。集中表现为:第一,家庭形式小型化、多样化导致家庭的赡养能力下降。对于小家庭来说,赡养压力不堪重负,赡养老人的伦理面临挑战。与此同在的是老年贫困问题、空巢老人的情感问题和失能老人的照料问题等。第二,年轻一代对于个性、个体化的追求,导致不愿生育或晚生的比例不断增高,生儿育女很大程度上已不再是小家庭的主要追逐目标。第三,离婚、同居增多,以及人口流动性的增大,导致家庭的稳定性下降。第四,留守儿童面临严峻的社会化问题。第五,随着家庭的流动性和离散化趋向,以往大家庭中亲属间密切交往相互帮助的传统日渐衰落……上述这些问题表明,中国家庭所具有的传统功能,如生儿育女、赡养老人、抚育后代、情感满足,以及亲属间相互帮助、自创保障和福利的功能都在衰退,维护传统家庭内部平衡稳定、互助共济的家庭责任和义务观念日渐削弱,"家庭失灵"①(盛洪,2008)的情况普遍存在。家庭是社会稳定的基石,但是在中国,家庭问题似乎从来都没有像今天这样多。

## 二　社会转型与家庭面临的风险

回顾改革开放以来的城乡经济体制改革,可以看到,农村集体化和城市单位制的解体,其实也是一个国家从社会保障、社会福利中逐步退出,家庭越来越多地替代国家或集体独自担负社会保障和社会福利责任的过程。国家

---

① 盛洪的"家庭失灵"观点大意是,备受推崇的传统的家庭主义,是建立在家庭成员的责任和义务基础之上的,其主要特点是能够满足家庭利益的最大化。如果有成员"退出"这种责任和义务关系,就会出现"家庭失灵"的情况,也就是有可能导致家庭向心力被动摇,导致不利于家庭利益最大化的决策产生。

和集体通过改革，通过转制、放权，从关系城乡居民生老病死的保障体系中退出或者说减负，将原来由国家或集体承担的全部或者大部分责任，逐步放权给社会组织和市场组织。

在社会政策领域，我们知道，在涉及家庭福祉和公共利益的方面，政府退出需要有两个必要的前提，一是社会上有相应的载体，足以承载政府所退出的功能；二是政府对这些载体的表现，包括其运行的过程和结果，具有有效的监控、评估能力和手段（徐月宾、张秀兰，2005）。特别是从政府是维护公众利益主要的甚至是唯一的主体这一现实来说，在大多数人的基本社会保障尚未得到满足的情况下，任何形式的放权或授权行为都会对弱势群体更加不利。

事实如斯。由于政府在退出社会保障和社会福利时，对社会组织缺乏必要的培育和支持，对市场组织缺乏有效的监管和规范，最终大部分国家退出的责任，例如育儿、教育、医疗、养老，甚至丧葬等，基本都通过市场，通过服务收费制度，转由家庭承担。在减少或失去了国家和集体保障之后，家庭成为独自面对各种社会风险的基本单位，家庭成员间的传统互助模式成为应对外部风险的最重要的非正式的制度保障。

与家庭承担如此重负不相适应的是家庭的脆弱性凸显。一方面如前所述，由于人口结构的变化，家庭传统的互助共济、自创保障和福利的功能出现衰退；另一方面，在生存和发展机会缺乏正式制度保障并被高度商业化的情况下，一个家庭如果遇到失业、下岗、年老、疾病、上学或者其他天灾人祸等风险，就可能出现独力难撑的情况，从而陷入极端的困境。例如，在农村、在城市低收入阶层中，因病致贫、因学致贫等现象屡见不鲜；再如，城乡居民以抑制消费、高额储蓄来应对风险的做法，这些都表明，家庭是何等的脆弱！那些需要承担养老和对未成年人提供抚育与教育责任的家庭，所必须应对的保障和发展压力有多么沉重！在今天，家庭已经越来越难以独自承担社会转型带来的沉重压力和负担，急需国家重新介入，需要政府给予支持和扶植。

但是在中国，家庭面临的这些问题很长时间以来未能引起足够的关注，这是因为相比于其他问题，比如经济发展、社会分化等，家庭问题在人们心目中是相对次要的问题。家庭一直以来被当作私人领域，对于诸如农村养老，留守儿童、城市儿童的抚育等这些重要的家庭问题，政府采取的大多是自然主义，或者说是不干预的做法，基本留给家庭自我消化、自行解决。

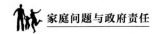

## 第二节　国外的家庭政策与政府的家庭责任

政府该不该，能不能介入私人领域？在世界多数国家，特别是西方国家普遍实行"小政府大社会"的背景下，政府把行政触角伸入家庭这样的私领域，是出于怎样的考虑？

据哈贝马斯考察，在中世纪并不存在公领域与私领域的分离，也就是说，在近现代以前，公私领域并非二元对立，而是没有严格界限的。公私领域的分裂，起始于封建王权的分化。但是这种公私领域界限分明的时期只维持了一段短暂的时间，在商业逻辑和市场化兴起后，私人领域不能解决的问题又重新求助于国家，开始出现了国家权力介入私人领域的过程（哈贝马斯，2004）。

从法理的角度来看，公领域与私领域之间的界限变得模糊，是现实主义法学发展的结果。国家可以为了特定目的介入私领域，盖因"任何自由都容易为肆无忌惮的个人和群体所滥用"（博登海默语）。在民主社会制度中，婚姻家庭法一般都带有某种公法特点，重视国家和社会公权力的干预。"保护第三人利益和社会公共利益是国家介入私领域的正当理据。"（马忆南，2011）

在公共政策和社会福利社会保障领域，公私二元分立的观念，在福利国家兴起后越来越受到理论和实践的摒弃。以国家介入济贫事业为发端的系统的公共福利，迄今已在西方发展延续了几百年。"二战"以后，以国家干预为主导的福利国家在西方出现，福利实践不仅成为一种解决社会问题的方式，更成为影响国家政局的一个主要因素。传统上作为私人领域的一些活动，如人口再生产和弱能人士的家庭照顾事务等，由于国家行动的干预（如以福利形式的正面介入）开始进入公共领域。由于国家的介入，"传统上穷人对私人慈善的需要转化成对社会救助体系的依赖"（熊跃根，2002）。

美国宪法与家庭法曾经界限分明，家庭被看作私领域不容国家权力染指。但是到了20世纪后，宪法开始介入家庭领域，这主要是因为家庭这一基本的社会构成单位在美国发生了重大变化。进入20世纪后，离婚率大幅度上升、妇女大量进入劳动力市场、避孕和堕胎成为普通公民限制家庭人口的方式……这些变化使得家庭领域中的争议与问题不断涌现。在司法实践中，美国最高法院开始强调宪法要保护家庭的神圣性，"因为家庭这一机制深深植根于这个国家的历史和传统"（转引自姚国建，2011）。从 20 世纪 60 年代后期开始，联邦最高法院把父母在抚养、监护、为孩子做相关决定方面的权利，上升到基本人权的高度，受到司法最严格的保护。这也反映了国家对传统家庭价值观念的重视。

虽然公私界限有愈加模糊的趋向，但这仍然不意味着公权力可以随意介入私领域，如果随意介入，肯定是不正当的。介入与否、正当与否的标准在于，是否存在公民的需求，是否有通过公民自身或通过市场无法解决的问题需要向国家寻求救济。倘若不存在这种需求或不存在普遍的社会呼唤，就说明这些问题可以由公民自行消化、自行解决，公权力此时对私领域的干预就是不必要，也是不妥当的。

通常来说，前工业化时期的福利形式，主要是以个人、家庭和慈善组织为主体的社会保护机制。在西方，宗教组织、自愿互助的社会团体和慈善组织，还有家庭是福利的主要提供者；在中国和亚洲许多国家及地区，则主要是家庭扮演着前工业化时期最重要的福利提供者角色。工业化和市场经济下的福利制度，其核心特征是政府通过再分配成为社会福利的主体，因而西方发达国家在工业化、现代化的过程中，极为重视社会保障和社会福利制度的同步构建。虽然在福利生产过程中，不同国家因为文化背景等方面的差异，在国家、市场、社会和家庭之间的制度性分工有所不同，但总体而言，从前工业化到工业化，在家庭的社会保障和福利方面，应该是一个政府、国家越来越多地替代家庭、慈善组织的过程，而不是相反。也就是梅因所说的，是个"从身份到契约"（梅因，2006）的过程。公民通过宪法（契约），授予政府一定的公权力，同时让渡出部分个人权利，其目的就是在有无法自行解决之事时，可以向国家寻求救济，以此更好地保障个人权利和自由，并获得个人生活的安宁和幸福。美国、法国、瑞典等一些国家的历史经验印证了这个趋势性的替代过程。在美国，20 世纪 30 年代的大萧条时代，广大民众经历了长时间的困苦生活，此时民间慈善救济已经无济于事。时任纽约州州长的富兰克林·罗斯福促进纽约州立法机构通过了向该州失去工作的民众提供救济的法案，美国的救济工作自此开始从民间自愿行为转向由政府负责。1935 年罗斯福总统颁布了《社会保障法案》，其中重点保障的目标就是贫困儿童和贫困家庭。在法国，虽然早期的社会保障基金是由宗教和雇主组织建立的，但是政府并未就此坐视不管。在向国民提供公共福利是政府的责任成为普遍共识之后，政府越来越多地接替了教会和雇主的慈善行为。而在瑞典，国家早在近 100 年前就开始接替教会和私人慈善组织承担救济贫困、失业家庭，为家庭提供福祉的责任。

国外政府以制定社会政策的方式介入家庭领域可以追溯到更早的历史时期，但是家庭政策的普遍出现应该是在"二战"结束，特别是 20 世纪 60 年代之后。许多国家先后设立政府专职机构，专门协调和管理家庭事务，也发生在这一时期。国外政府的家庭事务部门，其设立的具体背景各有不同。有的是因战争或其他社会危机造成了家庭失散、人民生活困窘和孤儿问题；有的是出于性别平等、扶弱助贫等社会公平的考虑；还有的是出于福利国家"为了人、为了生命、为了未来"的基本价值理念；但是最普遍的背景应该是在"二战"结束以后直到六七十年代，工业化和城市化逐渐使家庭失去传统的社会功能，西方发达国家普遍经历了急剧的人口和家庭变迁，曾经稳定的人口出生率遭到破坏，人口老龄化严重，与家庭有关的一系列价值观念和行为方式发生改变。无论是为了人口和经济的目标，还是考虑到家庭稳定与社会稳定的息息相关，还是出于对社会公平的关怀，抑或是多种考虑兼而有之，越来越多的国家意识到政府自身在家庭方面的责任，开始把支持家庭、维护家庭和促进家庭发展本身当作政府和全社会的目标。迄今为止，不仅许多欧美发达国家设立了专司家庭事务的政府机构，甚至包括巴基斯坦、马来西亚、印度、孟加拉、突尼斯、卢旺达、乍得、扎伊尔、贝宁等这些发展中国家也先后设立了管理家庭事务的政府部门（唐灿、肖今，2013）。

2002 年，澳大利亚联邦政府的家庭与社区服务部大约支配了 550 亿澳元用于与家庭和社区相关的社会福利项目及服务领域，其支出总额约占澳大利亚联邦预算的 1/3。美国政府的儿童与家庭局，在 2001 财政年度，所有服务项目的预算相加为 434 亿美元；2012 年，其针对 60 多个服务项目有超过 510 亿美元的年度预算。另据 2009 年的统计，经合组织成员国用于家庭福利的平均水平占其 GDP 的 2.6%，其中爱尔兰、英国、法国和卢森堡都超过 4%；法国在 2011 年各级政府用于与家庭政策相关的支出，占到其 GDP 的 5% 左右，约合 250 亿欧元。在亚洲，韩国在 1990 年后，政府用于家庭福利的支出开始逐年增加，1990 年占 GDP 的 0.16%，2000 年增加到

0.33%，2009 年再增加到 1.0%（唐灿、肖今，2013；马春华，2013）。可见这些国家的政府在家庭扶植方面的政策力度。

从西方国家的制度史来看，其家庭政策的起始原因，一是伴随着工业化和城市化，家庭失去了传统的社会保障功能；二是人口转型和社会思潮引发的家庭问题已经溢出家庭的范畴，成为影响社会发展和社会公平的严重问题。西方政府的价值理念是，针对社会制度存在的缺陷，政府有责任为社会成员提供广泛的、抵御风险的社会福利。虽然欧美国家的家庭政策在 20 世纪八九十年代，遭遇了经济滞涨、中右翼政党执政等发展困境，家庭变迁带来的问题一度被忽视，家庭政策也曾处于收缩态势，但是在进入 21 世纪后，由于欧美各国对于低生育率和福利国家体制的持续性关注，家庭政策又重新成为欧盟、经合组织和非欧盟国家政治的中心议题之一。因为各国都认为，家庭政策的实施有助于遏制生育率不断下滑的趋势，有助于实现福利国家体制的可持续性。

每个国家的家庭政策都建立在本国的社会政治历史背景及家庭需要的基础之上，都有符合执政党的执政理念、宣扬自身文化传统等特殊性。但至少在以下几个方面，国外的家庭政策有着相对的一致性，给我们留下了深刻印象：（1）无论是欧美各国，还是与我们的家庭文化传统高度相似的东亚各国和地区，其家庭政策都在偏离"不干预"模式，国家都在家庭福利供给中扮演了更为积极的角色。（2）家庭政策体系的完整性。无论采用何种家庭政策模式，包括积极的和相对"不干预"的，国外绝大多数政府的家庭政策背后都有一套支持性理念，都更倾向于制定和实施完整的家庭政策体系，并确定有家庭政策的目标及先后实施顺序。（3）多数国家，特别是那些有着深厚家庭主义传统的国家，在强调政府责任的同时，也会注重强调个人和家庭的责任。例如在美国、英国，政府倡导的是以积极的"工作福利"取代消极的"福利救济"（马春华，2013）。在亚洲，特别是东亚地区，家庭在福利供给中的角色始终是政府在制定家庭政策时特别予以强调的文化传统。再如，无论在南欧家庭政策体系还是在自由主义家庭政策体系中，或者是出于文化传统的考虑，或者是出于其他价值理念的考虑，家庭在整个家庭政策体系中，都被赋予了行动者的责任，家庭政策的重点之一是帮助家庭有能力行使自己的责任。从这个意义上说，家庭政策并不仅仅意味着国家的福利供给，同时也是协调国家、社会、市场、家庭和个人多方合力、积极行动的过程。无论是过去还是现在，作为人类社会最基本的社会单位，家庭是社会成员的重要福利资源这一点不应改变。任何在家庭以外建立起来的正规的社会保护制度，都不能完全取代家庭的功能和责任，而只是政府在不同程度上，用不同的方式对家庭责任的分担。

## 第三节  扶植家庭发展是中国政府的责任

### 一  中国现有家庭政策评价

一些学者在对现有的中国国家层面的家庭政策进行梳理后，评价其特点和缺陷如下。

在中国已有的 57 项国家层面的家庭政策中，针对儿童保护和发展的政策居多，超过四成，对计划生育家庭的奖励扶助政策和对贫困家庭的财政支持政策比例相等，均为 17.5%，然后依次为就业（14%）和其他（7%）。中国家庭政策的主要特征是：以法律、法规、条例为主要形式，以补充性政策为主要导向，以对儿童和贫困家庭及计划生育家庭的扶助为主体。其中，针对计划生育家庭的奖励扶助制度是中国家庭政策体系中的独特之处（吴帆，2012）。

总体而言，中国的家庭政策还缺乏系统性、全面性，存在的主要问题有以下几点。

（1）家庭政策呈现碎片化特征。表现在两个方面：一是缺乏国家层面上统一的政策机制，制定家庭政策的政府部门分散，涉及民政部、卫计委、妇联等不同部门，部门之间缺乏有效的整合与协商机制；二是部门之间的分散性导致政策内容趋于碎片化，政策对象分散，资源难以实现整合并进行最有效的配置。

（2）缺乏普遍的以家庭为基本单位的家庭政策。现有政策主要以独立的个体作为政策客体，而非家庭或家庭中的人，只有"低保"政策和计划生育奖励扶助制度是专门以家庭为对象的政策。致使许多本应归入家庭范畴的政策难以为家庭成员提供更有针对性的支持。例如，对于职业女性的保护，便没有专门针对家庭中的个人——母亲（尤其是 0 ~ 6 岁儿童的母亲）这个女性群体的政策设计。

（3）缺乏具体的、操作性强的政策安排。法律层面的制度安排居多，但缺乏操作性较强的政策内容和社会行动项目，这在很大程度上削弱了家庭政策的效率，广大家庭的社会需求也不能得到及时和有效的满足。

（4）家庭福利政策主要表现为补缺型。相关政策将重点更多地放在问题家庭与那些失去家庭依托的边缘弱势群体上，如城市的"三无"对象和农村的"五保户"等，社会福利项目或行动也较多集中于特殊儿童家庭。而那些结构较为完整，却有着失能老人、婴幼儿或生活不能自理者的家庭，无缘受惠于家庭政策，只能更多依靠家庭的自我保障。这样的政策安排不仅缺少对非问题家庭普遍而形式多样的支持，且在一定程度上忽略了家庭变迁导致家庭脆弱性增强的事实，忽视了家庭在养老、抚幼等方面的经济与社会成本。

（5）缺乏通过税收制度的激励性家庭政策。现有的家庭政策没有发挥社会政策在社会利益再分配方面的功能。许多国家和地区都制定了面向家庭的税收优惠政策，鼓励家庭成员承担供养父母、抚育子女等责任，而中国的个人所得税政策并不考虑家庭人口负担的状况，这种政策安排显然缺乏社会公平（张秀兰、徐月宾，2003；胡湛、彭希哲，2012；吴帆，2012；冯凌、唐钧，2013）。

## 二　中国政府在提高家庭发展能力方面应承担的责任

中国正在面临西方国家曾经历过的家庭问题丛生的转型和发展困境，我以为，在中国更要特别提到政府对于家庭发展的责任。

（1）当前中国家庭呈现的种种问题，在很大程度上与中国特殊的经济社会转型过程，与计划生育政策有关。在转型过程中，包括学界、舆论界和政府，都看到了一些群体、一些社会阶层为之付出的代价和成本，如农民工、下岗工人等，并制定各种补偿性政策以力争社会公平。但是很少有人关注到家庭这一古老的社会组织在转型过程中付出的代价。家庭正面临功能被削弱、问题丛生的局面，亟待政府的政策性扶植和帮助。

还应特别提到"后计生时代"的政府责任。计生工作是坚持了30年的国策，其功绩不言自明。但是它对于传统家庭能力的损坏，其所遗留的种种家庭问题，在中国多数地区人口已经得到充分控制，甚至出现超低生育率的情况下，应该到了被我们充分认识的时候。一个负责任的政府应该有明确的意识，考虑对于家庭的政策性补救和扶植工作，考虑通过适当的家庭政策对受损于这一人口政策的社会群体做出弥补，对他们的风险和负担提供必要的制度性保障。中国的家庭政策应该优先在计划生育家庭实施，优先考虑他们的利益，这应该成为人性化政府的战略目标和战略安排。

（2）在中国，家庭问题已经不再是私人领域的问题，而是具有明确的公共意义。它越来越多地溢出家庭范畴，开始对公共领域，对社会发展产生影响。例如，留守儿童问题，已经影响到农村的社会秩序，影响到农村社会的希望；农村养老问题，在许多地方也正在演化成老年人的相对贫困和绝对贫困问题，是个人道主义问题。许多研究乡村治理和农村问题的专家学者都在呼吁，国家应该在农村养老问题上充当一个积极的角色，甚至应该介入到农民的私人生活中来。再如城市家庭的育儿问题，幼儿抚育目前呈现公共资源严重短缺，过度市场化的局面。政府如果不能尽快转变这一局面，尽快制定适度普惠的儿童福利政策，显然对广大响应政府号召的计生家庭有失基本公平！

（3）家庭政策的制定，正在变得越来越具有战略性的意义。发达国家福利制度改革的经验教训表明，应该重视发挥家庭和社区在整个社会福利体系中的重要作用。从20世纪90年代开始，西方国家越来越多地制定扶植家庭发展的政策，帮助家庭有能力行使自己的责任。家庭在中国正在建立和完善中的社会福利与社会保障体系中的作用，正有待政府的统筹考虑和科学论证。在前述家庭问题丛生的背景下，从单纯强调家庭责任，简单地将政府原来承担的责任转移给家庭，转向积极扶植、帮助和支持家庭行使自己的传统责任，这是政府在涉及家庭的政策方面应当完成的理念转型。如此才能使家庭有能力在中国未来的社会保障和社会福利体系中发挥重要作用。

李克强总理曾经对新一届政府的职责做过这样的阐释：市场能办的，多放给市场；社会可以做好的，就交给社会；政府管住、管好它应该管的事。国内外的经验教训都表明，家庭保障和家庭问题很难通过任何单一机制和单一系统加以解决，更无法通过简单地推向市场和社会自发获得解决。与解决社会公平、弱势群体问题一样，家庭保障和家庭问题是政府应该管住、管好的事务。西方福利国家的家庭政策在近20年的时间里，经历了政府角色的转变，政府从家庭福利的直接提供者转变为支持者。在这种新的角色定位中，政府的作用从过去大包大揽式的向公民提供福利，转变为组织市场组织、公民社会组织等与政府形成各种形式的伙伴关系，成为政府为社会成员提供福利和保障的工具。但是在这种转变中，政府是社会福利制度中最重要的部分这一点并没有改变。政府仍然是社会福利支出中最大的资金渠道，是家庭政策的战略、框架和标准的制定者，是家庭服务机构的服务质量的监控者和评估者。

中国地方政府正在基层进行着各种扶植和支持家庭发展的微观创新实验，概括起来有四种模式：单一定义式、社区主导式、家庭综合服务中心式、家庭计划式（冯凌、唐钧，2013）。虽然各地在具体的政策设计和实施方法方面思路各有不同，但是在政府重视、政府主导和尝试打造与市场及社会组织的伙伴关系方面，各种模式之间有着高度相似性。接下来，有必要对基层政府或社区、乡村扶植和增进家庭发展能力的这些创新活动进行更细致的调研，以了解在中国，政府和公共政策卷入家庭事务的意义、途径、方法、主要领域和存在的问题。还需要进一步铺开试点工作，以期为全面制定中国的家庭政策体系打好基础。

**参考文献**

冯凌、唐钧，2013，《社区层面的家庭服务：现状与发展》，"促进家庭发展研究"课题之分报告。

胡湛、彭希哲，2012，《家庭变迁背景下的中国家庭政策》，《人口研究》第2期。

黄宗智，2011，《中国的现代家庭——来自经济史和法律史的视角》，《开放时代》第5期。

马春华，2013，《寻找中国的家庭政策模式：欧美和东亚家庭政策回顾和评述》，"促进家庭发展研究"课题之分报告。

马忆南，2011，《婚姻家庭法领域的个人自由与国家干预》，《文化纵横》2月刊。

梅因，2006，《古代法》，高敏、瞿慧虹译，九州出版社。

盛洪，2008，《论家庭主义》，《新政治经济学评论》第4卷第2期。

唐灿、肖今，2013，《国外政府负责家庭事务的职能部门研究与比较》，"促进家庭发展研究"课题之分报告。

吴帆，2012，《第二次人口转变背景下的中国家庭变迁及政策思考》，《广东社会科学》第2期。

熊跃根，2002，《公/私二分法与福利国家的"性别化"——西方社会工作的现代性思

13

考》,《长沙民政职业技术学院学报》第 4 期。

徐月宾、张秀兰,2005,《中国政府在社会福利中的角色重建》,《中国社会科学》第 5 期。

姚国建,2011,《宪法是如何介入家庭的？——判例法视角下的美国宪法对家庭法的影响及其争拗》,《比较法研究》第 6 期。

尤根·哈贝马斯,2004,《公共领域的结构转型》,曹卫东等译,学林出版社。

张秀兰、徐月宾,2003,《建构中国的发展型家庭政策》,《中国社会科学》第 6 期。

张翼,2013,《我国家庭变迁的特征、问题和对策——家庭发展战略研究报告》,"促进家庭发展研究"课题之分报告。

# 第一章
# 欧美和东亚家庭政策：
# 回顾与评述

马春华

近些年来，随着中国社会经济的发展以及工业化和城市化步伐的加快，出现了诸如人口老龄化加速、家庭规模缩小、单亲和空巢家庭增多、离婚率上升、生育率下降等人口家庭变迁，带来了诸如老人缺乏照顾、年轻夫妇因为工作和儿童抚育成本过高推迟结婚甚至放弃生育，以及单亲家庭的贫困等社会问题，影响了家庭的稳定甚至整个社会的稳定。这些问题仅仅靠家庭本身已经无力解决。这些人口家庭变迁所带来的问题，并不是只有中国遇到了，许多发达国家都曾经面对过，它们的经验表明，政府的积极介入对于解决这些问题是最为有效的。而一套完整且全面的家庭政策，是政府和国家支持家庭的最有效的工具。

为了探讨适合中国的家庭政策模式，本研究比较了欧美各国和东亚国家及地区家庭政策的现状、历史以及成因，主要关注的是为什么不同的国家和地区为了应对相同或类似的社会人口变迁，采取了不同的家庭政策；这些家庭政策在实施中遇到了什么样的障碍和问题，最后带来什么样的结果，是否达到了最初预想的目标。诸如文化价值体系和社会政治历史状况等因素对于各个国家及地区的政府在选择家庭政策时候的影响，是我们重点关注的内容。通过跨地区比较研究，本文尝试探讨这些国家和地区的家庭政策对于寻找适合中国的家庭政策模式有着什么样的启发。

本研究选择用以跨地区比较研究的对象，既包括美国、英国、法国、瑞典、西班牙和波兰等西方工业化国家，也包括和中国大陆同处于东亚社会的日本、韩国、中国台湾和新加坡。欧美等国家代表了不同类型的福利体制国家：美英是自由主义福利体制国家，瑞典是社会民主主义福利体制国家，法国是保守主义福利体制国家，西班牙是南欧家族主义福利体制国家，波兰代表了东欧福利体制。各国的福利体制决定了它们会采取什么样的家庭政策来应对类似的家庭变迁。而同属于东亚社会的几个国家和地区，在历史上都曾深受儒家思想的影响，因此老人和儿童长期以来都是依靠家庭福利满足自身的需要。而中国的经济发展模式和路径虽然与其他东亚国家和地区有许多相似之处，但就发展阶段而言，则属于发展中国家的发展阶段。因此，这些国家和地区的家庭政策制定和改革对于寻找适合中国的家庭政策会提供更有意义的启发。

本文在讨论了各个国家和地区的家庭政策特点和家庭政策改革内容之后，分析了各个国家和地区家庭政策改革的相似性和差异性。在分析了中国面临的人口和家庭变迁，以及中国家庭政策现状之后，提出了中国家庭政策改革和构建的政策建议：（1）确认家庭的重要性；（2）确定政府、家庭和市场在家庭福利供给中的责任边界；（3）设计和制定一套完整的家庭政策体系，为家庭政策的目标提出优先秩序；（4）正视家庭多元化趋势，包容和认同多元模式的家庭；（5）将以家庭整体为福利对象和以具体家庭成员为福利对象的家庭政策相结合；（6）将普惠制、资产审查式和保护式的家庭政策相结合；（7）加强学龄前儿童保育体系的建立；（8）通过政府和市场的合作，推动公私合作的家庭政策方案；（9）整合政府、市场、社区和家庭的资源，建立全面且具有弹性的家庭服务体系。

## 第一节　家庭政策的概念和体制

家庭政策源于欧洲。最初和家庭相关的政策更多地被包含在劳动保护政策或人口政策之中。"家庭政策"这个词第一次出现是在 19 世纪末 20 世纪初的法国和瑞典，是为了回应人口变动和经济发展给家庭带来的负面影响，特别是生育率和家庭收入过低的问题而产生的（Kamerman & Kahn, 1997：8）。为了回应这些问题，许多国家都以家庭津贴或者儿童津贴作为基本的政策工具。这些津贴最初都是由雇主提供给雇员的，作为雇员收入的补贴。

1932 年，法国立法规定所有工商业雇主都应该给工人提供家庭津贴，1939 年出台了《家庭法》，明确指出要以支持家庭的经济生存能力来强化家庭的功能（Rodger, J., 1995）。到了 20 世纪 30 年代，家庭津贴成为早期家庭政策的主要内容。第二次世界大战以后，几乎欧洲大部分国家都出台了津贴政策，20 世纪 50 年代被称为家庭津贴发展的"黄金时代"（Kamerman & Kahn, 1997：8）。

家庭政策发展的第二个主要阶段，是 20 世纪 60 年代和 70 年代初期，这也是欧美各国历史上经济发展速度最快的时期，但也是有些国家发现了普遍贫困的时期。这些国家当时多是"左派"或者"中左派"政党执政，经济快速发展，各种资源极大丰富，公众要求政府加强社会保护的愿望也很强烈。政府的社会开支不断扩大，在所有领域中都扩大了社会保护体系的覆盖面，出台了诸如收入转移支付、医疗保健、教育、住房、就业，以及个人的社会服务和针对老年人的社会政策（Kamerman & Kahn, 1997：9）。但是到了 20 世纪 80 年代和 90 年代初期，各国经济发展速度放慢甚至出现停滞，失业率增高。很多国家也改为右翼或者中右翼政党执政，由于财政紧缩，儿童和贫困问题被搁置，各种社会方案的资金被削减，政策覆盖面被缩小，家庭变迁所带来的挑战被忽视，家庭政策处于收缩态势（Kamerman & Kahn, 1997：24）。

进入 21 世纪后，由于欧美各国对于低生育率和福利国家体制可持续性的关注，家庭政策又重新成为欧盟、经合组织和非欧盟国家政治的中心议题之一。因为各国认为家庭政策的实施有助于遏制生育率不断下滑的趋势，有助于实现福利国家体制的可持续性（Neyer, G., 2006）。欧盟把家庭看作经济繁荣的源泉，鼓励欧盟的成员国把家庭政策和涉及范围更广的经济与社会政策融合在一起，推动各国根据本国情况出台相应的家庭政策，并对各国的家庭政策进行评估，鼓励各国向在家庭政策实施方面最有效的国家学习（Lohmann, H., et al., 2009）。虽然如此，但话语和现实之间还是存在明显的差距。在公共政策话语中，总是强调家庭是社会的基础，应该得到保护和支持；但是在研究、政策和实践中，很少系统地把家庭置于中心位置之上。由于个人主义的普遍化，"家庭影响"和"家庭支持"之类的概念又极为抽象，因此实际上在正常情况下，制定、实施和评估政策与方案很少充分地把家庭纳入考虑（Bogenscheneider, K., 2011）。美国 20 世纪 70 年代出现了家庭政策，但是到了 21 世纪，在政策制定的过程中，家庭仍然无法获得和经济、环境等领域同样的地位（Bogenscheneider & Corbett, 2010）。

## 一　何为家庭政策

家庭政策在理论上是一个充满价值争议的概念，其内涵和定义都很模糊与广泛，各种观点存在很大分歧（Dumon, W., 1994）。在实践中，家庭政策又经常面临两难的困窘之境。一方面，家庭政策常常受到人口结构、态度与文化变迁、政治势力消长与社会运动等因素影响，家庭政策在不同的国家、文化背景之下呈现不同的面貌；另一方面，透过各种不同的政策过程，政府不仅影响了人们的私人生活和选择，更进一步渗透、介入和改变了家庭生活方式与资源配置（许雅惠, 2000）。尽管家庭政策在欧洲出现已经超过半个世纪，但是至今为止也没有形成统一的家庭政策定义。对家庭政策的定义一般有广义和狭义之分，最广义的认为"家庭政策几乎可以等同于社会政策"（Myrdal, A., 1968），因为所有社会政策都会直接或者间接地对家庭造成影响；最狭义的则集中在直接有意针对或影响家庭的社会政策，"直接清楚地表明是为家庭所制定的政策"（Chester, R., 1994）。

卡曼和卡恩（Kamerman & Kahn）在其早期研究中，对家庭政策的定义也属于广义的，他们认为政府对家庭所做的一切事情都属于家庭政策。并在此基础上区分了两类家庭政策：显性的和隐性的。前者是指政府的行动直接或者有意地指向家庭，如日间托育、儿童福利、家庭咨询、所得维持、家庭计划、住宅政策等；后者是政府的行动并不是直接针对家庭，但是却会对家庭产生影响，比如所得税（Kamerman & Kahn, 1978）。这种分类引起了很多争议，许多被归为没有显性家庭政策的国家抗议说，他们没有明确的家庭政策并不表示他们不重视家庭政策，而只是他们不愿意把家庭政策放在一个特定的意识形态框架之中（Moussourou, L. M., 1994）。女性主义研究者则认为，无论家庭政策是隐性的或者显性的，只要政策通过财税系统、所得维持系统参与到与家庭有关的福利再分配过程，政府对于家庭生活就扮演着极其重要的角色（Dominelli, L., 1991）。在后来的研究中，卡曼和卡恩缩小了家庭政策的范围，把家庭政策作为一种政策领域（field or domain），也就是明显有意地要影响家庭的具体法律、规定和行动等（Kamerman & Kahn, 1997: 6 - 8）。

英国学者米勒（Millar）则认为，如果国家的政策影响了家庭，而家庭变迁也创造了新的需求，并且要求政策与之回应的话，那么家庭就自然会成为政策思考的重点，福利国家就必须重新反省其许多有关家庭构成、关系和功能的基本假设。她主张用"直接"和"间接"的影响来考察社会政策对于家庭的影响。她认为有三个政策领域对于家庭会产生"直接"的影响：对家庭行为进行规范的法规、家庭所得维持以及对家庭的服务供给（Millar, J. , 1998），这三个领域的政策都被归于家庭政策。莫斯和夏普（Moss & Sharpe）则认为可以从政策关注的目标是否为家庭福祉，把家庭政策从针对一般化个人的众多社会政策中遴选出来。他们认为政策、家庭和个人三者之间存在着复杂的互动关系，家庭政策的发展应该以理解三者之间的复杂互动关系为前提。从家庭政策的角度来考量其他的社会政策，应该考虑到四个前提：家庭与政策的关系是双向的，家庭应被整个公共政策纳入考量范围，家庭多样性应该被承认和尊重，所有形式的家庭都应被考量（Moss & Sharpe, 1980）。

从这些分析可以看出，不同研究者对于家庭政策究竟是什么，其内涵和外延如何定义仍旧莫衷一是。而且，这还是在理论层面对于家庭政策的讨论。在实际层面，即使按照最狭义的定义去界定家庭政策，也很难理清哪些指标可以用来界定和测量家庭政策。因此，欧盟"应对人口问题的政府专家小组"（EU Government Expert Group on Demographic Issues）在建构和评估欧盟各国家庭政策的框架时，没有给出家庭政策的定义，而是根据历年欧盟理事会提出的和家庭有关的目标，构建了对于家庭政策来说最为重要的领域：首先是改善家庭的社会基础，其次是给家庭提供支持，最后是应该有助于工作和家庭之间的平衡。在此基础上，专家小组提出了欧盟家庭政策的三个重要目标：儿童福利、性别平等以及工作和家庭的平衡。并且，专家小组建构了政策结果的指标：儿童福利、性别平等和工作家庭平衡；以及家庭政策四个领域的指标：假期政策、儿童早期教育和保育、家庭现金福利以及有关雇主公司的相关政策（Lohmann, H. et al. , 2009）。

研究者对于家庭政策的定义，还和他们对家庭的定义密切相关。卡曼和卡恩在研究家庭政策中，把家庭定义为至少有一个成人和一个儿童（Kamerman & Kahn, 1997：7 – 8）；欧盟的专家在构建评价家庭政策的框架时，把关注的家庭定义为有幼子的家庭（Lohmann, H. , et al. , 2009）。也就是说，欧美的研究者关注的都是标准的核心家庭，即父母和未成年孩子组成的家庭。但是，赡养老人是中国传统家庭所必须承担的重要责任之一，老人长期以来都是依靠家庭满足自身的需求，这种状况在当代中国由于福利制度发育不全还没有出现根本的改变。因此，本研究关注的家庭不仅包括父母和未成年子女构成的家庭，也关注一直在中国有相当比重的主干家庭；不仅关注家庭中的儿童，也关注家庭中的老人，因为他们都属于家庭中要依赖其他家庭成员的人，老人在经济上有保障，也会减少其他家庭成员的经济压力。本研究讨论的家庭政策，指的是国家和政府提供给家庭、儿童和老人的福利与服务。

## 二　比较理论框架：福利体制

欧美等国家面临相似的社会人口变迁和挑战，为什么选择了不同的家庭政策模式和应对策略？埃斯平·安德森在跨国比较研究的基础上，建构了福利体制（welfare regime）这个理论框架来尝试回答这个问题。所谓的福利体制，指的是福利产品在国家、市场和家庭之间的分配模式（Esping-Anderson，G.，1999），也就是说国家、市场和家庭在福利生产/提供上的制度性分工。这里的福利产品不仅包括政府的公共福利，也不仅包括单一、特定的福利政策与方案，而且包括政府、市场和家庭的总体福利生产。这个理论框架分析了发达的工业化国家和政府在管理与组织经济、就业、收入及提供社会保护方面的角色。每个国家对于国家、市场和家庭在福利提供上的角色都有相对明确的定义，并在此基础上形成了其特定的家庭政策（Public Policy Research Center，2009）。埃斯平根据福利的去市场化（de-commodification）、福利的阶层化（stratification）和市场与政府的关系，归纳出以下三种福利体制。

### （一）自由主义福利体制（Liberal Regime）

自由主义社会政策的根源，可以追溯到19世纪英语国家的国民更少依赖资格（less eligibility）去获得福利，而是更多依赖自助（self-help）方式获得保障的理念，这也是建立在对市场无限信心的基础上的。采用自由主义福利体制的国家主要依赖市场去分配资源和提供福利，国家和家庭都要适应市场的机制。国家鼓励公民进入劳动力市场，通过努力工作来满足自己的需要，满足家庭对福利的需求。国家不尝试通过立法来强迫雇主给雇员提供对家庭友好的政策，而是鼓励劳资双方通过集体协商的方法达成协议，鼓励雇主自愿提供相关的政策和服务（Esping-Anderson，G.，1999：76）。

在自由主义福利体制国家中，国家提供的福利只是作为陷入危机或风险的家庭最后能依赖的安全网，都是针对低收入家庭、贫困家庭等需要帮助的家庭的，更多的是一种社会救助。这些国家很少提供普惠制的福利，而更多的是资产调查式福利，获取福利的公民需要具备一定的资格，有的国家提供的有些福利对资格的要求还相当严格。自由主义福利体制国家提供的福利被称为"残补式的"（residual）：当市场无力成为福利提供者时，国家承担拾遗补缺的角色。埃斯平把美国、加拿大、澳大利亚、爱尔兰、新西兰和英国划归为自由主义福利体制国家。但是，他也强调，英国从 20 世纪 50 年代以后福利体制的发展似乎越来越趋向于北欧国家（Esping-Anderson，G.，1999：77）。

### （二）保守主义福利体制（Conservative Regime）

保守主义是欧洲大陆国家政治架构后面的主要推动力量，这些国家早期的社会政策通常都来源于君主制的国家社会主义（monarchical etatism）、传统的法团主义（corporatism）或者天主教的社会训导（Catholic social teachings），在向"二战"后福利资本主义转型的过程中，都受到基督教民主联盟或者保守联盟的引导（Esping-Anderson，G.，1999：81 – 82）。保守主义福利体制的本质在于地位分化（status segementation）和家庭主义（familism）的混合。地位分化，意味着不同职业地位的人能够享受到和其地位相应的福利，社会福利根据劳动力市场现有的社会地位和社会群体来分配；家庭主义，意味着社会政策对传统男主外女主内家庭模式的支持，对于男性养家糊口者（male care-giver）提供更多的社会保护，家庭作为照料者具有中心地位并最终负责其成员的福利需求（Esping-Anderson，G.，1999：82 – 83）。

在这些国家中，家庭成为福利产品的主要提供者，国家主要作为家庭的"辅助者"（the subsidiarity），支持家庭成为一个具有凝聚力和运行状况良好的单位。社会政策的设计是为了保持甚至强化传统的男性统治地位和以职业为基础的社会秩序。因此，私人保险和职业福利扮演着边缘性的角色，市场的作用也被边缘化。这些国家的社会保险都以家庭为单位，包括没有工作的妻子，而家庭服务明显都没有得到发展，既没有鼓励和支持女性外出工作的政策，也没有给儿童和老人提供更多的照料和经济上的资助（Public Policy Research Center, 2009）。保守主义福利体制国家所提供的福利也是"残补式"的：在家庭无力成为福利主要提供者的情况下，国家承担拾遗补缺的角色。埃斯平把德国、法国、奥地利等国家都划归为保守主义福利体制国家。

### （三）社会民主主义福利体制（Social-democratic Regime）

社会民主主义福利体制的出现，是社会民主主义政府在北欧各国从 20 世纪 30 年代和 40 年代开始长期执政的结果。在这种福利体制中，强势国家和政府是福利的主要提供者，国家负责分配所有的资源，也负责提供所有的服务。"去家庭化"（de-familization）是社会民主主义福利体制的主要特征之一。也就是说，国家不是等到家庭无力给予协助时才提供帮助，而是先发地将家庭关系成本社会化，最大可能地减少个体对于家庭的依赖，为个体提供独立于家庭之外所需要的各种资源。福利是以个体为单位的，是基于个体的公民身份。"去商品化"（de-commercialization）是社会民主主义福利体制的另外一个重要特征，这些国家都试图通过社会政策，使个体对于市场的依赖最小化，甚至废除市场在福利供给方面的作用。普遍主义和平等主义是社会民主主义福利体制两个核心的价值观，因此社会民主主义福利体制国家推行的福利多是普惠制的（Esping-Anderson, G., 1999：78 – 80）。包括瑞典、丹麦等国家。

在这三种福利体制之外，后续的研究者在埃斯平福利体制框架下，又提出了南欧福利体制和东亚福利体制。

### （四）南欧家族主义福利体制（SE familism welfare regime）

南欧福利体制是建立在"家族主义"基础上的，家族在个体与家庭福利提供上承担了主要的和核心的角色。南欧的社会权利不是立足于个人，也不是立足于核心家庭，而是立足于把亲属包括在内的大家庭，或者称之为"家族"，因此有些研究者称南欧的福利体制为"家庭/亲属团结模式"（family/kinship solidarity model）（Naldini & Jurado, 2012）。南欧家庭数代同堂，婚姻高度制度化，以家庭为取向，极为重视儿童，代际关系更多是由责任和义务建构的，宗教价值观极强（Guerrero & Naldini, 1997）。因此，南欧大家庭（家族）有着强大的凝聚力和家庭纽带，为最脆弱和贫困的家族成员提供积极的帮助和支持是家族的责任和义务（Reher D. S., 1998）。在满足家庭成员的福利需求时，动员整个庇护网络（亲属网络）为家庭成员提供帮助（Ferrera M.，1996；Castles & Ferrera，1996）。

在南欧各国中，大家庭（家族）被放在福利提供的中心位置，但是国家和政府却没有像保守主义福利体制国家那样扮演辅助性角色。南欧各国一直都没有显性的完整的家庭政策，现有的社会保护体系也是不成熟的和缺乏效率的（Katrougalos & Lazaridis，2003）。南欧各国政府没有承担起确保男性养家糊口者收入的责任，因此南欧家庭需要更多人外出工作养家糊口，只有这样才能够确保家庭成员的福利，改善他们的福祉（Trifiletti R.，1999）。南欧的社会福利是基于职业地位和工作表现的，社会政策是围绕着传统家庭模式来设计和实施的，男性享有更高的职业保护和工作稳定性。南欧的福利形式主要是社会救助，是残补式的。但是如果没有正式工作就无法获得社会救助，基本上只能依赖家庭的支持。公营部门的工作机会和现金补贴，是选择性地通过庇护主义和庇护网络来分配的，而儿童老人的照顾和照料也主要是家庭的责任（Maria，K.，2007）。南欧福利体制国家包括意大利、西班牙、希腊和葡萄牙四国。

**（五）东亚发展型福利体制（the developmental welfare regime in East Asia）**

这种福利体制是建立在儒家思想基础上的，其核心特征是社会福利服从于经济发展的需要。采用这种福利体制的社会，虽然因为大量非农人口的存在而导致较高的结构性福利需求，但是国家更加关注经济发展和国际竞争力，因此不愿将资源放在福利支出上而将资源更多地放在社会投资上，在社会安全方面的支出保持较低的水平。国家基本不太积极给家庭提供支持，而是放任家庭成员彼此互助，要求家庭承担更多的福利供给责任。福利还是以社会保险为主，特别是年金保险有着严格的缴费时间要求，获取福利资格是相当困难的；给付替代率比较低；福利方案仍然集中于医疗保险，没有具体的家庭福利政策与家庭儿童津贴（李易骏、古允文，2003）。

东亚发展型福利体制和保守主义福利体制不同。它不关注社会秩序，也不处理社会整合的问题：虽然福利制度分立，却没有全民覆盖；虽然给付不同，但给予又难以谓之优厚慷慨。东亚发展型福利体制中的差别待遇来自经济发展的需要，是政府主导的结果。东亚发展型福利体制也和自由主义福利体制不同。个人是被结构到团体中的，政府对福利规范干预是相当大的甚至主导福利制度发展，没有给福利市场留下太大的空间。但因为福利供给具有

23

竞争性，并且强调个人责任的价值，所以在给付与福利资格上仍然是高度商品化的。

## 三　家庭政策体制

埃斯平的福利体制研究开启了比较社会政策研究的新框架（May，M.，1998），成为研究者最为广泛使用的研究福利供给和福利制度的比较研究框架。而家庭在埃斯平的理论框架中实际上居于核心位置，因为福利体制探讨的是福利生产中国家、市场和家庭之间的制度性分工，家庭是福利生产和供给的重要的甚至主要的源泉，同时家庭和家庭中的个体也是福利最终供给的对象。因此，埃斯平的福利体制理论框架也常常被研究者用来进行家庭政策比较研究。

在家庭政策的跨国比较研究中，影响最大的是高塞尔（Gauthier，A. H.）的研究。1996 年，他在考察了 22 个工业化国家从 19 世纪末开始对于家庭支持的发展脉络之后，发现各国政府在对于家庭生活的干预和家庭的支持上存在很大的差异，并且据此区分了四类家庭政策模式（Gauthier，A. H.，1996）。

（1）支持家庭/支持生育模式（pro-family/pro-natalist model）：这种模式主要关注的是低生育率，认为支持家庭生育更多的孩子是政府的主要责任。它更多地采用现金补贴、产假和儿童保育等政策措施，用于减少家庭生育的障碍。虽然它不鼓励女性外出工作，但是政府也创造了条件，使就业不会成为儿童抚育的障碍。自愿选择成为父母（voluntary parenthood）的原则被普遍接受，所有的家庭都有权自由选择家庭的规模，即让大家庭更受到政府支持。法国是支持生育模式最著名的例子。

（2）支持传统模式（pro-traditional model）：这个模式关注的主要是保留传统家庭。政府部分肩负支持家庭的责任，同时鼓励传统的男性养家糊口的家庭模式，相信家庭、社区和慈善组织在支持家庭方面发挥着主要作用。虽然对外出工作的母亲提供某些福利，但是女性就业障碍的持续存在，反映传统的性别分工模式更受到期待。这种模式给儿童保育提供的支持也很少，没有给妇女提供轻易兼顾就业和家庭责任的机会。相反，政府更倾向于延长儿童保育假期，这样母亲就能够在工作获得保障的同时有更多时间和幼儿待在家中。采用这种家庭政策模式的典型国家是德国。

（3）支持两性平等模式（pro-egalitarian model）：这个模式的主要目标是促进两性的平等。政府承担了所有支持家庭的责任，特别是对工作父母提供支持，这和支持传统模式形成了鲜明对比。为了促进更为平等的性别角色的形成，政府创造各种条件和机会使妇女能够更容易地兼顾就业和家庭，促使父亲在儿童保育方面扮演更为重要的角色。有关育儿假期的立法是这个模式的核心之一。诸如照顾生病幼儿的假期和大量的儿童保育设施等福利，也成为促进男女平等的方法。瑞典和丹麦等北欧国家多采用这种家庭政策模式。

（4）支持家庭但是不干预模式（pro-family but non-interventionist model）：政府有责任提供支持的家庭只是那些低收入的、贫困的等需要帮助的家庭。这种政策模式并不是不鼓励女性参与劳动力市场，但是政府在这方面给予的支持非常有限，而传统的家庭仍然受到高度赞赏。政府相信家庭能够自给自足，相信市场的优势，国家给所有家庭提供的支持保持在最低限度。这些国家很少采用普惠制的福利。产假的水平也非常低，因为政府认为不应该给雇主增加额外的限制和负担，提供产假等福利不是私营雇主的责任，政府对这个领域的干预维持在最小限度。政府也没有责任提供儿童保育设施，但是鼓励雇主提供非正规的安排和服务。美国和英国之类的英语国家多采用这种家庭政策模式。

比较高塞尔的家庭政策模式和埃斯平的福利体制模式，可以发现两者存在很多重合之处。社会民主主义福利体制的北欧国家，采用的家庭政策模式是支持两性平等模式；自由主义福利体制的英美等英语国家，采用的家庭政策模式是不干预模式；保守主义福利体制的德国和法国，一个采用支持传统的家庭政策模式，一个采取支持生育的家庭政策模式，它们的家庭政策的侧重点不同，但是福利主要提供者都是家庭，国家和政府都是辅助性角色，只是家庭政策的目标不同而已。特定的政治经济环境决定了现有福利供给机构和制度性因素，而国家的福利体制决定了家庭政策的侧重点和优先要实施的政策。

因此，高塞尔在分析工业化国家在面对类似的家庭结构和家庭机制的变迁、经济环境变迁和政府预算缩减、欧洲共同市场出现和欧盟对于社会领域的关注以及全球经济一体化，家庭政策是否出现合流之时，没有采用自己1996年构建的家庭政策分类，而是直接采用了埃斯平的福利体制模式，并且称其为家庭政策体制（family policy regime）（Gauthier, A. H., 2002/3），高塞尔认为许多经验研究都支持家庭政策体制的这种分类。

（1）社会民主主义家庭政策体制：国家对于家庭提供普遍的支持，对于工作父母提供高水平的支持，包括长时间的育儿假期和大量的儿童保育设施，高度认同性别平等。给家庭提供普惠制的中等水平的现金补贴，但是提供高水平的其他形式的补贴，因此儿童贫困的比例较低。丹麦、芬兰、挪威和瑞典等国家属于这种家庭政策体制。

（2）保守主义家庭政策体制：国家对于家庭提供中等水平的支持，现金福利因为父母职业的不同而不同，家庭福利供给也建立在对传统性别分工的偏好之上，支持传统的家庭模式。国家给家庭提供的现金补贴比较慷慨和丰厚，对于工作父母提供了中等水平的支持，有些国家提供了相对比较长的育儿和儿童保育假期，但一般给付水平都比较低，儿童保育设施也比较有限，因为他们确信儿童在家庭中才能得到最好的照料。奥地利、比利时、德国、法国、爱尔兰、卢森堡和荷兰等国的家庭政策属于这种家庭政策体制。

（3）南欧家庭政策体制：家庭政策根据父母的职业状况呈现高度的分割状态，普惠制的福利与私营的福利两种模式并存，国家没有规定法定的最低收入保障，对家庭很少提供现金补贴，对于工作的父母也没有提供什么支持。希腊、意大利、西班牙和葡萄牙的家庭政策属于这种家庭政策体制。

（4）自由主义家庭政策体制：国家给家庭提供的支持有限，家庭政策偏重的是急需要帮助的家庭，因此被称为残补式家庭政策。市场成为福利的主要提供者，特别是在儿童保育领域。很少给所有的家庭提供现金补贴，只给贫困的和低收入等家庭提供现金支持。对于工作的父母也没有什么支持，儿童保育的责任全部留给了父母和私营部门。澳大利亚、加拿大、新西兰、英国和美国等英语国家属于这类家庭政策体制。

后续研究者提出了东亚家庭政策体制。

（5）东亚家庭政策体制（The East Asian family policy regime）：这种模式以就业为基础，认为个人应该通过努力工作来养家糊口。国家提供的产假和育儿假期都比较短，大多数现金补贴都是资产审查式的。有的国家开始注重扩大育儿和养老服务，有的国家出台了一些政策来支持工作父母平衡家庭和工作的责任。在给家庭提供福利和服务时，偏重公私分担的财政模式，倾向于通过市场来提供服务。支持保留传统的家庭，倾向于以社区组织和人际关系去支援家庭及照顾老人儿童（Public Policy Research Center，2009）。

无论是埃斯平构建的福利体制框架，还是高塞尔对于家庭政策体制的分类，都没有涉及以东欧为主的前共产主义国家。由于东欧各国社会保障体系的制度性结构存在巨大差异，社会经济发展水平也参差不齐，因此没有得到一致认同的模式（Kangas, O., 1999）。但是，也有一些研究者提出正在出现东欧/后社会主义模式，这种模式不属于埃斯平所界定的福利体制中的任何一种，同时具备自由主义和保守主义福利体制的特点，同时还有一些自己独特的特点。比如，家庭福利以保险为基础但属于普惠制；参与率高但是福利水平低；过去给大多数儿童提供日托服务，但现在被延长的育儿假期取代等（Rostgaard, T., 2004；Kaariainen & Lehtonene, 2006）。

## 四　比较分析框架

为了寻找适合中国的家庭政策模式，基于埃斯平的福利体制框架和高塞尔的家庭政策体制分析，以及其他研究者对于他们研究中没有涉及国家的家庭政策模式的分析，本研究选择了英国和美国（自由主义家庭政策体制）、法国（保守主义家庭政策体制）、瑞典（社会民主主义家庭政策体制）、西班牙（南欧家庭政策体制）、波兰（东欧家庭政策体制）来分析各国家庭政策的具体内容，家庭政策形成的影响因素和家庭政策的结果。同时选择了英美两个国家，是因为这两个国家虽然同属自由主义家庭政策体制，但是它们无论是在发展脉络还是在具体的内容上都存在很大的差异，而且英国因属于欧盟成员国，家庭政策发展受欧盟相关政策影响很深。中国地处东亚，与东亚各国和地区有着更为相似的文化背景与经济发展脉络，所以本研究还选择了日本、中国台湾、韩国、新加坡作为家庭政策分析对象，以期给中国大陆的家庭政策建构提供更多的启发和线索。

本研究将通过分析每个国家和地区家庭政策的背景、政策内容和政策结果，来讨论每个国家和地区的政府是如何在特定的社会政治与历史文化背景中，运用家庭政策回应家庭人口的变迁。政策的背景主要是了解一个国家和地区特定的社会政治与历史文化背景及人口家庭变动，讨论每个国家和地区的家庭政策是在什么样的条件下形成的，是为了应对什么样的家庭人口变迁。欧美家庭政策的工具主要有现金补贴、假期和服务，而家庭政策针对的具体对象有整个家庭和家庭中的具体成员（妇女、长者、儿童以及其他需要照料的成员）。结合政策工具和具体政策，本研究将分现金补贴、假期政策、儿童保育和早期教育与长者护理这几个部分来探讨各个国家和地区家庭政策的具体内容。为了评价各个国家和地区的家庭政策，本研究还分析了各个国家和地区家庭政策的结果，因为这决定了其现有的家庭政策是否需要变动或者进一步改善，而且家庭政策的结果也引导或者影响着进一步的家庭和人口变迁，从长远来看，某个时期家庭政策的结果会成为下一个时期家庭政策的背景。

本研究希望通过梳理欧美和东亚各国及地区的家庭政策，探讨中国在现在的社会经济背景下，面对现在的社会人口变动，应该采用什么样的家庭政策以推动中国家庭的福祉，促进中国社会经济的发展。

## 第二节　欧美各国的家庭政策

本研究选择的欧美各国，都是已经完成工业化的国家，都面临着类似的人口和家庭变迁，比如出生率下降、妇女劳动市场参与率增高、家庭结构多样化、单亲家庭增多、晚婚晚育更为普遍等，但是由于文化价值观和历史背景等因素不同，各国采用了不同的家庭政策模式来应对。从表 1－1 中，可以清楚地看到欧美各国的家庭政策背景、政策内容和政策结果①。

### 一　美国家庭政策：强调工作福利，提供最低限度的家庭支持

虽然美国总统和公众都承认家庭是社会的基石，但是美国社会强调家庭的隐私性，从来不鼓吹政府要对家庭进行干预，而是把家庭福利供给的责任留给家庭本身和慈善机构；因此，美国一直没有明确的全国性家庭政策，现有的家庭政策不仅是隐晦的而且是残补式的、碎片化的和类别化的。美国的家庭政策主要关注的是贫困的儿童和家庭，包括单亲家庭在内。美国是主要资本主义国家中唯一没有普惠制的儿童津贴和法定产假的国家（诺尔曼·金斯伯格，2010：128），也没有住房津贴和普遍的学前教育体系。美国改善家庭经济状况的家庭政策，是让贫困家庭除社会安全薪资税（Social Security payroll taxes）外免交任何赋税，给低收入家庭提供中等程度的现金补贴，给中上等收入家庭提供税收补贴（Kamerman & Kahn，1997：307）。

---

① 本文限于文章结构，只对各个国家及地区的家庭政策做非常简要的说明，包括欧美和东亚地区更为具体的内容，请见本书附录一中对各个国家及地区家庭政策的详细说明和评述。

表 1 - 1　欧美各国家庭政策综述

| 国家 | 家庭政策目标 | 家庭政策背景 | 家庭政策内容 | | | | | 家庭政策结果 |
|---|---|---|---|---|---|---|---|---|
| | | | 现金补贴 | 养老金 | 假期政策 | 儿童保育 | 长者护理/服务 | |
| 美国 | 强调工作福利，提供最低限度的家庭支持 | 1. 工作伦理居于所有价值体系的核心位置。2. 强调基于自然权利的个人主义。3. 强调"适者生存"的自然秩序。4. 社会福利方面倾向于"自愿主义"（voluntarism） | 1. 入息税务津贴（the Earned Income Tax Credit, EITC）。2. 食品券计划（Food Stamp）。3. 社会安全生活补助金（Supplemental Security Income, SSI）。4. 贫困家庭临时援助（Temporary Assistance for Needy Families, TANF） | 1. 公共养老金，政府强制执行的社会保障计划。2. 职业养老金计划。3. 个人退休账户，分确定缴费型和确定给付型 | 1. 家庭及医疗休假法令（Family and Medical Leave Act, FMLA），12 周无薪产假。2. 暂时丧失工作能力保险计划（Temporary Disability Insurance, TDI）。3. 在家婴儿照料政策（At-Home Infant Care policy） | 1. 缺乏普及的公立托育系统。2. 依赖市场和志愿者团体解决。3. 开端计划（Head Start）、社会服务街区补助计划和儿童托育营养计划 | 1. 国家家庭照料者支持项目（the National Family Caregiver Support Program）。2. 医疗补助计划（Medicaid）。3. 长期护理合作伙伴项目（Long-term Care Partnership Program） | 1. 最低限度的家庭政策，市场是主要提供家庭福利的主要提供者。2. 强调工作福利，取代福利救济。3. 家庭政策改革滞后于人口变迁，不能够及时做出回应 |
| 英国 | 以儿童为中心，强调个人责任 | 1. 强调自由放任的经济和社会政策，并且是居于主导地位的意识形态。2. 新教伦理（Protestant ethic）居于支配地位，强调个人主义、自我依赖、工作 | 1. 儿童福利金（Child Benefit） | 1. 基本国家养老金制度（Basic State Pension），包括国家基本养老金（State Basic Pension）和国家第二养老金（State Second Pension） | 1. 产假：52 周法定产前假。有"孕妇津贴"（Maternity Allowance, MA）和"法定产假给付"（Statutory Maternity Pay, SMP） | 1. 教育领域，居于领先地位 | 1. 长者全国性服务框架（National Service Framework for Older People, NSFOP） | 1. 相对不干预家庭政策，整个家庭政策呈现残补的家庭政策特征，没有完整的家庭政策体系，市场是主要提供者 |

续表

| 国家 | 家庭政策目标 | 家庭政策背景 | 家庭政策内容 | | | | | 家庭政策结果 |
|---|---|---|---|---|---|---|---|---|
| | | | 现金补贴 | 养老金 | 假期政策 | 儿童保育 | 长者护理/服务 | |
| 英国 | 以儿童为中心，强调个人责任 | 伦理，自愿主义和强大的私有部门。<br>3. 强烈认同家庭在儿童保育和儿童教养中的首要位置，强调家庭作为私有领域的重要性。<br>4. 英国更倾向传统的家庭模式，或者至少对于女性角色变化感到矛盾和纠结。<br>5. 强调为穷人、残疾人、老年人和极度被剥夺者者提供个人社会服务。<br>6. 济贫法案（Poor Law Amendment Act 1834），强调救济贫困家庭。<br>7. 贝弗里奇报告（Beveridge Report），通过社会保险方式获得保障。 | 2. 监护者津贴（Guardian's allowance）。<br>3. 儿童税收减免（Child Tax Credit）。<br>4. 儿童信托基金（Child Trust Fund）。<br>5. 托儿券（Children Voucher） | 2. 职业养老金，分为"缴费型养老金计划"（contributory pension schemes）和"非缴费型养老金计划"（non-contributory pension schemes）。<br>3. 私人养老金计划 | 2. 陪产假：2～26 周，由产妇产让。<br>3. 育儿假：每位父母每个孩子有 13 周，无薪。 | 2.《应对儿童育的挑战》绿皮书。<br>3. 稳健起步计划（Sure Start Programme）。<br>4.《儿童保育法》（Childcare Act） | 2. 由国家卫生服务体系和社会照料服务体系（National Health Service and Social Care System）构成长者服务体系。<br>3. 国家卫生服务体系和地方政府负责对资源进行配置 | 2. 现金福利体系极为复杂，但是有效地改善了英国儿童贫困状况。<br>3. 工作和家庭平衡方面，主要依靠市场来解决。<br>4. 保守党重新执政后，大量削减福利开支，向美国模式滑动 |

续表

| 国家 | 家庭政策目标 | 家庭政策背景 | 家庭政策内容 | | | | | 家庭政策结果 |
|---|---|---|---|---|---|---|---|---|
| | | | 现金补贴 | 养老金 | 假期政策 | 儿童保育 | 长者护理/服务 | |
| 法国 | 多子多孙多福利,家庭政策目标多元化 | 1. 欧洲第一个经历生育率下降的国家。<br>2. 出现鼓励生育运动,致"家庭主义者","人口决定国力";"家庭主义"小家庭是道德崩溃的结果。<br>3. 1939年,《家庭法案》(Family Code)。<br>4. 1945年后,创立了家庭补助基金和家庭补助金,鼓励生育制度。<br>5. 最近,随着出生率保持稳定和前列,政策措施多元化。 | 1. 欧洲各国中的家庭最为丰厚的家庭津贴。<br>2. "家庭津贴"包括儿童津贴、定额津贴、家庭收入补充津贴和家庭支持津贴。<br>3. "幼儿津贴"包括生育/收养津贴、基本津贴,自由选择工作时间补充津贴和自由选择育儿方式家庭津贴。<br>4. "特殊家庭津贴" | 1. 养老金领取年龄延长到67岁。<br>2. 基本养老金(basic pension)。<br>3. 强制补充养老金(complulsory supplementary pension)。 | 1. 产假:16周,第三个孩子起为26周,津贴100%。<br>2. 陪产假:2周,有薪。<br>3. 孩子3周岁前,父母都可以休育儿假。<br>4. 每年3~5天假期照顾生病的儿童。 | 1. 3~6岁儿童,就可只要申请入公立托以进入公立托育机构。<br>2. 幼儿托育系统和学校系统是一体的,儿童保育是学前教育的一部分。<br>3. 儿童保育方面资助不是针对贫困儿童,而是针对特定对特定区域。 | 1. 60岁以上,日常生活需要帮助。<br>2. 安老院护理、医疗养院护理服务、家居照顾服务,以及非正式照料人员的支持等。<br>3. 对于能够自理的老人,提供居家护理和机构照顾,以及地方相关社团社会福利体提供的志愿服务。 | 1. 丰厚的现金补贴和相对较长的产育儿假,使生育率一直维持在较高水平,位于欧洲各国前列。2012年总和生育率为2.01。<br>2. 妇女就业率也相对较高,2012年为65%。<br>3. 通过对家庭提供支持,维系家庭照顾功能。 |
| 瑞典 | 以"去家庭化"的政策设计,给予家庭最充分的支持 | 1. 普遍主义和平等主义。任何公民,无论经济地位、婚姻状况或性别如何,都有权享受基本的福利。 | 1. 儿童津贴(child allowance)。 | 1. 所得养老金(income-based pension)。 | 1. 孕期假期:最后60天可以休息50天。 | 1. 最为完善的公共托育服务体系,为所有1~6岁儿童提供,但至少父母有一方在工作。 | 1. 长者福利在欧洲居前列,特别是融合社会保健方面长者的社会保健和医疗保健方面。 | 1. 瑞典的福利支出在发达国家中都是居于前列的。 |

续表

| 国家 | 家庭政策目标 | 家庭政策背景 | 家庭政策内容 | | | | | 家庭政策结果 |
|---|---|---|---|---|---|---|---|---|
| | | | 现金补贴 | 养老金 | 假期政策 | 儿童保育 | 长者护理服务 | |
| 瑞典 | 以"去家庭化"的政策设计,给予家庭最充分的支持 | 2. 不仅考虑贫困阶层的需求,还考虑中产阶层的服务需求。<br>3. 瑞典公民身份定位从"公民"(citizen worker)向"劳工-父母公民"(citizen worker-parent)转变,两性成为家庭、工作和全社会中等的共识。<br>4. 国家应该承担给予家庭福利供给的责任。 | 2. 儿童保育津贴(cash for childcare scheme)。<br>3. 房屋津贴(housing allowance)。<br>4. 单亲家庭津贴(single-parent allowance)。<br>5. 残疾生病儿童照料津贴(care allowance for sick and disabled children) | 2. 额外准备养老金(premium pension)。<br>3. 保障性养老金(guaranteed pension)。<br>4. 养老金领取没有固定年龄 | 2. 产假:产前或产后2周,强制性的申请带薪育儿保险福利(paid parental insurance benefit)。<br>3. 和孩子出生有关的短暂假期:10天。<br>4. 育儿假:480天,带薪,每位父母专享60天,不可以转让。<br>5. 临时育儿假:12岁以下儿童,每年120天;12~15岁,持医生证明,带薪。 | 2. 民间托育机构:接受和公营托育机构相同比例的政府补助,以参与式民主方式运营 | 2.《社会服务法》(Social Service Act)。<br>3. 地方政府负责给老人提供服务和照料的资金,确定内容和真正提供服务。<br>4. 一小部分给老人提供服务和照料的机构是非营利组织或类非营利组织运营,也纳入政府管理和给付范围 | 2. 瑞典的公立儿童保育模式是北欧模式社会福利服务的典范。<br>3. 瑞典女性有了最大的选择自由,在瑞典已形成"成年公民与国家相互负责"的模式。<br>4. 含有"自由主义"因素,对于各种形式家庭更多包容性 |
| 西班牙 | 从支持"家族主义"逐步转向支持"双薪家庭" | 1. "家族主义",包括核心家庭成员和亲属在家庭福利供给中处于核心位置。 | 1. 儿童出生/收养津贴。 | 1. 国民养老金(State Pension):分为非缴费型(non-contributory)的和缴费型(contributory)。 | 1. 产假:16周,产后6周是强制的,带薪,原收入100%。 | 1. 3~6岁儿童,提供全日制学前教育,由国家提供,或者由市场提供国家资助,对于家庭来说是免费的。 | | 1. 生育率下降,女性劳动的参与率提高,女性难以兼顾就业和家庭责任。 |

续表

| 国家 | 家庭政策目标 | 家庭政策背景 | 家庭政策内容 | | | | | 家庭政策结果 |
| --- | --- | --- | --- | --- | --- | --- | --- | --- |
| | | | 现金补贴 | 养老金 | 假期政策 | 儿童保育 | 长者护理/服务 | |
| 西班牙 | 从支持"家族主义"逐步转向支持"双薪家庭" | 2. 强烈的家族主义价值观：把家庭看作收入和资源的单位，每个人都努力对家庭做出贡献，家庭成员依赖资源和网络来交换服务，对家庭所应承担的责任和义务有着普遍的认同。<br>3. 亲属团结：代际间联系密切，亲属之间保持强大的凝聚力和纽带。 | 2. 抚养照料儿童或未成年人津贴。<br>3. 生育或多孩子津贴。<br>4. 多胎生育或收养津贴。<br>5. 儿童保育津贴。<br>6. 大家庭、单亲家庭或者残疾家庭生育或收养孩子的津贴 | 2. 私营养老金计划：主要包括"自愿职业养老金计划"和"自愿私人养老金计划"。<br>3. 领取养老金的年龄，男女都为65岁 | 2. 陪产假：15天，津贴为原收入的100%。<br>3. 育儿假：3岁前，都有权享受，无薪。 | 2. 3岁以下儿童，由非正规机构提供，公立托育服务非常匮乏。<br>3. "教育计划3"（Plan Educa3）：改善和增加0~3岁儿童公立托育服务 | "自主性和照料依赖者体系"（Sistema para la Autonomía y Atención a la Dependencia, System for Autonomy and Care for Dependency, SSAD），提供四种不同福利 | 2. 照顾模式从家庭模式为主，移民照顾模式、家庭—市场混合模式。<br>3. 家庭政策改革因为经济危机陷于停滞 |
| 波兰 | 家庭政策母性化，公共服务私有化 | 1.1989年之前，家庭政策是国家实施整体社会政策的一部分。建立了对家庭提供全方位支持的家庭政策体系，但家庭政策表现出保守主义倾向。 | 1. 家庭津贴（family allowance）。 | 1. 公共养老金（public pension）。 | 1. 产假：24周，14周延长强制性的，带薪。 | 1. 托儿所（Crèches），由政府组织或者非政府建立，为3岁以下儿童提供每天最多10个小时的儿童保育服务）。 | 1. 属于社会救济体系的一部分。 | 1. 强烈的市场化倾向。 |

续表

| 国家 | 家庭政策目标 | 家庭政策背景 | 家庭政策内容 | | | | | 家庭政策结果 |
|---|---|---|---|---|---|---|---|---|
| | | | 现金补贴 | 养老金 | 假期政策 | 儿童保育 | 长者护理/服务 | |
| 波兰 | 家庭政策母性化,公共服务私有化 | 2.1989年之后,"再家庭化"(re-familization)和"母性化"(maternalism),推动女性重回母亲和妻子应承担的角色。家庭政策更倾向于自由主义的市场化取向 | 2. 照料津贴(care allowance):包括看护保障(nursing benefit)和护理津贴(nursing allowance) | 2. 私营养老金体系(private pension system),包括"强制性个人养老金"(mandatory personal pension),"自愿职业养老金计划"(voluntary occupational pension plans)和"私人自愿养老金计划"(voluntary personal pension arrangement) | 2. 陪产假:2周,带薪。3. 育儿假:36个月,没有育儿津贴,只有家庭津贴的补充津贴。4. 照顾需要照顾的家庭成员假期:每年14天,带薪。5. 照顾生病的孩子:8岁前,每年60天 | 2. 儿童俱乐部(由地方政府运作,为1~3岁的儿童提供每天最多5个小时的儿童保育服务)。3. 幼儿托管人(Childminder,在幼儿托管人家,同时照顾最多5名3岁以下的儿童)。4. 保姆(Nannies,父母雇用保姆在家照顾幼儿) | 2. 由社会救济中心(social assistance centers),市级家庭支持中心(poviat centers for family support)和区域社会政策中心(regional social policy centers)构成。3. 卫生部(Ministry of Health)和其下属医院也是长者服务体系的一部分 | 2. 大量儿童生活在贫困之中。3. 女性难以平衡就业和家庭责任,成为欧盟生育率最低的国家之一。4. 家庭政策改革明显受到欧盟家庭政策联盟的影响 |

## 二　欧盟各国的家庭政策

欧盟各国家庭政策的发展和对于家庭、儿童需求在政治上的回应，不仅受本国的社会文化、历史和政治等背景以及本国人口和家庭变迁的影响，还在很大程度上受到欧盟社会和家庭政策的影响。2007 年，欧盟各成员国共同建立了"欧洲家庭联盟"（The European Alliance for Families），这代表了欧盟和各成员国持续承诺制定和出台对家庭友好的政策，彼此支持共同寻找对人口和家庭变迁具有前瞻性的政治回应，分享彼此在家庭政策领域的信息和经验，目的是"在职业、家庭和私人生活之间达到更好的平衡"（Commission of the European Communities，2007）。欧盟试图通过"开放式协调方式"（Open Method of Coordination，OMC）① 推动各成员国共同确定家庭政策目标，分享和相互学习家庭政策方面最好的实践，建立"欧洲的家庭政策"（Lohmann，H.，et al.，2009）。

在建立欧洲家庭联盟之前，有关家庭的一些目标和工具都体现在 2000 年欧盟理事会（European Council）峰会形成的"里斯本增长和就业战略规划"（Lisbon Strategy for Growth and Jobs）之中：家庭政策的目标是改善家庭和工作之间的协调性，形成和出台更多的政策来应对人口变迁。随后欧洲的一系列峰会都制定了和家庭政策相关的目标。2001 年，欧洲理事会斯德哥尔摩会议，提出要由护理机构给儿童和其他需要照料的成员提供更多的服务，由家庭福利体系提供更多的服务；2002 年，欧洲理事会巴塞罗那会议，提出到 2010 年要为至少 90% 的 3~6 岁儿童提供儿童保育服务，为至少 33% 的 3 岁以下儿童提供儿童保育服务；2006 年，欧洲春季理事会强调必须减少儿童贫困，给所有儿童提供平等的机会，无论儿童的社会背景如何；2007 年，欧洲理事会强调为了改善社会团结必须强调家庭政策的持续性，并勾勒出对于家庭政策来说的重要领域（Lohmann，H.，et al.，2009）。欧洲委员会为家庭政策设定了三个目标：儿童福

① "开放式协调方式"是一种基于实践经验的归纳而逐渐形成的政府间的软治理方式，在 2000 年欧盟里斯本高峰会议中被提出，被欧盟当作"实现增长、现代化和福利的新途径，是一种成员国之间相互学习政策的方式，而不是制定具有约束力的法律强迫成员国去实施"。开放式协调方式大致遵循以下步骤：在欧盟层面设定共同指导方针、目标和评价基准；各个成员国根据这些目标制定各自国内的政策和行动计划；定期对这些政策实践进行评价和总结，根据评价基准评出最佳实践；鼓励其他成员国共同学习最佳实践。

利、性别平等、工作和家庭生活平衡（European Commission，2005，2006，2007a，2007b，2008a，2008b；Lindén，T. S.，2007）。

欧盟也明确表示各成员国自己也肩负着制定适当的和可持续的家庭政策的责任，欧洲家庭政策的目标只是建议和指导原则，是供欧盟成员国在制定自己国家的家庭政策时参考的。从下面对英国、法国、瑞典、西班牙和波兰的分析中可以看到，这些国家的家庭政策目标都围绕着欧洲的家庭政策目标，各国家庭政策的制定和变动在很大程度上都受到欧洲家庭政策的影响。

（一）英国家庭政策：以儿童为中心，强调个人责任

英国和美国一样，都是被划分为"自由福利国家体制"和"不干预家庭政策体制"的国家。而自由主义福利国家体制和不干预主义的家庭体制，都是建立在个人主义（individualism）和自愿主义（voluntarism）基础上的。也就是说，个体应该自己承担保证自己经济安全和为自己提供福利的责任，国家和家庭都没有这种责任。个人可以通过努力工作去谋生，通过市场去解决自己各方面的需求，国家和雇主没有义务保障个人工作、满足个人福利需求，以及协助妇女在工作和家庭责任之间取得平衡。"家庭属于私有领域"是公众言论和政策形成中一直秉承的价值观，社会强烈认同家庭在儿童保育和儿童教养中的首要位置，家庭关系一直被当作免于国家干预的领域（Ringen，S.，1997：10）。

和法国、德国、瑞典等欧洲大陆国家相比，英国在家庭政策上一直持相对不干预的态度，没有构建完整的家庭政策体系。但是和美国相比，虽然英国曾经拒绝签署1998年欧盟社会宪章（EC Social Charter）和1991年马斯特里赫条约中有关社会保障的条款（Social Chapter of the Maastricht Treaty）（Crompton & Lyonette，2005），但是在20世纪末21世纪初，还是深受欧盟推动成员国建立家庭政策和分享最佳实践的影响，英国形成了更加完备的隐性家庭政策，特别是在针对儿童的政策，以及给工作父母提供有薪产假和育儿假期方面。因此，有些研究者指出，英国从20世纪50年代以后的发展似乎越来越趋向于北欧国家（Esping-Anderson，G.，1999：77）。不过自从2010年英国保守党和自由民主党联合执政以来，因为面临着巨大的财政压力，政府视各种福利开支为负担，大幅度削减福利开支，使英国不仅没有朝着欧洲大陆国家更加完备的社会政策体系和更为慷慨的现金补贴方式发展，反而有向着美国家庭政策模式滑动的趋势，被有些研究者称为欧洲福利制度的美国化。

**（二）法国家庭政策：多子多孙多福利，政策目标多元化**

虽然在欧洲，家庭政策没有把支持生育作为目标之一，但由于早年生育率持续下降，支持生育一直是法国家庭政策的核心。法国家庭政策的设计都是以生育和儿童抚养为中心的。他们对于各种模式的家庭都采取一视同仁的补助方式，不论儿童是否本国公民所生，是婚生还是非婚生的，是来自于婚姻家庭抑或同居家庭，只要有孩子需要照抚，都可以申请到在欧盟各国最为丰厚的家庭津贴。法国这种以孩子为主体，而不以婚姻关系为条件的家庭津贴补助方式，不仅能够让每个儿童得到公平的照顾，也让有意愿生孩子但不一定愿意结婚的成年人能够放心地生养孩子（朱圣惠，2011）。而且，为了鼓励大家庭的出现，在法国，孩子越多的家庭能够享受的福利也越多，是典型的多子多孙多福利。

法国从1945年以后，就居于欧洲各国前列的生育率，证明了法国家庭政策的成功（Kaufmann，Franz-Xaver. 2002），但同时也导致法国家庭政策不再像以前那样以鼓励生育为主，而是趋向家庭政策目标多元化。法国政府高级家庭政策顾问弗雷德里克·勒普斯指出法国家庭政策主要有六个目标，包括补贴家庭开支、有力地降低家庭贫困、帮助父母实现家庭计划（帮助未来的父母生育他们希望有的子女数量）、促进家庭生活和职业生活的衔接、帮助年轻人和他们的父母、协助父母履行责任和义务（弗雷德里克·勒普斯，2012）。这六个目标是相辅相成的，但是具体如何设计和实施还存在很多的争议。

**（三）瑞典家庭政策：以"去家庭化"的政策设计，给予家庭最充分支持**

瑞典是典型的社会民主主义福利体制和家庭体制国家，这种体制的主要特点之一就是"去家庭化"，也就是说国家不是等到家庭没有能力对家庭成员提供支持时再提供帮助，而是先发地将家庭关系成本社会化，最大可能地减少个体对于家庭的依赖，为个体提供所需的独立于家庭之外的各种资源（Esping-Anderson，G.，1999：78）。但这种"去家庭化"并不意味着国家强行侵入家庭生活，而是在国家确保了家庭的经济安全，承担了家庭原来的照顾责任时，家庭可以更为自由地选择最合乎实际的选择。研究表明，当家庭成员的经济负担和照顾负担都减轻了，代际的联系反而变得更强而且更紧密（刘毓秀，2009）。瑞典通过"去家庭化"的政策设计，给予了家庭最充分的支持和最大的选择自由，也给了女性最大的自由去选择是就业还是在家照顾孩子，这样才有可能真正地促进两性平等。

不可否认，瑞典的家庭政策中包含着一些相对"自由主义"的因素，反映了在瑞典人当中被广为接受和支持的一些价值观，比如承认非婚生子女的地位、离婚自由、对于单身母亲和其子女的支持越来越普遍化等。这些自由主义价值观深深植根于瑞典的传统文化和社会经济历史之中（Myrdal, A., 1945）。这些自由主义价值观导致瑞典的结婚率低、离婚率高，但这并不意味着瑞典家庭团结相对较低，因为这些不是瑞典家庭政策设计的结果，最多只能说瑞典的家庭政策没有提供刺激人们结婚的因素。父母和未婚子女组建的家庭在瑞典属于传统家庭模式，瑞典对于各种形式的家庭有更多的包容性，比如同居家庭和同性恋家庭。在瑞典"去家庭化"家庭政策的影响下，不同模式的家庭内部更为团结，因为这是瑞典人在不考虑经济和物质需求的情况下，在不需要承担儿童保育和老人照料责任的情况下，根据自己意愿做出的最真实选择。

**（四）波兰家庭政策：家庭政策母性化，公共服务私有化**

当西欧和北欧的家庭政策正倾向于更加"去家庭化"，使女性更加容易平衡工作和家庭时，中欧和东欧的前共产主义国家的家庭政策却表现出相反的方向，促使女性从工作场所走回家庭，表现出"再家庭化"（re-familization）和"母性化"（maternalism）（Fultz, E., et al., 2003; Glass & Fodor, 2007）倾向。与匈牙利和捷克等国家相比，波兰表现得更为明显。波兰保守主义天主教教会传统和1989年因所负外债最多而不得不进行最深刻的市场化改革，是导致波兰社会政策和家庭政策出现这种转向的重要因素（Saxonberg & Szelewa, 2007; Glass & Fodor, 2007）。

1989年之后的波兰的家庭政策，更加倾向于自由的和市场取向的安格鲁－萨格森模式，更多地依赖市场解决家庭问题，福利也多是资产审查式的，很少是普惠制的（Saxonberg & Szelewa, 2007）。国家给家庭提供的现金支持虽然种类繁多但是给付水平大多很低；育儿假期时间虽然长，但是除了微薄的育儿津贴，基本是无薪的；公立儿童托育体系的消失，儿童托育的市场化，使得儿童进入正规保育机构的比例在经合组织成员国中是垫底的（OECD, 2009b）。妇女重新被看作主要的照料者，承担着照料家中的老人、孩子和其他需要照料的家庭成员的责任，波兰从普遍福利制的"共产主义"走向"潜在的家庭主义"（implicit familisim）（Szelewa, Dorota, 2012）。

**（五）西班牙家庭政策：从支持"家族主义"逐步转向支持"双薪家庭"**

西班牙的家庭政策清楚地展现了南欧福利体制的"家族主义"特点，也就是说家族（包括核心家庭成员和亲属）在福利供给中处于核心的地位，而天主教会和非政府组织处于辅助的位置（Reher D. S.，1998）。西班牙的社会权利并不立足于个体，也不是立足于核心家庭，而是立足于包括亲属在内的大家庭（家族）（Naldini，M.，2003）。尽管西班牙在 20 世纪经历了巨大的经济社会变迁，但是家庭依然显示了强大的代际关系纽带和亲属内部的团结，照料孩子和老人在很大程度上依然由家庭成员和亲属承担，强烈的家族义务感依然广为人们所接受，这被称为"家庭/亲属团结模式"（Naldini & Jurado，2012）。

不过在过去数十年，从女性就业的角度来看，从有薪工作和无薪工作的分配来看，西班牙家庭的情况发生了很大的变化，双薪制的核心家庭模式已经越来越居于主流位置，西班牙正在逐步偏离家族/亲属团结模式。在过去十年中，西班牙妇女就业率不断上升，已经接近欧盟平均水平，在经济危机中妇女仍然坚持积极参与经济活动。同时，西班牙家庭分工两性差异不断缩小，越来越多的人认同父亲也有能力照顾孩子。政府也出台了一些政策，帮助这些双薪制家庭的父母在工作和家庭之前取得平衡，比如更长时间更灵活的育儿假期政策，更多的公立儿童保育服务等，但其基本特征还是残补式的，家庭政策的发展并没有跟上家庭的发展（Naldini & Jurado，2012）。

# 第三节　东亚国家和地区的家庭政策

和欧美工业化国家相比较，东亚国家和地区在经济发展上都属于后发地区，基本循着相似的发展轨迹。在福利体制建构上，都展现了社会政策发展服从经济发展的东亚型福利体制的主要特点。受到儒家价值观的影响，家庭长期以来都承担着照料幼儿和老人的责任，老人和儿童也都依靠家庭来满足自己的需要。现在也都面临着人口老龄化、过低生育率、结婚率下降、晚婚晚育越来越普遍、单亲家庭比重上升等人口变迁，传统的家庭模式和家庭分工受到冲击，原有的家庭承担福利供给主要责任的模式已难以维系。在这种情况下，东亚国家和地区的政府在为儿童和老人提供照料服务方面都逐渐扮演了更为积极的角色。表 1 - 2 展示了东亚国家和地区的家庭政策背景、政策内容和政策结果。

表1-2 东亚国家和地区的家庭政策综述

| 国家和地区 | 家庭政策目标 | 文化价值观/社会历史 | 家庭政策内容 | | | | | 家庭政策结果 |
|---|---|---|---|---|---|---|---|---|
| | | | 现金补贴 | 养老金 | 假期政策 | 儿童保育 | 长者护理 | |
| 日本 | 从传统的"家庭照料体制"走向"社会照料体制" | 1. "二战"后，"男主外女主内"的传统两性分工模式和日本福利国家体系的组织框架为以公司为核心的组织框架，国家、公司、家庭（男性和女性）之间的分工构成了一个稳定的相互支撑的结构。2. 20世纪90年代，家庭严重衰退后，经济和公司都难以承担原来对家庭的福利支持，日本对家庭政策进行了重大调整 | 1. 儿童津贴。2. 育儿津贴。3. 婴幼儿医疗费津贴（Infant medical expenses allowance system）。4. 儿童医疗费补贴（Medical expenses allowance for children）。5. 单亲家庭医疗费补贴（Medical expenses allowance for lone-parent household） | 1. 基本定额养老金计划（国民养老金）。2. 收入关联养老金（雇员养老金计划，厚生养老金）。3. 四种补充职业养老金，建立在自愿基础上。4. 现在领取养老金的年龄为60岁 | 1. 产假：共14周，产前6周，产后8周，6周为强制性的，产假津贴为原来收入的2/3。2. 陪产假：无。3. 育儿假：孩子12个月之前都可以享受育儿假，津贴为原来收入的50%。4. 家庭照顾假：上限93天，津贴为原来收入的40%。5. 照顾生病儿童：每年5天，无薪 | 1. 保育院（Day-care center / nursing school）。2. 家庭支持中心。3. 育儿支援中心（Kosodate-shien center）。4. 课后儿童俱乐部 [Hokago Jido Club（Gakudo hoikushitsu）]。5. 儿童馆・儿童中心（Jido Kan・Jido center） | 长期护理保险制度体系：从2000年开始，是亚洲第一个对老人仅提供医疗保险转向为老人所需的长期护理提供财政支持的国家 | 1. 自由主义和保守主义福利体制混合。2. 从长期向积极干预转向，成为亚洲福利改革的领头雁。3. 在儿童照料方面，日本家庭政策调整似乎不是那么成功 |
| 韩国 | 照顾服务产业化，家庭福利供给多元化 | 1. 三代同堂和代际间的经济互助是韩国人长期以来普遍接受的文化理念 | 1. 育儿津贴 | 1. 公共养老金：收入关联计划 | 1. 产假：90天（每周7个工作日），或者12.8个星期；前60天为原来收入的100% | 1. 为1岁以下的婴儿提供全日制的儿童保育服务 | | 1. 家庭福利供给，形成了国家、家庭、市场和非政府志愿组织之间更为平衡的分配 |

续表

| 国家和地区 | 家庭政策目标 | 文化价值观/社会历史 | 家庭政策内容 | | | | | 家庭政策结果 |
|---|---|---|---|---|---|---|---|---|
| | | | 现金补贴 | 养老金 | 假期政策 | 儿童保育 | 长者护理 | |
| 韩国 | 照顾服务产业化，家庭福利供给多元化 | 2. 20世纪90年代之前，韩国政府一直拒绝把儿童保育看是公共部门的责任，更倾向于鼓励社区组织和企业、商业部门给工作母亲提供儿童保育服务。<br>3. 经济衰退之后，原来的福利体系无法维系下去，开始进行家庭政策改革。 | 2. 出生津贴（birth grant）。<br>3. 单亲家庭儿童津贴 | 2. 私营养老金：强制性职业养老金"和"个人自愿养老金"。<br>3. 获得养老金年龄为60岁。 | 2. 陪产假：5天，3天有薪。<br>3. 育儿假：每位父母12个月，薪酬为原来收入的40% | 2. 为3个月到12岁的儿童提供临时的和应急的儿童保育服务。<br>3. 社区儿童保育中心。<br>4. 弹性儿童保育网络 | "老人长期照顾保险体系"（the elderly long-term care insurance system）：2007年，社会保障计划，为那些由于年老或患长期患病却无法获得他人帮助的老人，提供包括护理、洗浴和家务料理之类的公共服务之覆盖所有老人 | 1. 过低生育率和人口快速老龄化。<br>2. 长期社会投资战略，创造了社会福利和经济增长发展之同的良性循环。 |
| 中国台湾 | 从"家庭照顾"到"照顾家庭" | 1. 20世纪一直对家庭持不干预政策，深受传统家庭意识形态的影响。强调"男主外女主内"的传统两性分工，鼓励三代同堂和代际的互惠互助，认同国家在儿童保育和养老人照顾方面承担的责任。 | 1. 生育给付。 | 1. 台湾养老金的种类和受益人职业密切相连，分为劳工养老保险、公教养老保险、私校教职员养老保险、"国民年金"养老保险四种。其中，军公教养老金最为丰厚。 | 1. 产假：8周，津贴为原来收入的100%。 | 1. "保姆托育管理与补助计划"：遵循"政府与民间组织合作管理保姆托育+低度补助家长+促进就业"措施。 | | 1. 少子化，2011年总生育率下降到1.065。台湾还没有形成有利于儿童生育和养育的环境。 |

续表

| 国家和地区 | 家庭政策目标 | 文化价值观/社会历史 | 家庭政策内容 | | | | | 家庭政策结果 |
|---|---|---|---|---|---|---|---|---|
| | | | 现金补贴 | 养老金 | 假期政策 | 儿童保育 | 长者护理 | |
| 中国台湾 | 从"家庭照顾"到"照顾家庭" | 2. 20世纪90年代的政党之争直接推动了社会福利制度的扩张。<br>3. 2004年制定家庭政策的具体目标:保障家庭经济安全,增进性别平等,支持家庭照顾能力和分担家庭照顾责任,预防并协助解决家庭问题以及促进社会包容。 | 2. 托育津贴。<br>3. 幼儿教育券。 | 2. "国民年金"养老保险针对没有被任何养老保险包括在内的公民。<br>3. "个人储蓄账户"制度。<br>4. 商业年金保险。 | 2. 陪产假:3天,带薪。<br>3. 育婴假:2年,孩子3岁之前可申请,前6个月带薪,为原来收入的60% | 2. 将小学学童课后照顾服务纳入福利措施项目中。<br>3. "行政院妇权会",小区自治幼儿园。<br>4. "教育部"友善教保实验计划 | "长期照顾十年计划":2007年制定,为老人多元连续服务,在地老化和全日照顾的愿景。计划依据失能能力及经济程度,提供不同额度阶梯式的补助。 | 2. 人口老龄化,65岁以上的人口占总人口的11.15%。"老人长期照顾十年计划"实施遇到很多障碍。<br>3. 妇女越来越难以平衡职业和无薪照顾工作,要求政府有新的照顾"照顾家庭"。 |
| 新加坡 | 塑造理想家庭模式,鼓励生育更多子女 | 1. 国家生存和经济发展成为政府首要考量的问题,社会政策必须为经济发展服务。 | 1. 儿童发展共同储蓄计划(婴儿红利计划)(Children Development Co-saving (Baby Bonus) Scheme)。<br>2. 新生儿保健储蓄津贴(Medisave Grant for Newborns)。 | 1. 中央公积金(the Central Provident Fund, CPF):覆盖了所有的工作人员,包括大部分的公务员,中央公积金是缴定性计划。 | 1. 产假:16周,产前4周,产后12周。产假津贴由雇主支付,再由政府报销。 | 1. 没有公立儿童保育服务。 | 1. 长者服务由国家福利理事会(National Council of Social Services)资助或者管理。 | 1. 提高生育率是新加坡政策核心目标,但是收效不大,整体还是保持着下降趋势。 |

续表

| 国家和地区 | 家庭政策目标 | 文化价值观/社会历史 | 家庭政策内容 | | | | | | 家庭政策结果 |
|---|---|---|---|---|---|---|---|---|---|
| | | | 现金补贴 | 养老金 | 假期政策 | 儿童保育 | 长者护理 | |
| 新加坡 | 塑造理想家庭模式，鼓励生育更多子女 | 2. 到了 20 世纪 80 年代以后，政府开始把注意力从经济发展上转移一部分到家庭和社会事务上。新加坡生育率持续下降，引起政府关注。<br>3. 进入 21 世纪以后，新加坡出台了结婚、成家、生育、养育，及老人照料和护理一系列的家庭政策。<br>4. 新加坡还努力在意识形态方面宣传家庭的重要价值，鼓励人们认同和肯定自己的家庭角色，认同政府塑造的理想家庭模式：拥有职业角色的育龄妇女，在丈夫的陪伴下养老人和孕育儿女 | 3. 父母税收返还（Parenthood Tax Rebate, PTR）。<br>4. 有资格照顾残疾儿童数助（Qualifying/Handicapped Child Relief, QCR/HCR）。<br>5. 工作母亲儿童数助（Working Mother's Child Relief, WMCR）。<br>6. 祖父母照顾者数助（Grandparent Caregiver Relief, GCR）。<br>7. 托育补贴（Subsidies for Center-Based Infant Care & Child Care）。<br>8. 外籍女佣征税减免（Foreign Domestic Worker Levy Concession） | 2. 一次性领取养老金的正常年龄是 55 岁，62 岁之后可以分阶段领取养老金 | 2. 陪产假：1 周，为 16 周产假中的 1 周。<br>3. 育儿假：孩子 7 岁前，每位父母每年有 6 天育儿假。前 3 天由雇主付薪，后 3 天由政府支付 | 2. 早期儿童托育机构：学前班和儿童托育中心。政府负责监督和资助，由个人、社区、非政府组织或者企业来运作 | 2. 具体内容包括益友服务（Befriending services），照料者支援服务（Caregivers support services）等十几种服务 | 2. 强调通过工作来满足家庭需求，家庭政策设计也是基于这种理念 |

一　日本的家庭政策：从传统的"家庭照料体制"走向"社会照料体制"

埃斯平在讨论日本的福利体制时，强调它兼具保守主义福利体制和自由主义福利体制的特点（Esping-Andersen，G.，1997）。也就是说，日本在很长时间内对家庭都是持不干预的态度，即使出台了一些碎片化和残补式的家庭政策，也都是支持"男主外女主内"的传统家庭模式。这种残补式的家庭政策模式在经济持续发展、男性充分就业和家庭结构稳定的情况下是可以维持的。但是20世纪70年代中期以后，日本面临着一系列的社会人口变迁，包括人口老龄化、生育率下降、晚婚晚育、女性劳动参与率增加等，传统的男性养家糊口模式逐渐失去了生存的土壤。20世纪90年代末期，日本的家庭政策重新调整了方向，其深度和广度都在不断扩大，包括提供更多的公立儿童保育设施，调整产假和育儿假，以及提供普惠制的儿童津贴等（Tokoro，Michihiko，2012）。日本成了东亚家庭政策改革的领头雁（Public Policy Research Center，2009）。日本的家庭政策从不干预走向积极干预，但是支持传统家庭依然是其不变的基调。

和过去相比，日本在最近二十年来表现出更为积极的干预家庭事务的态势，这主要体现在改变日本传统的照顾体制之上。2000年，日本出台"长期护理保险制度体系"，标志着日本成为第一个由国家主要负担老人长期护理所需费用的亚洲国家，意味着日本已经偏离了传统的家庭照料体制，正在走向社会照料体制（Timonen，V.，2008）。比较而言，在儿童照料方面，日本的家庭政策调整似乎不是那么成功。2010年日本出台的新型儿童津贴，不仅额度比预先计划的削减了一半，而且也从普惠制变成了资产普查式的。日本的儿童保育和工作家庭平衡在很大程度上还是要依赖于家庭本身（Tokoro，Michihiko，2012）。在越来越多的职业女性遭遇工作和家庭难以兼顾的困境之时，政府开始积极对外出工作女性给予帮助，但是提供的帮助非常有限。日本是世界上经济最为发达的国家之一，但是日本的福利体系和西欧北欧各国相比还相对滞后。要真正有效地给家庭提供全面的支持，日本还有很漫长的路需要走，特别是在经济发展停滞和财政紧张的时代。

二　韩国家庭政策：照顾服务产业化，家庭福利供给多元化

同为东亚国家，同样属于儒家文化圈中的一员，韩国的社会政策体制传

统上和日本一样显示出强烈的家庭主义倾向，家庭承担了提供福利产品的主要责任，照料责任主要由妇女承担，而且几乎没有任何可以替代的方式。直到最近，韩国家庭政策的特点都是和这种家庭主义倾向一致的（Public Policy Research Center，2009）。韩国二元制的就业体系通过就业保护和分层社会保险体系让男性员工居于有利的地位，这样就形成制度性的结构支持男性间接和女性直接的家庭照顾责任，也支持传统家庭主义福利提供模式的再生产（Peng，Ito，2009）。

韩国从 20 世纪 90 年代之后，在国家、家庭和市场三个家庭福利供给方中，国家逐渐发挥了越来越重要的作用，而且还准备发挥更为重要的作用。由于劳动力市场的改革，市场在供应和维持男性养家糊口者的稳定就业方面的作用被削弱了，但是它被重新定位为社会服务和家庭福利的供给者，主要是提供对于老人和儿童的照顾和服务。家庭还是家庭福利和照顾服务的重要提供者，但是因为国家和市场在福利供给中的作用增加了，它的作用在被削弱。同时，还可以看到，非政府组织和志愿组织的作用在加强。也就是说，韩国整体家庭福利的供给，从主要依赖家庭（提供照顾服务）和市场（为男性养家者提供稳定的就业和高薪）转向国家、家庭、市场和非政府/志愿者组织之间更为平衡的分配（Peng，Ito，2009）。

进入 21 世纪以来，为了应对家庭结构的变迁和生育率的持续下降，特别是在遭遇经济危机，经济发展出现停滞之后，传统的家庭主义福利提供模式不能够再有效运作，韩国被迫进行家庭政策改革，开始构建明确的家庭政策体系。这标志着韩国从传统上持不干预家庭事务的态度转向积极支持和主动创建有利于家庭发展的环境。韩国家庭政策的远景是要建构"一个让所有家庭都感到快乐并得到平等对待的社会"；政策总体目标是"让家庭中的成员无论年龄性别都能和谐相处，提高所有家庭成员的生活品质"；具体目标包括，建设让儿童能够得到良好保育和照料的社区、强化家庭的能力、建设对家庭友好的社区、帮助多元文化家庭融入社会（Ministry of Gender Equality and Family，Korea，2012）。韩国通过长期社会投资策略，创造了经济增长和社会福利发展之间的良性循环，从而很好地整合了社会和经济发展（Public Policy Research Center，2009）。

## 三　中国台湾家庭政策：从"家庭照顾"到"照顾家庭"

在过去的数十年，中国台湾在经济发展上和日本、韩国类似，都遵循着发展型国家和地区的经济发展路径，致力于发展经济和推动工业化，所有的社会政策和家庭政策的形成发展都要从属于经济发展的需要。政府在承担主导经济发展角色的同时，把家庭福利供给的责任留给了家庭，强调家庭责任和个人需求的结合，只有在家庭失去功能的时候才提供最低程度的帮助。作为台湾家庭政策主轴的家庭照顾、社区照顾、福利社区化等政策，都含有强烈的家庭主义倾向，表现出家庭政策的"私有化"和"家庭化"的倾向（许雅惠，2000）。

当台湾经历了类似于其他东亚社会的人口家庭变迁后，传统的"家庭主义"福利提供模式开始越来越难以维系。但是直到2004年，台湾"行政院"才明确要求"内政部"组织专家制定台湾的家庭政策，因为家庭所面对的问题和需求，需要政府和社会的协助。台湾家庭政策的核心思想是"基于支持家庭的理念，而非无限制地侵入家庭，或者管制家庭"。这标志着台湾开始更加积极地介入家庭事务，从家庭成员福利依赖"家庭照顾"转向政府和社会"照顾家庭"。但是台湾并不准备采用瑞典等北欧国家的福利体制，而是更加倾向于保守主义家庭政策体制，因为政府拟定的家庭政策除了回应台湾社会、经济、文化变迁对于家庭的影响，更多是为了维护传统家庭的稳定，支持家庭履行照顾的责任（台湾"行政院社会福利促进委员会"，2004）。

## 四　新加坡的家庭政策：塑造理想家庭模式，鼓励生育更多子女

和许多东亚国家一样，新加坡的福利体制清楚地显示了东亚福利体制的特点，也就是所有的社会政策必须为经济发展服务。无论是新加坡建国之初通过家庭计划控制生育，还是20世纪80年代之后为缓解生育率持续下降而出台的政策，都遵循这个逻辑。控制人口，是为了使家庭不成为经济发展的负担；鼓励家庭（特别是接受过高等教育的父母）生育更多的孩子，是为了给经济发展培养高素质和数量充足的劳动力。而对家庭的支持方面，除了中央公积金和公共住房，无论是现金补贴还是假期政策，一直都非常有限，特别是在20世纪90年代末之前。

新加坡在80年代基本实现了工业化和经济发展的目标，政府开始把注意力从经济发展上转移一部分到家庭和社会事务上。在这段时间里，新加坡生育率持续下降，越来越多的女性外出工作。而且随着女性受教育程度的提

高，越来越多的女性推迟结婚或者选择不婚。新加坡开始关注是否会出现人口逆淘汰，因此出台更多的政策来鼓励大学生早婚早育和生育更多的孩子，但是对于受教育水平较低的妇女，则不鼓励她们生育更多的孩子。这种明显带有歧视性的政策，执行时间不久就被废除了（Wong, T., & Yeoh, Brenda S. A., 2003）。在接下来的 20 年中，新加坡采取了更为中立的政策来鼓励生育，包括提供现金补贴，延长产假育儿假期，增加假期津贴等。

进入 21 世纪以后，新加坡出台了包括结婚、成家、生育、养育、家庭和工作协调，以及老人照料和护理在内的一系列家庭政策，通过货币或者非货币的措施从人们生命历程的各个阶段来对家庭和婚姻提供支持和帮助。同时，新加坡还努力在意识形态方面宣传和肯定家庭的重要价值，从强调"社会的基本单位是家庭"，到"强大而稳定的家庭"，到"新加坡，家庭的圣地"（刘笑言，2012），再到"强大而稳定的家庭是蓬勃发展和成功国家的基础"（National Family Council，2012），来鼓励人们认同和肯定自己的家庭角色，认同政府塑造的理想家庭模式（刘笑言，2012）。不过，从目前来看，新加坡的做法效果并不理想，生育率持续下降的趋势并没有得到缓解。即使新加坡另辟蹊径，在意识形态上强调生育和孝道，也仍然没有缓解生育率下降的问题。这一方面是因为新加坡坚持对于传统家庭模式的偏好，福利的单位是家庭而不是个体；另一方面原因就是新加坡的家庭政策对于多样化的现代家庭缺乏包容性，选择非传统家庭模式的夫妻伴侣无法从中受惠，因而放弃生育子女。

## 第四节　寻找适合中国的家庭政策模式
### ——总结和政策建议

我们已经讨论了不同福利体制国家和地区的家庭政策的形成发展与模式。在此基础上，我们要讨论这些国家和地区在家庭政策上表现出的共同趋势，综合论述影响不同国家和地区政策选择差异的因素，然后在此基础之上给出构建中国家庭政策的建议。

### 一　各国和地区家庭政策改革的共同方向

这里讨论的不同福利体制国家和地区，虽然家庭政策形成发展的脉络表现出很大的差异，采取的家庭政策措施也各有侧重。比如，有的侧重于保障家庭的经济安全，提供丰厚的现金福利；有的侧重于儿童保育，提供系统完整的公共保育体系。但是，还是可以从中看出家庭政策改革的共同方向。

**（一）积极参与家庭事务，为家庭提供有效的支持**

除了波兰由于特殊的政治经济发展脉络，也就是说从前国家社会主义国家转向市场化的民主主义国家，同时又要应对经济危机，因此家庭政策表现出"再家庭化"和"母性化"，欧美诸国的家庭政策都正在倾向于更加"去家庭化"，东亚诸国和地区也都在逐渐偏离"不干预"的家庭政策模式，国家都在家庭福利供给中扮演了更为积极的角色。

无论是被划归为"自由福利国家体制"和"不干预家庭政策体制"的英国和美国，还是更加偏向家庭主义不干预模式的东亚社会，原有的家庭政策在很大程度上都是建立在传统的家庭模式基础上的。在家庭福利供给上，特别是深受儒家思想影响的东亚社会，传统家庭都承担了主要的责任。

但是随着人口和家庭的变迁，传统的家庭模式受到了极大的冲击，无法再维系传统的"男主外女主内"的性别分工模式，也无法再承担原有的照顾责任。在经济发展停滞或减缓、失业率持续增加的情况下，大量贫困人口和贫困家庭产生，增加社会福利和家庭福利的供给，特别是针对贫困人口和贫困家庭的福利供给，成为许多国家政党竞选和谋求政府合法性的一个有效工具。

因此，除了波兰以外其他的国家都开始更为积极地介入家庭事务。而且应该着重指出的是，这些国家在家庭福利供给中发挥更大的作用，是对家庭提供更多更有效的支持，而不是任意入侵家庭或者管制家庭。家庭政策更多采用的是激励性政策，比如生育更多的孩子，能够享有更多的福利；而很少采用惩罚性政策，强迫人们按照政府的规划去做。

**（二）设计和实施完整的家庭政策体系，确定实施的先后次序**

不仅是法国和瑞典这样在家庭政策领域一直领先的国家，有着完整的家庭政策体系，并且根据社会经济变化和人口家庭状况不断调整家庭政策的侧重点，确定家庭政策优先实施的领域，就是像韩国和新加坡这样的原来对于家庭更多持不干预态度的国家，也开始设计和实施完整的家庭政策体系。只是各国设计整体家庭政策体系时遵循的逻辑有所差异。

韩国是把家庭作为一个整体，致力于让每个家庭和家庭成员都能够感到快乐，因此家庭政策更多的是针对家庭整体，或者针对其中特定的成员，如儿童和老人。而新加坡是从一个人的生命历程和家庭生命周期的视角，设计整个家庭政策体系，考量在人们生命周期和家庭生命历程的每个阶段，国家能够提供什么样的支持和帮助。

无论遵循什么样的逻辑，无可否认，系统性的家庭政策有助于不同领域的家庭政策彼此协调，相互支持，能够尽可能地减少家庭政策内部不同领域的政策冲突，提高家庭政策的有效性。法国现在实施的家庭政策的六个目标都是相辅相成的，法国能够同时实现高出生率和妇女高就业率证明了法国家庭政策的有效性，也说明系统性的家庭政策比碎片化的家庭政策会带来更好的效果。

**（三）正视家庭的多元形态，认同家庭的多元模式**

随着家庭变迁和社会人口变动，传统的家庭模式受到越来越大的冲击。现代家庭，不一定包括儿童，也不一定有一父一母，不一定通过婚姻形成，甚至双亲的性别也不一定不同。晚婚晚育，同居甚至不结婚都变得越来越正常。家庭模式的多元化已经是为大家所普遍接受的一个事实。

发达国家更多地认同家庭的多元模式，在家庭政策设计中包容不同模式的家庭。法国能够一直维持高于欧洲国家平均水平的出生率，家庭政策能够实现鼓励和支持生育目标的一个重大原因，就在于法国对于各种模式家庭一视同仁，无论儿童是非婚生还是婚生，是来自于同居家庭还是婚姻家庭，只要有孩子出生，就能够得到一定的家庭津贴。瑞典的同居家庭和婚姻家庭具有相同的法律地位。

而东亚国家和地区还是更加倾向于支持男性赚钱养家女性操持家务的传统家庭模式，支持通过婚姻缔结形成的家庭，在家庭政策设计时把其他形式的家庭排除在外，如以同居关系组成的家庭。所以，新加坡虽然出台了大量政策来鼓励生育，但是到目前为止效果并不显著。除了人口政策效应滞后，一个很重要的原因是新加坡家庭政策对于多元模式的家庭缺乏包容性，如产假和育儿假期之类的很多家庭政策，申请资格条件都包含着"父母婚姻是合法的"这一条，这导致许多选择非传统家庭模式的人无法享受这些福利，因而放弃生育。

**（四）以积极的"工作福利"取代消极的"福利救济"**

随着发达工业化国家遭遇经济危机或者经济发展停滞，推动国民从依赖福利到努力工作，通过工作来保障家庭的经济安全，获得相关福利满足，成为许多国家家庭政策改革的主要方向。这在英国家庭政策改革中表现得最为明显。英国工党 1997 年上台之后，社会政策的发展基调就是"从福利到工作"。工党推动了一系列改革来帮助人们就业，减少失业率，帮助包括单身母亲在内的福利申请人从依赖福利转向努力工作。2010 年保守党和自由民主党联合政府上台执政之后，依然强调"工作福利"，削减失业者津贴，鼓励失业者创业，如果不工作只生孩子也得不到现金补贴。

即使在瑞典这样一个高福利国家，国家在各个方面都给家庭和家庭成员提供了充分的支持，它的家庭政策也强调工作的理念。瑞典的公共托育服务体系是各个国家中最为完善的，服务品质也是相当高的，但 1~6 岁儿童入学的唯一条件就是父母双方（单亲）至少一方外出工作，或者虽然失业但正在参加再就业培训。新加坡也强调通过工作来满足福利需求，新加坡社会发展的理念就是通过努力工作才能够获得报偿。中央公积金在新加坡家庭政策体系中居于最重要的地位，而只有受雇或者自雇的人才能够建立中央公积金账户。这些都表明，各国家庭政策改革在国家更为积极地承担家庭福利供给责任的同时，也鼓励个人和家庭成员通过努力工作来支撑整个家庭的运行。

### （五）从"支持家庭整体"到"直接支持儿童和长者"

正如前面所论述的，各国过去的家庭政策多建立在"男主外女主内"的家庭模式的基础上，男性负责家庭的经济安全，女性负责家庭的照料责任。因此，家庭被作为一个整体，国家只要给家庭整体以支持，就能够惠及家庭中的每个成员。最早的"家庭津贴"或"家庭薪水"等政策措施，或者是为男性提供更多的就业机会和保障男性的工作安全，都是建立在这个理念基础上的。

但是随着传统家庭的解体，特别是单亲家庭的增多，原有的对于家庭整体提供支持的模式变得越来越难以维系。而且，人们意识到家庭成员的利益并不总是一致的，存在冲突的可能性更大，提高某些家庭成员的福利常常以牺牲其他家庭成员的福利为代价。

因此，各国家庭政策改革都倾向于改变原来对家庭整体提供支持的模式，转向以具体家庭成员为对象。英国面临的主要问题是单亲家庭和儿童贫困，因此，家庭政策改革都围绕儿童进行；新加坡家庭政策的目标是提高生育率，所以致力于帮助女性平衡就业和家庭，创造更容易生育养育孩子的环境；而日本人口老龄化速度不断加快，日本家庭政策就侧重于为老年人提供照料和护理服务。

### （六）帮助工作父母维系家庭责任和工作之间的平衡

随着女性就业率的稳步上升，无论是欧美各国还是东亚社会，帮助工作父母维系家庭责任和工作之间的平衡都是家庭政策改革的主题之一。因为，这不仅有助于男女两性真正平等，而且和提高生育率等家庭政策目标密切相关。瑞典在这方面做得最为出色。慷慨的育儿假期政策和全民的公立儿童保育体系，育儿假期中强迫男性必须休假参与新生儿的照抚，再加上相当程度的现金补贴，使得瑞典女性能够最为自由地选择是工作还是在家育儿，因此面对的工作和家庭之间的张力是最小的。

日本为了帮助工作父母维系家庭责任和工作的平衡，在过去20年中积极改变传统的照顾体制。在老人照料方面出台长期护理保险制度，为老人提供各种服务，在很大程度上承担了传统上由家庭承担的照料和护理老人的责任。在儿童保育方面，出台了新型的儿童津贴，尽管由于经济发展停滞使得额度被削减。增进性别平等和帮助家庭分担照顾责任也是中国台湾2004年拟定的家庭政策目标之一。

总体而言，所有的国家和地区，无论其福利体制如何，都已经或者开始意识到国家在家庭福利供给中不可或缺的角色，都更加积极地从家庭政策的角度去回应家庭福利的需求，同时强调个体本身的责任——应该更为积极地努力工作去获得报偿。各个国家和地区家庭政策改革方向是更为包容不同模式的家庭，更为性别中立和更加直接针对儿童和老人。欧美各国在家庭政策的制定、实施和改革方面走在东亚社会的前面，除了波兰因为其特殊的政治经济历史，家庭政策表现出倒退的趋势。

## 二　各国和地区家庭政策改革的差异性

尽管这些国家和地区的家庭政策改革表现出共同的发展方向，但是由于各个国家和地区的社会政治背景和文化价值观存在差异，各个国家和地区的经济发展路径和脉络也存在差异，因此各个国家和地区的家庭政策改革也存在明显的差异。

### （一）政府、家庭和市场的制度性分工不同

正如前面分析的那样，本研究所包括的十个国家和地区，代表着不同的福利体制。而所谓福利体制指的是总体福利生产中政府、家庭和市场的制度

性分工，不同的福利体制代表着不同的制度性分工。而这种制度性分工在很大程度上决定了一个国家和地区家庭政策的目标。

英国属于自由主义福利体制和不干预主义家庭政策体制。英国总体福利生产中，市场占据了主导地位，国家和家庭都要适应市场机制。因此，英国在家庭政策改革中也是更多通过市场机制来解决单亲家庭和儿童贫困问题，比如提供更为丰厚的普惠制的儿童津贴，鼓励单亲父母通过到市场购买托育服务来解决面对的困境，而不是构建完善的公立儿童保育体系。英国的养老金制度改革，也更多是把政府承担的养老责任向私营部门转移，强调私营养老保险的主导作用。

而在瑞典这种社会民主主义福利体制的国家中，国家在总体福利生产中占据主导位置，家庭和市场都居于从属的位置，因此，瑞典家庭政策的"去家庭化"和"去商品化"表现得最为明显。在家庭政策改革中，瑞典依然是由国家主导，国家继续承担儿童保育和老人照料的责任。在西班牙这种南欧福利体制国家，家族在总体福利生产中的核心地位受到挑战，但是一直没有根本改变。虽然通过家庭政策改革，国家延长了产假育儿假，扩大了公立儿童保育设施，但是真正能够帮助女性平衡家庭责任和工作的还是家族中的祖父母等亲属，特别是在西班牙遭遇经济危机的情况下。

**（二）政府或国家的力量不同：福利供给中的强势政府或者弱势政府**

选择什么样的家庭政策措施去应对家庭人口变迁，在很大程度上取决于福利供给中政府或者国家的力量。研究者认为愿意承担更多责任的强势的政府会在福利生产中扮演更重要的角色，比如管理者和监督者、服务提供者和资金支持者，会采取更为公开明确的家庭政策，会使用经济诱因和立法管制来推动家庭政策的实施，更多推行普惠制的福利；而相对不愿承担更多责任的弱势政府可能会更多地扮演协助性的角色，通过家庭、市场甚至民间组织去实现自己的目标，会更多采用隐晦的家庭政策，运用经济诱因来推动家庭政策的实施，实施资产审查式福利，而不倾向于直接提供服务（Public Policy Research Center，2008）。

瑞典普惠制的家庭政策模式，除了与其固有的平等主义和普遍主义的价值观有着密切关系，另外一个原因就是瑞典拥有福利供给中的强势政府。瑞典国家相对于家庭、教会和市场更为强势已经持续了一个世纪。从19世纪末开始，教会就把家庭福祉的责任逐步转移给国家，从20世纪初，中央政府就直接在儿童保育和家庭政策方面开始发挥作用（Morgan，K. J.，2006）。新加坡的家庭政策很快从控制生育转向鼓励和支持生育，并且制定和出台了完整的家庭政策体系，也都和新加坡政府更为强势有着密切关系。而在福利供给中相对弱势的英国和美国政府，更多地采用隐晦的家庭政策，只有在家庭问题成为社会问题，并且成为公众的共识时，比如儿童贫困，才有可能推动出台相应的家庭政策。

### （三）掌握国家和政府权力的政治党派不同

家庭政策常常被当作政治工具，去获得更多的社会认同和支持，以增强政权和执政党的政治合法性。20世纪初家庭政策在西班牙出现就是为了巩固独裁统治，还因此导致家庭政策名声受损从而使家庭政策从显性转为隐性。现代社会中，家庭政策也常常成为政党竞选的关注焦点。不同政党上台执政，家庭政策总是出现重要变化。

英国在这一点上面表现得最为明显。第二次世界大战后出台的《贝弗里奇报告》（*Beveridge Report*）奠定了英国成为福利国家的基础，也奠定了社会政策中的普遍性原则。但是1979年保守党上台执政之后，就偏离了普遍性原则，开始大量削减福利，促进职业福利和私人福利。福利制度改革成为1997年工党竞选的核心内容，工党上台之后开始实施"选择性的普遍主义"，增加资产审查式福利，增加老人和儿童的福利。2010年保守党和自由民主党联合执政，英国的福利制度又进行了改动，强调要建设"大社会、小政府"。

瑞典形成社会民主主义福利体制和家庭政策体制，与社会民主党长期执政密切相关。社会民主党是瑞典20世纪30年代以后主要的执政党，是瑞典福利国家体制的长期建构者。社会民主党和女性运动、工会运动结合成坚强的政治联盟，为支持两性平等和"去家庭化"家庭政策体制的形成奠定了坚实的政治基础。社会民主党虽然1990年后不再掌权，但是瑞典形成的福利体制框架已经轻易不可动摇。

## 三　寻找适合中国的家庭政策模式：政策建议

我们在描述中国面临的人口和家庭变迁，评述中国现有的家庭政策之后，给出了中国家庭政策改革的建议。

### （一）中国面临的人口和家庭变迁

中国现在正在经历发达的工业化国家曾经和正在经历的人口和家庭变

迁，要求中国政府在政策上加以回应。婚姻和家庭是绝大部分中国人生命历程的一部分，中国社会在很大程度上因家庭关系而整合在一起，家庭是中国社会稳定的基础（Public Policy Research Center, 2009）。

中国家庭面临的问题包括以下几个方面。

**1. 出生率持续下降**

中国由于实施计划生育，从 20 世纪 70 年代之后出生率持续下降。从 1970~1975 年的平均总和生育率 4.76（陈卫、孟向京，1999），下降到 2000 年第五次人口普查的 1.22，2010 年第六次人口普查的 1.18（第五次人口普查、第六次人口普查的统计公报）。中国已经进入极低生育率阶段，特别是北京、上海等大城市（杨菊华，2008）。这导致 0~14 岁儿童占总人口比重持续下降，2010 年第六次人口普查时只占总人口的 16.6%；而 65 岁以上的老人占总人口比重持续上升，老年人口抚养比从 2000 年的 9.92% 上升到 2010 年的 12.6%（国家统计局人口与就业统计司，2010）。这种人口结构和人口增长的趋势，对于中国未来的经济发展非常不利。

**2. 人口老龄化速度不断加快**

1953 年，65 岁以上的老年人口占总人口比重为 4.4%，1990 年增加到 5.6%，2000 年增加到 7.0%（国家统计局人口与就业统计司，2010），2010 年增加到 8.9%（国家统计局人口与就业统计司，2011）。也就是说 1953~1990 年，65 岁以上老年人口年均增加 0.65%；而 1990~2000 年，年均增加 3.11%；2000~2010 年，年均增加 6.01%，明显表现出人口老龄化的加速趋势。而且老年人独居或者空巢的老年夫妇家庭也表现出明显的增加：2000 年独居老人占比为 11.46%，2010 年上升到 16.40%；2000 年空巢的老年夫妇家庭占比为 11.38%，2010 年上升到 15.37%（根据第五次人口普查和第六次人口普查的数据计算得出）。

**3. 女性劳动参与率呈下降趋势，生育是主要影响因素**

在其他国家女性劳动参与率稳步上升的情况下，中国 15~64 岁女性劳动参与率却呈下降趋势，特别是 25~49 岁黄金劳动年龄段女性的劳动参与率。1995 年，15~65 岁女性劳动参与率为 80.4%；2010 年，这个比例下降到 71.1%（周庆行、孙慧君，2006；第三期中国妇女地位调查课题组，2011）。研究发现，女性是否生育是影响城市女性劳动参与率的主要因素（马春华等，2011），这也反映了中国儿童保育体系的发育不足。

### 4. 中国大规模的人口流动

中国正在经历着东亚几个工业化国家和地区曾经历的大规模人口流动，而且规模庞大，增长速度极快，流动人口的主体是农村外出务工者。2009年，全国外出农民工为1.45亿人，2011年增加到2.53亿人；举家外出的从2009年的2966万人增加到2011年的3279万人（国家统计局，2010，2012）。这也意味着，大部分农民工还是独自外出务工的，由此出现了大量的留守儿童和隔代家庭。

### 5. 家庭模式多样化

中国家庭模式越来越多元化，单人家庭和夫妻家庭的比重明显上升。1982年，夫妻家庭的比重为4.75%，2000年上升到12.93%，2006年上升到18.80%（王跃生，2006；马春华，2012）。单人家庭，2000年第五次人口普查全国为8.3%，2010年第六次人口普查增加到14.53%，城市从10.68%增加到17.95%，乡村从6.93%增加到12.44%。三代以上同居的比重也在下降，从2000年的18.98%下降到2010年的17.99%；城市中下降得更为明显，从2000年的13.49%下降到2010年的11.67%（根据第五次人口普查和第六次人口普查的数据计算得出）。也就是说，老人和孩子共同居住越来越少的趋势已经表现出来。

### 6. 离婚率加速上升，家庭变得越来越不稳定

1978年，中国的粗离婚仅为0.18‰，1998年上升到0.96‰，2010年更上升到2.00‰（民政部，2011）。也就是说，从70年代末开始，中国粗离婚率20年时间上升了0.78个千分点；可是从90年代末开始，不到15年，中国粗离婚率上升超过1个千分点，离婚率明显呈现加速上升的趋势。比较而言，结婚率呈现更大的波动，从80年代末之后呈现"V"字形，粗离婚率在2002年降到谷底6.1‰，但是随后又呈现了稳步上升的趋势，2010年上升到9.3‰（民政部，2011）。进入21世纪之后，中国呈现离婚率和结婚率同步上升的趋势，更进一步证明了中国家庭正变得越来越不稳定，婚姻持续时间不断缩短。

随着独子化和老龄化的共同出现，独生子女政策导致家庭更加重视儿童的价值，妇女面临的家庭和工作之间的冲突与矛盾更为明显，独特的流动家庭和离散化家庭的出现，使家庭变得越来越不稳定。这一方面说明中国传统的家庭模式已经受到极大的冲击，传统的家庭主义福利模式已经无法支撑现

代家庭的运行；另一方面，中国家庭和人口的变迁要求中国政府在政策上给出回应，要求国家在家庭福利供给中扮演更为积极的角色。

**（二）中国家庭政策的评价**

和其他几个东亚国家和地区类似，中国传统社会中，传统家庭（家族）是家庭福利的主要供给者，尤其是在农村，无论养老还是抚幼都是家庭的责任。新中国成立后，国家曾在城市中建立过一种"去家庭化"的福利模式，即政府是家庭福利的主要提供者，通过工作单位（国有或者集体企业）为城镇职工提供了"从坟墓到摇篮"的一系列福利。在农村，公社越过了家庭，直接成为家庭成员福利的提供者。虽然政府出台了一系列涉及婚姻、孕产、托幼、养老等与家庭密切相关的政策，但是并不是为了支持家庭的发展。家庭并不受重视，家庭作为"私"而成为"公"的对立面，成为批判的对象（汤梦君等，2010：161-169）。

改革开放之后，中国步日本、韩国等东亚国家的发展轨迹，政府把关注重点放在经济发展上，所有的社会政策都要服从整体经济发展战略的需要，所有的资源也都放在经济发展上。除了对家庭进行管制的计划生育政策，国家逐步从城市福利体系中撤出，逐步把国家原来承担的福利生产的责任转移到个人和家庭身上。而农村随着人民公社的解体，农业生产从集体经济回归家庭经济，提供家庭福利的责任也从集体回归个人和家庭。政府无意积极干预家庭事务和扶持家庭发展，在家庭福利供给之中处于缺位、半缺位状态。

中国政府对于弱势群体一直较为关注，这些年来积极推动医疗保障体系、社会救助、养老保险甚至公租房廉租房的改革，但是普惠制的家庭津贴、儿童津贴、育儿假期计划等在政治议程上总是处于更加靠后的位置。进入21世纪，政府开始动员社会的力量，让社区、社会组织帮助家庭分担养老和抚幼的责任。但是，政府本身还是更多地强调家庭和个人的责任，愿意承担管理者、法规制定者和监督者的角色，而不愿意直接投入资金以及提供服务和福利，更没有建立国家层面上的统一政策机制。中国现有的家庭政策表现出残补式和碎片化就是可以理解的了。在中国经济持续发展的情况下，由于家庭传统功能开始弱化导致家庭无法承担原来家庭福利供给模式中的角色，这种模式的家庭政策已经无法回应人口家庭快速变迁的要求，无法满足家庭多元发展的需求，无法满足女性平衡工作和家庭的需求。

### （三）中国家庭政策改革的建议

#### 1. 确认家庭的重要性

虽然传统模式的家庭不断受到冲击，但是家庭还是发挥着重要的功能，它还是家庭成员和个体福利的重要提供者，也是社会稳定的重要维护者。中国政府应该像新加坡政府那样在意识形态方面宣传和肯定家庭的重要价值，鼓励人们认同和肯定自己的家庭角色，更重要的是让政策制定者对家庭的价值形成深刻的印象，在制定和家庭相关的公共政策时，能够像现在再建项目需环境评估一样评估这个政策对于家庭的影响。

#### 2. 确定政府、家庭和市场在家庭福利供给中的责任边界

我国现在面临的家庭人口的变化，家庭面临的风险增加和能力的弱化，都要求政府重新承担起家庭福利供给中应有的角色，支持和帮助家庭健康发展，为社会稳定奠定基础。但是，这并不意味着政府应该提供所有的家庭福利，家庭和市场也应承担各自应有的角色和责任。这需要通过进一步的研究来厘清政府、家庭和市场，还有公民社会在家庭福利供给中的责任边界。

#### 3. 设计和制定一套完整的家庭政策体系，为家庭政策的目标提出先后排序

中国大陆现有的家庭政策即使比同为东亚同属于发展型福利体制的韩国、中国台湾、新加坡等都更为碎片化。为了使家庭政策更为有效，政府应该对现有的家庭政策进行梳理和系统化，然后在此基础上设计和制定一套完整的家庭政策体系。同时确定家庭政策的目标，并且为这些目标进行先后排序，这样的家庭政策才可能更为有效。在中国，学龄前儿童的保育体系和农村老年人的长期照料和护理应该受到特别关注。

#### 4. 正视家庭多元化趋势，包容和认同多元模式的家庭

虽然很多国家，特别是东亚社会，都倾向于支持传统模式家庭，但是在现代社会中，传统模式家庭的绝对主导地位越来越难以维持，家庭模式多元化已经成为不可逆转的潮流。因此，政府在制定家庭政策的时候，应该像法国和北欧那样包容和认同多元模式的家庭，而不是只承认有婚姻关系的家庭的受益地位，让采用各种各样生活方式的家庭都能够从家庭政策中获益，能够得到国家和政府的支持。

5. 将以家庭整体为福利对象和以具体家庭成员为福利对象的家庭政策相结合

虽然欧美各国的家庭政策改革都在从支持家庭整体走向直接支持家庭中的儿童、老人和妇女，但是后一种家庭政策取向是为了弥补前一种取向的不足之处，实际上在这些国家，两种取向的政策是共存的。在中国这两种取向的家庭政策几乎都不存在，因此在制定家庭政策时，应该考虑把这两种取向相结合。

6. 普惠制、资产审查式和保护式的家庭政策相结合

中国现有的家庭政策，除了儿童计划免疫，几乎没有普惠制的家庭政策，其余的家庭政策都是有资格条件限制的，大部分家庭政策都是残补式的，即多半是对于贫困家庭儿童或者残疾儿童、孤儿、孤寡老人等弱势群体的救助。实际上，中国普通家庭，也就是父母双全并且只抚育一个孩子的家庭，也需要国家给予支持，因为家庭在不同发展阶段，面临着很多压力，难以依靠家庭本身去纾解。所以，中国需要普惠制的家庭政策。把普惠制、资产审查式和保护式的家庭政策相结合，才能形成国家对所有家庭提供支持的完整体系。

7. 加强学龄前儿童保育体系的建立

中国由于实行计划生育，大部分家庭，特别是城市家庭都只有一个孩子，儿童的价值和对儿童的照顾在中国变得特别的重要，是中国家庭围绕运转的核心。学龄前儿童保育体系，是同时涉及儿童福利和女性福利的一个重要因素。近些年来，欧美各国和东亚社会都加强了儿童保育体系建设，虽然新加坡把学龄前儿童保育责任转交给民间组织，但是政府还是一直在其中起着重要的作用。加强学龄前儿童保育体系的建设，不仅使儿童和家庭受惠，国家未来的发展也会从中受惠，国家应该和家庭共同分担学龄前儿童保育的责任。

8. 通过政府和市场的合作，推动公私合作的家庭政策方案

相较于政府单方面出资推动家庭政策的实施，公私合作的融资模式更值得考虑。首先，可以公私共同融资的方式推动全民医疗保障计划，不仅为医疗保障服务提供新的资源，还可以减轻公共医疗体系的压力。其次，政府也可以在企业界推行"家庭友善雇用措施"，让更多的企业承担"平衡工作和家庭"的企业社会责任，帮助女性雇员兼顾工作和家庭。最后，政府也可以鼓励现有的社区组织和新兴的社会企业提供更加多样化的家庭服务，推动家庭服务产业化，为受教育程度低的女性提供就业机会，为高学历的职业女性提供全面的家庭服务。

9. 整合政府、市场、社区和家庭的资源，建立全面且具有弹性的家庭服务体系

政府在制定家庭政策的时候，可以检视现有的资源，看其能否有效地整合并为家庭发展服务。中国政府从 2011 年开始尝试建立居家养老、社区养老和机构养老有机结合的社会养老服务体系，这个服务体系是否能够进一步扩充为综合性的家庭服务体系，使其不仅能够为老人服务，还可以为社区居民提供家务料理、儿童临时托管等各方面的服务。政府可以为服务制定统一标准，担当监督者的角色，鼓励社会组织和企业积极参与构建这个服务体系。

## 参考文献

陈卫、孟向京，1999，《中国生育率下降与计划生育政策效果评估》，《人口学刊》第 3 期。

第三期中国妇女地位调查课题组，2011，《第三期中国妇女地位调查主要数据报告》，《妇女研究论丛》第 6 期。

弗雷德里克·勒普斯，2012，《法国如何就家庭发展制定相关政策》，北京：中法家庭政策研讨会，3 月 26 日、27 日。

国家统计局，2010，《2009 农民工监测调查报告》，http：//www. stats. gov. cn/tjfx/fxbg/t20100319_ 402628281. htm。

国家统计局，2012，《2011 年我国农民工监测调查报告》，http：//www. stats. gov. cn/tjfx/fxbg/t20120427_ 402801903. htm。

国家统计局人口与就业统计司，2010，《中国人口和就业统计年鉴 2009》，中国统计出版社。

国家统计局人口与就业统计司，2011，《中国人口和就业统计年鉴 2010》，中国统计出版社。

李易骏、古允文，2003，《另一个福利世界？东亚发展型福利体制初探》，《台湾社会学刊》第 31 期。

刘笑言，2012，《家庭角色的式微——新加坡家庭政策的现状和挑战》，《东南亚研究》第 2 期。

刘毓秀，2009，《北欧普及照顾与充分就业政策及台湾转化》，台北，彭婉如基金会，"信任·效能·社会创新研讨会：迈向普及照顾服务模式"，12 月 18 日。

马春华，2012，《变动中的东亚家庭结构比较研究》，《学术研究》第 9 期。

马春华、石金群、李银河、王震宇、唐灿，2011，《中国城市家庭变迁的趋势和最新发现》，《社会学研究》第 2 期。

民政部，2011，《中国民政统计年鉴 2011》，中国统计出版社。

诺尔曼·金斯伯格，2010，《福利分化：比较社会政策批判导论》，姚俊、张丽译，浙江大学出版社。

台湾"行政院社会福利促进委员会"，2004，《附录2：家庭政策》，http：//sowf. moi. gov. tw/17/93/015. htm。

汤梦君、解振明、蔚志新，2010，《中国家庭政策的历史、现状与展望》，选自张维庆编《中国人口六十年》，中国人口出版社。

王跃生，2006，《当代中国家庭结构变动分析》，《中国社会科学》第1期。

许雅惠，2000，《家庭政策之两难——从传统意识形态出发》，《社会政策与社会工作学刊》第6期。

杨菊华，2008，《中国离极低生育率还有多远》，《人口研究》第32卷第3期。

周庆行、孙慧君，2006，《我国女性劳动参与率的变化趋势与效应分析》，《经济经纬》第1期。

朱圣惠，2011，《孩子是甜蜜不是负荷——谈法国友善育儿措施》，台湾：儿童福利联盟文教基金会。

Bogenscheneider, Karen, 2011, "Family policy: Why we need it and how to communicate its value". Paper prepared for the United Nations Expert Group Meetings, "*Assessing Family Policies: Confronting Family Poverty and Social Exclusion & Ensuring Work Family Balance*", New York, NY. Available at http: //social. un. org/index/LinkClick. aspx? fileticket = UmDEKVA4giU% 3d&tabid = 1555.

Bogenscheneider, K. , & Corbett, T. J. , 2010, *Evidence-based policymaking: Insights from policy-minded researchers and research-minded policymakers*. New York: Taylor & Francis Group.

Castles, F. & Ferrera, M. , 1996, "Home Ownership and the Welfare State: Is Southern Europe Different?" *South European Society & Politics*, Vol. 1, No. 2, pp. 163 – 85.

Chester, R. , 1994, "Flying without instruments or flight plans: family policy in the United Kingdom", in Dumon, W. , ed. , *Changing family policies in the member states of European Union*, Bruseels: CEC.

Commission of the European Communities, 2007, Communication from the Commission to the European Parliament, the Council, the European Economic and Social Committee and the Committee of the Regions: Promoting Solidarit between the Generations, Brussel.

Crompton, Rosemary; Lyonette, Sarah, 2005, "*Work-life balance in Europe*", GeNet Working Paper, No. 10.

Dominelli, L. , 1991, *Women across contients-Feminist comparative social policy*. London: Harvest Wheatsheaf.

Dumon, W. , ed. , 1994, *Changing family policies in the member states of European Union*, Bruseels: CEC.

Esping-Andersen , Gøsta, 1997, "Hybrid or Unique?: the Japanese Welfare State Between Europe and America", *Journal of European Social Policy*, Vol. 7, No. 3, pp. 179 – 189.

Esping-Andersen , Gøsta, 1999, *Social foundation of postindustrial economics*. Oxford University Press.

European Commission, 2005, Communication from the Commission: Joint Report on Social Protection and Social Inclusion. Brussels, European Commission.

European Commission, 2006, Communication from the Commission: A Roadmap for equality between women and men 2006 – 2010. Brussels, European Commission.

European Commission, 2007a, Communication from the Commission: Tackling the pay gap between women and men. Brussels, EU Commission.

European Commission, 2007b, Second Stage Consultation of European social partners on reconciliation of professional, private and family life. Brussels, European Commission.

European Commission, 2008a, Manuscript from the Commission: Joint Report on Social Protection and Social Inclusion. Brussels, Directorate General for Employment, Social Affairs and Equal Opportunities.

European Commission 2008b, Proposal for a Directive of the European Parliament and of the Council. Brussels, European Commission.

Ferrera M. , 1996, "The 'sourthern model' of welfare in social Europe", *Journal of European Social Policy*, Vol. 6, No. 1, pp. 17 – 37.

Fultz, Elaine, Marcus Ruck and Silke Steinhilber, eds. , 2003, *The Gender Dimension of Social Security Reform in Central and Eastern Europe.* Budapest: ILO.

Gauthier, A. H. , 1996, *The state and the family: A comparative analysis of family policies in industrialized countries*, pp. 203 – 304, New York: Oxford University Press.

Gauthier, A. H. , 2002/3, "Family policies in industrialized countries: Is there convergence?" *Population*, Vol. 57, No. 3, pp. 447 – 474.

Glass, Christy & Fodor, éva , 2007, "From Public to Private Maternalism? Gender and Welfare in Poland and Hungary after 1989", *Social Policy*, Vol. 14, No. 3, 323 – 350

Guerrero, T. J. , & Naldini, M. , 1997, "Is the South so different? Italian and Spanish families in comparative perspective", in Rhodes, M. , ( ed. ), *Southern European welfare states between crisis and reform*, London: Frank Gass.

Kaariainen, J. , & H. Lehtonene, 2006, "The variety of social capital in welfare state regimes-a comparative study of 21 countries, *European Societies*, Vol. 8, No. 1, pp. 27 – 57.

Kamerman, Sheila B. & Kahn, Alfred J. , 1978, eds. , *Family policy: government and families in fourteen countries.* New York: Columbia University Press.

Kamerman, Sheila B. & Kahn, Alfred J. , 1997, *Family change and family policies in Great Britain, Canada, New Zealand, and the United States*, Oxford University Press.

Kangas, O. , 1999, "Social policy in settled and transitional countries: a comparison of institutions and their consequences", *Luxembourg Income Study Working Paper*, No. 196, Maxwell School of Citizenship and Public Affairs, Syracuse University, New York.

Katrougalos G. , & Lazaridis, G. , 2003, *Southern European Welfare States: problems, challenges and prospects*, Basingstoke, Hampshire: Palgrave Macamillan.

Kaufmann, Franz-Xaver, 2002, "Politics and Politics towards the Family in 200 References Europe: A Framework and an Inquiry into their Differences and Convergences", in Franz-Xaver Kaufmann et al. , *Family Life and Family Policies in Europe*, *Volume 2: Problems and Issues in Comparative Perspective*, Oxford: Oxford University Press, pp. 419 – 490.

Lindén, T. S., 2007, Unearthing a European Union Family Policy: The Impact of Social Protection Policies, *Working paper*, S. R. C. f. S. Studies. Bergen.

Lohmann, Henning; Peter, Fauke H. ; Rostgaard, Tine; Spiess, C. Katharina, 2009, *Towards a framework for assessing family policies in the EU*, final report.

Maria, Karamessini, 2007, *The southern European social model: changes and continuities in recent decades*, Discussion paper series, The international institute of labour studies, Geneva.

May, Margaret, 1998, "The role of comparative research", in Peter Alcock, Angus Erskine, and Margaret May, ( eds. ), *The student's companion to social policy*, pp. 20 – 26, Oxford: Blackwell Publishers.

Millar, J. , 1998, Family policy and social policy, in Alcock, A. , & Erskine, A. , & May, M. , ( eds. ), *The student's companion to social policy*, Oxford: Blackwell Publishers.

Ministry of Gender Equality and Family, Korea, 2012, "Family Policies", http: //english. mogef. go. kr/sub02/sub02_ 61. jsp.

Morgan, Kimberly J. , 2006, *Working Mothers and the Welfare State*. Stanford University Press.

Moss, P. , and Sharpe, D. , 1980, "Family policy in Britain", in Brown, M. , & Baldwin, S. , ( eds. ), *The Yearbook of Social Policy in Britain 1979*, pp. 137 – 157, London: Routledge and Kegan Paul.

Moussourou, L. M. , 1994, Family Policy in Greece: Traditional and Modern Patterns, in Dumon, W. , ed. , *Changing family policies in the member states of European Union*, Bruseels: CEC.

Myrdal, A. , 1945, *Nation and family: The Swedish Experiment in Democratic Family and Population Policy*. London: Kegan Paul.

Myrdal, A. , 1968, *Nation and Family*, Combridge, MA: MIT Press.

Naldini, M. , 2003, *The Family in the Mediterranean Welfare States*, London/Portland: Frank Cass.

Naldini, Manuela and Jurado, Teresa, 2012, "The institutional context of recent family changes: Welfare state reorientation in Spain and Inertia in Italy", paper presented in 10th Annual ESPAnet Conference, Stream 12, *Tranforming family policies and the work-family relationship in cross-national perspective*, September 6 – 8, School of Social and Political Science, University of Edinburgh.

National Council of Social Services, 2013, "*Eldercare services*", http: //www. ncss. gov. sg/social_ service/eldercare_ services. asp

National Family Council, 2012, "State of the family report 2011", http: //www. nfc. org. sg/research. htm

Neyer, Gerda, 2006, *Family policies and fertility in Europe: fertility policies at the intersection of gender policies, employment policies and care policies*, MPIDR Working Paper WP 2006 – 010, Max Planck Institute for Demographic Research, Germany.

OECD, 2009b, "Childcare", in Society at a Glance 2009: OECD Social Indicators, OECD Publishing. http: //dx. doi. org/10. 1787/soc_ glance-2008-11-en.

Peng, Ito, 2002, "Gender and Welfare State Restructing in Japan", in Aspltar, Christian, (ed. ), *Discovering the Welfare State in East Asia*, Westport: Praeger.

Peng, Ito, 2009, *The political and social economy of care: Republic of Korea research report* 3. Geneva: Unitied Nations Research Institute for Social Development.

Public Policy Research Center, 2008, *A cross-national comparision of family policy*, commissioned by and submitted to Central Policy Unit, Hong Kong SAR Government.

Public Policy Research Center, 2009, *A literature review of family policy in four East Asian societies*, commissioned by and submitted to Central Policy Unit, Hong Kong SAR Government, The Chinese University of Hong Kong.

Reher D. S. , 1998, "Family Ties in Western Europe: Persistent Contrasts", *Population and Development Review*, Vol. 24, No. 2 pp. 203 – 234.

Ringen, Stein, 1997, "Family change and family policies: Great Britain", in Kamerman, Sheila B. , and Kahn, Alfred J. , eds. , *Family Change and Family Policies in Great Britain, Canada, New Zealand, and the United State*s, pp. 31, Oxford: Clarendon Press.

Rodger, John, 1995, "Family policy or moral regulations?" *Critical Social Policy*, Vol. 15, No. 1, pp. 5 – 25.

Rostgaard, T. , 2004, *Family support policy in Central and Eastern Europe – A Decade and a half of transition*, Synthesis report. Paris: The Council of Europe and UNESCO.

Saxonberg, Steven & Szelewa, Dorota, 2007, "The Continuing Legacy of the Communist Legacy? The development of family policies in Poland and the Czech Republic", *Social Politics*, Vol. 14, No. 3, pp. 351 – 379.

Szelewa, Dorota, 2012, *Childcare policies and gender relations in Eastern Europe: Hungary and Poland compared*, Harriet Taylor Mill-Institut fürökonomie und Geschlechterforschung, Discussion Paper 17, March.

Timonen, Virpi, 2008, *Ageing Societies A Comparative Introductio*n. Berkshire: Open University Press.

Tokoro, Michihiko, 2012, Family *policy under the new government in Japan: the case of new child benefit*, Working Paper, UK Social Policy Association. www. social-policy. org. uk/ lincoln/Tokoro. pdf

Trifiletti R. , 1999, "Southern European welfare regimes and the worsening position of women", *Journal of European Social Policy*, Vol. 9, No. 1, pp. 49 – 64.

Wong, Theresa; and Brenda S. A. Yeoh, 2003, *Fertility and the Family: An Overview of Pro-natalist Population Policies in Singapore*, Asia MetaCentre Research Paper No. 12. National University of Singapore.

# 第二章

# 国外及中国香港经验：主管家庭
# 事务的政府职能部门研究与比较

唐灿　肖今

## 第一节　国外及中国香港负责家庭事务的政府机构

　　放眼世界，有多少个国家的政府设立了负责家庭事务的职能机构？目前有各种说法，比较可靠的一种说法是，据欧洲委员会调查，超过80%的欧盟成员国的家庭政策由家庭部或者一个主要部委制定。在38个欧洲国家中，有专门家庭管理部门的国家有14个，没有专门政府管理部门但有特定管理家庭事务部委的国家有23个①（贺军、王军平，2012：110），见表2-1。

表2-1　欧洲国家家庭政策管理机构设置（截至2008年）

| 有专门家庭事务管理部的国家 | |
| --- | --- |
| 国家 | 专门管理机构 |
| 奥地利 | 经济、家庭和青年部 |
| 阿塞拜疆 | 国家家庭、妇女委员会和儿童事务部 |
| 克罗地亚 | 家庭部、退伍军人事务部和代际团结、卫生和社会福利部 |
| 德国 | 联邦家庭事务、老年、妇女和青年部 |
| 爱尔兰 | 社会和家庭事务部 |
| 卢森堡 | 家庭和社会事务部 |
| 马耳他 | 教育、就业和家庭部 |

---

　　① 原文为24个，但原文表格中只显示23个国家，引用时已做相应修改。——作者注

续表

| 有专门的家庭事务管理部的国家 | |
| --- | --- |
| 摩尔多瓦 | 社会保障、家庭和儿童部 |
| 荷兰 | 青年和家庭部 |
| 罗马尼亚 | 劳动、家庭和社会事务部 |
| 斯洛文尼亚 | 劳动、家庭和社会事务部 |
| 斯洛伐克 | 劳动、家庭和社会事务部 |
| 丹麦 | 家庭和消费事务部 |
| 土耳其 | 负责妇女、家庭、孩子、残疾人的国务部长，家庭和社会研究总局 |

| 没有专门家庭事务管理部的国家（23） | |
| --- | --- |
| 国别 | 主要管理机构 |
| 比利时 | 联邦社会保障公共服务（全国家庭津贴办事处） |
| 白俄罗斯 | 劳动和社会保障部 |
| 波斯尼亚和黑塞哥维那 | 联邦劳动和社会政策部，联邦卫生部 |
| 保加利亚 | 财政部、劳动部和社会政策部 |
| 塞浦路斯 | 劳动和社会保险部 |
| 捷克 | 劳动和社会事务部，性别平等国务委员会，人权国务委员会 |
| 芬兰 | 社会事务与卫生部 |
| 法国 | 工作、团结和公民服务部 |
| 希腊 | 就业和社会保障部 |
| 匈牙利 | 社会事务和劳动部 |
| 意大利 | 劳动和社会保障、社会互助部组成的部长理事会下设家庭政策司 |
| 拉脱维亚 | 福利部 |
| 立陶宛 | 社会保障和劳动部 |
| 黑山 | 卫生、劳工和社会福利部 |
| 挪威 | 儿童平等部、劳动部、保健及照料服务部 |
| 波兰 | 劳动和社会政策部 |
| 葡萄牙 | 劳动和社会团结部 |
| 俄罗斯 | 青年政策部 |
| 塞尔维亚 | 劳动和社会政策部 |
| 西班牙 | 劳动和社会事务部 |
| 瑞典 | 卫生与社会事务部 |
| 瑞士 | 联邦社会保险办公室（家庭、世代和社会责任特别办公室） |
| 英国 | 工作和养老金部、教育部 |

资料来源：转引自贺军、王军平，2012：110－111。

在欧洲以外，我们检索到的还有这样一些国家，在国家层面设立了主管家庭事务的政府部门，包括巴基斯坦、马来西亚、韩国、新加坡、印度、孟加拉、突尼斯、卢旺达、乍得、扎伊尔、贝宁、澳大利亚等。在稍低层面（如司局级，或省、州、大区）设立专管家庭事务部门，或者有特定的管理家庭事务部委的国家肯定会有更多。

为了方便深入研究和比较，我们在世界各地选取了 12 个主要国家和地区，其中包括 4 个欧洲国家（含一个北欧福利国家）、2 个北美国家、1 个澳洲国家和 5 个与中国文化相近或者人口问题相似的亚洲国家或地区，查找了这些国家与地区主要负责家庭事务的政府机构设置情况，并进行深入分析比较（见表 2 - 2）。

对这 12 个国家和地区主要负责家庭事务的政府部门进行分析与研究后，我们发现这些部门有着以下特点。

### 1. 体现了政府的家庭关切

我们遴选的这 12 个主要国家和地区，其中 10 个国家在中央/联邦政府的部或者局一级层面，设立了专门主管家庭事务的职能机构，这些主要国家或地区政府对于家庭的关切可见一斑。

加拿大虽然没有设立国家层面的机构，但是在 2005 年，联邦政府成立了专门服务于家庭和个人的网站——服务加拿大。他们建立了遍及全国的呼叫中心、互联网和 600 多个服务办公点使公民能够接触并参与到这个项目和服务中，所有关于家庭、老人、儿童等政府提供的服务在"服务加拿大"中都一一给出。在加拿大的不列颠哥伦比亚省，为促进儿童和家庭更好地发展，也成立了地方政府主管家庭的专门机构。

同样在中国香港，虽然家庭及儿童福利科是个级别稍低的机构，但是2007 年，特区政府专门成立了家庭议会，还设立了一个综合、整体、高层次的家庭事务委员会，由特区政府政务司司长领导，负责支持和协调家庭政策与措施的实施。

瑞典和其他北欧国家的制度特色是，全面的国家提供社会服务的福利模式。瑞典政府没有下设家庭部，但是其对于家庭事务并非没有明确和专门的关注。主管社会福利和服务的卫生与社会事务部，有 11 项明确的具体工作目标和计划，囊括了公民在整个生命过程中需要的照顾和服务，个人与家庭照顾是其中重要的内容。

表2-2 12个国家和地区负责家庭事务的政府机构一览

| 序号 | 国家和地区 | 政府负责家庭事务的机构名称 | 行政级别 | 成立时间 | 曾用名 | 备注 |
|---|---|---|---|---|---|---|
| 1 | 澳大利亚 | 家庭、住房、社区服务和原住民事务部（Department of Families, Housing, Community Services and Indigenous Affair） | 联邦政府主管，部级 | 1998 | 家庭与社区服务部，家庭社区服务和原住民事务部 | |
| 2 | 法国 | 家庭事务司（Délégation interministérielle à la famille） | 隶属于法国社会事务与卫生部，副部长主管 | 1978 | 前身是公共卫生与人口部，卫生与家庭部，国家团结与家庭部，人口、移民劳工、国家团结与家庭部，社会就业、卫生与家庭部，家庭部，工作、团结与公民服务部，环境、教育儿童部，儿童与青少年与家庭事务司 | |
| 3 | 德国 | 家庭事务、老年、妇女及青年部（Bundesministerium für Familie, Senioren, Frauen und Jugend） | 德国联邦部会，部级 | 1953 | 联邦家庭事务部，联邦家庭青年，联邦青年，家庭及卫生部，联邦家庭及老年部 | |
| 4 | 美国 | 儿童与家庭局（Administration for Children & Family） | 隶属于美国卫生与公众服务部，局级 | 1991 | 前身是1912年成立的联邦劳动部儿童局 | |
| 5 | 加拿大（不列颠哥伦比亚省） | 儿童与家庭发展部（Ministry of Children and Family Development） | 隶属不列颠哥伦比亚省政府，省政府下辖局 | 不详 | 不详 | |
| 6 | 瑞典 | 卫生与社会事务部（Ministry of Health and Social Affairs） | 瑞典政府主管，"个人与家庭照顾"是该部门11个工作目标之一 | | | 未设专管家庭事务的部门 |

续表

| 序号 | 国家和地区 | 政府负责家庭事务的机构名称 | 行政级别 | 成立时间 | 曾用名 | 备注 |
|---|---|---|---|---|---|---|
| 7 | 英国 | 儿童、学校和家庭部（Department for Children, Schools and Families） | 英国政府主管，部级 | 2007 | 无 | 2010年卡梅伦政府上台后拆分了这个部 |
| 8 | 日本 | 平等就业、儿童与家庭局（Equal Employment, Children and Family Bureau） | 隶属于卫生与劳动福利部，又称厚生劳动省，局级 | 20世纪90年代 | 前身是厚生省儿童局 | |
| 9 | 韩国 | 性别平等与家庭部（Ministry of Gender Equality & Family） | 韩国政府主管，部级 | 2005 | 其前身为政治事务部，性别平等部 | |
| 10 | 印度 | 卫生与家庭福利部（Ministry of Health and Family Welfare） | 中央政府主管，部级 | 不详 | 不详 | |
| 11 | 新加坡 | 社会和家庭发展部（Ministry of Social and Family Development） | 中央政府主管，部级 | 2012 | 前身是社会事务部、文化和社会事务部、社区发展部，社区发展、青年与体育部 | |
| 12 | 中国香港 | 家庭及儿童福利科 | 隶属于香港社会福利署，为其下辖11个科之一 | 成立于港英政府时期，具体时间不详 | 无 | 2007年特区政府还成立了家庭议会，同时设立家庭事务委员会，负责支持家庭政策和措施 |

## 2. 变动性

这种变动与不断换届的政府不同的执政思路有关，例如前英国首相布朗就更强调整合与儿童和青少年健康成长有关的政策因素，所以在他任上，就把家庭和学校作为影响儿童及青少年成长与受教育的最主要因素，以儿童为基本关切，组成了一个"强有力的领导机构"——儿童学校与家庭部。但是在其接任者卡梅伦执政期间，儿童问题又回归到了教育部。家庭事务在政府职能机构中被移除，可能与卡梅伦奉行的保守的对家庭"不干预"政策有关。此外，变动不仅会导致家庭部这个政府职能机构的存废，有时也会导致家庭事务的重新归类，从表2-2中我们可以看到，家庭事务在许多国家和地区都处于与不同部门不断的组合或者拆分的过程中。

## 3. 问题前导

很少有国家会为家庭事务设立一个职能单一的政府机构。从表2-2来看，家庭事务主要和儿童、青年、老人、性别平等、人口、社会、社区或者卫生这些与家庭关系紧密的范畴组合在一起。也有少数国家把家庭与住房和环境组合在一起。从这些国家家庭部（局）设立的动机来看，许多国家的家庭部（局）都肇始于人口问题；从设立的时间来看，其多半发生在20世纪70~90年代，这正是后工业化导致全世界范围的家庭剧烈变迁，家庭问题普遍化、严重化的时期。统筹解决与家庭及其内部成员相关的社会问题，多半是上述政府设立家庭事务职能部门的主要考虑。

## 4. 福利性

从表2-2看到，低一级的家庭局（科）通常隶属于政府的福利部门，例如，日本的平等就业、儿童与家庭局隶属于卫生与劳动福利部，中国香港的家庭及儿童福利科隶属于香港社会福利署。美国儿童与家庭局的隶属部门虽然名称为卫生与公众服务部，但这个儿童与家庭局自打成立起，其工作目标就被明确为：提升家庭、儿童、个人以及社区的经济和社会福利。

那些由中央或联邦政府主管的家庭部，其主要职能也通常是以家庭为单位，为儿童、女性、老人等人群进行评估和提供福利。例如澳大利亚，其家庭和社区服务部的主要职能是，负责养老保障（指最低养老金）、残疾保障、家庭津贴、社区服务等主要社会保障项目政策的制定和实施。2002年，联邦政府的家庭与社区服务部更是支出550亿澳元用于社会福利项目及社区服务领域，其支出总额约占澳大利亚联邦预算的1/3。另据2009年的统计，经合组织成员国用于家庭福利的平均水平占 GDP 的 2.6%，其中爱尔兰、英国、法国和卢森堡都超过 4%。法国在 2011 财政年度，政府用于家庭政策方面的支出，占 GDP 的 5% 左右，约合 250 亿欧元。美国政府的儿童与家庭局，在 2001 财政年度，所有服务项目的预算相加为 434 亿美元；2012 年，其针对 60 多个服务项目的年度预算超过 510 亿美元。在亚洲，韩国在 1990 年后，政府用于家庭福利的支出开始逐年增加，1990 年占 GDP 的 0.16%，2000 年增加到 0.33%，2009 年再增加到 1.0%。由此来看，许多国家或地区的家庭部都有着明显的福利属性。

也有部分国家的家庭部福利色彩偏淡，更加注重的是社会公平的维护和国计民生的维持。比如韩国，其性别平等与家庭部的前身是政治事务部，主要关注的是社会文化性问题，后来加入性别关注，更名为性别平等部，到 2005 年才加入家庭关注内容，更名为现在的名称。它的宗旨是，建立一个两性平等、家庭幸福的社会，促进妇女人力资源的开发，改善妇女权益，提供与妇女相关的教育和各种调查研究项目，提出家庭和青年发展的相关政策。还有印度，从 20 世纪 50 年代之后，印度的家庭政策和家庭计划主要关注的是人口目标，有效地控制人口也成为其家庭部的主要工作职责。当然，在那些负责家庭的职能机构具有明显福利色彩的国家，通过家庭政策，促进社会平等也是一个非常重要的工作目标。例如法国，还有美国等，家庭政策在推动男女平等、减少贫富分化方面功不可没。

## 第二节　国外及中国香港家庭部（局）成立的背景及价值理念

### 一　背景

收集并分析上述国家和地区家庭部（局）成立前后的背景资料，我们发现，有这样几个重要的背景因素对于推动家庭部（局）的成立有着重要作用。

#### （一）战争或经济、社会危机

在一些国家，战争遗留的创伤，如人口减少、家庭失散、人民生活困窘、孤儿问题等，是政府推动家庭政策制定和实施的重要原因，也成为之后政府建立相应的组织机构的前奏。

在日本，20 世纪 40 年代，一方面，由于长期的战争导致国民生活极度困窘，许多儿童流落街头乞讨甚至偷窃，还有大量无家可归的孤儿面临生活安置问题。另一方面，由于劳动力不足，工厂大量征用未成年人参与劳动，导致未成年人出现营养不足、过度劳累而病倒等问题。为了改善儿童的生活状况，日本政府在 1945 年制定了《战灾孤儿等保护对策要纲》，1946 年制定了《有关实施流浪儿童及其他儿童保护等的紧急措施》。1947 年，日本政府在厚生省设置了儿童局主管与儿童有关的事务，这个局在 20 世纪 90 年代发展成为儿童与家庭局。

"二战"后的德国和法国都面临与日本相似的问题。当时的西德政府曾经通过一些福利政策，如儿童津贴、母育假和父育假津贴等来加强对于家庭的支持。1953 年西德政府还成立了家庭事务部。法国则针对战争导致严重的家庭住房问题，出台了家庭住房补贴政策，还创了"家庭补助金"，建立了有利于家庭和鼓励生育的税收制度。

除去战争之外，在法国，20 世纪 70 年代初发生的第一次石油危机也对家庭政策的发展和家庭部的成立起到重要的推动作用。当时的石油危机触发了"二战"后最严重的全球经济危机，沉重打击了发达国家的经济。在法国，贫困家庭大量出现，急需社会救济。自此，法国开始出现针对最困难家庭的社会福利政策，家庭政策转向"社会主义"色彩。法国家庭部也正是在这段时间设立的。

### （二）人口与家庭变迁

人口与家庭变迁所带来的人口老龄化、出生率下降和社会不稳定感，实际上也是一种危机因素，是直接导致许多国家家庭部设立的最普遍和最重要的原因。

"二战"后，在西方国家，工业化和城市化逐渐使家庭失去传统的社会保障功能，这些国家的社会政策开始注重弥补家庭功能的不足，这使得西方的家庭福利在 20 世纪 40 ~ 60 年代经历了一个迅速扩大的时期。更深刻的变化发生在 20 世纪六七十年代之后，发达国家普遍经历了经济衰退、老龄化加剧和传统家庭模式的进一步变迁。战后一度稳定的人口出生率遭到破坏，一些国家的出生率降至更替水平之下。与此同时，与家庭有关的一系列价值观念和行为方式发生改变：婚外生育增加、离婚率上升、普遍的同居现象、单亲家庭、妇女外出就业带来巨大的育儿压力、核心家庭内部出现个体化倾向。此外还有单亲或者种族等原因造成的家庭贫困问题也在日益显现。这些变化在德国、法国、瑞典、澳大利亚、加拿大、美国、日本、韩国、新加坡、中国香港等国家和地区都在发生。同样的家庭变迁稍后也发生在发展中国家，如印度，还有中国。从战略的角度给予家庭发展型的福利支持，而不是一味简单地向个人和家庭发放福利，这成为当时欧美国家在家庭政策方面考虑的重点。

一些国家早期的家庭政策被认为是"多生主义"和"国家主义"的，也就是说，政府关注家庭问题的初衷是为了人口目标，抑或是经济目标，是国家利益导向的。例如法国政府引为骄傲的家庭政策之一——生育补贴，政府起初的目的就是为了鼓励生育，扭转低生育率。再比如印度，其始于1952 年的人口控制计划初衷与法国相反，但也同样肇始于人口原因——计划生育、控制人口数量。新加坡的家庭政策，最初的目标也是为了减少生育；其后来的政策，也被学者认为，"长期以来一直服从于经济发展的政策"（刘笑言，2012）。像新加坡这样，家庭政策始终服从于经济发展目标，一直是东亚各国和地区具有共性的社会政策特点。

在 20 世纪七八十年代家庭出现急剧变迁之后，家庭问题日益显现，传统的家庭观念和式样被颠覆。美国舆论曾一度对此惊呼"婚姻解体""家庭消亡"。托夫勒在《未来的冲击》一书中这样写道，家庭一向被称为是社会的减震器，是同世界搏斗、被打得遍体鳞伤的人的栖息地，是日益动荡不定的环境中的一个稳定点。但随着超工业革命的发展，这一减震器本身也在经受一些冲击。传统的家庭极可能解体、破裂，然后以不可思议的新方式出现（阿尔温·托夫勒，1985：210）。越来越多的政府意识到，家庭的稳定与社会的稳定是息息相关的，对于家庭的关注不能仅限于人口目标，要把支持家庭、维护家庭和促进家庭发展本身当作政府和全社会的目标。

美国儿童与家庭局在 1991 年成立后，给自己定出的目标包括：增进家庭和个人能力，建立坚实、健康的社区支持环境，以弱势群体的需要为导向……香港政府在 20 世纪 70 年代提出了"家庭生活教育"的服务计划，以预防家庭瓦解，维护香港家庭的稳定。新加坡十分重视以家庭为基石的治理原则，增强家庭，促进"有韧性"的家庭建设，是政府的重要职责，也是政府的重要工作目标（National Family Council of Singapore，2013；Ministry of Social and Family Development of Singapore，2013）。澳大利亚政府意识到，人口和家庭的改变并不独立于社会和经济的改变，国家应该越来越多地参与到家庭福利问题方面。法国、澳大利亚、美国和加拿大开始从社会公平和均衡发展的角度来关注贫困家庭、原住民家庭和单亲家庭的生计问题。而德国的家庭部则把协调家庭内部的和谐与家庭的稳定当作自己的一个重要工作内容。

20 世纪 90 年代，179 个国家通过了一项改革人口政策的方案，该方案尊崇一项新的策略，将人口与发展相关联，关注于满足女性与男性个体的需求而不仅仅是实现人口目标。该项政策对印度也产生了影响。自此之后，印度家庭部制定的家庭政策越来越多地针对家庭本身和家庭中具体的个人的需求，而不仅仅是计划生育（India Country Report，2004）。例如关注家庭中的残疾、重大疾病以及药物成瘾的个人，关注不育和未婚生育问题，关注婚姻问题，关注家庭失业、负债、住房不足问题，关注家庭面临的灾害问题，关注家庭贫困问题，等等。

### （三）妇女解放

女性的平等和权利在 20 世纪 60 年代获得世界上大多数国家的普遍承认，并在各个国家，无论是欧美还是亚洲国家，日趋得到法律和法规上的保障。

在韩国，推动性别平等最初被当作与政治有关的事务。1988 年，韩国政府成立了政治事务部，其主要职责就包括特别关注性别问题。这是因为从 20 世纪 70 年代开始，女性越来越多地参与到经济社会活动中，家庭伦理和女性生活发生了明显改变，与女性相关的问题在韩国社会开始得到关注。1989 年韩国修改了《家庭法》，大大调整了原《家庭法》中父母、夫妻、子女间的不平等内容，承认婚姻中女性在家庭财产方面所做出的贡献。1998 年韩国成立了妇女议题总统委员会，主要负责规划起草妇女政策，颁布反性别歧视和救济的法案。这些推行性别平等的政策和行动，对韩国传统的父权制社会秩序带来了极大冲击，直接导致 2001 年性别平等部的设立，它也成为韩国性别政策发展和成功的重要标志。此后，性别平等部在服务对象的范围上逐步扩大，逐渐由以性别为主发展到性别、家庭、青少年、儿童政策领域，2005 年，韩国政府设立了性别平等与家庭部。

在法国，据相关人士介绍，家庭部的设立也与推动妇女就业和性别平等有极大关系。

有学者认为，"女权主义"是法国家庭政策的一个主要特征。这是说，为了推动女性的全职工作，推动女性与男性在经济社会方面的平等，法国政府出台了许多有利于职业妇女减轻家庭负担、保障她们在工作和家庭之间平衡的家庭政策。其中最引人注意的政策之一是解除职业妇女后顾之忧的幼儿托管模式。法国的孩子从 3 岁起就可以进入免费托儿机构，在学校学习的孩子也可以享受学校食堂的午餐，这些都有利于法国母亲们的全职工作。

过去十年中，许多欧洲国家在促进性别平等的政策制定上迈出了重要步伐，比如在提供兼职工作、陪产假和幼托服务方面所做的工作。全职人员（尤其是男性）工作时间长的现象仍阻碍着平等地分配家务劳动和照料家庭的工作，而且北欧以外的国家在社会化的保育质量上仍有改善余地。中欧、东欧和南欧国家在提高性别平等和缓解工作/家庭冲突方面仍有许多工作要做。

到目前为止，为实现性别平等而实施一揽子家庭政策的国家都付出了高额成本。尽管成本效益估算表明此类政策的实施会有远期回报，但就政府目前紧缩的财政预算来看，该类回报应比当前估计水平高出很多才具说服力。

### （四）福利国家兴起

福利国家是税收国家的直接后果，是国家通过创办并资助社会公共事业，实行和完善一套社会福利政策和制度，对社会生活进行干预，保证社会秩序和经济生活正常运行的一种制度。"二战"之后，在福特主义和新经济理念的驱动下，西方国家大规模生产盈利出现，这使得福利国家在西方的兴起成为可能。所谓社会福利，大致上有社会救济、社会养老、社会保险、公共教育、公共卫生防疫等方面，在现实中表现为一系列社会保障制度。在西欧、北欧这些国家，政府财政的 45% 以上用于社会保障；在美国，财政支出的 1/3 以上也用于社会保障。具体到家庭政策方面，建立对人的整个生命过程的照顾，充分考虑人在生命不同阶段的需要，重点照顾孩子的健康成长，这是福利国家的重要考虑。

在向家庭提供公共福利方面，包括瑞典在内的北欧国家无疑做得最为完善。像瑞典的卫生与社会事务部，其包括"个人与家庭照顾"在内的 11 项具体服务目标，几乎囊括了一个人在整个生命过程中需要的全部照顾和服务。澳大利亚的家庭政策也有着类似北欧国家的完善和全面。美国、英国、加拿大、日本等国的经济非常发达，儿童的福利和照顾是这些政府最为关注的家庭福利内容，"为了人、为了生命、为了未来"是这些政府的基本理念。但是在究竟为抚养儿童的家庭提供积极的"工作福利"还是消极的"福利援助"方面，一些国家的政府和社会争论不已。

**（五）宗教、慈善组织的前期制度准备**

宗教和富人慈善组织是西方文化的一个特色。西方现代社会的许多福利行为都可以在源头找到宗教和富人慈善的踪影，例如对儿童和老人的照顾与救助。瑞典在早期，福利服务主要是由教会承担的解救贫困，1734年瑞典城市的每个郊区都有了救济院。1934年私立的失业救济团体开始像疾病救助团体一样，向失业者提供法定的补助。法国主要用于家庭的补偿金制度，其早期就是基督教雇主创建的补偿基金，用于解决各种家庭面临的问题，包括年老退休后的生活补助，这也是法国最早的家庭工资以外的收入形式。法国目前几个主要的基金会，其制度基础也都是由雇主工会创建的。在美国，在20世纪30年代的大萧条时代之前，一直是民间慈善担当社会和贫困的救济工作。直到时任纽约州州长的富兰克林·罗斯福促使纽约州立法机构通过了向该州失去工作的民众提供救济的法案之后，美国的救济工作才开始从民间自愿行为转向由政府负责。1935年罗斯福总统颁布了《社会保障法案》，其中重点保障的目标就是贫困儿童和贫困家庭。政府接替或者部分接替宗教组织和雇主组织的慈善行为，是在工业化之后，福利国家制度兴起，向国民提供公共福利是政府的责任成为普遍共识之后的一个福利制度发展的趋势。在亚洲国家和地区，长久以来，在新加坡和香港地区政府的家庭政策执行伙伴中始终都可以找到宗教与慈善团体的活跃身影。

## 二　价值理念

如前所述，一些国家对于家庭问题的关注经历了从"国家主义"到"人本主义"，从强调国家利益到重视个体需求的价值理念的转变过程。此外，由于各个国家的文化传统不同，面临的家庭问题重点也有所不同，在家庭政策方面采取的价值理念也会有所不同。

印度、早期新加坡和中国相似，庞大的人口数量对经济财富的积累以及国家的承受能力都是巨大的负担。印度和早期新加坡采取了与中国相同的方式，由中央政府控制和计划生育。这种政策是国家主义的，面对严峻的人口现状，政府即使有心，却也很少有余力和财力去真正照顾家庭和儿童、女性的需求。面对低出生率，法国也采取过以国家利益为导向的家庭政策，把政策目标定位于促进人口出生率的提高。

和法国有所不同，英国、德国和美国在家庭问题方面实际上更多采取的是不干预政策，德国甚至很少有人研究人口问题，听凭家庭维持自然、原生的状态。英国虽然在布朗政府时期设立了家庭部，但是保守党一上台，就撤并了这个部门。在德国，虽然有家庭部，但是其很少有积极的作为，以至于不断被一些社会学家和女性主义者批评。虽然德国的出生率是欧盟中最低的，但德国人在实际操作中，宁愿引进外劳填补短缺的劳动力，所以出生率问题一直没有真正解决。在性别平等方面，德国人更是一直秉承保守主义的态度，其法律制度对父权有充分的保障，社会仍然认为孩子要由母亲看护，工作母亲的形象是负面的。由于缺乏托儿机构及学校课后时间没有人管孩子，妇女真正能走出家门工作的比例远远低于法国。而后者则因政府积极介入幼儿和学生课余时间的照管事务，成为欧洲出生率最高、妇女全职工作比例最高的国家。在美国，虽然政府掏出了大量真金白银用于家庭政策方面的支出，但是在应该如何补贴有需要的家庭方面，在到底是提供消极的"福利援助"还是提供积极的"工作福利"方面，在秉承自由主义价值观念的美国，这始终是个争执不休的问题。政府几经更改福利政策，最终的政策理念是，凡有劳动能力的居民应以劳动为生，而不应无限期的领取救济金。政府有责任通过教育、培训，增加贫困或失业人口的就业能力与机会，帮助他们通过就业改善家庭生活。

和英国、德国、美国不同，澳大利亚政府采用的是积极卷入家庭福利的政策。对于政府来说，家庭问题并不是私领域的问题，而是和经济社会变动连带紧密的社会问题，也是政府需要提供各种福利和制度援助的领域。所以在澳大利亚，家庭与社区服务部并不边缘，而是一个负责公共福利事业的重要政府部门。把家庭问题当作社会问题，这是澳大利亚政府积极介入家庭事务的基本理念。

政府是公共福利的提供者，是社会公平的主持者，这种福利国家的理念和社会公平的理念是贯穿于上述 12 个国家和地区政府部门的普遍理念，尽管它们的实际作为大小有所不同。保护弱势群体，提高贫困家庭的能力，如儿童照顾、残疾人资助、老年人保障、提高土著人和移民家庭的生活水平、对失业家庭和病患家庭进行支持等，这些是上述所有国家和地区政府对外宣示的政策。在向妇女提供更多的福利、支持妇女就业平等、平衡妇女在工作和家庭之间的角色、促进妇女社会地位平等方面，北欧国家，还有韩国、法国等国家在家庭政策方面走得更远。

作为与中国文化同源的东亚国家和地区，日本、新加坡和中国香港在制定家庭政策方面，特别关注了对传统价值理念的继承。香港政府特别担忧传统中国家庭价值的消逝所带来的家庭危机，认为社会不能仅仅满足于强化一个正急速变化的社会制度而丢掉家庭传统。新加坡家庭政策倾向于维系传统家庭的模式，一直宣扬家庭内部互助的伦理原则。日本在构建其家庭福利政策的时候，特别强调了尊重日本传统的自立自助精神，以及相互协作的组织结构和家庭内的趋同意识等，不靠国家，而是更多靠自己亲属和近邻的互相帮助。

## 第三节　国外及中国香港政府相关机构的职责

其他国家和地区政府家庭部（局）的职能是什么？专管的事务又有哪些？曾经制定了哪些政策？其机构设置又如何？这些都是我们关注的问题。根据现已掌握的资料，这里分别就一些政府家庭部（局）的职能、主要事务和机构设置等一一做出介绍。

### 一　相关机构的主要职能

1. 澳大利亚家庭、住房、社区服务和原住民事务部的主要职能是，负责全国家庭政策和社会与家庭生活标准的确定，其中包括养老保障（仅指最低养老金）、残疾保障、家庭津贴；负责社区服务等主要社会保障项目政策的制定和实施；在社区服务方面，负责促进和加强社区伙伴关系，协调各州和地方相关机构的关系等。

2. 法国家庭事务司的主要职能是，在政府官网上介绍自己的工作，主要是主持部际家庭事务的协调。此外，作为政府家庭政策的主要制定者和监督者，法国政府家庭事务司的职责还包括以下几方面。

（1）制定家庭政策的战略、标准，从法律上规定家庭政策的原则，并提交议会批准。（2）对家庭政策进行可行性分析，评估各项家庭政策对社会的影响。(3) 制定必要的制度框架，把市场、社会组织和地方政府等纳入到国家的"伙伴关系"中，成为国家为家庭提供福利的政策工具。(4) 规定家庭补助金的社会分摊金比例以及配置方式。(5) 对家庭政策的执行机构，包括社会基金会和地方政府等，进行必要的支持和监督。(6) 宏观上对地方（大区）政府的家庭政策进行指导，防止区域之间的不平衡。在这方面，法国学者戏称，法国政府的职责有中央集权的倾向。

3. 美国儿童与家庭局的主要职能是，对联邦政府负责，改善家庭、儿童、个人和社区的经济与福利状况；主要任务是为州和有关机构提供运作资金与政策。

4. 韩国性别平等与家庭部的职责包括：规划协调与性别相关的政策；分析评估性别敏感政策；开发利用女性资源；防止卖淫，保护受害者；预防家庭和性别暴力，保护受害者；与有关女性的民间团体和国际组织建立联系。

5. 中国香港家庭及儿童福利科的职责有以下几方面。(1) 提倡重视家庭观念，推广以家庭为核心的支持网络，以巩固亲密和睦的家庭关系。(2) 就制定全面的支持和强化家庭的政策及策略，以及发展相关计划及活动的事宜，向政府提意见，并监察有关的推行情况。(3) 就如何整合政府各政策局及部门，就有关不同年龄组别和性别的家庭政策及相关计划，向政府提意见，以确保互相之间的协调。(4) 筹划并推行为特定年龄组别及性别而设的计划和活动，理顺安老事务委员会、妇女事务委员会及青年事务委员会的工作。(5) 在有需要时，就加强社会对有关家庭事务的认识进行研究。

6. 加拿大不列颠哥伦比亚省设立的家庭居民部的主要职能有：为加拿大居民提供广泛的涵盖儿童、家庭、妇女、老人等方面的信息服务介绍，包括怀孕妇女的资源支持、生育、收养、青少年成长支持，以及婚姻、死亡、遗产等重要事件的认证等；为加拿大居民提供便利；为父母和家庭提供帮助；推进儿童和青少年群体的健康与福利；通过战略投资推进儿童早期发展；推进并支持依托社区的家庭服务系统的建立。

7. 英国儿童学校家庭部的主要职能是，通过提高教育标准来提高儿童的教育水平以帮助更多的孩子摆脱贫困，提高儿童健康水平等，保证儿童的受教育权利。

8. 日本平等就业、儿童与家庭局的职能有：促进男女就业机会平等和待遇平等；制定与家庭和儿童相关的政策，以应对人口出生率迅速下降的问题；预防儿童虐待问题；为单亲家庭的儿童护理提供服务，帮助单身丧偶女性实现独立；帮助儿童健康成长；提供儿童医疗保险服务和儿童津贴；为女性提供就业机会。

9. 新加坡社会和家庭发展部的职能是，增加个人的适应性，增强家庭，建立一个关怀他人的社会。

## 二　相关机构的主要事务

1. 澳大利亚家庭、住房、社区服务和原住民事务部的主要工作包括以下几方面。（1）对老年人的资助。对老年人及其抚养者和赡养者提供收入支持，提供老年人居家照顾服务、社区照顾服务以及对居住在偏远农村的老年人提供灵活性服务的支出。（2）对有儿童家庭的资助。保证有儿童的家庭能够获得经济资助以抚养小孩。资助主要通过家庭税收津贴、抚养支出、儿童照顾津贴的形式发放。（3）残疾人资助。主要用于对残疾人及其配偶、父母以及残疾人护理者提供收入支持、就业补助以及为提高残疾人独立性和就业机会的服务支出。（4）对失业者和患病者的资助支出。（5）提高原住民生活水平。为原住居民提供各类经济、社会和文化服务项目。

2002 年澳大利亚政府家庭与社区服务部共支出 550 亿澳元用于社会福利项目及社区服务领域，其支出总额约占澳大利亚联邦预算的 1/3。目前这个部门承担着澳大利亚主要福利实施的任务。

2. 美国儿童与家庭局的主要工作有：管理州－联邦福利项目；贫困家庭的临时帮助；管理全国的儿童资助执行体系；对低收入家庭提供基金资助；支付儿童照顾费用，并支持州领养照顾和收养帮助项目；建立防止虐待儿童和家庭暴力项目的基金。

目前该局有雇员 1532 名（2001 年数据），总部设在华盛顿特区。在 60 多个项目上占有 510 亿美元的年预算计划，这些项目包括社会福利援助，子女抚养的执法，收养援助、寄养家庭、儿童看护和儿童虐待等。该局局长被称为儿童和家庭助理部长。

3. 加拿大不列颠哥伦比亚省家庭居民部的主要工作包括：儿童保护和家庭发展、收养和寄养、儿童早期发展教育和儿童看护、儿童和青少年心理卫生、青年司法和青少服务、儿童和青少年的特殊需求。

4. 日本平等就业、儿童与家庭局主要在这样几个方面开展工作：提供家庭与工作平衡服务，主要包括支持妇女工作，以及针对兼职工作者的措施；提高儿童护理服务，主要包括育儿护理服务、儿童虐待防止措施以及母婴健康管理。

5. 韩国性别平等与家庭部的主要负责工作有：推行性别平等、预防和反对针对女性的暴力、改善家庭纲常伦理、扩大女性的政治参与、解决性别不平衡问题、提高女性健康。

6. 印度卫生与家庭福利部主要负责的事务包括：全国农村卫生任务、中央政府卫生计划、医学教育及咨询等。

7. 中国香港家庭及儿童福利科的日常事务包括门类多样的内容：领养服务，慈善信托基金，社会福利署热线服务，家务指导服务，保护家庭及儿童服务，幼儿服务，体恤安置，家庭危机支援中心，危机介入及支援中心，家庭生活教育，寄养服务，综合家庭服务，儿童住宿照顾服务，受虐妇女住宿服务，预防及处理虐待长者服务，露宿者服务，性暴力受害人士服务，防止自杀服务，临时收容中心，支援虐儿、虐待配偶/同居情侣及性暴力个案受害人服务。

## 三　相关机构下设部门

1. 澳大利亚家庭、住房、社区服务和原住民事务部针对不同群体的服务需要，设立了七个服务部门：家庭和儿童事务、住房支持服务、老年人事务、社区与脆弱群体服务、残疾与护理人员服务、妇女事务、澳大利亚原住民事务。

2. 德国家庭事务、老年、妇女及青年部下设的几大部门有：中央行政部，家庭、社会福利、雇佣政策部，老年民众部，平等部，青年部，儿童与青少年援助部。

3. 法国家庭事务司下设这样几大块主管事务：办公室、儿童权益保护、公共事务关系、家庭权益、涉及家庭事务的公共管理、家庭补贴基金管理、亲属关系、与家庭有关的社团组织事务、基础教育、家庭与学校事务关系、奖学金管理、对儿童性侵管理、婴幼儿教育与照看等。

4. 美国儿童与家庭局下设办公部门有：（1）原住民管理部；（2）儿

童、青少年与家庭管理部；（3）智力与发育障碍管理部；（4）儿童处，幼儿成长管理处；（5）儿童护理办公室；（6）儿童抚养执行办公室；（7）社区服务办公室；（8）家庭援助办公室；（9）学前教育办公室；（10）应急服务准备和回应办公室；（11）法制和预算办公室；（12）规划研究与评估办公室；（13）难民安置办公室；（14）公众援助报告信息系统。

5. 加拿大不列颠哥伦比亚省设立的家庭与居民部下设八大服务部门：公民服务、政府身份认证服务部、税收与补贴、卫生与安全事务、住房事务、环境生态能源事务、娱乐休闲与户外活动服务、驾驶与交通服务。

6. 日本平等就业、儿童与家庭局下设：总务部、平等就业政策部、工作与家庭协调部、兼职与家庭工作部、家庭福利部、育儿促进部、日间护理部、母婴健康部。

7. 韩国性别平等与家庭部包含四大部门：规划与协调办公室、妇女政策局、青年与家庭政策部、妇女与青少年权利促进局。

8. 印度卫生与家庭福利部下设职能部门有：卫生与家庭福利局、AYUSH 局、卫生研究局、艾滋病控制局。

9. 中国香港家庭及儿童福利科共下设 11 个科：（1）安老服务科——负责发展老人服务；（2）家庭及儿童福利科——负责管理家庭和儿童福利服务；（3）康复及医务社会服务科——负责督导为残疾人士提供的服务，及管理医务社会服务；（4）社会保障科——负责执行各项社会保障计划；（5）青年及感化服务科——负责督导为过犯和青少年提供的服务及社区发展服务；（6）临床心理服务科——负责厘定和评估有关临床心理服务的政策、规则及程序；（7）行政科——负责处理总部的行政、人事管理及员工关系工作；（8）财务科——负责控制及监察所有财务事宜及财务管理资讯系统；（9）资讯系统及科技科——推行社会福利署部门资讯系统策略计划及电子服务，并推广本署及非政府机构运用资讯科技来更有效管理机构和提供福利服务；（10）津贴科——为非政府机构所举办的活动提供津贴及奖券基金拨款，并监察有关情况；（11）人力资源管理科。

10. 新加坡社会和家庭发展部下设三个大的部门：社会发展与支持、家庭发展与支持、社团支持。在家庭发展与支持部门之下，设立了四个具体部门：家庭政策组、家庭教育与推广科、社会发展网络、家庭服务部。

## 第四节　国外及中国香港政府制定和执行家庭政策的
## 组织体系与制度架构

### 一　国外及中国香港政府家庭政策的服务体系

国外及中国香港在制定和执行家庭政策方面都有一整套完备而成熟的制度架构和组织体系，虽然不同国家和地区各有不同，但是总体而言，都有类似之处。简而言之，许多国家和地区的组织体系与制度架构都建立在两个维度之上。

在垂直的纵向维度上，中央政府和地方各级政府实行分级管理，各司其职，其触角可以一直延伸到最基层的社区。这点跟中国的中央垂直领导的管理体制比较相似。

在横向的维度上，中央政府和地方政府分别与各类专业组织、社会组织、公立或私立机构、宗教团体、NGO 等建立合作伙伴关系，通过购买服务、项目承包和市场竞争等运作模式，形成完整的政府和民间组织相互扶助的家庭政策执行体系。

以澳大利亚为例：家庭、住房、社区服务与原住民事务部办公总部设立在堪培拉，在每个省会城市都设有办事处，并拥有一套覆盖全省的网络。地方基层政府是这个部的社区管理和执行部门，在州以下，各个市、镇等都是最低层次的社区事务管理机构，直接面对社区居民。其市政府的职能与运作方式非常类似我国的居民委员会，所不同的是澳大利亚市政府，是基层政权，而我国的居民委员会只是居民的自治组织。

在家庭政策的执行方面，政府的合作伙伴主要是一些非营利组织和NGO，以及宗教团体。各级政府向这些服务供应者提供联邦资金购买服务，同时，政府也通过这些触角伸向最基层的非营利组织获取最新的需要服务的信息，以便提供及时的和必要的服务。这些服务供应者是政府通过一系列市场化的遴选过程筛选出来的。

北美和瑞典等北欧国家的经验与澳大利亚类似。

在美国，在联邦政府的儿童、家庭和社区服务局之下，各个州都设有相应的办公室；在州政府之下，每个县也设有同样职能的办公室，形成一个垂直的管理体系。在合作伙伴关系上，儿童和家庭服务部门面向全国的公立、私营等非营利的社会服务组织，为非营利组织寻求资金提供协助，使其能够直接服务于儿童和家庭。州一级政府通过支持当地的非营利组织来分发服务资金和项目。联邦政府有一套全面和完整的法律法规、服务项目规定和单项服务的指引，为服务体系提供清晰可循的规范，个人和私立机构通过参加政府的服务可以得到政府报酬。通过与服务组织签订服务合同等方式，充分利用社会力量推行各项社会服务。除此之外，在志愿服务体系中有一小部分但却备受大众欢迎的有偿志愿服务市场也在逐渐壮大。这些构成了美国家庭服务的完整体系。

总体而言，美国的福利和服务提供体系比较依靠地方各个有关的组织，包括公立、私立和非政府组织，都可以承包公共服务项目。瑞典成体系的家庭全面照顾，主要是由私立机构来承包政府的服务。北欧与北美情况还有不同的是，北美的福利和社会服务主要还是针对弱势和有需要的人群，提供最低限度的保障；而北欧国家所提供的则是全民性的均等化的福利和社会服务。此外，瑞典的地方福利保障体系是由地方财政来维持的，而美国则主要是靠联邦政府分配的基金专款，地方财政只有一定的援助。

法国的情况与北美和北欧都有所不同，虽然法国也高度依赖地方政府和非政府组织的服务体系，但在资金方面，诞生于民间慈善的社会互助和保障基金是提供家庭福利与支持的主要力量。地方政府通过税收也可以提供相当数额的资金支持，而中央政府在资金方面则扮演弱政府的角色。

中国香港在某种程度上有点类似于美国，虽然政府有相应的财政预算并购买了大量公共服务，但是大量的民间慈善机构因为有非常强的筹资能力，因此可以成为独立于政府之外的另一支服务力量。另外，专业的非营利或者私立机构也都可以参与救助和社会服务工作。他们可以部分承包政府或者慈善组织的某一计划。例如，在香港，政府可以指定一些私立的医疗机构免费为更年期后的妇女做子宫癌细胞检查，为儿童提供免费儿童牙医。对于接受服务的低收入阶层，这些服务是免费的，这些机构可以从政府那里获得补贴或者拨款。这种服务是大量采用的，可以减少政府和公立机构的成本，也为私立机构带来收入。

新加坡的家庭问题和服务，主要由植根在居民社区的人民行动党的基层支部来完成，并把服务需求转呈给政府有关部门。而政府内政国务部有专门的社区服务和管理机构，保障居民社区有健全的设施和服务。家庭服务中心是富有新加坡特色的家庭政策执行机构，是个志愿福利团体，由政府规划，并统一招标，全国共有 36 个。慈善团体和志愿者服务是非常活跃的非政府组织，在社区和家庭建设中发挥着重要作用，他们是政府制定家庭政策的主要执行者、合作者。政府根据各慈善团体的服务能力、宗教特点等，决定中标团体，并每年进行评估，五年连续不达标的，将由政府组织重新招标。

与政府大量购买公共服务稍有不同的是，日本和德国的家庭福利与服务主要由国家来完成，如日本是由中央来做全面的社区设计。无论是具体的福利和服务还是财政上的补足与税收安排，通常是由政府做制度性的安排，且有明确的法规来规范执行。政府通过专门的部门安排，或者某个机构通过向政府申请，按照法规和政策来执行。

## 二 国外及中国香港家庭服务体系中的各种角色分工

各个国家的中央政府虽然在财政资金方面扮演的角色各有不同，但是作为政策的制定者和制度框架的安排者，以及福利和政策落实情况的评估与监督者的职责都是一样的。特别是在政府购买公共服务的背景下，政府按照一定的标准对服务提供者的履约情况进行评估，以支付服务费用更是寻常程序。

域外政府的政策制定过程是这样的。以美国为例，美国的家庭政策来源于两种途径：（1）立法，州级别或者全国级别政策制定过程都是相似的；（2）政府部门或者各行各业制定的内部政策。家庭领域的专业人员和普通公民均可对这两个途径产生影响。第一，最基本的途径是投票选举，投票给那些将提出心仪的家庭政策议题的竞选候选人。第二，公民也可以给选举出来的议员写信，支持或反对某些影响家庭的立法。第三，专业人员可以就某个特定的家庭政策议题，与议员取得联系并表达希望和立法委员会委员对话的愿望，他们会被邀请参加法案的论证会。第四，公民和专业人员可以在当地报纸或其他新闻媒体上发表观点，可以参与有关政策的研究，公众意见的力量也可以影响家庭政策的走向（Anderson，J. R. & Wilde，J. L.，2012）。

州（省/大区）一级的地方政府是中央政府家庭政策的执行者，同时在许多国家也扮演补充性家庭政策的制定者和资金协助筹措者的角色。例如澳大利亚家庭、住房、社区服务与原住民事务部的主要财政经费来源是联邦政府和州政府的财政拨款，以及房地产税收等；法国的大区政府则在资金提供方面扮演比中央政府更重要的角色。在政策执行方面，这一级政府更多担负具体的招募和协调合作伙伴、提供资金支持等职责。如在美国，州政府一级除了协调服务机构、提供资金外，还向服务机构提供支持、培训和指导。在澳大利亚，具体的地方社区管理由州和市政府分工负责。一般来说，区域性公共事务由州政府统一管理，如社区间的主要道路、消防、紧急救护、社会治安和小学、中学教育；市政府只管部分地方社会事务。打个比喻就是，市政府管"鸡毛蒜皮"的事务，"整鸡整蒜"的事务就由州里管。

那些具体执行家庭政策的专业的、公立和私立的机构，非政府组织等，则作为政府合作伙伴，通过市场竞争的方式获得项目，按照政府制定的规则完成项目，并在执行过程和完成项目之后，接受政府的培训、监管和评估。整个过程是一个民间社会、市场和政府互动的过程。

实际上，在任何一个国家，家庭政策都无法完全由一个部门制定和完成，许多与家庭事务相关的政策分散在不同的职能部门。例如，在许多国家，卫生部负责医疗保健政策的制定和实施，教育和劳动部负责失业人员的培训及再就业政策的制定和实施，养老、残疾、社区服务等社会保障项目又有其他部门分管。澳大利亚提供了一个经验，为了加强这些社会化服务，它于1997年成立了"中央连接"（Centre Link）机构。这是一个非营利性的事业机构，该机构与政府各部门保持联系，承担委托的各种服务项目，受家庭与社区服务部委托发放养老金就是其主要任务之一。这样有助于把与家庭有关的政策高度整合在一起。

透过不同的角色分工，我们可以看到，家庭政策的组织体系和制度架构，实际是一个民间和国家合作互动的过程，在服务多元群体的社会事务上，国家不再是一个主宰的角色，而是社会保障者和服务提供者、支持者的角色。国家通过购买服务、项目承包等模式，为民间团体进行自主的服务提供更大的空间。同时，国家又通过触觉更灵敏的民间团体，获取第一手的需要和信息。这个政府与民间互动的服务体系，值得我们学习。

# 参考文献

阿尔温·托夫勒，1985，《未来的冲击》，中国对外翻译出版公司，1985。

贺军、王军平，2012，《关于"十二五"支持家庭发展的政策建议》，中国人口福利基金会主编《创建幸福家庭活动理论探讨征文选编》，中国人口出版社。

刘笑言，2012，《家庭角色的式微——新加坡家庭政策的现状和挑战》，《东亚论文》第94期。

Anderson，J. R. & Wilde，J. L.，2012，《美国的家庭政策概述》，转引自上海市人口和家庭计划指导服务中心网站，http：//www. popfamily. org. cn/science/index. jhtml。

*India Country Report ——Population and Development*：*10 Years sine ICPD*，2004，9，转引自印度家庭福利部（Department of Family Welfare Ministry of Health and Family Welfare Government of India）官网，http：//mohfw. nic. in/，2012 年 6 月。

Ministry of Social and Family Development（新加坡社会和家庭发展部官网），2013，http：//app. msf. gov. sg/AboutMSF/OurOrganisation/HistoryMilestones. aspx。

National Family Council of Singapore（新加坡国家家庭议会官网），2013，http：//www. nfc. org. sg/ aboutus. htm。

Pia Sophia Schober，2011，《从性别平等角度看家庭政策——欧洲政策比较》，提交"中国家庭变化与公共政策"国际研讨会，10 月 29~30 日。

Sonja Blum M. A.，2011，《德国和欧洲的家庭变化与家庭政策》，提交"中国家庭变化与公共政策"国际研讨会，10 月 29~30 日。

# 第三章
# 中国家庭变迁：特征、问题和对策

张　翼

中国在最近三十年内，已经从一个典型的传统农业社会迅速转型为一个以城市为核心的工业化社会，并在一些大城市，表现出了后工业社会的典型特征。这种转型在使中国从计划经济转变为市场经济、从单位社会转变为市场社会再转向为社区社会的过程中，带动了农村人口向城市的流动、农民阶级向工人阶级的转变，以及进入中等收入阶段后中产阶级的涌现。

在社会转型的强力拉动下，中国还划时代地经历了人口转型——从高出生率、低死亡率和高自然增长率的社会转变为低出生率、低死亡率和低自然增长率的社会，由此也引发了人口死亡模式的现代转变，即已从以呼吸系统和消化系统疾病为主要死因的社会，转变为以心脑血管疾病和癌症等为主要死因的社会。生活水平的提升、医疗技术的进步、现代社会保障制度的建立与覆盖面的扩大等，提高了人民群众的营养及健康水平、控制了传染病发病率、延长了人均预期寿命，使中国历史性地、加速度地步入了老龄化社会。正因为如此，中国的家庭，才有史以来第一次进入大规模老年空巢时期。

社会转型与人口转型勾连扭结在一起，还使家庭这个社会的组成单元发生了重大变化。在城市化的拉动之下，汹涌澎湃的人口迁徙与流动，也导致家庭裂变为留守家庭和流动家庭。总人口数量的增长①、生育率的降低，以及成年子女与父母家庭的分居等，又带来了家庭户户数的迅速增长和家庭户内平均人口数量的减少，由此促使了家庭结构、家庭内部关系、家庭功能的变化。社会转型及其通过家庭而传导的变迁内容，不仅影响了社会个体的日常生活及其利益取向，还影响了人们的相关社会态度与利益评价机制。初婚年龄的推迟、离婚率的上升以及由人口流动所引起的丈夫与妻子的分居，导致了独居家庭户②的迅速增长。在这种情况下，中国的家庭，已不能简单以核心化趋势来解释——在看到核心化的同时，更需要着重强调小型化、少子化、独居化。中国家庭发生的这些变化，使原有依赖于家庭成员、家庭网络与相对固化的社区关系而互相支持的发展格局开始面临前所未有的挑战。

中国社会转型的最大特征是后发性、压缩性和不平衡性。不管是社会转型还是人口转型，都是步发达国家之后而进行的跟进性转型；都是压缩在短短几十年内完成的，但整个欧美社会却是在200～300年的时间内发生的转型；也都表现着典型的转型中的地区不平衡性。这种转型特征使得工业化快于城市化。在城市化中土地城市化快于人口城市化。在市场化中又表现出了社会缺位、福利配置差距悬殊、社会建设慢于经济建设等问题。在人口少子化中显示着快速的老龄化。由于社会缺位、社会建设不足等影响，社会转型的成本被分散给一个又一个具体的家庭承担。

正因为如此，本文拟在工业化、城市化所带动的社会转型与人口转型的大背景中，从家庭发展视角（family development perspective）出发，去分析中国家庭未来的发展能力，以为政策制定者提供决策依据。

本文在分析中主要使用了普查数据。如果有些内容普查数据空缺，则使用权威调查数据和科研部门集体完成的大型调查数据。因为只有普查数据才更可信。权威调查数据为学术共同体所共享，集体完成的数据的规范性更有保障。因为调查数据较多，本文尽量使用2010年左右的最新数据：一方面

---

① 在其他变量不变的情况下，总人口数量的上升，会带来家庭户户数的增加。但在总人口数量缓慢增长的同时，流动率的上升，成年子女与父母亲分居的观念的变化等会显著地带来家庭户平均人口数的降低。

② 这里所说的独居家庭，指的是单个成年人居住的家庭。即不管其是否结婚，只要其在一定时间段内单独居住与生活在某一独立住房中，即视为独居家庭。

使这些数据与第六次人口普查数据之间可以互相印证，另一方面也使报告能够反映中国家庭的最新变化及其发展趋势。

## 第一节　中国家庭变迁的主要特征

### 一　家庭户小型化

#### （一）家庭户与户规模的缩小

家庭结构表现的是家庭内部的代际关系与亲属关系。家庭户[①]人口规模表现的是家庭内部人数的多寡。一般而言，家庭规模越大，人数越多，家庭结构就越复杂。但当我们把总和生育率作为控制变量纳入分析，就不难明白：即使在所谓核心家庭中，由于总和生育率较高，即育龄期已婚女性平均生育的孩子数较多，家庭户人口规模也会比较大（在这种情况下，家庭的代际关系趋于简化，但人口规模却可能随生育率的上升而增加）。但当总和生育率趋于下降，则一个社会中家庭人口规模也会下降，从而进一步强化了家庭小型化的趋势。

从表3-1可以看出，1964年第二次人口普查时的总和生育率为6.18，家庭户平均人口数为4.43人。但自20世纪70年代开始实施比较严格的计划生育制度后（张翼，2006），家庭户平均人口数才开始直线下降[②]。到1990年第四次人口普查时，总和生育率下降到2.31，家庭户平均人口数下降到3.96人；到2000年第五次人口普查时，总和生育率下降到1.23，家庭

---

[①] 这里家庭户对应的英文是 family household。需要注意的是：中国人口普查将"1人户"也定义为家庭户，但美国人口普查则将"1人户"定义为非家庭户。因此，有人简单地将中国普查数据与美国普查数据进行比较，而不分析其中各种类别人口概念的区别，从而出现"不可比"问题。这里所说的户指的是一所居室中长期居住的，形成了比较稳定的互动关系的生活共同体。户包括了家庭户。家庭户也是户（household）中的最主要构成部分。中国人口普查中将户区别为家庭户和集体户。我们这里引用的数字，是家庭户的户规模，即排除了集体户后计算的数字。

[②] 1970年，周恩来在接见卫生部军管会全体人员时，批评了把计划生育和卫生运动放在一起的做法。他说："计划生育属于国家计划范围，不是卫生问题，而是计划问题。你连人口都计划不了，还搞什么国家计划！"正因为有周恩来的指示，1971年由国务院下发的《关于做好计划生育工作的报告》才第一次提出，在第四个五年计划期间，要使人口自增率逐年降低，力争到1975年在城市降低到10‰左右，在农村降低到15‰以下。这个计划被写入到"四五"计划中（1971～1975年）。

户平均人口数下降到3.46人；在2010年第六次人口普查时，总和生育率仍然处于下降的态势——竟然达到历史新低的1.18（尽管很多人认为不像这样低），而家庭户平均人口数也同时下降到3.09人。

表3-1　历次普查家庭户平均人口数与总和生育率

| 普查时间(年份) | 1953 | 1964 | 1982 | 1990 | 2000 | 2010 |
|---|---|---|---|---|---|---|
| 家庭户平均人口数 | 4.33 | 4.43 | 4.41 | 3.96 | 3.46 | 3.09 |
| 总和生育率(%) | 6.05 | 6.18 | 2.86 | 2.31 | 1.23 | 1.18 |

资料来源：1953~1990年数据来自2007年《中国人口和就业统计年鉴》表第1-6。2000年数据来自《第五次人口普查数据》表第1-1，2010年数据来自《中国2010年人口普查资料》表第1-1。

应该说，这是有翔实数据记载的中国家庭户平均人口数的最低水平。但需要指出的是，伴随工业化与城市化程度的加深，家庭户规模的缩小趋势还会持续。即使在城市化和后工业化程度已经比较高的美国，户平均人口数仍然处于下降的态势：1960年美国人口普查发现户（household）平均人口数为3.29人，2000年普查发现户平均人口数为2.59人，2010年普查发现每户的平均人口数为2.58人①。由此看来，如中国未来的工业化和城市化水平继续提高，则家庭户平均人口规模仍会持续缩小。

当然，家庭户人口规模的下降，也深受人口流动的影响。2010年第六次人口普查发现：居住地与户口登记地所在的乡镇街道不一致且离开户口登记地半年以上的人口为26139万人，其中市辖区内人户分离的人口为

---

① 在美国2010年4月的普查中，只包括了家庭成员（family members only）的家庭户平均人口为3.14人，但在将居住在同一住宅单元（a housing unit）里的家庭成员和非家庭成员（family and nonfamily members）都包括在家庭户中时，其家庭户平均人口数则达到了4.42人。但在普查中，如果以户（household）计——以居住在同一住宅单元里的人口计算，即将家庭户和非家庭户（nonfamily household）都包括在内后，每一户（per household）的平均人口数则为2.58人。需要知道，美国人口普查中对家庭的定义是：由两个或两个以上具有生育或血缘关系、姻缘关系或收养关系且居住在一个"户"内的人所组成的群体。正因为如此，美国普查时将独居者，即一个人居住在一个"户"内的人，视为非家庭户（nonfamily household）；另外，美国普查还将同性恋已婚户、同性恋未婚但同居户和异性同居户此三者都定义为非家庭户。当然，非家庭户也包括了所谓的集体居住户，如居住在学生宿舍内的人、军营里的人，或寄宿者、集体租房者等。

3996 万人——减去此部分人户分离的人口，则跨乡镇街道流动的人口已经达到了 22143 万人，即已经有 2.21 亿的人口在流动。而在这 2.21 亿人口中，有 70% 以上的人属于携带家属的举家迁移户[1]。同一家庭内部的一部分家庭成员，因为务工就业等原因，在流入地形成了流动家庭户；而另外一部分家庭成员，则在家乡——流出地形成了留守家庭。这样一来，便将具有同一家庭关系的成员分成两个或几个既相互联系又保持相对独立性的户[2]。所以，家庭的裂变不仅增加了中国"户"的数量，而且在人口出生率下降的态势中减少了"户"内部家庭成员的数量，即缩小了家庭规模。

但历史地分析中国"家庭户"的人口规模就会发现，大家庭只占很小的比重——这就使中国历代家庭平均人口数量不会太大——四世同堂的家庭并不多见（虽然国外某些书籍将中国历史上的家庭描述为以大家庭或扩展家庭为主的结构，但近期的研究却发现中国历史上主要的家庭形式仍然是核心家庭和主干家庭）。如果将家庭视为一个管理与经营单位，则在人口死亡率稳定保持在既定水平时就会存在：家户规模越大，管理与组织成本越高；家户规模越小，管理与组织成本越低。虽然家庭内部的利他主义原则，能够化解一部分利益冲突，但大家庭内部的复杂关系，却会抵消利他主义而增加利己主义发生的机会。正因为如此，中国历史上有文字记载的家庭平均人口数都不是很高。按照李银河的研究，中国历史上的家庭户平均人口数都不是很多。她转引刘岱《吾土与吾民》一书中的数据说，公元 2 年汉代中国家庭户平均人口数为 4.87 人；公元 1003 年——宋真宗咸平二年的家庭户平均人口数仅仅为 2.08 人（此种极端数据，可能是因为税收与劳役等制度影响，人们瞒报了家庭人口数）；而在 1812 年——清仁宗嘉庆十七年，中国家庭的平均人口数为 5.33 人。在高死亡率的影响下，尽管存在着可以想见的高出生率，但自然增长率会被有效抑制，所以，家庭

---

[1] 根据国家计生委 2010 年下半年流动人口监测数据计算。

[2] 当我们以人们在某一居住地居住满半年或半年以上为时间单位，以相对独立的住房为空间，将其间具有亲属关系的人们——同吃同住的人们视为一个独立的户时，这个概念就与人们的"认同家庭"不同，也与平常所指称的"家庭"不同。事实上，人口普查的是"户"（household）。在一个户内，既有家庭户，也有非家庭户。在普查中，"户"的概念，比依靠血缘关系、姻缘关系、赡养关系或过继或领养关系等所定义的家庭更具操作性。

户平均人口数的增长会受到很多外在条件的约束与限制（李银河，1995：
5～13）。

尽管如此，由于计划生育制度的长期实施，家庭户平均人口数的低水平
维持，已经与传统农业社会截然不同。因为在传统社会，家庭户平均人口虽
然也不多（不是那种文学作品描绘的大家庭概念），但兄弟姐妹之间基于亲
缘与姻缘关系却可以建立具有密切的血缘与姻缘关系的家庭网，在网内的某
个家庭面临某种风险的压力时，可以得到其他家庭的利他主义支持。但在现
代社会，计划生育制度所要求的独生子女政策或某些省/区实施的生男即止
政策①，则迅速缩小了基于血缘和姻缘关系而建立的家庭网。何况，在人口
流动的影响下，成年子女一代的外出打工或迁居，增加了父母家庭与子家
庭②之间的交通距离，这也在某种程度上降低了血缘与姻缘家庭之间的交往
互动频率。

### （二）独生子女家庭与"失独家庭"

中国的计划生育政策，在东部农村平原地区与城市地区，采取的是
独生子女政策。在中西部地区的山区与整个西部地区，则大多可以生两
个孩子。在农村少数民族地区，则可以生更多的孩子。因为计划生育政
策执行的是"一个国家、多种制度"，所以，城市率先进入了独生子女
时代。

从表3-2可以看出，2000年第五次人口普查时，在全国的家庭户中，
独生子女家庭户已经达到29.30%，其中生了男孩的独生子女家庭占
32.02%，生了女孩的独生子女家庭占26.38%③。

但在北京市，独生子女家庭却占到了53.46%，在天津市也占到了
52.98%，在上海市占到了58.34%，在重庆市占到了44.69%。除这几个直
辖市外，整个东北地区的独生子女家庭户占比都比较高，在辽宁为
51.75%，在黑龙江为48.64%，在吉林为47.43%。另外，在浙江也不低，
达到了37.27%，在江苏达到了47.18%。

---

① 比如湖北有些地区长期实施"头胎是男孩，终生不准怀；头胎是女孩，持证五年怀"的政
策，就是典型的生男即止政策。
② 在这里，母家庭指的是人们的出生家庭，子家庭指的是从出生的家庭分离出的家庭。
③ 因为拿不到第六次人口普查的1%抽样数据，所以，这里只使用了2000年第五次人口普查
数据。

表 3 – 2 第五次人口普查各省、市、区独生子女家庭户占比

单位：%

| 地区 | 总计 | 男 | 女 | 地区 | 总计 | 男 | 女 |
|------|------|------|------|------|------|------|------|
| 全 国 | 29.30 | 32.02 | 26.38 | 河 南 | 23.15 | 24.2 | 21.96 |
| 北 京 | 53.46 | 55.31 | 51.47 | 湖 北 | 32.39 | 35.26 | 29.19 |
| 天 津 | 52.98 | 56.28 | 49.55 | 湖 南 | 29.14 | 32.48 | 25.47 |
| 河 北 | 24.99 | 27.82 | 22.02 | 广 东 | 15.26 | 16.3 | 14.17 |
| 山 西 | 21.45 | 22.42 | 20.42 | 广 西 | 17.63 | 18.3 | 16.85 |
| 内蒙古 | 37.64 | 40.44 | 34.67 | 海 南 | 16.13 | 16.29 | 15.94 |
| 辽 宁 | 51.75 | 58.24 | 45.02 | 重 庆 | 44.69 | 47.99 | 41.15 |
| 吉 林 | 47.43 | 52.17 | 42.40 | 四 川 | 37.61 | 39.71 | 35.42 |
| 黑龙江 | 48.64 | 52.46 | 44.62 | 贵 州 | 16.44 | 16.96 | 15.85 |
| 上 海 | 58.34 | 60.09 | 56.56 | 云 南 | 15.93 | 15.7 | 16.19 |
| 江 苏 | 47.18 | 51.26 | 42.97 | 西 藏 | 13.69 | 13.09 | 14.32 |
| 浙 江 | 37.27 | 44.1 | 30.11 | 陕 西 | 26.18 | 27.7 | 24.52 |
| 安 徽 | 27.50 | 32.09 | 22.52 | 甘 肃 | 19.63 | 21.13 | 18.05 |
| 福 建 | 24.07 | 28.38 | 19.54 | 青 海 | 22.11 | 22.42 | 21.79 |
| 江 西 | 22.67 | 25.61 | 19.37 | 宁 夏 | 17.43 | 18.25 | 16.59 |
| 山 东 | 33.77 | 41.53 | 25.53 | 新 疆 | 21.04 | 21.41 | 20.66 |

资料来源：根据 2000 年第五次人口普查数据计算。

虽然在独生子女进入婚龄期之后，如果男女双方均为独生子女，则其按照政策可以生育两个小孩，但实际上，两个独生子女结婚后，真正生育了两个孩子的夫妇少之又少。比如说，福建省为分析其人口形势，在 2011 年进行了独生子女调查，结果发现：在城镇双方均为独生子女的初婚人口中，未生育的有 2.3 万人，占 41.6%；生育一个孩子的有 3.1 万人，占 55.7%；生育两个及以上孩子的只有 1518 人，占 2.7%。

在城镇一方为独生子女的初婚人口中，未生育的有 2.1 万人，占24.6%；生育一个孩子的有 6.3 万人，占 72.5%；生育两个及以上孩子的只有 2493 人，占 2.9%。

在农村一方或双方为独生子女的初婚人口中，未生育的有 6396 人，占15.4%；生育一个孩子的有 2.5 万人，占 59.5%；生育两个及以上孩子的 1万人，占 25.1%（新浪新闻，2011）。

另外，根据上海市的有关研究，其独生子女家庭约有 305 万个，占全市

家庭户总数的比例为 60.2% ；全市有 610 万左右的独生子女父母，占户籍人口的比例为 43.9% 。据预测，2013 年新进入老年阶段的人口中 80% 以上为独生子女父母，在 2018 年以后，全上海每年有 24 万～34 万的独生子女父母进入老年阶段（上海市老龄科学研究中心，2009）。

在家庭小型化过程中，独生子女家庭数量与所占比重的增加，在某种程度上也带来了一定的家庭风险。因为在每个出生同期群中，都存在一定比例的人口死亡率。所以，独生子女这个人口群的人口损失与伤残，必然给独生子女父母带来巨大的身心健康压力。学术界某些人将生育了独生子女但独生子女在随后的岁月里不幸死亡的家庭称为"失独家庭"，即丧失了独生子女后父母亲所形成的家庭。事实上，这个概念主要是从抚养和赡养关系给出的，而不是从居住之家户构成给出的。尽管如此，很多丧失了子女的失独父母亲，不仅会遭受身心健康的打击，而且还会在生活中，经历很多因制度配置缺失或矛盾所造成的不方便。

比如说独生子女的父母进入老年时期——尤其是在丧偶时期，其中的存活者在医院的手术签字问题，就是一个非常棘手的问题。所以，与独生子女政策配套的相关政策，必须及时跟进，才能更好地落实独生子女政策。

## 二 家庭核心化与独居家庭的增加

在人类历史上，家庭类型的发展变化与社会发展进程之间存在这样的规律：在狩猎社会，大家庭或扩展家庭（或联合家庭）等占据重要比重；在农业社会，直系家庭所占比重会迅速上升，而大家庭所占比重会显著下降；在工业社会，核心家庭所占比重会迅速上升；而在后工业社会，单身独居的家庭比重会显著上升。几乎主要人类文明都大体经历了这样一个变化过程。中国的家庭类型，也伴随工业化和城市化程度的加深而发生了重大的转变。

从表 3-3 可以看出，在 1949 年之前，直系家庭（或曰主干家庭 stem family）在整个家庭类型中占据非常大的比重。而在此之前的城市化水平也不足 10%——整个中国社会仍然维持了农业社会的特征。与此相适应，中国的家庭结构类型，也是直系家庭和混合家庭占比较高。比如说，在 1935～1937 年，直系家庭所占比重达到了 34% ，混合家庭的比重也达到了 10% ，核心家庭（nuclear family）的比重为 55% （李银河，

1995：4）①。几乎在整个有文字记载的封建社会历史上，核心家庭所占比重都是较大的。虽然文学作品或历史资料中记载过所谓"大家庭"的现象，虽然一夫多妻制长期合法存在过，但由于分家因素的影响，也由于人均预期寿命比较短，更由于家庭内部治理成本较高，所以，只有某些比较富裕的人家，才可能维持大家庭——混合家庭的存在②。正因为如此，在核心家庭作为主要家庭类型而存在的过程中，直系家庭与混合家庭（扩展家庭 extended family）所占比重的变化，既反映了工业化或城市化对社会结构与家庭结构的影响，也反映了人们在不同的社会环境与社会政策中对婚姻与家庭的偏好心理及偏好选择结果③。

但工业化与城市化程度的加深，首先降低了直系家庭和混合家庭在整个家庭结构类型中的比重。比如说，1978 年，在中国的城市化水平达到17.9%时，根据农村抽样调查，该年直系家庭所占比重为 23.6%，但到1986 年则降低到 17.0%。混合家庭的占比也从 1978 年的 2.9% 降低到1.6%。如果与 1937 年前后的数据进行比较，则直系家庭与混合家庭所占比重下降得更多。在这里，如果我们将 1978 年的数据视为"文化大革命"结束后农村家庭结构的基本类型，而将 1986 年的数据视为改革开放初期——尤其是实行联产承包责任制之后农村家庭结构的基本类型的话，那么1978 ~1986 年核心家庭的上升，可以解释为"联产承包责任制"这个制度安排的重大影响。毕竟，将集体所有的土地分配给一家一户去耕作，可以提高家户的生产积极性。而在家户内部，为了刺激每个成家的儿子的生产积极性，将混合家庭改变为核心家庭，将直系家庭改变为核心家庭，则更能够刺激原有

① 原文所引用的数字百分比加起来不足 100%，大约是小数点后的数字未被计入，由四舍五入导致了不足 100%。
② 在中国历史上，既有刺激分家的法律规定，也有限制分家的法律规定。前者如秦朝规定：儿子成年后必须与父母分家，否则会被课以较重的税收（李银河，1995：3）。后者如《唐律》规定："凡祖父母、父母在，而子孙别立户籍分异财者，杖一百。若居父母丧，而子孙别立户籍分异财者，杖八十。"所以，不同的历史时期，国家会根据不同社会形势，出台不同的家庭政策或分家政策，以诱导社会发展。
③ 在有关核心家庭、直系家庭和混合家庭的调查研究中，也有认为直系家庭是农村主要家庭模式的数据。比如说，根据中国社会科学院人口研究所马侠等人的调查，在 1940 年前后，核心家庭占比为 30%，直系家庭占比为 43%，混合家庭占比为 23%，其他家庭占比为4%。在 1981 年前后，核心家庭占比为 36%，直系家庭占比为 55%，混合家庭占比为 3%，其他家庭占比为 6%（邵秦、胡明霞，1988）。

家庭内部家庭成员的生产积极性。另外，自农村经济体制改革以来，农村婚龄青年的结婚率也提高了。因为在改革初期阶段，一个女性嫁入到男方所在的村庄，还可以分配到留存的村集体土地或调整到的土地。当然，村庄在实行联产承包责任制以后，对"晚婚晚育"政策的落实力度也放松了。这一时期嫁娶的青年一代的分家现象，必然提升核心家庭的占比，同时也降低了混合家庭和直系家庭的占比。正因为如此，夫妻家庭所占的比重，也从1978年的3.5%上升到了1986年的5.1%（见表3-3）。

表3-3　中国家庭类型的变动趋势

单位：%

| 年度 | 抽样调查数据 | | | | | | 普查数据 | | |
|---|---|---|---|---|---|---|---|---|---|
| | 1937 | 1978 | 1986 | 1982 | 1993 | 2008 | 1982 | 1990 | 2000 |
| 城市化水平 | 不到10 | 17.9 | 24.5 | 21.13 | 27.99 | 45.68 | 21.13 | 26.41 | 36.22 |
| 样本范围 | 华北、上海 | 农村 | 农村 | 城市 | 城市 | 城市 | 全国 | 全国 | 全国 |
| 核心家庭 | 55 | 60.9 | 63.6 | 66.41 | 54.34 | 50.2 | 52.89 | 57.81 | 48.87 |
| 夫妻家庭 | | 3.5 | 5.1 | | 12.07 | 20.0 | 4.78 | 6.49 | 12.93 |
| 父母一方与子女家庭 | | 1 | 4.6 | | 0.55 | | 14.31 | 9.50 | 6.35 |
| 直系家庭(主干家庭) | 34 | 23.6 | 17.0 | 24.29 | 25.28 | 13.9 | 17.15 | 17.24 | 19.64 |
| 隔代家庭 | | 3.2 | 2.7 | | 2.17 | 2.7 | 0.66 | 0.66 | 2.09 |
| 混合家庭 | 10 | 2.9 | 1.6 | 2.30 | 2.19 | 0.2 | 0.99 | 1.15 | 0.57 |
| 独居家庭 | | 2.7 | 2.2 | 2.44 | 1.78 | 10.4 | 7.97 | 6.32 | 8.57 |
| 其他 | | 2.2 | 3.2 | 4.56 | 1.73 | 2.5 | 1.02 | 0.81 | 0.99 |
| 抽样调查样本量 | 1537 | 7143 | 7175 | 4385 | 5616 | 4016 | "三普" | "四普" | "五普" |

注：1. 1937年数据转引自李银河，1995：4；1978年和1986年农村数据来自刘英，1990；1982年城市数据来自刘英，1987：85；1993年数据来自沈崇麟、杨善华，1995：39；1982年、1990年和2000年普查数据来自王跃生，2006；2008年抽样调查数据来自马春华等，2011。

2. 因为是引用的数字，故根据原文，有些年度的家庭类型百分比相加不等于100%。另外，有些年度的数据在原文中保留了一位小数点，有些保留了两位小数点，故表中的数据不能统一。

我们可以通过1993年数据与2008年数据的比较观察城市的变化。在1993年，当城市化为27.99%时，典型的核心家庭——一对夫妇及其未婚子女所形成的家庭占比为54.34%，而在2008年，这类家庭占比下降到50.2%。但与此同时，夫妻家庭——只有一对夫妻所形成的家庭则从12.07%上升到20.0%——在这里，如果将表3-3中所列的核心家庭、夫妻家庭和单亲家庭（由父亲或母亲及其未婚子女形成的家庭）视为核心家庭的特殊形式的话，那么，1993 年核心家庭的总数为 66.96%，但 2008 年核心家庭的总数却上升到了 70.2%。由此可以看出，在工业化与城市化过程中，核心家庭的占比仍然上升了。而同一时期，直系家庭的比重则从 1993 年的 25.28% 下降到 2008 年的 13.9%。

但在城市最显著的变化却是，独居家庭的数量从 1993 年的 1.78% 上升到 2008 年的 10.4%，在 2010 年第六次人口普查时又上升到 14.35%[①]。伴随城市化的进行，也伴随人均受教育水平的提升，以及城市生活成本——尤其是住房成本的上升，中国女性与男性的平均初婚年龄有了长足的增长。现在，在有些大城市，比如在北京、上海等地，男性平均初婚年龄上升到28～30 岁，女性的平均初婚年龄则上升到 26～28 岁。在这种情况下，伴随成年子女离开父母亲的家庭而外出就业的比率的大幅度增加，以及离婚率的上升，独居家庭的占比迅速上升了。当然，还有一种情况，就是那些已婚成年人口，在社会流动过程中，也不得不外出就业，增加了其未与配偶同住的概率，也刺激了独居家庭户所占比例的上升。

对于全国的数据——人口普查数据来说，伴随城市化程度的上升，即从 1982 年的 21.13%，上升到 1990 年的 26.41%，整个核心家庭（包括了核心家庭、夫妻家庭和父母一方与子女家庭）的数量也从 71.98% 攀升到了 73.80%。在这里需要注意的是：在表 3 - 3 所列 1982 年的普查数据中，父母一方与子女家庭所占比重达到 14.31%，这主要是由于城乡分割与户籍制度的限制造成的。在 20 世纪 90 年代之前，子女的户籍是随母亲的。但在当时，很多男性工人或干部与女性农民结婚，孩子的户口会因为随母亲而落在农村，于是出现由于此种情况而形成的母亲一方与子女所形成的家庭。有人将这种类型的家庭与因为离婚所形成的单亲家庭混同在一起，是解释不通的。因为当时的离婚率没有发生太大的变化，而流动人口所占比重也不是很高[②]。

但在 2000 年人口普查时，整个核心家庭的数量却下降到了 68.15%（典型核心家庭 + 夫妻家庭 + 父母一方与未婚子女家庭）。表面看起来，这是数据的下降——似乎预示核心家庭占比数量在降低，而同时直系家庭的比

---

① 见本文的表 3 - 4。
② 中国在 1985 年的粗离婚率为 0.44‰。

重有所上升，达到 19.64%（见表 3-3）。但这绝不意味着中国家庭结构类型有向传统回归的趋势。其中的主要原因是，在 20 世纪 70 年代之后，计划生育导致了家庭子女数的迅速减少。"70 后"进入结婚旺盛时期，由于兄弟姐妹数量减少了——比如独生子等，但其年老的父母亲却逐渐进入了生活不能自理的年龄，所以，"70 后"成年夫妇就出现了与其空巢父母家庭的"合并"——这在家庭发展理论中，是绝大多数亚洲社会成年子女与其父母必经的阶段。对于"50 后"和"60 后"来说，他们出生于人口高速增长时期，其兄弟姐妹数量——尤其是兄弟数量多于"70 后"和"80 后"。所以，成年后与父母亲家庭的分家或另外别居，就成为"核心化"的主要推力。但城市化所导致的家庭核心化，或者家庭联产承包责任制后出现的农村家庭核心化，却仍然具有强大的社会支持力。2000 年之后，伴随农民工家庭式迁移比重的上升，在 2010 年第六次人口普查时，核心家庭的数量仍然在增长。所以，家庭结构的类型比较中，除绝对数量外，相对数量的变化也起着重要作用。这也是中国人口迅速转型的一个非常显著的特征。

在人口缓慢转型的国家，核心家庭在整个家庭类型中的占比往往很高。比如说，1971 年前后，奥地利核心家庭占整个家庭类型的 85%，德国占比为 86%（李银河，1995：2）。但在人口快速转型的国家，由于出生率迅速降低的人口因素的滞后影响，即从出生率降低开始到受此政策影响而出生的这个同期群进入嫁娶婚育时期，才可能出现核心家庭占比稍有下降的态势。应该说，在工业化过程中，人均寿命越长，青年一代与父母亲之间分居的概率越大，核心化趋势越明显。

但核心化不可能永远持续下去。何以如此？原因有以下几点。

第一，虽然工业化与城市化促动并将持续刺激家庭核心化的发展，但人口转型——由人均寿命的延长所带来的老龄化，即由人口老龄化所带来的老年人口相对占比的上升，会使高龄老人的数量与比重迅速上升。社会保障越好，医疗技术越发展，生活不能自理的老年人的数量与所占比重就会越多。而社会养老又难以完全承担如此沉重的养老压力，于是，母家庭对子家庭的养老依赖就会加重。曾毅与王正联的研究（2004）发现，80 岁以上老年人与子女同住的比例，要高于 65 岁以上老年人与子女同住的比例。这就是说，在老年人变得越来越老时，母家庭就会形同虚设——逐渐消亡——在其生活完全不能自理时，其中的大多数会被迫"并入"到子女的家庭去度过晚年。这类老年人的数量越大，占比越高，则直系家庭所占比重越易于上升。

第二，老年人在丧偶之后的独居，单亲家庭在子女成年之后形成的独居，会增加独居家庭的比重。

第三，伴随青年人口受教育水平的延长，也伴随婚育观念的代际变化，以及结婚成本的上升等，成年未婚男女的初婚年龄会逐渐推迟。由此，在成年人口中就会出现一个规模十分庞大的未婚人群，形成所谓的"单身家庭"。未婚人口所占比重越大，单身家庭的数量与占比就会越大。单身家庭占比的上升，势必降低核心家庭的比重。如果将单身家庭视为独居家庭中未婚人口或不再婚人口的最大类别，则此类家庭在未来会迅速增长。

第四，在人口流动的影响下，已婚人口中的夫妻双方，会选择在邻近就业地的地方居住，在客观上形成夫妻之间的"间断性分居"。城市越大，夫妻双方分居的发生比也就越大。工作日分居而周末团聚的家庭安排也就会越多。当然，对于农民工来说，分居的方式会更为复杂，既有留守家庭与流动家庭之间的分居，也有同时流动但却在不同城市之间的分居，还有同一城市但在不同工作区域的分居。当家庭成员之间形成分居局面，而分居者又是独自一人时，就形成了因为分居而产生的独居家庭。

从表 3-4 可以看出，就全国数据而言，在 2000 年第五次人口普查时，"1 人户"，即独居家庭户的占比仅仅为 8.30%，但在 2010 年第六次人口普查时迅速增长到 14.53%。由此也可以看出家庭类型发展的基本趋势。但在将 2010 年的普查数据分割为城市、城镇和乡村时，我们还可以看出，在社会转型过程中，城市的"1 人户"达到了 17.95%，城镇的"1 人户"达到了 14.10%，而乡村的"1 人户"则达到了 12.44%。即使是乡村的"1 人户"，也比 2000 年第五次人口普查时全国平均水平的"1 人户"高出了许多。在长距离流动——跨省、跨地区人口流动（比如说中西部地区流动到东部地区就业）的影响下，"1 人户"的增长可能会比较显著，但伴随产业转移的进行，流动人口就近就地就业的概率会增加，这会不会影响"1 人户"占比的增减，还需要继续观察。

初婚年龄的推迟，却会提升"1 人户"的比重。比如说，美国 2000 年普查时，男性独居的"1 人户"占比为 11.2%，女性独居的"1 人户"为 14.6%，二者合计达到 25.8%；在 2010 年人口普查时，美国男性独居的"1

表 3 –4　2000 年和 2010 年人口普查发现中国家庭户人口结构状况

单位：%

| 户规模 | 2000 年"五普" | 2010 年"六普" | | | |
| --- | --- | --- | --- | --- | --- |
| | 全国 | 全国 | 城市 | 城镇 | 乡村 |
| 一人户 | 8.30 | 14.53 | 17.95 | 14.10 | 12.44 |
| 二人户 | 17.04 | 24.37 | 27.82 | 24.41 | 22.07 |
| 三人户 | 29.95 | 26.86 | 33.16 | 27.78 | 22.34 |
| 四人户 | 22.97 | 17.56 | 12.13 | 17.87 | 21.03 |
| 五人户 | 13.62 | 10.03 | 6.25 | 9.63 | 12.70 |
| 六人户 | 5.11 | 4.20 | 1.71 | 3.85 | 5.99 |
| 七人户 | 1.82 | 1.43 | 0.56 | 1.33 | 2.05 |
| 八人户 | 0.68 | 0.56 | 0.24 | 0.55 | 0.77 |
| 九人户 | 0.27 | 0.23 | 0.09 | 0.25 | 0.32 |
| 十人及以上户 | 0.23 | 0.21 | 0.09 | 0.25 | 0.28 |

资料来源：2000 年数据根据《第五次人口普查数据》表 5 – 1 计算；2010 年数据根据《2010 年人口普查资料》"全部数据表"中的表 5 – 1、5 – 1a、5 – 1b、5 – 1c 计算。

人户"增长到 11.9% ，而女性独居的"1 人户"则达到 14.8% ，二者合计达到 26.7% 。

所以，伴随社会转型、工业化与城市化的进行，中国"1 人户"或者独居家庭在家庭总数中的占比还可能会继续增加。事实上，第六次人口普查发现，北京市 2010 年"1 人户"的比例已经达到了 24.82% ，这已经比较接近美国普查得到的全国数据了。"1 人户"——"独居家庭"人口数量与占比的增加，不但会在很大程度上改变我们原有的家庭概念，而且还要求政策制定者及时修订家庭政策的配置，以使之适应于社会发展所需。尤其是在大城市和特大城市中，"1 人户"户数的增长，会伴随后工业社会特征的进一步强化而迅速攀升。

比如说，在 2010 年美国人口普查时，亚特兰大市的"1 人户"占比竟然达到了 44.29% ，而美国首都华盛顿特区的"1 人户"也达到了 44.03% ，辛辛那提市的"1 人户"达到了 43.43% ，亚历山大市达到了 43.42% （见表 3 – 5）。虽然美国普查时将这样的"1 人户"视为"非家庭户" （nonfamily Household），但如果将其看作为"由一个人组成的生活与居住单位"，则亦可以视为"独居家庭"。

人类的家庭居住安排，虽然也受文化习惯和宗教信仰的影响，但在工业化与城市化的促动之下，各个国家家庭结构类型的变化轨迹表现出了极大的相似性。因此，在未来中国家庭结构的变化趋势上，"1人户"的增长将非常迅速。而大城市和特大城市将带头进入到"1人户"时代。

表 3 – 5　美国 2010 年普查"1 人户"占比最高的 10 个城市

| 城市 | 所属州 | 该城市全部户 | 1 人户 | 1 人户占比（%） |
|---|---|---|---|---|
| 亚特兰大 | 佐治亚 | 184142 | 81555 | 44.29 |
| 华盛顿 | 哥伦比亚 | 266707 | 117431 | 44.03 |
| 辛辛那提 | 俄亥俄 | 133420 | 57941 | 43.43 |
| 亚历山大 | 弗吉尼亚 | 68082 | 29564 | 43.42 |
| 圣路易斯 | 密苏里 | 142057 | 60468 | 42.57 |
| 匹兹堡 | 宾夕法尼亚 | 136217 | 56823 | 41.72 |
| 阿灵顿 | 弗吉尼亚 | 98050 | 40516 | 41.32 |
| 西雅图 | 华盛顿 | 283510 | 117054 | 41.29 |
| 坎布里奇 | 马萨诸塞 | 44032 | 17933 | 40.73 |
| 丹佛 | 科罗拉多 | 263107 | 106828 | 40.60 |

资料来源：根据美国 2010 年普查数据相关项计算。

### 三　老年空巢化与空巢家庭的迅速增加

在传统中国社会，由于人口预期寿命非常低——即使在 1950 年左右，中国 0 岁人口的预期寿命也才在 35 岁左右。在这种情况下，绝大多数老人都难以活到 65 岁，故此才有"人活七十古来稀"的说法。但伴随社会的稳定与经济的发展，中国人口的预期寿命迅速提高。在 2009 年达到了 73.1 岁（国家人口计生委发展规划与信息司、中国人口与发展研究中心，2011：276）。0 岁人口预期寿命的延长，同时也预示其他年龄段人口预期寿命有所增加。第六次人口普查发现："60 岁及以上"老年人口占总人口的比重，在 2010 年达到了 13.26%；而"65 岁及以上"老年人口占总人口的比重，达到了 8.87%。老年人口的增加，一方面导致了所有家庭户中有老年人口的家庭户所占比重的增加，另外一方面也造成了有老年人口生活的家庭户中空巢老年家庭比重的增加。

#### （一）老年空巢家庭迅速增长

根据第六次人口普查数据推算，在 2010 年 11 月，全国家庭户中有 60 岁以上老年人生活的家庭户达到了 30.59%。这就是说，在全国所有家庭户中，有 30.59% 的家庭户至少需要赡养一位 60 岁以上的老年人。在少数民族较多的自治区或省份，比如说内蒙古、西藏、青海、宁夏、新疆，至少有一位 60 岁以上老年人生活的家庭户在所有家庭户中所占比重较低，占比分别为 23.89%、25.90%、25.26%、22.22%、22.83%。在四川、湖南和重庆，至少有一位 60 岁以上老年人生活的家庭户在所有家庭户中所占比重甚至达到了 36.23%、36.00% 和 35.65%。但在流入人口占比非常高的北京、广东和上海等地，至少有一位 60 岁以上老年人生活的家庭户在所有家庭户中所占比重却相对较低，占比分别为 24.58%、25.38% 和 27.41%[①]。虽然户籍人口的老龄化水平，上海和北京都很高，但在人口流动的影响之下，在所有在该地生活满 6 个月的常住人口登记的家庭户中，至少有一位 60 岁以上老年人生活的家庭户所占比重却相对较低。

表 3 - 6 为我们报告了 65 岁及以上老年人口的空巢状况。在这里，我们以至少有一位 65 岁及以上老年人生活的家庭户为分母来计算老年空巢家庭的比重。可以看出，在 2000 年，只有一位 65 岁及以上老年人生活的"独居空巢家庭"占比为 11.46%，只有老年夫妇二人生活的"夫妻空巢"家庭占比为 11.38%。如果将独居空巢与夫妻空巢这二者相加，全国达到了 22.83%。这就是说，在 65 岁及以上老年人生活的家庭中，空巢家庭占比已经超过了 1/5。

但在 2010 年第六次人口普查中，"独居空巢家庭"占比达到了 16.40%，而"夫妻空巢家庭"占比也达到了 15.37%。二者合计达到 31.77%。这就是说，我国现在至少有 31.77% 的有老年人生活的家庭，属于空巢家庭。在 2000 ~ 2010 年这十年中，空巢家庭的占比上升了 8.94%。

**（二）不同地区老年空巢家庭占比差异很大**

第一，老年空巢家庭占比最高的省（市、区）。

2000 年第五次人口普查时，在有 65 岁及以上老年人生活的家庭中，老年空巢家庭占比最高的省市是山东、浙江和上海，其占比分别为 36.05%、35.12% 和 29.37%。到 2010 年第六次人口普查时，老年空巢家庭占比最高的也是这几个省市，但老年空巢家庭的比重不同程度地增长了：山东达到了 45.40%、浙江达到了 44.38%、上海达到了 40.51%。与第五次人口普查相比，这三个省份老年空巢家庭的占比分别增加了 9.35%、9.26% 和 11.14%（见表 3 - 6）。

---

① 依《中国 2010 年普查资料》表 5 - 3 和表 5 - 4 计算。

表 3 – 6　65 岁以上老年人空巢生活家庭在所有 65 岁老年人生活的家庭中所占比例

单位：%

| | 2000 第五次人口普查 | | | 2010 第六次人口普查 | | | 合计 2 – 合计 1 |
|---|---|---|---|---|---|---|---|
| | 独居空巢 | 夫妻空巢 | 合计 1 | 独居空巢 | 夫妻空巢 | 合计 2 | |
| 全　　国 | 11.46 | 11.38 | 22.83 | 16.40 | 15.37 | 31.77 | 8.94 |
| 北　　京 | 11.9 | 13.09 | 25.00 | 15.98 | 18.8 | 34.78 | 9.78 |
| 天　　津 | 12.96 | 15.24 | 28.20 | 18.10 | 21.74 | 39.85 | 11.65 |
| 河　　北 | 11.89 | 13.5 | 25.39 | 16.51 | 17.88 | 34.39 | 9.00 |
| 山　　西 | 13.96 | 13.03 | 27.00 | 17.82 | 17.35 | 35.18 | 8.18 |
| 内　蒙　古 | 11.4 | 13.19 | 24.59 | 18.55 | 21.83 | 40.39 | 15.80 |
| 辽　　宁 | 10.47 | 16.61 | 27.08 | 17.05 | 21.45 | 38.50 | 11.42 |
| 吉　　林 | 7.82 | 12.03 | 19.86 | 14.35 | 17.34 | 31.69 | 11.83 |
| 黑　龙　江 | 8.32 | 12.89 | 21.21 | 16.49 | 19.38 | 35.87 | 14.66 |
| 上　　海 | 13.73 | 15.64 | 29.37 | 18.18 | 22.33 | 40.51 | 11.14 |
| 江　　苏 | 13.34 | 14.14 | 27.48 | 17.28 | 18.37 | 35.66 | 8.18 |
| 浙　　江 | 20.1 | 15.02 | 35.12 | 25.03 | 19.36 | 44.38 | 9.26 |
| 安　　徽 | 11.19 | 12.71 | 23.9 | 17.23 | 17.12 | 34.35 | 10.45 |
| 福　　建 | 11.64 | 8.73 | 20.37 | 17.08 | 11.76 | 28.84 | 8.47 |
| 江　　西 | 8.49 | 7.49 | 15.99 | 11.26 | 10.13 | 21.39 | 5.40 |
| 山　　东 | 17.51 | 18.55 | 36.05 | 22.1 | 23.31 | 45.40 | 9.35 |
| 河　　南 | 10.29 | 11.59 | 21.87 | 14.37 | 14.96 | 29.33 | 7.46 |
| 湖　　北 | 9.52 | 9.23 | 18.75 | 13.54 | 13.26 | 26.80 | 8.05 |
| 湖　　南 | 9.76 | 9.15 | 18.91 | 14.14 | 12.02 | 26.16 | 7.25 |
| 广　　东 | 12.86 | 7.57 | 20.44 | 14.92 | 8.32 | 23.24 | 2.8 |
| 广　　西 | 10.98 | 8.65 | 19.63 | 15.06 | 10.83 | 25.88 | 6.25 |
| 海　　南 | 11.32 | 9.16 | 20.48 | 17.86 | 10.96 | 28.82 | 8.34 |
| 重　　庆 | 9.46 | 8.74 | 18.2 | 20.24 | 13.97 | 34.20 | 16 |
| 四　　川 | 8.73 | 7.29 | 16.01 | 16.49 | 11.99 | 28.48 | 12.47 |
| 贵　　州 | 8.36 | 9.18 | 17.53 | 15.18 | 13.18 | 28.36 | 10.83 |
| 云　　南 | 6.85 | 6.55 | 13.41 | 9.24 | 8.7 | 17.93 | 4.52 |
| 西　　藏 | 5.93 | 0.88 | 6.81 | 6.1 | 1.19 | 7.29 | 0.48 |
| 陕　　西 | 8.49 | 8.52 | 17.01 | 12.7 | 12.68 | 25.38 | 8.37 |
| 甘　　肃 | 5.03 | 4.51 | 9.54 | 9.2 | 9.37 | 18.57 | 9.03 |
| 青　　海 | 5.48 | 4.48 | 9.97 | 9.54 | 8.75 | 18.29 | 8.32 |
| 宁　　夏 | 7.01 | 9.13 | 16.14 | 13.45 | 18.05 | 31.49 | 15.35 |
| 新　　疆 | 9.6 | 8.27 | 17.87 | 19.3 | 15.04 | 34.34 | 16.47 |

　　资料来源：根据《2010 年人口普查资料》"全部数据表"中的表 5 – 5 计算，合计时小数点后数据有出入是根据原表计算数据时四舍五入所致。

第二，老年空巢家庭占比最低的省（市、区）。

2000 年第五次人口普查时，老年空巢家庭占比最低的省（市、区）是西藏、甘肃和青海，在有 65 岁及以上老年人生活的家庭中占比分别为 6.81%、9.54% 和 9.97%。2010 年第六次人口普查时，西藏自治区老年空巢家庭占比是 7.29%——与十年前相比，只增长了 0.48%。但甘肃老年空巢家庭占比却达到了 18.57%，增长了 9.03%；青海老年空巢家庭占比达到 18.29%，增长了 8.32%。经过十年的变化，云南老年空巢家庭占比为 17.93%，是仅仅高于西藏自治区的省份（见表 3-6）。

第三，老年空巢家庭增长最快的省（市、区）。

与 2000 年第五次人口普查相比，老年空巢家庭增长最快的省（市、区）是新疆、内蒙古、宁夏和黑龙江。到 2010 年第六次人口普查时，其分别比 2000 年增长了 16.47%、15.80%、15.35% 和 14.66%（见表 3-6）。

通过这里的比较可以看出，老年空巢家庭占比最高的地区，主要在东部沿海地区；占比最低的地区在西部少数民族地区。除黑龙江外，老年空巢家庭增长幅度最大的地区，也是三个自治区。社会与经济的迅速发展，社会结构的转变、城市化水平的提升等，刺激了人口流动与人们的家居观念。这些因素，可能是老年空巢家庭迅速上升的主要原因。

另外还需要指出的是，尽管有些省份总人口的老龄化程度并不高，但由于分家行为的存在——分家导致父母一代与子女一代同居的比例降低；也由于流入人口与流出人口的"大进大出"——尤其是农村青年外出务工比重的上升，使得老年空巢的可能性增加了（比如浙江省）。当然，这中间还可能存在老年人"自愿空巢"——有些老年人与青年一代的习惯不同。

老龄化以及由老龄化引起的大量老年空巢家庭的存在，势必会对社区服务和社区的家庭支持体系造成重大影响，而这些内容，正是社会政策需要关注的重点。

## 四 家庭内部关系的平等化与不平等化

从农业社会向工业社会的转变，必然带来家庭内部关系的平等化。这种平等化会在纵向上表现为代际关系的平等化，在横向上表现为夫妻之间关系的平等化。当然，如果未婚的兄弟姐妹仍然与父母亲居住在一起，则也会表现为兄弟姐妹之间关系的平等化。但家庭内部关系的平等化，在家庭发展周期中，也会由家庭成员——尤其是不同代际家庭成员对家庭经济贡献的此消彼长而发生逆转——比如子女一代收入超过了父母一代，则成年子女的家庭决策权就会上升，从而导致新的由子女主导的家庭权力不平等的出现。但代际平等化是工业化初期或中期的主要时代内容。

### （一）父权制的衰落与代际平等

在典型的农业社会，人们的受教育水平比较低下。生活与耕作的知识主要依赖于口传身授的代际经验和长辈的教导。再加上土地等资源主要来自于家族或家庭内部的继承，长辈拥有对这些资源的分配具有绝对意义的处分权。所以，从经济对家庭政治的影响上，长辈容易得到子女的尊重。因此，在传统农业社会，族权和父权往往是高高在上的。

但从农业社会转变为工业社会，或者人们从农村流动到城市之后，他们就不得不适应工业社会的要求而进入专业化与职业化生产体系，服从工业化的人口再生产和家庭关系再生产逻辑。这时，家庭的教育功能——尤其是对于人们赖以维生的就业教育功能就开始衰落，而学校则适应于社会化的要求成为教育资本的专门生产场域。工业化程度越高，或后工业化社会的特征越显著，教育对就业的影响就越大。一个人受教育的时间越长，工作技能越高，专门化特征越显著，其人力资本就越高，其由就业单位获得的收入也就越丰厚。

当人们劳动的技能主要不是来自于长辈的代际传授，而是来自于自己在学校的所学时，就必然出现子辈的平均受教育年数长于长辈的现象。尽管"孝"仍然作为文化与传统的"惯习"作用于人们的日常生活，但掌握了更多知识的青年一代，更易于获得较高工资回报，更易于进入城市，也更易于接受"现代"生活理念。即使是那些仍然在农村耕种的青年农民，也在"科学种田"或者在"机械化"过程中，易于接受现代农业知识，提升单位面积产量。由于子辈的平均收入会高于长辈，所以，由家庭内部经济地位所决定的权力关系，发生了根本改变。虽然未成年子女在依赖于父母亲生活时是服从于父母亲的，但在成年之后，他们很快便会以平等的方式进入家庭事务的决策过程，并进而成为家庭内部的主要决策者。可以说，整个封建社会的历史，都是"父权制"衍生的历史。但工业化与城市化的推进，解构了"父权制"存在的家庭经济基础、家庭政治基础和家庭居住结构基础。

家庭代际关系的平等化过程，可以从人们的婚姻决定方式中得到很好的证明。李东山、沈崇麟在1982年"五城市调查"中就发现，伴随工业化与城市化的进行，中国社会结构的变迁，使得越来越多的青年走上了婚姻自决道路（李东山、沈崇麟，1991）。非但如此，在"父权制"式微过程中，很多青年人自其结婚始，就脱离了"从父居"安排，而选择"独立门户"①。

根据我们在家庭动态调查中的发现（见表3-7）：文化程度越高的被访者，在结婚时越易于选择"独立门户"；文化程度越低的被访问者，在结婚时越倾向于选择"住自己父母家"或"住配偶父母家"。比如说，在男性中，结婚时选择住自己父母家的百分比，"小学及以下"是68.59%，"初中"是67.33%，"高中/中专"是51.84%，而"大专及以上"则是32.91%。显示出受教育程度越高，住"自己父母家"越低的趋势。相反，选择结婚时就"独立门户"的人们来说，则表现出受教育程度越高，百分比也越高的趋势。对于女性来说，所不同的是"住配偶父母家"的占比较高，但表现的趋势却是，文化程度越高，此项占比也越高。

其中最有意思的是，在"大专及以上"的被访者那里，选择"两地分居"的占比非常高，对于女性而言，居然有9.89%的人结婚时属于"两地分居"。其中的主要原因可能有：一是文化程度越高，婚姻圈越大；二是文化程度越高，其对就业地点与职业地位的要求也越高，双方很难放弃既已取得的地位而屈就于居住安排。

这里的数据，仅仅是结婚时的居住安排。那些在结婚时选择了"住自己父母家"和"住配偶父母家"的人，只要有条件，大部分会在随后的岁月里，逐渐脱离母家庭而建立自己的家庭——子家庭。所以，工业化所带来的社会发展、结构分化，以及青年一代独立生活能力的提高等，改变了农业社会所形成的"从父从夫居"模式，而自结婚始就倾向于形成"独立门户"的居住格局。当然，在从农业社会转变为工业社会和后工业社会的过程中，

---

① 阎云翔在《家庭政治中的金钱与道义：北方农村分家模式的人类学分析》一文中指出，"越来越多的村民将提前分家视为解决家庭问题的良方而不是家庭政治中的危机或伦理上的失败。有些父母甚至主动安排让已婚儿子早日分家单过"。该文载《社会学研究》1998年第6期。

伴随交通工具的改变和人口流动的加速，很多人在结婚前就很可能已经"独立门户"，形成所谓"单身家庭"或"独居家庭"。

表 3 - 7　文化程度对结婚时居住安排的影响

单位：%

| | 文化程度 | 结婚时居住安排 | | | | 总计 |
|---|---|---|---|---|---|---|
| | | 住自己父母家 | 住配偶父母家 | 独立门户 | 两地分居 | |
| 男 | 小学及以下 | 68.59 | 4.27 | 26.60 | 0.53 | 100.00 |
| | 初中 | 67.33 | 4.00 | 27.61 | 1.06 | 100.00 |
| | 高中/中专 | 51.84 | 7.11 | 39.21 | 1.84 | 100.00 |
| | 大专及以上 | 32.91 | 7.59 | 52.53 | 6.96 | 100.00 |
| 女 | 小学及以下 | 18.88 | 51.46 | 29.33 | 0.34 | 100.00 |
| | 初中 | 20.30 | 41.62 | 36.89 | 1.18 | 100.00 |
| | 高中/中专 | 17.63 | 34.99 | 45.73 | 1.65 | 100.00 |
| | 大专及以上 | 19.78 | 17.58 | 52.75 | 9.89 | 100.00 |

资料来源：中国社会科学院 2011 年"家庭变动调查"。男性样本数为 2282，女性样本数为 1980。

居住安排的改变，使结婚后的男女双方，不再像费孝通所说的那样，只在男方熟悉的社区寻找赖以维生和交往的社会资本与地方性宗教文化，也不再只与男方一家保持密切接触而淡化女方的亲属网络。结婚后的"独立门户"还意味着，中国人的家庭亲属网络，会在男女双方的"双系交往"中同时延伸，而不大可能只是"单系"依赖。

由于人口结构的变化，对于独生子女而言，甚至于在"过年"这样的重大节日，以及清明这样的"祭祀"活动时，都会发生"到谁家去"的矛盾。这就是说，在直系家庭中代际关系进一步平等化，或者家庭主要决策权向下一代转移的过程中，"独立门户"之后的核心家庭，也形塑了夫妻双方权力趋于平等化的基础。尽管性别平等或家庭内部夫妻双方的地位差距还不可能做到像人们预期的那样好，但社会发展带来的变化却极其明显。从表 3 - 8 可以明确地看出，不管是在哪项决策中，"夫妻共同决定"都占有最高的比重。但不管是"丈夫的父母亲"，还是"妻子的父母亲"，都只有极少数人才可能影响家庭的决策。所以，"父权制"不仅伴随居住方式的变化而在家庭结构的意义上走向衰落，而且还在日常生活中迅速地告别了往昔的家庭政治舞台。

107

表 3 - 8　家庭决策权

单位：%

| | 日用品开支 | 储蓄与投资 | 购买住房 | 子女教育 | 高价消费品 |
|---|---|---|---|---|---|
| 丈夫 | 13.68 | 19.53 | 17.32 | 14.74 | 15.80 |
| 妻子 | 35.79 | 13.59 | 7.82 | 10.86 | 8.65 |
| 夫妻共同决定 | 46.28 | 62.36 | 69.55 | 70.38 | 70.23 |
| 丈夫父母 | 1.63 | 1.22 | 1.61 | 0.66 | 1.02 |
| 妻子父母 | 0.38 | 0.21 | 0.23 | 0.14 | 0.25 |
| 子女 | 2.24 | 3.10 | 3.48 | 3.23 | 4.06 |
| 总　计 | 100.0 | 100.0 | 100.0 | 100.0 | 100.0 |
| N | 4468 | 4357 | 4400 | 4403 | 4430 |

资料来源：中国社会科学院 2011 年"家庭变动调查"。

### （二）"夫权制"的式微与夫妻平等

传统社会的姻亲关系，往往轻于族亲关系或血缘关系。在从夫从父居的影响下，作为儿媳妇的女性，往往来自于其他村庄。而作为丈夫的男性，则一直居住在父亲或其家族所在的村庄。这样一来，丈夫与生俱来地拥有村庄的主要社会资源与关系资本，而妻子或儿媳妇只有依赖丈夫的资源才能生产出自己的社会资源和关系资本。正如费孝通所说的：在传统中国社会，"嫁来的女子在丈夫的村子里所接触的都是生面孔，她和她一同长大相熟的人隔离了，举目无亲的情况下，只有听命于丈夫的指挥。她唯一的反抗就是逃回娘家去"（费孝通，1998：185）。在这种情况下，在家庭内部，夫妻的权力就不可能平等。

另外，在传统农业社会，以农业为主的经济再生产体系，往往需要一定的体力才能够根据自然再生产的节气完成农业所需要的自然与人工再生产的劳动结合。在这种情况下，男子就成为家庭经济的主要支柱。所以，在家庭内部权力再生产中，妻子服从于丈夫的不平等格局易于维持。但在工业社会与后工业社会中，人们工作场所使用的科学技术越来越多，生产的自动化程度也越来越高。这样，基于知识与智力而维持的再生产特色就越来越突出。人们不再完全依赖体力而决定生产能力的大小。只要教育歧视被抑制，则工作场所的就业歧视就会大大减轻。如果妻子与丈夫之间的收入差距不是继续拉大，而是逐渐缩小，或者家庭内部的劳动分工基于对妻子的尊重，则夫妻之间的平等关系就有可能维持。虽然仍然存在夫妻不平等这样的"事实"，但伴随社会发展与现代化程度的提升，以及教育的公平化，夫妻之间越来越平等的趋势就不可逆转。

　　表3-9展示的是"第三期妇女社会地位状况调查"的结果。从这里可以看出，对于男性而言，伴随受教育程度的提高，被调查对象回答说"丈夫"在家中更有实权的百分比，逐渐降低；而回答说"妻子"更有实权的比例则稍有提高，但回答说双方"差不多"的百分比之值却迅速提高，从"不识字或识字很少"的36.79%，上升到"本科生"的51.43%。虽然在"研究生"那里该项稍低，但男性中取得了研究生学历的人回答说"妻子"更有实权的百分比却达到了36.21%——这影响了"差不多"项的选择。

表3-9　受教育程度与家庭决策权

单位：%

| | 受教育程度 | 请问你们夫妻双方谁在家中更有实权 | | | | | 总计 |
| --- | --- | --- | --- | --- | --- | --- | --- |
| | | 丈夫 | 妻子 | 差不多 | 说不清 | 不回答 | |
| 男 | 不识字或识字很少 | 44.30 | 18.39 | 36.79 | 0.26 | 0.26 | 100.00 |
| | 小学 | 45.96 | 14.70 | 38.96 | 0.29 | 0.10 | 100.00 |
| | 初中 | 37.10 | 17.45 | 44.79 | 0.47 | 0.19 | 100.00 |
| | 高中 | 34.32 | 20.45 | 44.68 | 0.27 | 0.27 | 100.00 |
| | 中专/中技 | 27.17 | 21.15 | 50.81 | 0.59 | 0.29 | 100.00 |
| | 大学专科 | 25.47 | 21.64 | 52.59 | 0.31 | | 100.00 |
| | 大学本科 | 26.11 | 21.34 | 51.43 | 0.96 | 0.16 | 100.00 |
| | 研究生 | 20.69 | 36.21 | 43.10 | | | 100.00 |
| | 小计 | 36.22 | 18.39 | 44.80 | 0.41 | 0.17 | 100.00 |
| 女 | 不识字或识字很少 | 49.48 | 13.56 | 36.74 | 0.15 | 0.07 | 100.00 |
| | 小学 | 42.73 | 16.64 | 40.34 | 0.17 | 0.13 | 100.00 |
| | 初中 | 34.80 | 16.51 | 47.98 | 0.54 | 0.18 | 100.00 |
| | 高中 | 25.12 | 20.91 | 52.64 | 0.94 | 0.40 | 100.00 |
| | 中专/中技 | 20.77 | 23.51 | 54.75 | 0.64 | 0.32 | 100.00 |
| | 大学专科 | 17.58 | 22.57 | 58.85 | 0.87 | 0.12 | 100.00 |
| | 大学本科 | 16.48 | 16.29 | 65.53 | 1.52 | 0.19 | 100.00 |
| | 研究生 | 13.64 | 9.09 | 77.27 | | 0.00 | 100.00 |
| | 小计 | 34.03 | 17.58 | 47.67 | 0.54 | 0.19 | 100.00 |

资料来源：2010年第三次全国妇女调查。样本量为29541。

对于女性而言，伴随文化程度的提高，回答说"丈夫"更有实权的百分比较男性下降更快。在女性研究生那里，仅仅为 13.64%；但回答说实权"差不多"的比例，却也比男性上升得快——在"不识字或识字很少"者那里，认为"差不多"的百分比只有 36.74%，但在"研究生"那里，则上升到了 77.27%。

所以，教育的平等化，会逐渐消减就业歧视，并缩小收入差距，从而也会提升家庭内部的性别平等。正因为这样，我们可以充满信心地说，伴随中国人口受教育程度的提高，家庭内部夫妻之间的权力分配将更加趋向于平等。从女性自己的回答来看，在取得了"中专/中技"文凭的被访者那里，回答说女性更有实权的百分比高于回答说男性更有实权的百分比。故此，教育有力地支持了男女平权的实践。

**（三）老年人家庭决策权的失落与新的代际不平等**

在中国传统社会，虽然很多人将父权制成立的前提解释为"孝"，但支撑"孝"得到贯彻的前提则是老年人拥有的家产与土地。而夫权制得以确立的前提，是女性收入水平长期低于男性或女性长期依赖男性而生活或"女主内男主外"的制度安排。因此，如果家庭代际的收入差距与资产积累差距得不到改善、如果夫妻之间的收入差距不能缩小，则父权制与夫权制存在的基础就不能动摇。

1949 年以来的社会变革，特别是改革开放以来的社会变革，打破了"女主内男主外"的制度安排，缩小了夫妻双方之间的收入差距，所以，夫权制的式微才具有了社会基础的支持。集体化对私有制财产继承关系的解构，也瓦解了家庭内部的父权制。工业化与城市化提供的就业机遇，使年轻女性可以成功摆脱村庄土地的约束而发展自己的职业生涯，而老年人则不得不沦落为"留守家庭"的成员，并被动接受子女的打工汇款。农产品价格的低廉，在一定程度上也限制了老年父母亲家庭地位的提升。当父母亲的角色，从给子女教育经费的提供者转变为接受子女汇款的受资助者后，父权制就无奈地走下历史舞台，也降低了老年父母亲的家庭地位。

与此同时，计划生育政策的严格实施，使中国的少子化现象越来越显著。这样，对于独生子女家长来说，他们别无选择地对自己的子女进行了竭尽所能的教育投资。这使年轻一代——尤其是在九年义务制教育实施中成长起来的一代，更加均衡了性别之间的教育机会。而青年女性受教育水平的提升与收入水平的上升，则支持了其在家庭内部的决策能力。

这样，计划生育政策影响之下的"70后"、"80后"和"90后"成家之后，夫妻平权的一个客观后果，就是使儿媳提升了家庭地位。当成年儿子仍然在温情脉脉的亲情面纱下感受家庭之变革时，儿媳却在家庭矛盾中迅速降低了婆婆的地位——使婆婆成为"最后一代传统婆婆"（笑东，2002）。当然，"传统婆婆"家庭地位确立的前提，是能够借助"传统公公"的经济地位支配家庭资产的配置权。在"传统公公"的父权制失去了经济基础的支持后，"传统婆婆"也失去了其对"父权制"的依靠。于是，其从支配家庭内部资产的角色，一下转变为家庭舞台上的配角——家务劳动者或者成为"照看孩子的人"。

"最后一代传统婆婆"走下历史舞台后，出现了这样两个社会后果：其一是子女结婚后"独立门户"式的单过，使"婆婆"作为指称关系的概念表达代际意义的称谓；其二是打破了那种传统社会与计划经济时期依靠丈夫家族以扩展社会资源的单系模式，而将娘家的重要性置于与婆家相似的地位，形成家庭网的双系发展态势。其结果是，儿媳在自己的家庭自动强化了娘家的重要性，从而提升"丈母娘"的地位。"丈母娘"家庭地位的提升，甚至会"剥夺"婆婆的某些传统义务或权力。比如说，常有作为婆婆的老人抱怨说——她们连自己孙子的"照看权"也失去了，而"丈母娘"和"丈人"则很早就介入了女婿与女儿的家庭生活，而且常住在一起，形成姻缘系主干家庭。

"婆婆"与"公公"被客观上确立为"同住的人"抑或"不同住的人"的过程是十分复杂的。不同的家庭有不同的表现。但需要再次强调的是，家庭经济再生产方式的变化，家庭内部代际收入差距及其对维持家庭再生产能力的变化等，使父母一辈在家庭内部权力实践上，处于新的不平等地位——反倒是父母亲经常感受到"不平等"了。对于那些依靠子女生活的父母亲来说，其所感受的不平等就更强烈。

总之，中国家庭的小型化，简化了家庭内部的关系，增加了独居家庭与核心家庭的比重，消解了直系家庭与混合家庭存在的基础，但也使老年人在晚年，难以依靠子女的支持。在计划生育有效控制了中国人口增长趋势，并将中国的低生育水平维持了二十多年之后，中国家庭的亲属网也缩小了。传统社会可能存在的兄弟姐妹的家庭之间的那种互助关系也因为独生子女人口数量的扩张而大大缩小。

在人口流动、青年一代独立生活能力的提高，以及家庭观念的迅速变化过程中，老年家庭的空巢化——作为大量存在的家庭类型被凸显出来。在核心家庭内部，代际关系——父母亲辈与子女辈的关系更为平等化。在夫妻家庭中，伴随男女两性受教育水平的均等化，夫妻关系也越来越趋于平等。但在直系家庭中，家庭代际关系却发生了根本变化，老年父母亲的家庭决策能力显著弱化。在家庭网内部，即在子家庭与母家庭之间，母家庭影响子家庭的能力也减弱了。

## 第二节　家庭发展存在的问题

### 一　人口出生性别比的失衡

在所有影响家庭发展能力的变数中，人口出生性别比最为重要。尤其是在将合法生育只限定在家庭内部或男女两性夫妻之间时，其就成为未来家庭组成的基础。毕竟，男性出生人口与女性出生人口的均衡化，决定着未来一定数量结婚率及一定婚龄差保证之下比较稳定的男女两性婚姻的构成。

根据人口学的长期研究，学者们发现正常的人口出生性别比[①]一般保持在 103 ~ 107。如果低于 103 或更低，则这个出生同期群进入婚龄期后，就会出现男性的短缺；如果出生性别比高于 107 或更高，则这个人口同期群进入婚龄期之后，就会出现女性的短缺。当然，在一个民族特殊的文化宗教婚姻制度等影响之下，在出生性别比低于 103 时，未来发生所谓"婚荒"的程度会降低。但在更一般的社会中，如果人口出生性别比高于 107，则在这个人口出生同期群到达婚龄阶段时，男性人口会面临比较严重的婚姻挤压。

中国的情况如何呢？

---

[①] 人口出生性别比以每新出生 100 名女婴而相应出生的男婴数量来表示。

### （一）人口出生性别比长期失衡

中国自 20 世纪 80 年代中期起，人口出生性别比就出现了攀升的趋势。比如说，1982 年第三次人口普查得到的 1981 年出生性别比是 108.47，1990 年第四次人口普查计算的 1989 年出生性别比是 111.92，2000 年第五次人口普查公布的出生性别比为 116.86。如果以 0~4 岁年龄段人口的性别比来考察最近几年的失衡状况，那么，以下数据让我们更加焦虑：1995 年 0~4 岁人口的平均性别比是 118.38，1996 年是 119.98，1997 年是 120.14。2000 年第五次人口普查得到的 0~4 岁人口的平均性别比是 120.17。2003 年人口变动抽样调查得到的 0~4 岁人口的平均性别比为 121.22。2010 年第六次人口普查得到的 0~4 岁人口的性别比是 119.13。这就是说，我国婴幼儿人口的性别比不但在继续上升，而且，如果以 107 为最高警戒线的话，其已经比正常值高出了许多。虽然 2010 年出生性别比的值稍低，但还不能完全肯定未来会处于下降的态势之中。

### （二）年龄越小的出生同期群，性别比失衡越严重

从表 3-10 可以看出，在第六次人口普查中，全国 0 岁年龄段人口的性别比为 117.96，1~4 岁年龄段人口的平均性别比为 119.39，5~9 岁年龄段人口的平均性别比为 118.66。这就是说，普查统计到的 9 岁以下人口的平均性别比已经大大高出于常态。因为 0 岁人口很难在普查中完全统计到，故比较 1~4 岁和 5~9 岁年龄段人口性别比的差距，可以看出，1~4 岁的失衡程度严重于 5~9 岁。

### （三）不同地区少儿人口性别比失衡程度不同

但问题在于，在人口出生性别比的影响下，不同省、自治区和直辖市的年龄段人口性别比存在较大的差异——在地区分布上，存在有些省、自治区、直辖市高，但有些却相对较低的问题。比如说，安徽、福建、海南、湖北、湖南、广东、广西、江西、贵州等 9 省（自治区）0 岁人口性别比超过了 120，而新疆和西藏 0 岁人口性别比在 107 之下。即使是北京、天津、上海这三个直辖市的 0 岁人口的性别比也分别为 109.48、113.62、111.05。在原来少数民族较为集聚的省和自治区中，宁夏、青海、内蒙古、云南是正常的，但 2010 年的第六次人口普查却发现这些省与自治区的 0 岁人口的性别比也大大高出了正常值。

表 3 – 10　　中国 0 ~ 9 岁人口性别比构成

| 地区 | 0 岁 | 1 ~ 4 岁 | 5 ~ 9 岁 | 地区 | 0 岁 | 1 ~ 4 岁 | 5 ~ 9 岁 | 地区 | 0 岁 | 1 ~ 4 岁 | 5 ~ 9 岁 |
|---|---|---|---|---|---|---|---|---|---|---|---|
| 全国 | 117.96 | 119.39 | 118.66 | 浙江 | 118.11 | 115.03 | 113.65 | 重庆 | 112.46 | 112.56 | 114.57 |
| 北京 | 109.48 | 111.29 | 113.43 | 安徽 | 128.65 | 126.30 | 124.49 | 四川 | 111.62 | 110.90 | 112.22 |
| 天津 | 113.62 | 113.29 | 114.39 | 福建 | 125.64 | 124.43 | 118.79 | 贵州 | 122.47 | 124.30 | 117.43 |
| 河北 | 114.86 | 116.88 | 115.75 | 江西 | 122.95 | 131.73 | 131.37 | 云南 | 111.93 | 112.70 | 112.60 |
| 山西 | 110.28 | 110.52 | 110.26 | 山东 | 119.42 | 123.29 | 116.43 | 西藏 | 106.50 | 104.83 | 104.16 |
| 内蒙古 | 111.96 | 110.21 | 109.49 | 河南 | 117.77 | 126.57 | 129.38 | 陕西 | 115.32 | 117.09 | 119.16 |
| 辽宁 | 110.12 | 110.65 | 111.41 | 湖北 | 124.11 | 123.37 | 123.89 | 甘肃 | 117.56 | 118.18 | 114.93 |
| 吉林 | 111.15 | 111.67 | 111.05 | 湖南 | 123.23 | 120.59 | 123.07 | 青海 | 112.32 | 108.66 | 107.01 |
| 黑龙江 | 112.36 | 110.56 | 109.51 | 广东 | 120.38 | 122.87 | 125.62 | 宁夏 | 113.76 | 112.77 | 110.89 |
| 上海 | 111.05 | 114.57 | 116.45 | 广西 | 122.72 | 119.96 | 117.41 | 新疆 | 106.02 | 105.47 | 105.98 |
| 江苏 | 116.21 | 121.36 | 120.78 | 海南 | 125.49 | 125.03 | 128.07 | | | | |

资料来源:《中国 2010 年人口普查资料》表 1 – 7。

### (四)　为什么出生性别比会如此迅速地攀升

有一种解释是农村人口的出生性别比高,由此拉动了全国的人口出生性别比。但第六次人口普查发现,全国城市 0 岁人口的性别比为 114.06,镇为 118.64(福建和安徽的镇的 0 岁人口性别比高达 127.88 和 127.59),乡村为 119.09(安徽和福建的乡村的 0 岁人口性别比竟然高达 131.10 和 128.06)[①]。这就是说,中国 0 岁人口性别比的失衡,是全国范围内的失衡,而不仅仅是乡村地区的失衡。在有些省份,镇 0 岁人口的性别比甚至高于乡村 0 岁人口的性别比。在这种情况下,人口出生性别比的治理非常困难。在社会结构转型的过程中,有些人寄希望于城市化逻辑来解决人口出生性别比的失衡问题——认为农民工,尤其是婚恋年龄段的农民工进入城市并在城市安家之后,通过自己职业的转化与城市保障的覆盖,其生育中的性别偏好会降低,从而导致整个国家人口出生性别比趋于常态化。现在看来,职业变化与居住空间的变化,还不能在较短时间内改变人们的生育偏好行为。但出生性别比的连年失衡,却会造成累积性效应,形成范围大、跨时长的女婴短缺现象。

---

①　这些数据根据第六次人口普查——《中国 2010 年人口普查资料》表第 1 – 7a、1 – 7b、1 – 7c 分别计算得到。

### （五）婚龄差难以解决未来适婚人口中女性的短缺问题

对于人口出生性别比可能引发的婚姻挤压问题，也有人认为可以通过提高男性与女性的婚龄差来降低男性在婚姻市场的竞争程度，言下之意是，那些在同一年龄段尚未婚配的大龄男性，可以在比自己年龄段小的女性中寻找配偶。但需要指出的是，中国人口出生率的降低，使年龄较小的同期群的总人口，逐渐少于年龄较大的人口出生同期群人口——这就伴随性别比的失衡而形成了倒金字塔结构。比如说，从表3-11可以看出，从0岁到19岁的年龄段人口性别比都是失衡的，而且有年龄段越小，性别比越高的趋势。在这种情况下，如果希望年龄段较大的男性在择偶中选择年龄段较小的女性，则年龄段较小的男性的婚姻市场竞争压力会更大。从表3-11的合计中还可以看出，0~23岁男性之和与0~23岁女性之和的差高达大约2286.63万人。这就是说，如果普查数据可信的话，由于人口出生性别比的失调，23岁以下的男性比女性多出了2286.63万人。这是无论如何也不能继续漠视的问题。

表3-11 中国分年龄段人口数量、结构与性别比

| 年龄 | 人口数 | | | 占总人口比重 | | | 性别比（女=100） |
|---|---|---|---|---|---|---|---|
| | 合计 | 男 | 女 | 合计 | 男 | 女 | |
| 0 | 13786434 | 7461199 | 6325235 | 1.03 | 0.56 | 0.47 | 117.96 |
| 1 | 15657955 | 8574973 | 7082982 | 1.17 | 0.64 | 0.53 | 121.06 |
| 2 | 15617375 | 8507697 | 7109678 | 1.17 | 0.64 | 0.53 | 119.66 |
| 3 | 15250805 | 8272491 | 6978314 | 1.14 | 0.62 | 0.52 | 118.55 |
| 4 | 15220041 | 8246206 | 6973835 | 1.14 | 0.62 | 0.52 | 118.24 |
| 5 | 14732137 | 7988151 | 6743986 | 1.11 | 0.60 | 0.51 | 118.45 |
| 6 | 14804470 | 8034452 | 6770018 | 1.11 | 0.60 | 0.51 | 118.68 |
| 7 | 13429161 | 7292300 | 6136861 | 1.01 | 0.55 | 0.46 | 118.83 |
| 8 | 13666956 | 7423559 | 6243397 | 1.03 | 0.56 | 0.47 | 118.90 |
| 9 | 14248825 | 7726203 | 6522622 | 1.07 | 0.58 | 0.49 | 118.45 |
| 10 | 14454357 | 7830808 | 6623549 | 1.08 | 0.59 | 0.50 | 118.23 |
| 11 | 13935714 | 7522558 | 6413156 | 1.05 | 0.56 | 0.48 | 117.30 |
| 12 | 15399559 | 8288987 | 7110572 | 1.16 | 0.62 | 0.53 | 116.57 |
| 13 | 15225032 | 8161000 | 7064032 | 1.14 | 0.61 | 0.53 | 115.53 |
| 14 | 15893800 | 8463924 | 7429876 | 1.19 | 0.64 | 0.56 | 113.92 |
| 15 | 18024484 | 9524898 | 8499586 | 1.35 | 0.71 | 0.64 | 112.06 |

续表

| 年龄 | 人口数 | | | 占总人口比重 | | | 性别比<br>（女＝100） |
|---|---|---|---|---|---|---|---|
| | 合计 | 男 | 女 | 合计 | 男 | 女 | |
| 16 | 18790521 | 9795181 | 8995340 | 1.41 | 0.73 | 0.67 | 108.89 |
| 17 | 20775369 | 10760828 | 10014541 | 1.56 | 0.81 | 0.75 | 107.45 |
| 18 | 20755274 | 10744556 | 10010718 | 1.56 | 0.81 | 0.75 | 107.33 |
| 19 | 21543466 | 11079367 | 10464099 | 1.62 | 0.83 | 0.79 | 105.88 |
| 20 | 28026954 | 14201091 | 13825863 | 2.10 | 1.07 | 1.04 | 102.71 |
| 21 | 26556649 | 13357755 | 13198894 | 1.99 | 1.00 | 0.99 | 101.20 |
| 22 | 24474192 | 12281148 | 12193044 | 1.84 | 0.92 | 0.91 | 100.72 |
| 23 | 25695955 | 12876542 | 12819413 | 1.93 | 0.97 | 0.96 | 100.45 |
| 合计 | | 224415874 | 201549611 | 0~23岁男性与0~23岁女性人口之差为22866263人 | | | |

资料来源：《中国2010年人口普查资料》之全部数据资料表第3-1。

### （六）跨国婚姻不能解决未来适婚人口中女性的短缺问题

还有人设想通过跨国婚姻来解决男性过多的问题。的确，近期的媒体报道中多次披露有越南新娘嫁入中国的案例。但中国人口基数这样大，女性短缺所造成的问题，只有人口大国才可能解决新娘短缺的问题。任何寄希望从人口小国"进口新娘"的想法，都是靠不住的。但在第二人口大国的印度，也存在出生性别比居高不下的问题。所以，抛开文化与宗教的差异不论，希望"进口新娘"来解决中国婚龄人口中女性不足的想法，是行不通的。更何况，一厢情愿的"进口新娘"，还会受到"出口"国的限制，毕竟，大规模的新娘外流，会在短期造成"出口国"婚龄女性的短缺，给该国男性的婚姻匹配带来挤压。

## 二 单身未婚："剩女"和"剩男"

工业化与城市化的发展，使进入城市工作的青年男女，脱离了原有乡村社区的熟人社会，而进入了城市社区这个陌生人社会。其中的中转站，在人口流动的早期阶段是"城市里的村庄"——城中村的短期存在。尽管城中村的规模曾经很大（在20世纪末期达到鼎盛时期），但经过城市的逐步改造，以旧城集市和破旧大院为主的城中村被高楼大厦代替，即使留有部分平房区，其规模也大大缩小。事实上，北京市东城区和西城区这两个中心区的流动人口开始减少，人口密度也开始降低。尽管农民工大多以家庭为单位移入了城市，但在城市周边环境——"陌生人"的包围下，原有村庄的那种宗族或家庭熟人之间的休戚与共，或者面对面直接亲密互动的初级群体关系解体了。与此相适应的是，熟人社会的群体团结也消失了。青年男女突然进入了一个"个体主义"的、缺少家长与亲属管理的社会活动空间。

而城市社会也伴随"单位制"的解体、"单位－家属院社区"房屋的市场化买卖、街道和居委会老旧社区人口的多元化等，逐渐走向了熟人与陌生人杂居的社会。这些社区的熟人关系，主要在老年人之间维系。青年一代不得不在各自购买能力的约束中选择了不同的商品房。这种事实上的地区流动，使城市进入了大规模的"人户分离"或居住与上班地点的分离时代。在传统计划经济时期，人们在"单位制"下，上班在同一个企业，下班在同一个家属院，单位内部职工之间、街坊邻居之间易于形成婚配关系。但市场化的进程，打破了城市原有的熟人社会，使城市青年男女也进入到了一个"陌生人社会"之中。高楼大厦中的一个个公司，只提供了一个经济生产空间，但却限制了恋爱与婚配关系的再生产。有很多企业还明令青年男女不准发展办公室爱情，更不准在企业内部生产出家庭关系。

网络——虚拟社区的兴起，表面看起来增加了人们的交往途径。但互联网的"熟人"，却更多体现着"陌生人社会"的"不可信"这一虚拟社会的特点。这样，工业化、城市化，以及网络社会的普及，反倒提升了人们的交往成本，尤其是婚恋关系的确定成本。城市出现的奇怪现象是，婚龄期的青年，比较容易找到同居伙伴，但却难以走入婚姻的殿堂。再加上住房价格与家庭生活成本的上升，以及人们在结婚后想要"独立门户"的思想观念的普及，婚配难、结婚难的问题越来越突出。当然，婚姻观念中认为何时结婚才是最佳适婚年龄之认识的变化，也影响着"单身"时间的维持长短。政府规定的法定结婚年龄，也强制约束了"早婚"现象的发生，这也会在一定程度上延迟初婚年龄。比如说，1954年的《婚姻法》就规定，男不得早于20周岁、女不得早于18周岁结婚。在1980年修改《婚姻法》时，又规定男不得早于22周岁、女不得早于20周岁结婚。但在"文化大革命"中，为落实"晚婚晚育"政策，很多城市规定男只有达到25周岁、女只有达到23周岁，才可结婚。因此，"文化大革命"后期——很多大城市甚至整个国家的初婚年龄都比较高。从20世纪80年代初期开始，才有所降低（张翼，2006）。但不管怎么说，伴随工业化与城市化水平的上升，人们的初婚年龄在逐步推迟。

应该说，这不是中国现代化过程的特有现象。这是人类社会进入工业化社会与后工业化社会之后的普遍现象。比如说，在 1970 年，美国的初婚年龄中位数，男性是 22.5 岁；女性是 20.6 岁；但到 1988 年，男性上升到 25.5 岁，女性上升到 23.7 岁；到 2009 年，男性上升到 28.4 岁，女性上升到 26.5 岁①。中国女性的平均初婚年龄，在 1991 年是 22.23 岁，在 2001 年增长到 24.15 岁。其中北京市女性平均初婚年龄，在 1991 年是 24.44 岁，在 2001 年增长到 25.20 岁；上海市女性的平均初婚年龄，在 1991 年是 24.44 岁。到 2001 年增长到 25.29 岁（国家计生委计划财务司、中国人口信息研究中心，2006：141）。应该说，在农村人口还占非常大比重的情况下，中国女性的平均初婚年龄达到 24 岁多，主要是非常快速的城市化的结果②。

另外，根据表 3 - 12 我们还可以看出，在 2010 年人口普查时，25~29 岁的未婚男性人口，占该年龄段整个人口的百分比已经上升到了 36.29%，女性也上升到了 21.62%。因为城市辖区的工业化水平远远高于镇和农村，所以，在城市人口中，年龄在 25~29 岁的男性未婚人口占该年龄段所有人口的比重已经高达 44.78%，而女性未婚比重也高达 29.13%。同样，在镇里面，25~29 岁的未婚男性占比也达到了 31.45%，女性达到了 17.84%；在农村，未婚男性占比达到 31.11%，女性达到 16.74%。

在 30~34 岁年龄段，全国未婚男性占比为 12.62%，女性占比为 5.35%。其中城市该年龄段男性未婚占比为 13.34%，女性占比为 7.35%；在镇里，男性未婚占比为 9.06%，女性占比为 7.35%；在农村，男性未婚占比为 13.67%，女性占比为 4.42%。

在 35 岁及以上年龄段，我们可以看出婚姻市场竞争的微妙关系：因为城市男性更有竞争力，所以，35 岁及以上年龄段男性未婚占比开始小于农村。在

---

① 2009 年美国社区调查（American Community Survey）。

② 可以肯定地说，伴随社会结构的转型与城市化程度的加深，初婚年龄的增长是可期的。但这并不等于说初婚年龄会一直处于增长的态势。毕竟，希望结婚的男女双方，都希望在 30 岁之前结婚。从美国历次人口普查所得到的资料来看，在 1900 年，女性的初婚年龄中位数是 21.9 岁，但在 1950 年却是 20.3 岁，此后一直持续到 1970 年前后。到 1978 年才又增长到 21.8 岁。此后又处于缓慢增长的态势。见罗斯·埃什尔曼，1991：288。

35～39 岁年龄段，城市为 5.35%，但农村却是 8.28%。因此，初婚年龄的推迟或者成年人的结婚难等，会使中国社会存在一个相当人口规模的未婚人群。

表 3 - 12 2010 年第六次人口普查未婚人口在出生同期群中所占比重

单位：%

| 年龄段 | 全国 | | 城市 | | 镇 | | 农村 | |
|---|---|---|---|---|---|---|---|---|
| | 男 | 女 | 男 | 女 | 男 | 女 | 男 | 女 |
| 25～29 岁 | 36.29 | 21.62 | 44.78 | 29.13 | 31.45 | 17.84 | 31.11 | 16.74 |
| 30～34 岁 | 12.62 | 5.35 | 13.34 | 7.35 | 9.06 | 3.73 | 13.67 | 4.42 |
| 35～39 岁 | 6.44 | 1.76 | 5.35 | 2.72 | 4.18 | 1.18 | 8.28 | 1.32 |
| 40～44 岁 | 4.15 | 0.75 | 2.93 | 1.33 | 2.64 | 0.53 | 5.53 | 0.51 |
| 45～49 岁 | 3.12 | 0.44 | 1.97 | 0.82 | 1.96 | 0.32 | 4.29 | 0.27 |
| 50～54 岁 | 3.21 | 0.30 | 1.57 | 0.57 | 2.13 | 0.20 | 4.56 | 0.18 |
| 55～59 岁 | 3.43 | 0.25 | 1.27 | 0.46 | 2.39 | 0.17 | 4.78 | 0.16 |
| 60～64 岁 | 3.54 | 0.24 | 1.12 | 0.37 | 2.64 | 0.18 | 4.87 | 0.20 |
| 65 岁及以上 | 3.11 | 0.42 | 0.96 | 0.36 | 2.63 | 0.39 | 4.20 | 0.46 |

资料来源：根据《2010 年人口普查资料》"长表数据"中的表 5 - 3、5 - 3a、5 - 3b、5 - 3c 计算。表中的百分比是以该年龄段所有人口为分母进行的计算。

根据表 3 - 12 的 2010 年人口普查数据，我们还可以看出，在 50 岁及以上年龄段，城市、镇、农村男性的未婚占比表现出了城市低于镇、镇低于农村的分布趋势。这就是说，只要城市男性希望结婚，其就能够结婚的概率远远高于农村男性。真正难以结婚的男性基本都分布在农村。农村大约有 4% 的男性终生可能难以结婚。这就牵扯到了"剩男"问题。

**（二）"剩男"主要分布在农村、"剩女"主要分布在城市**

"剩男"和"剩女"是一个日常话语所定义的概念。在媒体上，有些人将 28 岁以上的未婚男性或女性称为"剩男"或"剩女"，也有些人将 30 岁以上的未婚男性或女性称为"剩男"或"剩女"。如表 3 - 12 所示，25～29 岁的男性在城市的未婚比例已经高达 44.78%，而相应年龄段的女性也高达 29.13%。在这种情况下，显然不能将 29 岁及以下年龄段男性或女性称为"剩男"或"剩女"。但如果我们将 30 岁以上的未婚男性或女性称为"剩男"或"剩女"的话，那么，我们可以看出：在 25～29 岁年龄段未婚人口中，对于男性来说，城市占 46.19%、镇占 16.13%、农村占 37.68%。对于女性来说，城市占 50.76%，镇占 15.85%，农村占 33.40%（见表 3 - 13）。

这说明，在城市化影响下，年龄越小的群体，越趋向于向城市集中。而该年龄段女性未婚人口在城市的比重高于男性未婚人口在城市的比重，预示该年龄段女性未婚人口较男性更趋向于向城市集中。

表 3 - 13　2010 年第六次人口普查不同年龄段未婚人口在城市、镇和农村的分布

单位：%

| 年龄段 | 男性 | | | | 女性 | | | |
|---|---|---|---|---|---|---|---|---|
| | 城市 | 镇 | 农村 | 总计 | 城市 | 镇 | 农村 | 总计 |
| 25～29 岁 | 46.19 | 16.13 | 37.68 | 100.00 | 50.76 | 15.85 | 33.40 | 100.00 |
| 30～34 岁 | 38.59 | 14.40 | 47.02 | 100.00 | 50.53 | 14.43 | 35.04 | 100.00 |
| 35～39 岁 | 27.90 | 13.43 | 58.67 | 100.00 | 51.50 | 14.08 | 34.43 | 100.00 |
| 40～44 岁 | 21.29 | 12.91 | 65.80 | 100.00 | 51.87 | 14.27 | 33.86 | 100.00 |
| 45～49 岁 | 19.45 | 12.30 | 68.24 | 100.00 | 54.24 | 14.29 | 31.47 | 100.00 |
| 50～54 岁 | 14.73 | 12.18 | 73.09 | 100.00 | 56.98 | 12.16 | 30.86 | 100.00 |
| 55～59 岁 | 9.77 | 12.43 | 77.80 | 100.00 | 51.64 | 12.42 | 35.94 | 100.00 |
| 60～64 岁 | 7.90 | 13.08 | 79.02 | 100.00 | 40.23 | 13.37 | 46.39 | 100.00 |
| 65 岁及以上 | 7.77 | 14.47 | 77.76 | 100.00 | 21.76 | 16.03 | 62.21 | 100.00 |

资料来源：根据《2010 年人口普查资料》"长表数据"中的表 5 - 3、5 - 3a、5 - 3b、5 - 3c 计算。表中的数据是相应年龄段所有男性或女性未婚人口为分母所做的计算。

婚姻市场的竞争，往往使那些能力较弱、收入较低的群体，既难以进入城市就业，也难以找到合适的对象结婚。正因为如此，我们才能够在表 3 - 13 看到：在 30～34 岁年龄段未婚男性人口——"剩男"中，农村占比达到 47.02%，而城市为 38.59%，镇为 14.40%。在 35～39 岁以上年龄段未婚男性人口——"剩男"中，农村占 58.67%，城市占 27.90%，镇占 13.43%。由此年龄段开始，农村未婚男性——"剩男"所占比重直线上升，一直到 60～64 岁年龄段未婚男性中，农村占比达到 79.02%，而城市仅仅为 7.90%。

但在女性未婚人口中，我们可以看到，在 30～34 岁年龄段"剩女"中，城市占 50.53%，镇占 14.43%，农村占 35.04%。虽然不同年龄段农村未婚女性在相应年龄段全部未婚女性人口中所占比重有所波动，但总体趋势却是：年龄在 60 岁以下的城市"剩女"占比一直保持在 50% 以上——在 50～54 岁年龄段甚至于达到了 56.98%。对于 50 岁以上的未婚女性——"年龄更大的剩女"来说，其进入婚姻之中的概率就微乎其微了。有些人可能是"自主"不愿结婚，也有些人可能是"被动"难以结婚。环境条件的

限制与自己本身的婚姻观念等，都可以影响其做出是否结婚的判断。

基于以上数据所展示的未婚人口的区位结构，我们完全可以做出这样的判断："剩男"主要分布在农村，"剩女"主要分布在城市。这种情况的存在，已经使大龄未婚人口的婚姻匹配难度显著放大。由人口流动所带来的农村适婚女性的短缺现象，会在城市后工业化过程中进一步加剧。因为后工业化时期服务业部门就业需求的扩张，将使女性较之男性更容易找到工作岗位。城市与农村的文化习惯不同、生活方式不同、收入差距又比较大。农村中的"剩男"，大多数是适婚时期婚姻市场竞争中的弱势群体。而城市的"剩女"，却可能因为种种原因而错过了婚配的最佳时期，更可能是人力资本比较高的群体。女性的"上迁婚"，与男性的"下迁婚"之间的矛盾，使农村"剩男"与城市"剩女"之间很少有机会谈婚论嫁。也因此，男女两性人口的社会区隔与地域结构矛盾会长期存在。中国未来由未婚人口所组成的"独居家庭"还有很大增长空间。

**（三）"剩女"少于"剩男"**

学术界既有的研究成果表明，男女两性的婚配更倾向于"阶层内婚制"，而不是"跨阶层的婚姻缔结"（张翼，2003）。在同一阶层内部，女性的"上迁婚"特点，使其希望嫁给比自己学历和社会阶层地位稍高的男性；而男性"下迁婚"的特点，则使其更倾向于选择学历与社会阶层地位较自己稍低的女性。即使社会评论家尖锐地批判了"高富帅"与"白富美"现象，但绝大多数人的婚姻实践却遵循了这一基本的社会准则。

基于以上认识，表3-14为我们报告了不同教育阶层在同一出生同期群中未婚男女人口的性别结构。在婚龄差（丈夫与妻子之间的年龄差距）既定的情况下，同一出生同期群或相邻出生同期群中未婚人口的供给，最终决定着该年龄段人口的结婚机会。也就是说，只有当同一年龄段或相邻年龄段同期群男女两性未婚人口基本平衡时，这些未婚者才有可能完成婚姻匹配（在排除婚姻搜寻成本的情况下）。

但从表3-14中我们发现以下几个特点。

第一，在将未婚人口分类为不同的受教育阶段之后，在每一受教育阶段内部，同期群中的男性都大大高于女性。年龄越大，男性未婚人口的占比就越高。也就是说，在所有的受教育阶段中，伴随年龄的增加，"剩男"的占比越高，"剩女"的占比越低。这就是说，"剩男"的占比大大超过了"剩女"。

表 3 - 14　分年龄段与受教育程度未婚人口的性别分布

单位：%

| 年龄段 | 未上学 | | 小学 | | 初中 | | 高中 | |
|---|---|---|---|---|---|---|---|---|
| | 男性 | 女性 | 男性 | 女性 | 男性 | 女性 | 男性 | 女性 |
| 15～19 岁 | 52.20 | 47.80 | 53.76 | 46.24 | 54.07 | 45.93 | 51.82 | 48.18 |
| 20～24 岁 | 58.55 | 41.45 | 57.99 | 42.01 | 57.33 | 42.67 | 56.42 | 43.58 |
| 25～29 岁 | 66.16 | 33.84 | 68.82 | 31.18 | 65.23 | 34.77 | 63.56 | 36.44 |
| 30～34 岁 | 74.76 | 25.24 | 79.75 | 20.25 | 73.10 | 26.90 | 66.93 | 33.07 |
| 35～39 岁 | 82.70 | 17.30 | 88.37 | 11.63 | 80.38 | 19.62 | 69.45 | 30.55 |
| 40～44 岁 | 86.86 | 13.14 | 92.29 | 7.71 | 84.67 | 15.33 | 71.24 | 28.76 |
| 45～49 岁 | 89.07 | 10.93 | 93.93 | 6.07 | 87.73 | 12.27 | 73.35 | 26.65 |
| 50～54 岁 | 92.97 | 7.03 | 96.21 | 3.79 | 90.45 | 9.55 | 75.01 | 24.99 |
| 55～59 岁 | 94.57 | 5.43 | 96.81 | 3.19 | 88.56 | 11.44 | 71.92 | 28.08 |
| 60～64 岁 | 94.44 | 5.56 | 96.23 | 3.77 | 87.11 | 12.89 | 70.62 | 29.38 |
| 65 岁及以上 | 85.70 | 14.30 | 90.76 | 9.24 | 81.96 | 18.04 | 68.95 | 31.05 |

| 年龄段 | 大专 | | 大本 | | 研究生 | |
|---|---|---|---|---|---|---|
| | 男性 | 女性 | 男性 | 女性 | 男性 | 女性 |
| 15～19 岁 | 45.84 | 54.16 | 47.30 | 52.70 | 50.99 | 49.01 |
| 20～24 岁 | 49.63 | 50.37 | 50.90 | 49.10 | 46.50 | 53.50 |
| 25～29 岁 | 57.91 | 42.09 | 57.31 | 42.69 | 52.70 | 47.30 |
| 30～34 岁 | 60.99 | 39.01 | 61.02 | 38.98 | 59.94 | 40.06 |
| 35～39 岁 | 60.14 | 39.86 | 59.50 | 40.50 | 58.92 | 41.08 |
| 40～44 岁 | 59.73 | 40.27 | 58.59 | 41.41 | 57.73 | 42.27 |
| 45～49 岁 | 58.85 | 41.15 | 57.61 | 42.39 | 61.03 | 38.97 |
| 50～54 岁 | 51.63 | 48.37 | 55.26 | 44.74 | 53.28 | 46.72 |
| 55～59 岁 | 44.28 | 55.72 | 45.57 | 54.43 | 51.72 | 48.28 |
| 60～64 岁 | 46.87 | 53.13 | 43.88 | 56.12 | 57.14 | 42.86 |
| 65 岁及以上 | 58.15 | 41.85 | 58.51 | 41.49 | 63.64 | 36.36 |

注：在每一同期群出生队列中，男性与女性占比相加等于 100%。

资料来源：根据《中国 2010 年人口普查资料》长表数据资料表第 5 - 3 计算。

第二，受教育程度越低，男性未婚人口在 30～34 岁年龄段之后的占比就越高，女性在 30～34 岁年龄段之后的占比就越低。受教育程度越高，"剩男"在相应年龄段人口中的占比就越低，而"剩女"所占比重则相应上升。

第三，"剩男"现象的部分原因，在于适婚女性短缺所引起的"婚姻挤压"。在表 3 - 14 的每一受教育阶段中，不同年龄段的数据都显示，未婚男性都多于未婚女性。这就是说，对于某一个具体的未婚男性而言，婚姻的搜寻成本或自己的选择偏好决定着其是否结婚。但对于整个"剩男"群体而言，适婚女性的短缺，在很大程度上增加了男性内部的竞争压力，即存在着程度不同的"婚姻挤压"现象。

正因为这样，未婚男性所形成的"剩男"问题，既表现为婚姻家庭问题，也表现为人口结构问题。当然，一部分未婚人口会在离婚人口或丧偶人口中寻找配偶。但一对夫妇的离婚，则会同时产生一个单身女性和一个单身男性，即离婚率的上升，不能从根本上改变某一年龄段男性和女性人口的性别结构。社会人口学领域的研究发现，由于女性生存优势的存在，丧偶后存活的人口，主要是女性人口。但丧偶率的高发时期是在 65 岁之后，这对劳动力人口的婚配几乎没有太大的影响。所以，当前未婚人口的基本构成，从根本上决定着"剩男"与"剩女"的数量及其在婚龄年龄段人口中所占的比重。

### 三 家庭养老负担

前已述及，家庭小型化过程带来的一个必然后果，就是家庭核心化与独居化。对于老年人来说，核心化与独居化的结果就是空巢化。这是我们从计划经济转型到市场经济，从传统农业社会转型到城市社会或农村非农化社会，从流动率低的社会转型到流动率高的社会的老年人不得不面临的一系列养老问题。

因为在传统农业社会或者在工业化水平比较低的社会，老年父母一般都会在其成年已婚儿子的赡养下寿终正寝。即使是在改革开放以前，绝大多数老年父母也会与自己的成年已婚儿子居住在一起，形成儿子养老的格局。但工业化与城市化所带来的社会结构的变化、人口流动与家庭居住安排的变化等，加速了老年父母与成年子女的分家进程。这就使老年人的养老需求——经济供养、劳务支持与精神慰藉等，很难就近方便解决，从而出现养老资源供给的短缺现象。

虽然新农保和城市居民保险形成了制度性全覆盖，但由于制度设计的初始规定是低待遇、广覆盖，所以，即使在经济供养上，绝大多数老年人还需要借助子女或家庭其他成员的支持才能够维持生存。家庭劳务支持也面临短缺的困境。尤其是城市"母家庭"与"子家庭"之间的交通成本——时间耗费和经济支出成本的上升，影响了子女对老人照顾的可及性，使老年人不得不借助于社区的支持才能够正常生活。但绝大多数社区还没有建立起适应于老龄化过程的家庭服务体系。虽然电话、电子邮件、网络通信等极大地方便了人们之间的交往，但绝大多数成年子女与父母亲之间的交流频率和通话时间都不是那样令老年人满意。在议定《老年权益保障法》（修订稿）时，国家也对子女提出了强制性的要求，规定成年子女必须"常回家看看"或"定期与老年父母通信"①，但这样的规定很难起到实质性效果。所以，在社会结构迅速变迁的同时，家庭户仍然承担着非常重要的养老职责。这主要表现在以下几个方面。

**（一）老年人对家庭成员经济支持的依赖**

从表 3 - 15 所反映的信息中，我们可以得到以下几点。

第一，如果我们将"健康"、"基本健康"、"不健康但生活能够自理"和"不健康生活不能自理"视为老年人生活的四种状态——也可以视为四个不同的生命阶段的话，那么，越是"健康"，其越依靠自己的"劳动收入"生活；越是"不健康"，则越依靠"家庭其他成员的供养"。比如说，在回答说自己"健康"的老年人中，回答说主要依靠自己的"劳动收入"生活的男性占比为 49.58%，女性占比是 33.12%；回答说主要依靠"离退休养老金"生活的男性占比为 31.39%，女性占比为 24.08%。

在回答说自己"基本健康"的老年人中，男性认为自己主要以"劳动收入"为生活来源的占比为 31.38%，女性为 19.16%；在回答说自己"不健康但生活能够自理"的老年人中，认为自己的主要生活来源是"劳动收入"的比例，男性是 8.64%，女性是 5.11%；在认为自己"不健康生活不能自理"的老年人中，认为自己主要依靠"劳动收入"为生活来源的男性占比为 1.51%，女性占比为 0.91%。

伴随"不健康"程度的上升，依靠"家庭其他成员供养"的选择百分比，迅速上升。比如说，在回答说自己"健康"的老年人中，男性依靠"家庭其他成员供养"的选择百分比只有 15.69%，女性为 38.98%；在回答说"基本健康"的老年人中，男性依靠"家庭其他成员供养"的比例是 32.00%，女性是 55.34%；在回答说"不健康但生活能够自理"的老年人中，男性是 59.39%，女性是 74.81%；在回答说"不健康生活不能自理"的老年人中，男性是 60.38%，女性是 77.43%。

---

① 新修订的《老年人权益保障法》草案在"精神慰藉"一章中规定，"家庭成员不得在精神上忽视、孤立老年人"，特别强调"与老年人分开居住的赡养人，要经常看望或者问候老人"。

　　这就是说，对于中国老年人来说，即使年龄在 60 岁以上，只要身体健康，有劳动能力，就仍然会继续工作并以"劳动收入"作为自己的主要生活来源。只是到"不健康"阶段，才逐渐脱离了劳动过程，开始依靠其他生活来源——主要是依靠家庭其他成员来维持生活。因此，老年人的年龄越大，生活越不能自理，其对家庭成员供养的依赖就越显著。

　　在所有能够依赖的家庭成员中，配偶无疑是最主要的依赖对象。与典型的农业社会所不同的是，医疗条件的改善，怀孕胎次的减少与出生率的降低，大大提升了女性的生存优势，甚至使女性的平均预期寿命长于男性。夫妻双方在老年阶段存活概率的提高，大大加强了老年一代的生活能力。在独生子女政策的影响下，空巢期的提前，使得夫妻双方互相照顾维持家庭生活的时间进一步延长。这在客观上也减轻了养老的代际依赖，而形成了老年夫妇的相互照料。正因为这样，很多人才倾向于认为家庭中的姻亲关系重于代际血缘关系。在人口流动的影响下，子女的电话慰问或节假日的回家探视，更多地体现为亲情关系的精神表达，而养老依赖的资源，则不得不寄托于朝夕相处的配偶[①]。

表 3 − 15　不同健康状况 60 岁及以上的老年人口主要生活来源

| 主要生活来源 | 健康 | | 基本健康 | | 不健康,但生活能自理 | | 不健康,生活不能自理 | |
|---|---|---|---|---|---|---|---|---|
| | 男 | 女 | 男 | 女 | 男 | 女 | 男 | 女 |
| 劳动收入 | 49.58 | 33.12 | 31.38 | 19.16 | 8.64 | 5.11 | 1.51 | 0.91 |
| 离退休金养老金 | 31.39 | 24.08 | 30.09 | 19.70 | 16.56 | 9.53 | 23.92 | 10.90 |
| 最低生活保障金 | 1.59 | 1.80 | 4.17 | 3.49 | 12.23 | 8.00 | 11.49 | 8.72 |
| 财产性收入 | 0.45 | 0.39 | 0.40 | 0.32 | 0.33 | 0.22 | 0.26 | 0.15 |
| 家庭其他成员供养 | 15.69 | 38.98 | 32.00 | 55.34 | 59.39 | 74.81 | 60.38 | 77.43 |
| 其　他 | 1.30 | 1.63 | 1.95 | 1.99 | 2.84 | 2.32 | 2.43 | 1.88 |

　　资料来源：2010 年《中国人口普查资料》第八卷表 8 − 4。因为各项是分别计算，故各列相加有时不等于 100%。

---

① 马丁·怀特曾经说过，改革开放后中国的家庭仍然依赖代际支持解决养老问题。但他在保定调查的时间是 1994 年。那时的人口流动率的确比较低，独生子女一代还没有大规模进入成年时期，劳动力市场还不是很完善。根据他的研究，那时保定老年人平均存活子女有 3.2 人，而且大多住在同一城市，有 35% 的父母亲与成年已婚子女生活在一起形成直系家庭（其中绝大多数与已婚儿子住在一起），不住在一起的也在子家庭与母家庭之间形成近距离的互动。但马丁·怀特（2005）的研究也发现，只有 1/4 的父母亲曾经得到过子女的现金支持，但同时有将近 20% 的父母亲经常给子女现金，1/3 的父母亲帮孩子做家务。

第二，虽然"离退休养老金"是老年人的一个不可或缺的生活来源，但在任何健康阶段，大多数老年人都没有选择此项。比如说，在回答说"健康"的老年人中，主要依靠"离退休养老金"生活的男性为31.39%，女性为24.08%；在回答说"基本健康"的老年人中，男性为30.09%，女性为19.70%；在回答说"不健康但生活能够自理"的老年人中，男性选择该项的比例下降到16.56%，女性下降到9.53%；在回答说"不健康生活不能自理"的老年人中，男性选择该项的百分比为23.92%，女性为10.90%。从这里可以看出，身体不健康的老年人，以退休金为主要生活来源的选择百分比逐渐走低。这是因为，现在的老年人，尽管在城市居民养老保险和新农村养老保险的覆盖下，能够拿到至少55元/月的退休金，但广覆盖低保障的制度设计，对于身体不健康的老年人来说，难以维持其基本生计。

第三，基于种种原因，男性在主要依靠"劳动收入"、"离退休养老金"、"最低生活保障金"和"财产性收入"等项的选择比例要高于女性。这一方面说明，在职业生涯时期，男性的工资高于女性，由此也决定了其老年阶段可以依赖的养老资源也多于女性。女性在成年时期，因为就业收入较低，其退休金也相应低于男性，其依靠自己的退休金养老的选择百分比也肯定会低于男性。与此相适应，女性在各个时期选择"其他家庭成员供养"的百分比也就大大高于男性。

事实上，在老年空巢化过程中，除独居家庭外，夫妇空巢家庭中的养老，在健康时期和基本健康时期，都开始由子女养老转变为夫妻互相养老。这是由家庭户结构这个基础所决定的。

在这里还需要注意的是：女性选择"其他家庭成员供养"的比例之所以更高，其中的另外一个原因，是女性的预期寿命长于男性。社会越发展，女性的"生存优势法则"就越显著，女性平均预期寿命就越长。在老年期，预期寿命越是延长，就意味着其依赖家庭成员生活的时间也会越长。

### （二）婚姻家庭模式与老年人健康

对于老年人来说，有没有配偶，是影响其生活健康状况的一个主要原因。因为不管在空巢家庭，还是在与子女合住的家庭，在子女工作压力比较大时，伺候生病或年老失能者的主要任务，就落在自己的配偶身上。如果配偶中的任何一方失去生活自理能力，而对方身体健康，则失能配偶的生存时间会延长；如果配偶中的任何一方失去生活自理能力，而对方的身体不健康，则失能者的生存时间相应就会受到限制。

所以，中国家庭模式已经由重宗亲的血缘传承关系阶段，发展转变到了既重纵向宗亲血缘关系又重横向姻缘关系的阶段。一方面，父辈与子辈之间的关系——不仅在经济往来，而且在情感联系上仍然保持着极其密切的互动①，但由于子家庭与母家庭的分居，来自于子辈的劳务支持趋于减少；另一方面，夫妻之间的互相依赖、相互照料等，在家庭小型化过程中，则强化为更为密切的"伙伴关系"。尤其是在老年阶段，有没有"配偶"，或者有一个怎样的配偶，就成为其能否安享晚年的重要保证。

这种情况，从表3-16中可以明显地看出。

第一，对于男性而言，感觉自己"健康"的比例，"有配偶"者最高，达到52.19%；离婚者次之，达到45.51%；丧偶者更次之，仅仅为32.02%；一直未婚者也仅仅为33.18%。但考察"不健康生活不能自理"栏，则会发现，"有配偶"者占1.98%，"离婚"者占2.27%，"丧偶"者占4.88%，"未婚"者占3.74%。这就是说，一般而言，"有配偶"者的生活更健康。

第二，不管是男性还是女性，"有配偶"者在"不健康但生活能够自理"栏占比都低于无配偶者。比如说，"有配偶"男性"不健康但生活能够自理"的占比为10.03%，但"离婚"者的占比升高到13.76%，"丧偶"者升高到21.38%，而"未婚"——那些从未结过婚的老年男性则是23.85%。对于女性来说，"有配偶"者虽然不健康但生活能够自理的占比是11.20%，"离婚"者也同样有所上升，达到13.69%；"丧偶"者上升到22.33%，而一直未婚的女性则是19.92%。

如果能够控制年龄变量，考察男性和女性婚姻与健康状况之间的关系，会得到更有用的数据。因为，从生命历程的角度看问题，年龄越大，"丧偶"的概率也越大。但老年离婚现象、老年未婚现象则不会突然变化。

---

①　独生子女政策的实施，使子女与父母亲的亲情依赖，成为别无选择的依赖。

表 3 – 16　　全国 60 岁及以上年龄人口的婚姻状况与健康状况

| 婚姻状况 | 男性 | | | | | 女性 | | | | |
|---|---|---|---|---|---|---|---|---|---|---|
| | 健康 | 基本健康 | 不健康生活能自理 | 不健康生活不能自理 | 小计 | 健康 | 基本健康 | 不健康生活能自理 | 不健康生活不能自理 | 小计 |
| 有配偶 | 52.19 | 35.80 | 10.03 | 1.98 | 100 | 46.16 | 40.70 | 11.20 | 1.94 | 100 |
| 离婚 | 45.51 | 38.46 | 13.76 | 2.27 | 100 | 43.15 | 40.54 | 13.69 | 2.62 | 100 |
| 丧偶 | 32.02 | 41.71 | 21.38 | 4.88 | 100 | 28.70 | 43.27 | 22.33 | 5.71 | 100 |
| 未婚 | 33.18 | 39.22 | 23.85 | 3.74 | 100 | 34.11 | 39.18 | 19.92 | 6.80 | 100 |

资料来源：根据《中国 2010 年人口普查资料》第八卷表 8 – 3 计算。

所以，对于老年人来说，在丧偶之后，如果能够"再婚"，可能其生活的健康程度和生活能够自理的程度都能够提升。但现在的问题是，由于碰到很多财产继承问题、子女与老年人之间的情感问题等，老年再婚问题仍然很突出。在这种情况下，单身老年人的"同居"现象也开始出现。这些问题，仍然是家庭研究中需要继续深入探索的问题。

## 四　沉重的家庭教育支出

### （一）教育收费与教育竞争

在传统农业社会，家庭生活知识与社会生产知识，都在家庭或家族的教育中传承。生活习惯的养成与家庭秩序的安排，往往在司空见惯中形成制度。毕竟，农业社会的生产与再生产，是可以通过父传子继或母传女继而维持的。

但在现代工业社会，家庭教育所传播的知识，已经与人们的职业选择和职业生涯相距甚远。学校教育、职业培训、专业化工作经验等，成为进入工业社会的必备条件。在计划经济时代，学校的学费非常低，甚至有些学校是单位内部所属学校。但在企业社会成本外部化改造之后，单位内部承办的学校数量就少之又少了。就是那些公办学校，也开始招收"高价生"。

另外，伴随人口结构的迅速转型，在低生育水平长期维持中，先是小学新入学学生逐年递减，继之是初中新入学学生逐年递减。到 2006 年普通高中招生人数达到峰值，为 871 万人，但到 2011 年，则降低到 851 万人（新华网，2012），由此也开始了普通高中招生人数递减的历史。

在人口金字塔底部的收缩过程中，伴随流动人口数量的攀升，农村地区小学数量急剧减少，初中和高中也逐渐向县城或地区性中心城市集聚。不管是小学生，还是初中生，这些在九年义务制教育阶段学习的学生的平均受教育成本都上升了。除此之外，为应付各种考试而参加的"课外班"，形成了中小学教师的"第二职业"。

表面上——在意识形态意义上，政府拒绝承认经济市场化中出现的教育产业化，甚至有时候还会反对教育产业化。但事实上，各级重点院校占据了行政区划内的优质教育资源，而非重点学校或偏远地区的学校，则沦落为事实上"条件较差的学校"。在教育资源竞争中，全日制学校的收费与变相收费，已经成为政府治理的难题。为使孩子不至于"输在起跑线上"，有些家庭主动参与教育竞争，有些家庭则不得不卷入到教育竞争中。

虽然早在 1993 年，在中共中央、国务院制定的《中国教育改革和发展纲要》中就言明，要"逐步提高国家财政性教育经费支出占国民生产总值的比例，在本世纪末达到 4%"。但直到 2010 年发布了《国家中长期教育改革和发展规划纲要（2010－2020 年)》后，社会上还在继续呼吁落实这个长期以来也未能达到的目标。正因为政府教育经费投入不足，家庭才在社会转制过程中，不得不承担原来所未承担的那些教育支出[1]。

**（二）家庭沉重的教育负担**

从表 3－17 可以看出，从教育支出占家庭总支出 5% 及以下栏在各阶层之间的变化趋势中，我们能够看出，上层阶层的教育支出占比比较低，下层阶层的教育支出占比比较高。

对于业主阶层来说，5% 以下支出占比最高，达到 35.29%。这就是说，对于最富裕的阶层而言，即使其为子女购买了相对价格较高的教育产品——比如说进入了收费较高的幼儿园、贵族小学、重点初中或重点高中等示范院校，但因为其收入很高，故其为子女的教育支出占家庭总支出的比重反倒比较低。相似的，在小雇主阶层中也有 26.19% 的家庭的教育支出在家庭总支出的 5% 以下。

---

[1] 根据各方面的观察，2012 年底，教育经费投入占 GDP 的比重，才有望达到 4%。

表 3 - 17　　阶级阶层结构与子女教育投入占家庭支出的比重

单位：%

| 阶级阶层 | 去年您家用在子女教育和学习上的费用(含各种培训),占家庭总开支多大比例? | | | | | | 总计 |
|---|---|---|---|---|---|---|---|
| | 5% 以下 | 5% ~ 10% | 11% ~ 19% | 20% ~ 29% | 30% ~ 39% | 40% 以上 | |
| 业主阶层 | 35.29 | 29.41 | 2.94 | 14.71 | 11.76 | 5.88 | 100 |
| 小雇主阶层 | 26.19 | 22.62 | 13.10 | 14.29 | 11.90 | 11.90 | 100 |
| 自雇阶层 | 19.64 | 29.09 | 16.73 | 9.82 | 8.36 | 16.36 | 100 |
| 官员阶层 | 15.54 | 24.87 | 10.36 | 14.51 | 15.54 | 19.17 | 100 |
| 知识阶层 | 16.95 | 15.25 | 11.86 | 15.25 | 13.56 | 27.12 | 100 |
| 工人阶层 | 13.41 | 18.37 | 15.16 | 13.12 | 14.58 | 25.36 | 100 |
| 农民阶层 | 18.46 | 21.83 | 15.57 | 13.96 | 9.15 | 21.03 | 100 |
| 小　计* | 17.42 | 22.80 | 14.79 | 13.45 | 11.54 | 20.00 | 100 |

*注：该数据为在不计阶层这个变量的情况下所得结果。

资料来源：中国社会科学院 2011 年家庭变动调查。表中问及的子女属于未就业子女，即成年夫妇中有未就业但却在学校学习的子女者才回答此问题。"子女"包括了从 2 岁开始到大学毕业为止的孩子。费用包括所有交给学校、培训机构、单个补课老师等的费用。在这里，雇主阶层指雇佣人数超过了 8 人的阶层，小雇主阶层是雇佣人数在 1～7 人之间的阶层，自雇阶层是不雇佣任何人但也不受人雇佣的自主劳动阶层，官员阶层泛指一切政府和党务部门工作人员，知识分子阶层是以知识的生产和再生产为业的阶层，工人阶层指体力工人和半体力半技术工人阶层，农民阶层指以农林牧渔等为业的阶层。

官员阶层——这个阶层尽管有权力资本的支持，但由于其对子女的教育收益——学位获得预期较高，所以其子女在全日制学校学习的时间会持续很长。所以，其支出占收入的比重就不会太低，在调查中其对子女的教育支出占家庭总支出在 5% 以下者只占 15.54%。知识分子阶层是更加重视子女教育投资的阶层，所以，为子女的教育只支出了占家庭收入 5% 以下的家庭占比，也只有 16.95%。工人阶层与农民阶层的家庭收入本身比较低，虽然其对子女的教育预期比上层阶层要低，并且其子女的平均受教育年数也会低于上层阶层，但由于这个阶层作为一个整体的家庭平均收入比较低，故在教育收费日渐上升的情况下，家庭收入只有 5% 以下用于子女教育开支的占比也比较低。在这里，官员阶层的低，与工人阶层的低的原因应该是截然不同的。

农民阶层的收入更低，但农民阶层家庭子女在学校获得的平均受教育年数也最短，所以，农民阶层中拿出家庭收入的 5% 以下为子女支付教育资本的家庭占比，就比工人阶层稍高一些，为 18.47%。

从家庭教育支出占家庭总消费比重达 40% 以上的数据变化趋势中，我们也能够看出：除知识分子阶层外，上层阶层的教育支出占比反倒较低，下层阶层的教育支出占比反倒很高。

比如说，业主阶层家庭教育支出在家庭全部支出中的占比在 40% 以上的只占被调查总数的 5.88%，小雇主阶层占比只有 11.90%，自雇阶层为 16.39%，官员阶层却上升到 19.17%，知识分子阶层最高，达到了 27.12%。正因为知识分子阶层的家长更注意知识对人力资本收益的贡献，所以，知识分子家庭的子女才易于获得较高的学位和文凭。

但对于工人阶层和农民阶层来说，因为他们家庭平均收入比较低，所以，在教育竞争中，为使子女达到基本教育水平，或者在教育市场上帮助子女获得人力资本，家庭不得不在竞争中提升了教育开支。

为什么在 2008 年之后，政府将刺激内需作为国民经济发展的重点来抓，但消费对经济增长的拉动作用仍然有限？一个主要的原因，就是家庭收入中的很大一部分，被用作子女的教育投资了。虽然高收入阶层对子女的教育投资占家庭消费的比例较低，但由于耐用消费品的更新换代需要一个周期，或者住房等消费在限售中被抑制，所以，其消费的欲望还没有被适当的市场所激活（正因为国内市场缺少对富人的吸引，国外的昂贵奢侈品才被用于炫耀性消费）。但对于绝大多数家庭——工人阶层家庭和农民阶层家庭来说，如果其有未成年子女，学制的拉长与社会平均受教育年数的延伸——当然也拜大学扩招机会所赐，使其不得不在教育市场中增加了开支份额，从而在很大程度上限制了其对其他消费品的消费。在这里，家庭承担了过高的教育投资。

另外，对那些子女刚刚就业的家庭来说，城市化拉动的高房价增加了城市新移民的生活成本。父母亲为支持子女在城市的发展，还要举全家之力为其购买住房。这在某种程度上也限制了家庭的消费能力。即使某些老人——处于空巢家庭中的老人，也为了养老安排，准备着老年阶段的资金储备。

（三）家庭功能——功能外部化后的成本内部化

在家庭的小型化过程中，城市化、职业分化、劳动者人力资本的积累、养老的货币化与市场化等，都将原来社会承担的很多开支，内部化为家庭的经济负担。家庭——在整个社会环境市场化的同时，其所承担的各种支持功能却极其沉重。

表面看起来，家庭的教育功能、经济再生产功能、人口再生产功能、养老功能等，好像有弱化的趋势。好像市场提供的教育机会、就业机会、养老服务等，可以替代家庭去满足人们的需求。但在本质上，这些功能无一不需要家庭的经济支持。如果没有货币选票，市场化的服务就会阻挡穷人的分享。因为市场所提供的机会——即使公办性质的服务所提供的机会，都需要交钱。所以，家庭比以往任何时候面临的压力都大。正因为有这样的压力，家庭的人口再生产需求才被抑制，导致城市的政策生育率远远高于实际生育率；也正因为如此，青年适婚人口的初婚年龄才被一再推迟；还因为家庭本身的经济压力，一部分离婚才被生产出来；还因为家庭经济收入的压力，高价养老院的床位才空置，人们才不得不选择居家养老；更因为财产继承方面的情况，老年人口的再婚才被子女阻挡，而演化为更多的"同居"或"搭伴养老"（人口研究编辑部，2003）①。

## 五　人口流动与"一家多户"

### （一）从流动人口到"不流动"的常住人口

前已述及，在工业化、城市化过程中，市场所提供的就业岗位，刺激和拉动了人口流动，使人力资源更好地获得优化配置，进一步刺激了劳动者的积极性。但中国的户籍制度，其实不仅仅是人口生命事件的登记制度，而更多地表现为福利资源配置制度和社会管理制度。正因为如此，其制度化地、先在地安排了人们的行政地域所属及其获得社会保护的福利区域。尽管人口流动了，而流动又打破了劳动力市场的封闭性，但流动的仅仅是就业和劳动力，却没有从根本上携带制度安排的福利与保障，于是也就没有了家庭在流入地获得福利支持的依据。

所以，一个农业户口的人流动到城市，他所持的仍然是农业户口，他（她）由此便被制度化定义为"农－城流动人口"，而非"当地人口"或"当地户籍人口"。即使是非农户籍人口，如果其离开出生地而到别的城市，如果户口不转移，则其也会被制度化定义为"城－城流动人

---

① 有关老年同居是婚姻问题还是家户问题？学术界在研究中有两种观点：其一，认为是婚姻问题，认为这是一种特殊的婚姻；其二，认为是家庭问题，而不是婚姻问题。本报告认为老年同居与成年异性的同居在本质上没有任何区别，属于同居问题，而不是婚姻问题。两位异性老年人居住在一起生活，只要没有举行结婚仪式或领取结婚证，就属于同居，就构成了异性同居家户，属于一种特殊的 household。

口"。到现在为止，尽管很多城市政府多次出台文件，声称进行了"户籍制度改革"，但所谓的改革，都是对"暂住证"的升级，而非对户籍制度的根本改革。不管将暂住证升级为居住证增加了多少信息或福利功能，其都在标注不同户籍的福利区隔，而无视这个人本身移入城市时间的长短。

但事实上，即使是流动人口中的农民工，也正在逐渐由流动人口转变为常住人口。从表 3 – 18 可以看出，不管是在东部地区，还是在中西部地区，都有将近 10% 的农民工在打工所在的城市居住了十几年。在打工地居住 6 ~ 10 年的农民工，在东部地区达到 19.12%，在中部地区达到 16%，在西部地区达到 17.72%。在打工地居住 2 ~ 5 年的农民工，在东部地区达到 48.44%，在中部地区和西部地区均达到 54.73%。这就是说，有将近 80% 的农民工其实是"长期"居住在打工地的，而只有 20% 左右的农民工属于"流动人口"。因此，政府部门需要做的事情是，尽可能在近期不折不扣地落实中央提出的"实有人口"管理与服务政策，而不应继续执行将户籍人口与流动人口区隔开来分而治之的传统社会管理政策。应该禁止城市部门为增加人均 GDP 而采取的瞒报农民工人数的做法。

表 3 – 18　农民工在移入地居住时间分布结构

单位：%

| 就业地区 | 您来本城市多少年了 | | | | | 总计 |
|---|---|---|---|---|---|---|
| | 16 年及以上 | 11 ~ 15 年 | 6 ~ 10 年 | 2 ~ 5 年 | 最近 1 年或不到 1 年 | |
| 东部 | 3.28 | 6.72 | 19.12 | 48.44 | 22.43 | 100.00 |
| 中部 | 3.00 | 5.63 | 16.00 | 54.73 | 20.64 | 100.00 |
| 西部 | 3.86 | 6.47 | 17.72 | 54.73 | 17.22 | 100.00 |

资料来源：根据原国家计生委 2010 年下半年流动人口监测调查数据计算。

外地移入的常住人口，应该被称为"城市新移民"。这是中国城市化过程必须解决的社会管理问题。这个问题不解决，移民之间的矛盾、移民与当地人口之间的矛盾就不可能顺利化解。而社会整合、社会团结或社会融入的问题就会愈演愈烈。

**（二）城市新移民与"一家两户"或"一家多户"**

正因为流动人口正在逐渐转变为城市新移民，所以，绝大多数流动人口以草根阶层的毅力在城市里扎下了根。这样，传统社会里形成的认知家庭——按照约定俗成的惯习仍然被指认为是同一个家庭的成员，就可能在客观上形成不同的居住户。留在农村的成为留守家庭户，迁入城市的成为"流动家庭户"。因为城市里的新移民支付不起购房的首付款，所以以租住的方式解决其居住问题。又由于租住房屋的不稳定性，就更加剧了流动人口家庭在城市内部"经常性的搬家"

从表3－19可以看出，对于"农－城流动人口"——农民工来说，其在流入地城市的家庭类别为："未婚或无偶1人户"占20.19%，"已婚1人户"占10.25%，"夫妻家庭户"占25.85%，"核心家庭"占38.66%，"主干家庭"占2.75%，"混合家庭"占2.31%。从这里可以看出，除"未婚1人户"和"已婚1人户"外，绝大多数从农村流出的人口都携带其家属一起流入了城市。但对于农村流入城市的人口来说，他们在农村还有留守家庭成员。比如说，"未婚1人户"还有3.22人留守在农村老家；"已婚1人户"留守在老家的家庭成员最多，达3.37人；"夫妻家庭户"有2.87人仍然留守在农村老家；"核心家庭"的留守家庭成员下降到1.71人；"主干家庭"的留守家庭成员最少，只有1.20人。

表3－19　流动人口家庭类别及其留守家庭成员数量

单位：%，人

| 流动人口家庭类别 | 农－城流动人口 | | 城－城流动人口 | |
|---|---|---|---|---|
| | 各类家庭所占比重 | 老家留守家庭成员数 | 各类家庭所占比重 | 老家留守家庭成员数 |
| 未婚1人户 | 20.19 | 3.22 | 23.39 | 2.61 |
| 已婚1人户 | 10.25 | 3.37 | 11.19 | 2.89 |
| 夫妻家庭户 | 25.85 | 2.87 | 20.93 | 2.40 |
| 核心家庭 | 38.66 | 1.71 | 36.07 | 1.75 |
| 主干家庭 | 2.75 | 1.20 | 6.26 | 1.56 |
| 混合家庭 | 2.31 | 1.88 | 2.16 | 1.81 |
| 总　计 | 100.00 | 2.47 | 100.00 | 2.20 |

资料来源：依据国家计生委流动人口监测调查2010年下半年数据计算。在这里，"未婚或无偶1人户"指未婚1人居住或离婚后1人居住户；"已婚1人户"指有偶但在流入地自己单独居住的户；"夫妻家庭户"指只有夫妻2人居住的户；"核心家庭"指父母与其未婚子女一起居住的户；"主干家庭"指父母加其一对已婚子女及其未成年子女居住的户；"混合家庭"指有亲属关系和没有亲属关系的人一起混居的户。

对于"城－城流动人口"来说，其在流入地的家庭结构类型为："未婚或无偶 1 人户"占 23.39%，"已婚 1 人户"占 11.19%，"夫妻家庭户"占 20.93%，"核心家庭"占 36.07%，"主干家庭"占 6.26%，"混合家庭"占 2.16%。从这里可以看出，除"未婚 1 人户"和"已婚 1 人户"外，非农户籍流动人口中的绝大多数也是携带家属迁移的家庭式迁移户。他们在流出地城市也有留守家庭成员。比如说，"未婚 1 人户"还有 2.61 人留守在老家；"已婚 1 人户"留守在老家的家庭成员最多，达 2.89 人；"夫妻家庭户"有 2.40 人仍然留守在老家；"核心家庭"的留守家庭成员就下降到 1.75 人；"主干家庭"的留守家庭成员最少，只有 1.56 人。

从这里可以看出，与城市家庭户规模小于农村家庭户规模一致，城－城流动人口家庭户中"未婚 1 人户"和"已婚 1 人户"的占比都高于农村流入城市的农－城流动人口。不仅如此，城市流动人口在城市老家的留守家庭成员数也小于农村流动人口在农村老家的留守家庭成员数。

在这种情况下，流动人口的家庭，就被流动与留守分割为流动家庭户与留守家庭户。在流动家庭户中，可能还存在另外一种情况，就是流动人口在流出时，进入到了不同的城市，形成 1 个或 1 个以上的"未婚 1 人户"和"已婚 1 人户"。家庭成员的分离，使家庭的温暖与亲情关系难以慰藉在他乡打工的成员，这会造成流动人口的压抑与心理紧张。已婚夫妻的分居，不仅会造成分居中夫妻关系的紧张，还可能会酿制婚外情与离婚事件的发生。这是流动人口在流动中可能发生的家庭风险，尚需要更多研究揭示其中的复杂性。

## 第三节　促使家庭健康发展的政策性建议

中国在社会转型过程中，伴随工业化拉动的城市化，以及市场对整个社会资源配置能力的强化，原有体制下形成的社会服务体系和社会组成单元的配套体系发生了断裂。这些断裂中最大的问题是：社会服务体系与家庭的快速变迁之间出现了不协调性。在少儿型人口和成年型人口形势下形成的家庭制度，已经不能满足老龄化社会的需要了。

在最初推行计划生育政策时出台的"家庭计划"政策，是与计划经济息息相关且只能在计划经济之下才能够实施的家庭扶持政策。比如照顾独生子女的入学与就业等，在市场经济的实施过程中，已经形同虚设了。而且，家庭的核心化过程——可能还伴随着人口流动中的"独居化"过程与"老年空巢化"过程，使原有稳定的、长期厮守与相对固化的邻里关系等变化为"陌生人"社区关系。改革开放解构了单位制中经济生产与社会生活的共生相伴性质，但却没有建立起与市场经济相适应的社区和社会服务的基础设施，也没有完善地建立起适应于市场经济发展要求的家庭制度体系。

基于熟人社会建立的与宗族血亲关系密切结合的家庭网，也在人口流动中碎片化。人们不再生活在宗族社会和类家族社会，也不再生活在具有利他主义情结的乡土社会。工业化与城市化将市场逻辑与工业逻辑置于社会交往过程，但家庭网——尤其是基于地缘关系建立的具有面对面互动关系的血缘家庭之间的网络支持力度却薄弱了。家庭在适应市场转型的过程中承担了太多的"单位转变为社会"的成本。如何建立新的在市场经济大潮下的社区支持体系，以缓解家庭的压力，并提升家庭的发展能力，就成为社会政策尤其是政府配置家庭政策的核心内容。在社会转型将家庭突然置于一个新的以契约关系和货币交易关系为基准的社会时，新的家庭政策的制定与出台，就显得极其紧迫。

在研究过程中，本研究认为以下政策性建议刻不容缓。

（1）要在家庭政策的配置过程中，给予独居家庭（包括单身独居和已婚独居）更多的关注。在家庭小型化过程中，典型的核心家庭——一对夫妇与其未成年子女组成的家庭有缩小的趋势，但夫妇家庭与独居家庭则有进一步增加的趋势。工业化、城市化以及现代价值观念对人们生活的影响，使更多离开母家庭的人有了一个相当长的未婚独居时期。即使那些已婚的人，也在离婚率日渐上升的趋势中面临离婚风险，这也使那些离婚后在短期内难以结婚的人易于处于独居家庭中。即使是已婚夫妇，在人口流动的影响下，也会有相当比例的人处于独居之中。所以，家庭政策不能无视社会的变迁，将"单身者"排除在外。计划生育政策与生殖健康服务，也应该给这个人群以足够的重视。

（2）要注意人口流动所带来的婚龄期人口的性别失衡，要在产业配置上调节男女两性人口的均衡。伴随人口出生性别比的上升，那些进入婚龄期的男性，势必碰到婚姻挤压问题。但现在我们面临的最主要问题，却是农村"剩男"多于"剩女"，而城市"剩女"难以婚配。尽管在未婚人群中，男性的数量远远大于女性，但女性的"上迁婚"特点，使其在受教育程度达到一定阶段后，就会出现难以婚配的问题。因为受教育程度较高的男性，往往是婚姻市场里的优胜者，他们会在适婚年龄基本婚配完毕。这样，大龄高学历"剩女"就会面临"择偶难"问题。一旦产业配置在引导人口流动时，出现市场化性别选择或特定人口群体的性别选择，则性别比的失衡会放大城市"剩女"的恐慌。但在农村女性更易于流动到城市之后，农村的"剩男"——其中的绝大多数，是那些人力资本较低的群体，会面临终身难以结婚的风险。所以，也需要对这部分人进行心理调节与疏导，以免酿成社会问题。

（3）要在广大农村中心城镇建立养老机构。虽然现在很多人关注的是城市的养老问题，但一个不容忽视的事实是，在人口流动的影响下，农村的老龄化水平高于城市。这是自 2000 年第五次人口普查以来的基本趋势。而且，这个趋势将长期保持而不可逆转。现代化程度较高的国家，都是农村的老龄化水平高于城市、小城市的老龄化水平高于大中城市。另外一个不容忽视的问题是，中国的人口集聚速度在加快。所以，从现在开始，在新农村建设中，应该在几个行政村都易于到达的地方，逐步建立共享型养老机构；要在当地的中心城镇逐步建立较大型养老机构。城市化水平越高，农村的留守老人就越多；城市对农村流动人口的社会保护政策越好，农村留守的学龄期儿童就越少。如果村庄的孩子少了，村庄的活力就会更少。

我们必须认识到，先是农村的青壮年男人离开村庄，继之是农村的青年女性也离开村庄，现在已经到了孩子纷纷离开村庄的时代。在人口出生率降低的过程中，并村的过程形成并校；并校的过程将引来中小城镇的超级小学和中学，也将形成超级高中。为伴读或帮助子女或孙子女完成学业，老人也会向城镇集中，这也会增加隔代家庭的比重。在这种情况下，将空出来的小学改变为老年活动中心，就应该是地方政府决策的题中之义。另外，在农村征地过程中，也应该拿出一定数量的资金与土地，以供建立养老场所。

（4）不管是农村社区，还是城市社区，都应该更加关注老年空巢家庭的养老服务。中国老年人的空巢化，是有文字记载历史以来最大规模的空巢化。由于农村向城市的流动、城市内部的流动，以及城市之间的人口流动，都将前所未有地制造出更多的空巢家庭。在成年子女离开了出生的社区之后，母家庭的空巢期会提前。家庭的天伦之乐会逐渐减少代际互动的内容，在这种情况下，如果社区缺少老年服务，那老年人的生活就少了很多情趣，这不利于老年人的身心健康。即使身心健康的老年人，在逐渐变老的过程中，也会碰到生活不能自理的问题。这时候，社区就亟须老年服务设施和劳务支持。应该说明的是，要将养老机构建立在学校的周围，使老年人易于接触到孩子，这极其有利于调动老年人的活力，并提升老年人的心理健康水平。

（5）要鼓励青年一代形成尊老的传统，要在税收政策等方面鼓励家庭养老。家庭代际权力关系的变化，使老年人在家庭内部和家庭网内部的决策能力与参与决策能力都减弱了。如果中国古代存在过很长时期的"父权制"的话，那么，自改革开放以来社会经济的发展与就业领域科学技术水平的提升，已使青年一代的收入大大高于老年父母。尽管大学生的初职就业工资可能比较低，但在随后的职业变更中，人力资本较高的群体必然会取得更高的工资。在这种情况下，依靠家庭内部的文化，或者仅仅依靠所谓的"孝"去鼓励子女对老年人的养老义务，其效果就不可能更显著。但如果在税收政策上，对那些积极养老的子女或者对那些将自己的老人接到家里养老的子女以减税，则变相增加了家庭的收入。

（6）要在城市完善流动人口家庭服务，要进一步落实流动人口家庭子女在城市的就近入学政策。虽然中央政府的政策已经出台，但如果地方政府不能全心全意地贯彻，流动人口与地方户籍人口的矛盾就不可避免，社会融合就是一句空话。我们要注意到，大约有70%的流动人口呈家庭式流动。在这种情况下，属地化管理或属地化服务的最重要措施，就是使流动人口中的"第二代"与城市人口的孩子一样享受城市发展的成果。而最重要的成果，就是这些孩子对义务教育机会与高考机会的公平分享。

（7）要刺激消费，就要减轻家庭的教育开支，就要减轻家庭的养老压力，就要减轻青年一代进入城市的生活成本。青年一代进入城市的生活成本居高不下，势必衍生"啃老族"。应该看到，"啃老族"的存在，不仅是一个社会伦理问题，而更显著地表现为整个家庭在独生子女化过程中对城市化和大城市化的家庭支持。将一家三代的全部积累用于购买一套住房的预期，大大限制了中国人的消费欲望。教育负担的加重，也限制了家庭的再生产能力，即其用于改善生活条件的能力。另外，国家现在还不可能一下子大幅减轻家庭的养老压力；毕竟，农村的"新农保"与城市的"城镇居民保险"额度太低，虽然覆盖面扩展了，可保障力度没有跟上。在这种情况下，如果家庭的教育开支占比仍然很高，那些有"在学孩子"的家庭，就很难大胆消费。需要知道，购房、上学、看病、养老仍然是家庭最大的负担。

## 参考文献

查瑞传，1996，《再论中国人口出生率转变的特征》，《中国人口科学》第2期。

费孝通，1998，《乡土中国、生育制度》，北京大学出版社。

国家计生委计划财务司、中国人口信息研究中心，2006，《人口和计划生育常用手册（2005）》，中国人口出版社。

国家人口计生委发展规划与信息司、中国人口与发展研究中心编，2011，《人口与计划生育常用数据手册》，中国人口出版社，2011。

李东山、沈崇麟主编，1991，《中国城市家庭 五城市家庭调查双变量和三变量资料汇编》，社会科学文献出版社。

李银河，1995，《中国婚姻家庭及其变迁》，黑龙江人民出版社。

刘英，1987，《中国城市家庭的发展与变化》，载刘英、薛素珍主编《中国婚姻家庭研究》，社会科学文献出版社。

刘英，1990，《中国农村核心家庭的特点》《社会学研究》第4期。

罗斯·埃什尔曼，1991，《家庭导论》，中国社会科学出版社。

马丁·怀特，2005，《中国城市家庭生活的变迁与连续性》，《开放时代》第3期。

马春华、石金群、李银河、王震宇、唐灿，2011，《中国城市家庭变迁的趋势与最新发现》，《社会学研究》第2期。

人口研究编辑部，2003，《"搭伴养老"：黄昏恋的协奏曲》，《人口研究》第3期。

上海市老龄科学研究中心，2009，《上海独生子女家庭占比60.2%》，http://www.shrca.org.cn/en/3613.html.2009.10.26。

邵秦、胡明霞，1988，《中国家庭结构分析》，《中国人口科学》第4期。

沈崇麟、李东山、赵峰，2009，《变迁中的城乡家庭》，重庆大学出版社。

沈崇麟、杨善华主编，1995，《当代中国城市家庭研究》，中国社会科学出版社。

谭琳、徐勤、朱秀杰，2004，《"搭伴养老"：我国城市老年同居现象的社会性别分析》，《学海》第1期。

田丰，2011，《当代中国家庭生命周期》，社会科学文献出版社。

王跃生，2006，《当代中国家庭结构变动分析》，《中国社会科学》第1期。

笑东，2002，《最后一代传统婆婆》，《社会学研究》第3期。

新华网，2008，《统计局发布2011年国民经济和社会发展统计公报》，http://

news. xinhuanet. com/fortune/2012 –02/22/c_ 122737952. htm. 2012. 02. 22。

新浪新闻，2011，《福建独生子女总数约为 303 万人 男女性别比超过 3：1》，http：//
　　fj. sina. com. cn/news/m/2011 –08 –11/0850107777. html，8 月 11 日。

阎云翔，1998，《家庭政治中的金钱与道义：北方农村分家模式的人类学分析》，《社会
　　学研究》第 6 期。

曾毅、王正联，2004，《中国家庭与老年人居住安排的变化》，《中国人口科学》第 5 期。

张翼，2006，《中国人口控制政策的历史变化与改革趋势》，《广州大学学报》（社会科学
　　版）第 8 期。

——，2003，《中国阶层内婚制的延续》，《中国人口科学》第 4 期。

# 第四章
# 中国家庭综合服务的现状与发展

冯凌　唐钧

进入 21 世纪，中国在经济发展上取得的成就举世瞩目，而人口流动和人口结构变化带来的家庭福利版图供需异位的影响，对中国社会的进一步发展提出了很多新的挑战。在传统的单位制已经解体，人口老龄化加速，家庭小型化、分散化和婚姻家庭稳定性下降的背景下，"中国的城市居民开始面临居家养老、老人照料和儿童照顾等家庭福利需求的压力，因此城市社会建设迫切需要解决的问题就是要及时对这些民生需求进行相应的回应。而解决问题的关键则在于整合家庭和社区福利资源，通过支持社区福利服务体系建设，缓解家庭福利需求压力"（张秀兰、方黎明等，2010）。

## 第一节　导言：家庭政策的发展趋势及其具体化

作为社会细胞，家庭是人类物质生活和精神生活中最基本的制度环境，也是人类各种活动最基本的决策单位之一，是社会关系中最核心的利益共同体。从历史角度看，家庭是社会共同体的一种古老的形式，但是在所有社会组织中，家庭对社会生活变化的反映却是非常敏感和迅速的（吴帆，2012）。

在中国，家庭面临的困境及其对政策支持的需求更为突出，一方面由于中国的社会及政策发展滞后于人口转变，这一点在农村地区体现得更为明显;另一方面,经济的迅速发展加速了劳动力的迁移和流动,但是由于户籍制度(二元社会)的约束,导致大量的家庭分散异地(留守老人、留守妻子、留守儿童),使这些家庭面临着更大的困境。另外,由于女性被鼓励离开家庭从事经济生产,女性的单一家庭角色逐渐被职业角色和家庭角色共存取代,尤其在进入工业社会后,女性的家庭角色逐渐减弱,职业角色逐渐加强,家庭福利需求与供给在双向的消长中形成了表4-1所示的极不平衡的局面。

表4-1　家庭福利需求的供需消长失衡的主要原因

| 导致家庭福利——消极影响 | 家庭福利——消极影响 |
|---|---|
| 单位制解体 | 政府福利供给的缺位 |
| 家庭小型化、人口老龄化 | |
| 人口流动加速、空巢老人增加 | 社区行政化使福利递送障碍重重 |
| 婚姻家庭稳定性下降 | |
| 导致结果:需求增加 | 导致结果:供给减少 |

资料来源:转引自张秀兰,2010。

家庭变迁给社会带来的冲击不仅巨大,而且是多方面的。尽管家庭功能呈现社会化和外化的趋势,但是家庭在生育、未成年子女教育、促进健康、养老等方面仍然承担着主要的保障角色。因此,家庭变迁以及家庭在某些功能方面所具有的不可替代性或明显优势,决定了家庭对社会资源具有更大的需求。

## 一　中国制定家庭政策时应注意的问题

广义的家庭福利是指政府或社会在生活、教育、医疗、交通、文娱、体育等方面分担或促进家庭的功能时所采取的行动和措施。它的范围十分广泛,既包括通过社会保险、社会救助和收入补贴等形式实现的现金援助,又包括通过兴办各类社会福利机构和设施实现的直接服务。比如,医疗卫生服务、文化教育服务、劳动就业服务、住宅服务、孤老残幼服务、残疾康复服务、犯罪矫治及感化服务、心理卫生服务、公共福利服务等。

现阶段,我国各界关于家庭福利的概念,主要是依据政府(主要是民政部门)的工作实践和经验做法,而非依据家庭福利的本来含义进行理论与实践科学整合的结果。其实，家庭福利是政府依据法律和相应的政策，通过提供资金和服务，促进家庭功能发挥和解决家庭问题而采取的行动与措施。家庭福利政策是以政府和社会为责任主体、以家庭为对象，通过工作福利、发放津贴和提供社会服务的形式对有关家庭进行帮助的社会政策。

目前，中国家庭政策的主要特征，即以法律、法规、条例为主要形式，以补充性政策为主要导向，以对儿童和贫困家庭及计划生育家庭的扶助为主体。其中，针对计划生育家庭的奖励扶助制度是中国家庭政策体系中的独特之处。总体上，中国目前尚未构建起一个完整的家庭政策体系，而且存在两个明显的悖论：一是家庭变成了儿童、老人以及其他生活在家庭中的弱势群体获得政府和社会支持的障碍。一个社会成员，如果他生活在一个结构完整的家庭中，就有可能得不到政府或社会的直接支持。二是家庭政策对家庭的支持滞后于计划生育政策约束下生育率普遍降低所带来的家庭需求的增加。

具体而言，中国现行的家庭政策主要存在以下几个方面的问题：第一，缺乏普遍的专门以家庭为基本单位的家庭政策。在政策层面上对家庭的支持大多散见在综合性法律和综合性法规条例中，只有"低保"政策和计划生育奖励扶助制度是专门以家庭为对象的政策。整体上，缺乏"家庭友好型"的社会政策安排，也缺少鼓励家庭成员相互照顾的激励制度。第二，家庭政策呈现碎片化特征。由于缺乏国家层面上统一的政策机制，目前的家庭政策无法应对家庭结构快速变迁及其产生的需求。碎片化的特征表现在两个方面：一是制定家庭政策的政府部门分散化，涉及民政部、计生委、妇联等不同部门，部门之间缺乏有效的整合与协商机制；二是部门之间的分散性导致政策内容趋于碎片化，政策对象分散，资源难以整合并很难进行最有效的配置。第三，缺乏具体、操作性强的政策内容安排。法律层面的制度安排居多，但缺乏操作性较强的政策内容和社会行动项目，这在很大程度上削弱了家庭政策的效率，而广大家庭的社会需求也不能得到及时和有效的满足。第四，各项与家庭福利相关的政策基本是补充型的。家庭政策的主要对象是贫困家庭、计划生育家庭、特殊儿童等功能不完整的家庭，社会福利项目或行动也较多集中于特殊儿童家庭，而结构较为完整的家庭更多依靠自我保障。家庭政策具有明显的计划经济条件下的特征，覆盖范围小，实施范围窄，有很强的补充性导向。第五，缺乏对家庭在税收政策方面的支持，没有发挥家庭政策对社会利益再分配的功能。日本、新加坡、加拿大、中国香港等一些国家和地区都制定了面向家庭的税收优惠政策，鼓励家庭成员承担供养父母、抚育子女等责任，而中国的个人所得税政策并不考虑家庭负担人口的状况，这种政策安排显然缺乏社会公平（吴帆，2012）。

所以，政府必须在政策层面对家庭的变迁及其引致的需求做出积极的回应。如果社会政策体系缺乏对家庭变迁的动态反应，就会忽略家庭层次的需求变化，那么整个社会福利制度也就失去了根基。尤其在中国，当具有基础性质的社会政策不能符合家庭的基本特质及需求，或者无法促进家庭在特定历史环境下的发展时，家庭变迁的某些后果会使社会发展过程中存在的问题和矛盾，在更大的范围和更深的层次上显现出来。

联合国将家庭界定为一个自然形成的和基本的社会群体单位，其有权受到社会和国家的保护。由此，我们可以延伸出联合国对家庭政策所持有的基本价值取向，即社会和政府应该对家庭的发展承担一定的责任。实际上，在工业化时代，经济发展、社会转型和"个人主义"价值观已经逐渐改变了人们对传统家庭的基本认知，家庭不再只与家庭成员的利益相关，也不再是政府不能或不应该干预的"私领域"。随着家庭行为和家庭变迁的外部效应不断增强，家庭与政府、社会的边界也发生了重要变化，家庭政策的价值基础也在转变，回归家庭价值、支持家庭发展正在成为许多发达国家社会政策的新支点。实际上，所有的社会政策都与家庭直接或间接相关，都会惠及家庭或家庭的某个或某些成员，但在新的人口和社会发展形势下，家庭政策体系具有独立存在的意义，在一些国家它甚至构成了社会政策的主体。

毋庸置疑，无论是发达国家还是发展中国家，家庭都需要相应的家庭政策予以支持。但是，与家庭的结构和形式所发生的巨大变化相比，家庭政策却远远滞后于现代生活方式的变化。中国妇联于2010年发布的《中国和谐家庭建设状况问卷调查报告》显示，对国家现行的家庭支持政策，超过一半（56.4%）的家庭认为力度不够；8.6%的家庭认为"基本没有政策支持"；另外约20.3%的被访者"不清楚哪些政策跟家庭有关"，这从一个侧面反映出中国的家庭政策基本上处于缺位状态。家庭变迁和需求在很大程度上决定了社会政策的主要内容、服务手段和形式。

目前，家庭政策的制定模式可以分为四种类型，分别为国家支持型家庭政策模式、传统型家庭政策模式、平等型家庭政策模式和非干预家庭模式。在这四种模式中，政府对家庭的介入程度与支持水平差别很大。但是不同国家和地区的家庭政策发展也呈现一些共性：一是由支持传统家庭到确认家庭形态多元化，二是都倾向于以儿童为本位的财政支持，三是协助国民平衡工作和家庭。这些国家和地区的家庭政策有效地回应了家庭需求，为家庭提供了有力的社会支撑，进而促进了国民福利水平的提高和社会的和谐发展。由于中国目前的家庭变迁及其弱化的趋势不是一个暂时的波动，所以可以预见，在未来长期的变化中，家庭对社会政策和公共服务的需求是强烈且持久的。

因此，对于家庭政策的发展方向应该从以下两方面着手：第一，纳入对家庭整体的评估，加强对家庭照料功能的支持和扶助。尽管家庭的某些功能在弱化甚至丧失，但是育儿、养老以及对病残家庭成员的照料仍然是家庭的重要功能。因此，家庭政策应该充分考虑和评估家庭成员的抚养负担，鼓励家庭成员之间的互相照顾，对承担照料家庭成员的家庭给予支持，包括补贴、减免税收等，构建"家庭友好型"的支持政策。

第二，家庭保障从自我保障转向社会与政府共同支持的导向。面对家庭的变化，原有的以家庭自我保障为主的社会福利安排已经无法适应家庭变化带来的巨大社会需求，政府需要探索建立新的福利政策，来应对家庭功能及其投射到需求层面的变化，家庭也应该逐渐成为社会政策的主要对象。

随着社会福利制度的普惠取向，许多国家福利政策的对象开始从一部分贫困阶层扩大到一般居民生活的层面，福利内容也从单一的经济补助转变为非货币化的福利服务。这一趋势的变化反映了许多国家的社会福利从支持性政策逐渐过渡到发展性政策，相应的家庭政策也从纯粹地满足家庭的经济需求转向满足家庭非货币化的福利需求，从满足家庭最基本的生存需求转向强化家庭的功能，提升家庭的发展能力（吴帆，2012）。

## 二 家庭服务与家庭综合服务

家庭福利的需求具体到个人和家庭层面，就需要有能够提供家庭综合服务的组织或部门。而在中国，家庭综合服务本身还是一个很容易被误解和混淆的概念，普通人日常所熟悉的有关家庭的服务通常被理解为狭义的家政服务与家庭服务。家政是从西方引进的概念，实际包括家庭理财、家庭关系、家庭信息管理以及择业、择偶、择居等一切和家庭相关的事物，其内容涉及哲学、管理学、经济学、教育学等多个领域，是个包容范围更大的概念。但

145

在中国，通常把"家政"狭义地理解为"家务"和"家庭服务"，即家庭服务员根据要求为所服务的家庭操持家务，照顾其家庭成员，以及管理家庭有关事务的行为。

在中国，根据《中华人民共和国家庭服务员职业标准》的定义，我们通常所说的"家政"确实是指家庭服务。具体来说，就是指以家庭为主要服务对象，以家庭保洁、衣物洗涤、烹饪、家庭护理、婴幼儿看护等家庭日常生活事务为主要服务内容，我们目前运作的家庭服务就是按照这样的定义来进行的。相信随着中国社会和家庭经济水平的提高与服务需求的增加，今后一定会催生出真正意义上的与发达国家接轨的家政服务业，"家庭服务"只是其中的一个分支。而家庭综合服务与家庭服务是完全不同的两个概念，应该说它是一种基于家庭，伴随家庭生活需求而衍生出的服务部类，它边界模糊，解决方式多样，需要通过公共服务和私人服务的混合形式加以满足（许义平，2011）。

为了解目前中国不同地域、城市家庭综合服务提供的现状，为制定富有针对性且可操作的家庭政策提供切实可靠的建议参考，课题组选择了从北到南的七省（直辖市、特别行政区）九地进行了实地调研与文献研究。考察了包括黑龙江省哈尔滨市、辽宁省沈阳市、鞍山市，江苏省句容市，上海市，浙江省杭州市、宁波市，广东省广州市以及香港特别行政区（主要为文献研究）在内的基层政府、社区、商业与非营利组织对解决家庭问题、提供家庭服务、增进家庭发展能力所进行的微观创新，对他们开展服务的做法、形式进行了梳理。

我们在调研中发现，家庭综合服务的提供分别被计划生育、民政、残联、妇联、商业机构和非营利部门等诸多机构各自承担各方共治共管，交叉却难融合。这就使普通家庭在遇到困难需要申请和购买服务的时候遇到很大的甄别难题，"九龙治水"对家庭这潭活水来说问题丛生。以下我们将从实践中家庭服务的概念、对象、内容以及实际运作两大方面进行案例归纳，总结各地的运作共性与特点。

## 第二节　家庭综合服务的类型

通过对七省市区的调研，我们发现不同的地方因其提供服务的项目、广度和覆盖面不同，对家庭综合服务的定义也区别甚广。根据服务提供者、主导机构和服务范围不同，我们将家庭综合服务分为以下四种主要类型。

## 一 单一定义式

在这种类型中，被调研城市推出的家庭综合服务还比较单一，主要面向的是解决家庭中的突出困难，主要的方向是排忧解难，而非家庭发展。比如黑龙江省哈尔滨市道里区斯大林办事处花圃社区的"居家养老服务"就是以家庭为核心，以社区为依托，由公益组织或服务机构向居家老年人提供以生活照料、医疗保健、文化体育、精神慰藉、法律援助、紧急救助等为主要内容的社会化养老服务形式；与哈尔滨类似，辽宁省鞍山市林园社区的家庭服务对象也主要是独居老人和孤寡老人，主要的服务方式是向他们提供生活照顾服务。提供家庭服务的人员既有林园社区的工作人员，也有社区的志愿者。

## 二 社区主导式

实施社区主导模式的城市已经初步具备了由一个机构统管家庭服务的雏形，但是由于社区建设程度有别，其定义的体系和提供服务的能力也有较大差别。比如江苏省句容市，它的社区家庭服务是分散在各行政性服务等其他服务类型当中的，并没有专门的体系和针对性的措施与项目。社区服务由于受到资金、设备、人员配备等一系列的瓶颈限制，惠及家庭的社区服务的开展状况不甚乐观，尚不存在体系化的家庭服务项目。句容市于2005年成立社区服务中心，规定了行政性服务（如社会保障服务、民政部门提供的最低生活保障服务等）、公益性服务（如"40""50"下岗职工再就业公益性岗位开发等）、便民服务（如家政服务等）、信息服务（如中介信息服务等）、单位后勤化服务及物业管理服务等主要服务项目。

相比之下，沈阳市的"社区家庭服务"主要是通过社区向家庭提供服务，主要参与部门包括民政部门、人力资源和社会保障部门、计生部门、民间的社会组织以及社区（街道、居委会）。居家养老服务主要是政府财政购买服务与社区提供服务的结合，主要对象为居家老人，尤其是不能自理的老年人以及空巢老人，并以一对一服务为主要形式，为老人提供生活照料、康复护理和精神慰藉等方面的服务。这项服务顺应了我国"4-2-1"的家庭结构模式，有利于实现减轻家庭负担与安抚老人生活困境的目标。提供家庭服务的成员构成主要有：经过专业培训的月嫂、育儿嫂、保洁、康复护理等家政服务人员、家庭生活维修工人等。社区居家养老护理员的工作主要是：洗衣、做饭、买菜等生活服务，与老人聊天解闷等心理慰藉，生病老人的看病及陪护。

而杭州市则从政府文件层面进一步明确了关于家庭服务的定义与对象，根据《浙江省人民政府办公厅关于加快发展家庭服务业的实施意见》："家庭服务业是以家庭为服务对象，向家庭提供各类劳务，满足家庭生活需求的服务行业。家庭服务业需求大，极具发展潜力。""当前，要适应人口老龄化和生活节奏加快的趋势，重点发展满足家庭基本需求的家政服务、养老服务、社区照料服务、病患陪护服务等。加快基本养老服务体系和残疾人服务体系建设，积极发展居家服务、社区日间照料和专业化服务机构，支持社会力量参与公办服务设施的运营。因地制宜发展家庭用品配送、家庭教育。依托中心镇、中心村，逐步发展面向广大农村的家庭服务。"

可以看出，在文件中家庭服务的对象是家庭，目的是满足家庭基本需求和特色需求。家庭服务的需求长期存在，并且这种需求仅仅依靠家庭内部无法满足，需求助于外界。家庭作为比社区更小的单元，是社区的组成部分，所以家庭服务应属于社区服务的范畴。

### 三 家庭综合服务中心式

2011年10月，广州市正式出台了《加快街道家庭综合服务中心建设的实施办法》（以下简称《实施办法》），在《实施办法》中，对"家庭综合服务中心"给出的操作性定义是：街道设置的一个服务平台，接受区（县级市）民政部门的业务指导。家庭综合服务中心通过政府购买社会服务的方式，由民办社会工作服务机构承接运营，根据区域服务需求实际情况，以家庭、青少年、长者等重点群体的服务为核心，科学设置服务项目，面向全体社区居民提供专业、综合、优质的社会服务。

由于广州地理上临近香港，有制度和政策学习的天然便利，《实施办法》中的规定和香港的"综合家庭服务中心"的构建如出一辙。根据香港社会福利署与各个机构所签订的《津贴与服务协议》，综合家庭服务中心即被定义为"专注于支持及巩固家庭以社区为基础的综合服务中心，其独特之处在于采用专业知识与技巧处理区内家庭的社会及情绪需要，而预防及支援服务与家庭补救服务则同样重要。这是一项崭新的家庭服务模式，旨在为特定地域的个人和家庭提供全面、整合和'一站式'的服务，以满足他们各式各样的需要"（香港社会福利署，2010）。

## 四　家庭计划式

浙江省宁波市和上海市都是全国"创建幸福家庭活动"试点单位，这两个城市的家庭综合服务被定义为两个区块，第一个是可以向商业组织、社会购买的家政服务；第二个则是由人口和计生部门提供的家庭福利服务。

以上海为例，其家庭服务公司提供的服务内容主要涉及保洁、烹饪、养老、居家助残、社区服务、病患服务、社区保洁、公司保洁、母婴护理、健康咨询、接送孩子、学生晚托12大类服务。有服务需求的家庭可以通过市场向家政服务公司购买一系列家庭服务。而人口计划生育部门的工作重点，以闵行区计生委为例，则落在了家庭发展方面。工作内容包括：推广重视家庭、夫妻和睦、尊老爱幼、邻里互助等传统美德；推动男女平等、计划生育、优生优育优教等文明理念；提高计划生育/生殖健康水平，降低出生人口性别比，减少出生缺陷发生风险；健全有利于支持家庭发展的经济社会政策，帮助困难家庭得到有效救助等，其目的在于使家庭生活质量和幸福指数得到进一步提高。

宁波的经验更为成熟，该市的海曙区所推出的"81890公共信息服务平台"，由政府提供公共运作成本，无偿为市民、企业提供全方位的需求信息服务。该信息服务平台相当于一个生活门户，有任何日常生活需要解决的问题和疑问都可以直接被转介到相应的服务提供部门处理，这就解决了家庭综合服务包罗万象、种类繁多的处理困境。另外，对于家庭的发展需求，宁波的人口计生工作部门考虑得更为周详。他们认为新时期人口计生工作所提供的这种公共服务，首先应该是针对全体人群和整个生命过程的。长期以来，我国以育龄人群为工作对象的计生服务，表现出较浓的功利色彩，专注于人生某一阶段的做法也不利于人的全面发展。所以，他们推出并开展这种公共服务的宗旨立足于实现个人利益、家庭利益和社会利益的和谐统一。家庭既连着社会又连着个人，既是人们在不同生命阶段相关问题的交汇点，也是社会不同系统政策最终发生作用的结合点。因此，宁波人口计生委将促进家庭建设和家庭发展作为其工作可持续发展的着力点。"关注本市全人口，贯穿生命全过程，突出家庭整单元"就成为计生工作创新的一个原则。其推出的"彩虹人生，幸福家庭"就是以彩虹的七种色彩，分别代表人生的七个不同时期。人口计生工作针对人在不同时期的需要，提供不同的生殖保健、家庭健康、家庭计划服务，从而提高人的全面发展能力，促进家庭幸福和谐。其中，"彩虹人生"主要体现各具特色的服务内容和手段，"幸福家庭"主要体现创新提升的服务内涵和宗旨；"彩虹人生"侧重于服务广度，"幸福家庭"侧重于服务深度。两者相互结合，形成了公共服务视角下的人口计生工作，承载了事业转型发展的新使命。在"彩虹人生"中，赤、橙、黄、绿、青、蓝、紫分别代表着人生的青春期、新婚期、孕前期、孕产期、育儿期、中年期、老年期，每一时期都有不同的服务项目。

通过梳理不同城市的家庭综合服务所涵盖的内容和提供者，我们初步整理出了表4-2。

表4-2　九城家庭综合服务内容与提供者一览

| 家庭服务项目/城市 | 哈尔滨 | 沈阳 | 鞍山 | 句容 | 杭州 | 上海 | 宁波 | 广州 | 香港 |
|---|---|---|---|---|---|---|---|---|---|
| 儿童与青少年服务 | | | | | | | | | |
| 婚育类家庭服务 | | | | | | | | | |
| 综合家庭问题服务* | | | | | | | | | |
| 家政服务 | | | | | | | | | |
| 义工、志愿者发展 | | | | | | | | | |
| 外来人口服务 | | | | | | | | | |
| 残疾人士服务 | | | | | | | | | |
| 中年期、残缺家庭 | | | | | | | | | |
| 长者服务 | | | | | | | | | |

*服务内容中的"综合家庭服务"，指的是以家庭为服务对象，运用社会工作专业方法提供包括个案咨询、教育培训、亲子互动教育、婚姻家庭辅导等服务，以增进家庭功能建设，促进家庭美满和谐。

| 服务提供者 | 人口计生 | 民政社区 | 残联妇联 | 商业组织 | 非营利组织 |
|---|---|---|---|---|---|

从表4-2中可以看到，除了后五个地方，其余的四座城市都存在不同程度的服务提供缺位的情况。

通过对以上几个地方"家庭综合服务"现状的分析可以看出，在中国，家庭综合服务应该成为我国家庭福利政策体系的核心。其中短期目标应该是：协助低收入家庭有工作能力者，参与劳动市场，及早脱离贫穷；研究符合公平正义的个人所得税扣除额及免税额，以保障不同形态家庭经济安全与公平；鼓励提供友善员工与家庭的工作环境，减轻员工就业与家庭照顾的双重压力；推广两性共同从事家务劳动的价值；建构完整的儿童早期教育系统，特别是协助发育迟缓儿童接受早期治疗；普及小区幼儿园设施、课后照顾服务等，减轻各种形态家庭照顾儿童的负担；增强各种形态家庭支持网络，协助各种高风险家庭、各种形态家庭自立；建立以小区（或区域）为范围的家庭支持（服务）中心，预防和协助处理各种形态的家庭危机。

而中长期目标应是结合人口政策，加强对弱势家庭的经济扶助，以减轻其家庭照顾的负担并确保家庭经济稳定；增进各种形态家庭内部的性别平等，落实两性工作平等政策，消除性别歧视的就业障碍；支持各种形态家庭照顾能力，分担家庭照顾责任，支持有长期照顾需求的老人、儿童、身心障碍者家庭，减轻其照顾负担；预防并协助解决各种形态家庭内部的问题，协助各种形态家庭增进配偶、亲子、亲属间的良性互动。

综上所述，家庭综合服务应当是一个多层次的目标链，其总体目标应当是发展家庭福利，提高家庭发展能力。现实目标是，在目前的条件下，政府应从"关爱家庭""以人为本"出发，给予家庭更多的支持，通过帮助家庭及其成员提升能力来使家庭有效地履行责任和发挥积极的功能。终极目标应当是促进和实现家庭的全面发展，让家庭有效地履行本身的角色（刘中一，2011）。

## 第三节　家庭综合服务的实际运作

### 一　黑龙江省哈尔滨市

按照哈尔滨道里区斯大林街道办事处花圃社区的规定，凡年满65岁以上、家庭月人均收入不足490元的老人，均可享受相应的老龄补贴；年满

90周岁及以上并自愿接受"辅助式居家照料"相关服务项目的（不含入住福利机构的老年人）老年人家庭，均可以申请居家养老服务，并再提供相应的补贴。街道居家养老服务中心主导家庭服务公司、医疗巡诊服务站点与老人对接，签订道里区居家养老服务协议书、制订居家养老服务计划、组织开展每周一次的入户照料和巡诊服务。

居家养老服务的主要内容包括：（1）生活照料服务，饮食照料、家居照料、助洁服务、助浴服务、助行服务、代买代购服务等；（2）医疗保健服务，预防保健、上门巡诊、陪诊就医、常见病陪护、康复护理、健康咨询等；（3）法律维权服务，法律咨询、法律援助等；（4）文化教育服务，教育服务、活动服务等；（5）体育健身服务，指导老年人开展体育健身、休闲娱乐、健身康复等；（6）精神慰藉服务，精神支持、心理疏导等；（7）紧急援助服务，为"三无"、孤寡的居家老人配备"随身通"应急手机，为儿女不在身边的空巢老人安装"爱心门铃一键通"，由社区帮助空巢老人结对"好邻居志愿者"等，为老人就近提供援助等；（8）日间照料服务，在社区设置日间照料服务场所，配置日间照料室、图书阅览室、健身康复室、文化娱乐室、学习书画室和聊天谈心室等功能室，提供老年人休息的床位或躺椅，为老年人提供日间托管、配餐送餐、信息咨询等服务；（9）社区中介服务，建立社区"助老服务网"，充分整合社区仓买店、粮油店、洗衣店、理发店、浴池、药店、饭店等资源，为老年人提供方便快捷的上门送货、维修维护等服务；（10）慈善救助服务，救助、救济服务，定期开展志愿服务，使老年人从社会获取无偿、志愿服务。

除了居家养老服务和社区为老服务窗口，花圃社区还设有专门的居家养老服务站，拥有专门场所、专门信息平台、专职工作人员、专业服务队伍和志愿服务队伍、专门工作流程和监督、管理制度，提供相应的信息服务、生活照料服务、医疗保健服务、紧急救助服务、组织协调服务和老年维权服务，此外还会协助老年人办理敬老优待证。

## 二 辽宁省沈阳市和鞍山市

辽宁省鞍山市的林园社区家庭服务设有专项基金，资金来源主要是每年抽取铁东区政府向社区拨款的一部分来进行家庭服务，约为5万元。另外，还会有部分企业不定期向社区进行捐款，捐款的一部分也会作为家庭服务的专项经费。由于资金规模有限，相应的社区家庭服务的规模也比较小，所进行的家庭服务对象主要是独居老人、孤寡老人，主要提供针对其生活方面的照顾服务。提供家庭服务的人员一部分是林园社区的工作人员，一部分是所在社区的志愿者小分队成员。这些社区志愿者主要是本社区内居住的有活动能力且愿意为他人提供服务的离退休人员。他们时间充裕，有丰富的生活经验，可随时为老人提供服务和帮助。该项家庭服务的主要内容是工作人员定期到独居老人及孤寡老人的家庭进行访问，为这些老人送去由社区帮助其采购的生活必备品，例如米、面、卫生用品等；并且定期为老人的家打扫卫生，带老人进行体检等。

沈阳市家庭服务的资金资源主要是政府的财政转移支付。提供服务的对象主要是生活难以自理又无亲人照顾的孤寡老人。提供家庭服务的人员主要包括：由各区人力资源和社会保障局建立的社区人力资源平台派遣服务人员，本社区成年居民志愿者，部分社区中小学生志愿者。本次调研的老旧社区有沈河区大南街道的新兴社区、双路社区、山东庙社区和五里河街道下设的金生社区，需要居家养老的老人也比较多。商品住宅小区有沈北新区辉山街道的人和社区、森林里社区，小区为 20 世纪 90 年代后期建成的高层楼房，居民以 20 岁到 40 岁年龄阶段的人口为主。

老旧社区的家庭服务主要采取社区志愿者与本社区内有需要的老年人形成一对一帮助的社区网格化家庭服务管理形式。网格化管理系统是指依托统一的城市管理以及数字化的平台将城市管理辖区按照一定的标准划分成单元网格，通过加强对单元网格的部件和事件巡查，建立一种监督和处置互相分离的形式。这种网格化家庭服务所提供的项目主要包括：帮扶救助、助老助残、治安防范、矛盾调解、环境卫生、文体娱乐、权益维护、自治服务、由社区专业护士提供的医疗帮助、关爱空巢老人等。商品房小区的家庭服务主要包括帮助照顾小区内的寡居老人、80 岁以上的高龄老人及一些行动不便有残疾的老人。如帮助寡居老人提供一些生活、医疗等方面的服务；有残疾的老人若遇家中无人照看时，可将其送往日间照料站，由居家养残工作人员进行照料，并提供午餐。

## 三　江苏省句容市

就目前句容市社区服务提供的现状来看，能够纳入家庭服务范畴的主要有居家养老、社区医疗和家政服务这三个方面。居家养老服务于 2009 年在句容市启动。截至 2011 年底，全市共新建居家养老服务中心（站）60 家，其中城市社区 12 家，农村社区 48 家。

据调查情况分析，社区的居家养老中心建设的资金来源一是财政拨款与补贴，二是社区居委会自筹，还有部分来自社会团体。2010 年，句容市慈善总会对凡达到省级评估指标体系 2A 级的新建的居家养老服务中心，除了省补资金 1 万元，再给予 1 万元的补助。2011 年句容市政府出台的《关于加快建设我市老龄事业发展意见的通知》，明确规定市财政将对今后新建的并达到省级评估指标体系 2A 级的城乡居家养老服务中心（站）给予每家 2 万元的一次性补贴，市慈善总会将继续对运转情况良好的城乡居家养老服务中心（站）给予适当的奖励。但实际上，居家养老服务中心的专业人员稀缺，管理人员一般是由居委会派驻的，中心工作人员也没有固定来源，尚未形成合理规范的人才引进机制，服务对象更侧重于空巢老人、残疾老人等。

以句容市三台阁社区居家养老服务站为例，其所提供的服务内容主要包括两类，一类是日间照料服务，另一类是上门服务。所谓的日间照料服务，是依托社区居家养老服务站日间照料室为社区老年人提供休息、用餐、照料、文体娱乐活动等日间照料服务。而上门服务，则是根据老年人的需求，上门提供的无偿、低偿、有偿服务。主要有以下五种：第一，生活照料。入户提供送餐、做饭、理发、洗衣、洗浴、居室清洁、换煤气、代购、代缴、代领等服务。第二，精神慰藉。主要包括心理咨询、陪同聊天、陪同散步、陪同读书、操办生日等。第三，医疗保健。建立老年健康信息档案，开展健康教育、疾病防治、老年保健、心理卫生、打针、输液、陪护、康复理疗、健康咨询、临终关怀等服务。第四，法律维权。通过法律咨询、法律援助、司法调解、人民调解等形式，维护老年人在接受赡养、财产管理、婚姻保护等方面的合法权益。第五，家政服务。更换水龙头、修理水管、家电维修、疏通下水、擦玻璃等服务。

## 四　上海市

课题组调研的上海闵行区是全国"创建幸福家庭活动"试点单位之一，该区为了推进全区幸福家庭创建活动有效开展，成立了闵行区创建幸福家庭活动领导小组。分管社会事业的副区长为组长，区人口计生委主任和区政府办公室副主任为副组长，区文明办、区总工会、区妇联、区人口计生委、区计划生育协会和13个镇（街道、莘庄工业区）为成员单位。领导小组下设办公室，办公室主任由区人口计生委分管宣教的领导兼任。2011年，闵行区人口和家庭公共服务中心揭牌成立。新成立的人口家庭公共服务中心以社区为基点，以家庭为核心，以需求为导向，全面拓展人口计生公共服务职能，主要承担家庭计划生育指导、生殖健康咨询、夫妻心理疏导、家庭法律援助、婴幼儿启蒙教育、计生家庭生育关怀、家庭发展能力建设和外事接待八大职能，旨在提高家庭的可持续发展能力，促进家庭幸福和谐。

在主打项目中，闵行区创造了三个大的品牌，分别是以婴幼儿家庭启蒙教育为切入点，打造具有闵行特色的"智慧早教品牌"；以独生子女家庭抵御风险为着力点，实施为青少年保驾护航的"阳光成长计划"；以老年家庭亲情关怀为落脚点，构筑慰藉计划生育特殊群体的"暖心系列工程"。

智慧早教品牌基于"以社区为基础、体现公益性、满足基本需求"的理念。闵行区率先启动了"0~3岁婴幼儿家长及看护人员免费培训"项目，为0~3岁婴幼儿家庭提供1年4次的免费专业早教指导，培训对象涵盖了常住流动人口家庭。目前，全区共建有区、镇（街道）、村（居委）三级早教指导网点224个，初步形成了以社区为轴心，以15分钟行程为半径的便民早教服务圈。

闵行区积极引进优质早教资源满足多元需求，拓展非营利性质的社会公益早教服务机构。采用政府购买服务和公开招投标的形式，与国际知名早教机构合作成立闵行区0~3岁婴幼儿早期教育示范点——"婴智贝佳"春申亲子馆，面向全区0~3岁婴幼儿家庭开设早教课程、亲子沙龙、感统训练、养育测评等激发孩子潜能、培养亲子感情的多元体验活动，不断满足广大婴幼儿家庭的多层次、多元化需求。

此外，他们还倾力打造智慧早教信息化服务网络平台。2012年，闵行区以"力求全覆盖、寻求新突破、提升新能级"为目标，率先推出信息化早教公众服务平台——"闵行智慧早教网"，内容包括准生学堂、专家坐堂、亲子育养、宝宝天地、特殊关爱和早教论坛六大板块，初步实现了全区6万多户0~3岁婴幼儿家庭足不出户也能够享受到专业、互动、智慧的信息化早教服务。网站开通 3 个月以来，点击量已突破 4.5 万次。

"阳光成长计划"是为解决独生子女家庭的后顾之忧，采用独生子女保险计划以帮助抵御风险的一个项目。为此，闵行区建立了"政府监管指导、协会具体操作、市场规范运作、商业服务周到"的工作机制。截至 2012 年 8 月，全区共有 2.76 万个家庭参加了独生子女保险计划，投保金额达 120 万元，其中政府出资 36 万余元为 6000 户独生子女低保家庭购买了保险。在项目运作上，注重发挥计生协会的作用以促进青少年健康成长。闵行区依托计生协会，通过社会化运行、项目化管理、多元化关怀和人性化服务，推动创建幸福家庭活动的深入开展。一是加大对独生子女家庭的帮扶力度，对 16 岁以上"失独"父母每人发放 5000 元的扶助，填补了上海市计划生育政策的空白。二是引进国际先进的社会理念，与英国救助儿童会合作，通过开展"春伢健康促进行动""社区母婴健康促进项目"等一系列符合青少年身心发展特点的公益项目，促进青少年健康成长。

"暖心系列工程"则是面向计划生育特殊家庭所提供的免费服务。为解决独生子女伤残死亡家庭的老年父母这一特殊群体的生活困难，闵行区在全国率先推出"户籍计划生育特殊家庭免费助餐和家政服务"实施项目。由政府出资为年满 60 周岁的独生子女伤残或死亡家庭的父母以及伤残的未婚、无业且随父母共同生活的独生子女提供免费午餐，同时为年满 70 周岁的加送免费家政服务。项目实施以来，全区共有 597 户 1238 人享受免费午餐，105 户享受免费家政服务。经第三方评估机构测评，目标人群享受率为 100%，群众满意度为 96%。

同时，为解决独生子女年老父母患大病住院的实际困难，闵行区在全国率先推出"第一代独生子女父母五类疾病住院护工费补贴"实事项目，对男性年满 60 岁、女性年满 50 岁并患严重脑血管意外、尿毒症、恶性肿瘤、严重心力衰竭、老年痴呆症这五种疾病住院的独生子女父母实施每天 30 元（共计 90 天）的护工费补贴。项目实施以来，共计投入经费 56 万元，已有 509 人享受了大病住院政府补贴。

此外，闵行区还成立"爱之屋"独生子女特殊家庭沙龙。为有效缓解"失独"家庭经济和精神等方面的实际困难，闵行区在古美路街道试点成立了针对"失独"家庭的"爱之屋"沙龙。依托社会力量和资源，通过定期组织独生子女特殊家庭父母开展各类互动交流和活动，切实推动关怀方式由注重"物质帮扶"向"物质帮扶和精神慰藉相结合"的转变，使关怀路径由"走近身边"真正成为"走进心窝"，使"爱之屋"真正成为了计划生育特殊家庭人群的精神家园，并赢得了良好的社会反响。目前，"爱之屋"模式已在全区范围内逐步推广。

## 五　浙江省杭州市和宁波市

在杭州，一直以来，有服务需求的家庭是通过市场向家政服务公司购买一系列的家庭服务；然而市场上的家庭服务价格会让一些经济状况较差的家庭望而却步。而且，家政服务公司提供的服务难以涉及送餐、医疗等方面，往往不能根据各个社区居住人群的特点提供有针对性的服务。所以，除了通过市场购买家庭服务项目，杭州市政府为了照顾特殊群体如老年人、残疾人等，推出了许多有针对性的家庭服务，如医疗、配送、上门照护、兴办食堂、教育等。与从市场直接购买服务不同，政府推出的项目体现了较强的公益性。主要的服务内容可以见表4-3。

在杭州市所提供的一系列家庭服务项目中，针对老年群体的服务占了很大比例，这类服务的运作时间较长，也相对成熟。其中湖滨街道位于杭州市上城区，街道所辖的都是老社区，有服务需求的老年人较多。该街道推出的"帮一把"为老服务和"百味"老年食堂，有效地解决了部分困难老人的日常生活问题。表4-4是这两个服务项目的详情。

宁波市的家庭综合服务已经很鲜明地区分为日常事务型和家庭发展型两大类。日常事务型的需求解决方式主要是通过"81890"救助服务中心热线，由政府提供公共运作成本，以政府搭台、市场运作、社会参与的打包式服务模式开展服务，通过全天候、全方位、全程式的跟踪监督服务满足市民需求，服务方式包括电话、短信、网站多种渠道。目前"81890"拥有员工60余人，电话热线20条，加盟企业800多家。市民、企业通过"81890"求助电话、短信、网站即可预约上门服务，由政府部门及时提供帮助，解决困难。近年来，"81890"根据社会需求的变化，不断拓展服务功能。由"81890"呼叫平台和网站逐渐拓展出失物招领中心、老年人应急呼叫中心、企业服务平台、光明电影院和党员服务中心等54个服务功能，解决了过去政府一直想解决但未能解决好的问题。"81890"的成功在于整合了政府、市场和社会的服务资源，建立了严密的信用管理、教育培训和服务质量保证制度。

表 4 - 3  杭州市推出的公益性家庭服务项目

| 项目名称 | 家庭服务内容 | 人力调动 | 资金筹措 |
|---|---|---|---|
| 米市巷街道老年居民家庭"三级探访"服务机制 | 定期探访60岁以上的老人,进行健康评估;对生活不能自理的空巢独居老人提供医疗、配药"一条龙服务;成立"居民之家",专人负责膳食配送 | 事业单位编制内人员 | 财政拨款 |
| 西湖区失能老人家庭"喘息服务"——居家喘息 | 专业服务人员入户对失能老人进行临时性替代照护服务,并对失能老人及其家庭成员进行心理疏导,以减轻失能老人家庭内部照料负担 | 该区各镇(街道)组建的公益性岗位助老员队伍,老人公寓的专业护理员以及各级养老服务中心的专业护理员 | 政府提供,每年不少于200万元资金 |
| 上城区湖滨街道"帮一把"为老服务 | 水电家电维修、家政服务、就餐服务等40多项家庭服务 | 居民自助、中介家政、社区单位、社区志愿者 | 财政拨款 |
| 下城区"五金"工程 | 为老人配备通通呼叫器,实施24小时动态监控,保障后续服务正常运行;建立五级慢性病监测防治网络,责任医生每月上门访视2~4次,提供免费全科医疗保健服务;实施楼道单元代表、社区助老员和社区老人家属三级助老服务,实现各社区内配备一名助老专职管理员,完善经常性服务,做到"每天、每周、每月、每季、每年"五个不同时间段不间断地提供居家生活照料服务 | 慢性病专家、社区责任医生团队、社区公共卫生助理员,慢性病人和家属;楼道单元代表、社区助老员和老人家属三级人员 | 财政每年拨付30余万元资金 |
| 上城区"邻里值班室" | 楼道内自治管理:帮助调解邻里纠纷、家庭内部矛盾,组织楼道活动等常规事务,寄存钥匙、帮忙接送小孩、代养宠物、浇花收衣等日常生活小事的处理 | 以300户为基数,由居民小组长、退休人员居民代表、热心居民代表、党员及志愿者等组成,设立4人一组的值班点12个,每人轮到一个季度值班,其余3人为值班助理,依次轮换 | |
| 滨江区"彩虹服务通" | 为居民免费安装彩虹服务通呼叫器,提供社区服务、党员服务、物业服务,"96345"生活服务等内容 | 社区金管家服务中心工作人员 | 财政拨款 |

续表

| 项目名称 | 家庭服务内容 | 人力调动 | 资金筹措 |
|---|---|---|---|
| 和睦街道"巧媳妇"志愿服务机制 | 从剪裁缝补、理发到小家电维修等家政服务,开辟"巧媳妇"餐厅,有效解决了许多空巢独居老人"吃饭难"问题 | 志愿者服务队,辖区共建单位,民间组织 | |
| 江干区凯旋街道"十分钟就餐圈" | 对辖区4家"自营"社区爱心食堂进行改造提升、统一冠名"凯乐惠",促进规范化运营。整合周边资源,采取"餐饮联办、场地联用"的联营模式新办爱心食堂4家,实现14个社区爱心食堂全覆盖,打造"10分钟就餐圈" | 餐饮联办、场地联用 | 投入35万元资金 |
| 闸弄口街道社区"六助"服务 | 助餐——建立为老年人提供就餐服务的爱心食堂,对各年龄层的老年人实行成本价优惠服务,为行动不便的老年人送餐上门;助洁——生活服务员上门为老年人提供打扫卫生、洗衣等无偿和低偿服务;助急——为164户符合条件的老人家免费安装了缓通呼叫器,老年人在家中突发疾病或遇到紧急困难时,通过呼救系统,及时了解情况,提供帮助 | 政府引入夕阳红居家养老服务中心为服务主体,并积极动员,鼓励志愿者开展各类志愿者服务活动 | 按照政府购买服务和市场化运作相结合的原则,对失能群体、"三无"和五保对象,百岁老人等特殊人群,由政府无偿购买服务,实行无偿服务。同时可以低于市场价的优惠,积极吸引有购买能力,需要居家养老服务的老年人自费购买养老服务 |
| 西湖区"创建幸福家庭"活动 | 对实行计划生育手术的农村已婚育龄失业和城镇失业已婚育龄夫妇提供家政服务补贴,同时全面开展生殖健康检查进村入户活动,深入开展"红丝带"和"双丝带"活动,扩大农村妇女"两癌"免费筛查覆盖面 | | |
| 大通桥社区"小候鸟补课班" | 针对学习有困难、父母又不能在身边辅导的外来工人员子女开展免费暑期校外辅课活动,为家长解除暑期的后顾之忧 | 社区一位大学生家教老师和5位高中生已作为志愿者加入到这个教学队伍中 | |
| 拱墅区"党员带团员,助残志愿行" | 为重度困难残疾人家庭提供义务家政服务活动 | 党员志愿者和团员青年志愿者 | |

表 4 - 4　杭州市上城区湖滨街道的"百味"老年食堂服务和"帮一把"为老服务项目

| 项目名称 | "百味"老年食堂 | "帮一把"为老服务 |
|---|---|---|
| 开始时间 | 2011 年 | 2005 年 |
| 服务对象 | 街道内 60 岁以上孤寡老人,80 岁以上低收入空巢或独居老人,共 300 多人 | 街道内 60 岁以上的孤寡老人,80 岁以上低收入空巢或独居老人共 300 多人 |
| 服务内容 | 中晚餐送餐上门,标准为每餐 5～7 元,需提前一天预约 | 上门清洁服务、帮助缴各类费用、购物(买菜)、陪老人散步、看病、读报、洗衣物。每周 1～3 次,每月每人拥有 16 小时服务额度,每次服务两小时。按收入、身体状况、年龄计算服务对象的需求程度,需求程度越高则拥有越多的服务额度 |
| 人力调动 | 民办非企业单位工作人员 | 通过招标的方式引进杭州华爱老年事务发展中心,该公司提供上述服务 |
| 资金来源 | 区政府和街道拨款,每年 20 多万元 | 区政府和街道拨款,每年约 100 万元 |
| 长期规划与政策支持 | 食堂占地过小,服务需求超过了老年食堂的供给能力,送餐员招募不到。街道认为完全依靠政府拨款压力太大,希望能够吸引社会力量合作兴办,以期达到更大的覆盖面 | 杭州构建"9064"养老服务格局:在老年人口中,以社区为依托、社会服务为协助的自主居家养老占 90%,享受政府购买服务的居家养老占 6%。在市区平均每 2～4 个城市社区建一所综合性社区养老服务照料中心,形成养老服务 15 分钟步行服务圈,实现城市社区养老全覆盖 |

　　从事务性工作中解脱出来的政府部门,可以将更多的精力投入在家庭发展上。宁波的人口计生委就以此为契机新增了家庭幸福咨询服务制度、空巢助老服务关怀制度、流动人口家庭均等化服务制度和计划生育弱势家庭民生关怀制度。修改完善了青年人口优婚、优孕、优生促进制度、已婚人口生殖健康教育和检查制度、青少年人口的青春健康教育制度。在队伍体系上,新组建了四支服务队伍:婚育文明讲师团、婚育咨询师队伍、生殖健康咨询师队伍和青春健康教育师资队伍。同时,规划在"婚育咨询师"队伍基础上,参考"老娘舅"的做法,采用职业化建设和志愿者服务相结合的方式,组建"家庭幸福咨询师"队伍。"家庭幸福咨询师"主要起增进健康、维护团结、化解危机、预防冲突、提供服务、促进发展的作用,开展结对帮扶活动。

　　在机构体系上,改计生指导站为人口计生服务中心,提供家庭婚育综合服务；建立人口家庭"12356"服务中心，利用信息网络，为更广的对象提供更精细的服务；设置"彩虹人生，幸福家庭"创建基地，按照各地特色开展主题创建活动。在投入体系上，除加大财政投入外，探索由计生协等非政府组织出面筹资的方法，成立"家庭公益基金"，募集社会善款，发挥表彰奖励、扶贫济困、帮扶弱小的积极作用。

其所开展的"彩虹人生"主题项目，口号是"为生命的每一阶段护航"，赤、橙、黄、绿、青、蓝、紫分别代表着人生的青春期、新婚期、孕前期、孕产期、育儿期、中年期、老年期，每一时期都有不同的服务项目。

"青春阳光"行动是该市计生协会牵头实施的青春健康项目，并已纳入"市文明委未成年人思想道德建设实事工程"和"市政府重大公共卫生服务项目"。行动力求至 2013 年，实现至少 15 万青少年受益的目标。目前，全市共有青春健康项目志愿者 905 人，组织授课 3561 场，8 万余青少年受益。各县（市）、区人口和计划生育服务中心和部分学校开设了"青春阳光室"，通过面对面或热线电话咨询、网上交流、紧急援助等方式，帮助青少年解决性与生殖健康问题。

家庭婚育咨询师的目标则是成为新婚祝福的天使。2006 年以来，宁波计生委建立了一支由人口计生工作专职人员与具有一定医学背景、热心公益事业又会做群众工作的志愿者相结合的家庭婚育咨询师队伍。他们经过人口计生部门系统化培训后持证上岗。在医疗资源丰富的老城区，每对新婚夫妇都可以通过人口计生局为自己配备一名婚育咨询师。从结对签约之日起至产后避孕措施落实止，新婚夫妇可以享受全程的家庭婚育保健咨询指导服务，包括帮助制订生育计划、提供知情选择、开展生殖保健服务等，不仅可以随时进行电话咨询，还可以在家里享受上门服务。

宁波市在 2005 年及 2008 年先后出台了免费婚前医学检查和孕前优生检测政策。2011 年，婚前医学检查率达 81.32%，孕前优生检测率达 80.89%。近年来，宁波市对新婚、再生育、待孕和病残儿再生育四类目标人群开展全覆盖的孕前优生指导服务，分别在 2 个县市实施国家免费孕前优生项目，在 4 个县市区实施市级试点。全市新婚和待孕夫妇孕前优生咨询指导服务率达 97%以上；另外，孕期跟踪随访更被誉为是孕产服务的知音。通过家庭婚育咨询师的结对指导和跟踪随访，帮助其掌握孕育知识，指导建立围产期保健，提醒定期检查。全市成立了全省首家"胎儿大学"，聘请育婴专家为准妈妈提供全程共四次的专业指导，传授科学胎教、婴儿抚触操等知识，以指导准妈妈健康孕育下一代。各地还根据自身特点，举办新手爸妈训练营、男性参与生育沙龙、月子保姆培训等各种形式的活动，开展了教育型父母、现代型祖辈、专业型保姆、育婴师培训工作。

在育儿服务方面，宁波市还推行了"三优"促进工程，所启动的"优生优育优教促进工程"，在各地依托人口计生服务中心、人口学校、幼托机构等建立"优生优育优教指导中心"，出台定期向社会公开的免费授课制度，面向新婚夫妇、怀孕夫妇和0~3岁婴幼儿抚养人，普及有关知识，增强他们在提高人口素质、预防出生人口缺陷、科学育儿、人口早期教育方面的意识和能力，目标人群的受教育面达80%以上。2007年，宁波市还成立了全国首家母乳喂养协会，组建母乳喂养援助中心，开展创建母乳喂养城市活动，深受新妈妈的欢迎。

2008年起，宁波市开展实施"健康女性工程"，在宁波市人口计生服务中心和余姚市人口计生服务中心成立PCC宫颈癌疾病规范化诊治项目示范基地，开展宫颈癌和乳腺癌筛查工作。截至2011年8月，全市妇女参加TCT宫颈癌筛查近50000人次。2012年2月以来，宁波市人口计生服务中心引进先进的光散射乳腺成像新技术设备开展乳腺癌筛查7120余人次。同时，积极组织广大育龄妇女进行免费生殖健康检查，"十一五"期间共检查2678946人次，查出各类疾病585428例，检出率21.85%。

此外，宁波市市区和各下辖区县还对进入更年期的妇女提供生理、心理卫生教育和更年期保健服务，为退出育龄期的妇女及时提出调整或终止避孕措施的建议，共为35000多名退出育龄期的妇女取出宫内节育器，提供生殖健康服务。各地还利用人口计生服务中心和计生协会会所建立"魅力夕阳"养生会所，利用辖区医疗资源，组建了一支老年人心理、生理健康干预志愿者队伍，不定期为老年人开展疾病预防、饮食营养、养生健体等保健知识的宣传服务，举办"魅力夕阳"群艺、群体活动，展示老年人的魅力风采，增强他们的生活信心。

以上所提及"彩虹人生"的服务按照"户籍人口和流动人口同对待，男性对象和女性对象共关注，育龄人群和其他人群齐服务"的原则开展。

针对流动人口，宁波市推行"六个均等化"服务，即免费宣传教育均等化、免费四项手术服务均等化、免费查孕查环均等化、免费婚检和优生检测均等化、免费避孕药具供应和随访服务均等化、生育关怀救助服务均等化。同时，"住院分娩救助"措施的实施，让"新宁波人"（指流动人口）享受了市民化待遇，大大拓展了计生工作的服务领域，使人民群众在进行婚育计划的同时，也享受到由婚育计划带来的家庭服务的扩展。

## 六　广东省广州市

政府通过"购买服务"让广州的"家庭综合服务中心"获得了必要的资源。《加快街道家庭综合服务中心建设的实施办法》（以下简称《实施办法》）规定：每个中心每年有 200 万元的"项目购买经费"，用于向相关的社会组织购买"社会服务及评估"，由市、区（县级市）两级财政按比例分担，并且要"纳入常态化财政预算"。具体而言，市、区（县级市）两级财政每年要按辖区内"家庭综合服务中心"数量预留预算。《实施办法》还提出：要建立福利彩票公益金支持家庭综合服务中心建设的机制，通过"政府购买一点、社会支持一点、机构自筹一点"的方式组织各类社会资源的投入。

对于承接运营的民办社会工作服务机构，《实施办法》规定：须根据服务项目设置及购买服务经费情况配备相应的工作人员，原则上每 10 万元购买服务经费须配备一名工作人员，工作人员总数的 2/3 以上为社会服务领域相关的专业人员，1/2 以上为社会工作专业人员。到 2012 年上半年，广州市每个街道，通过整合现有的街镇文化站、工疗站、党员活动中心、社区星光老年之家等社区服务场地资源，至少建成 1 个家庭综合服务中心。街道家庭综合服务中心场地的购买、建设、装修、租赁等费用，设备投入及社区服务点购买服务的经费，由区（县级市）和街道统筹解决。在服务中心和服务机构的选址上，《实施办法》要求，尽量选取靠近公交车站、地铁站等交通便利的位置。

关于服务内容，越秀区民政局 2011 年 11 月发布的《越秀区街道家庭综合服务中心相关服务指标参照标准》（以下简称《参照标准》）中提出：根据《实施办法》规定，家庭中心主要设置家庭、老年人、青少年三大服务，这是"规定动作"；其余还要根据街道的需要设置两个以上的服务项目，这是"自选动作"。在广州市的越秀区诗书街道、黄埔区南岗街道、番禺区洛浦街道、番禺区石楼镇都有"普爱"承接的"家庭综合服务中心"。在所服务的基层社区，"普爱"设立的重点服务对象及服务内容见表4－5。

表4－5　广州市"普爱"社会工作服务社所设街道家庭综合服务中心基本情况一览

| 街道名称 | 重点服务对象 | 服务内容 |
|---|---|---|
| 越秀区诗书街道家庭综合服务中心 | ①60岁及以上的长者<br>②社区中的特殊家庭、残障家庭<br>③6~25儿童及青少年<br>④社区外来流动人员<br>⑤社区居民义工 | ①长者服务<br>②家庭服务<br>③青少年服务<br>④外来流动人员服务<br>⑤社区特色服务<br>⑥义工发展服务 |
| 黄埔区南岗街道家庭综合服务中心 | ①60岁及以上老人<br>②6~18岁的儿童及青少年<br>③社区中的特殊家庭、困难家庭及社区妇女<br>④社区外来流动人员<br>⑤社区居民义工 | ①家庭服务<br>②长者服务<br>③儿童青少年服务<br>④残障康复服务<br>⑤社区文化建设服务 |
| 番禺区洛浦街道家庭综合服务中心 | ①60岁及以上的长者<br>②青少年和儿童<br>③社区中的特殊家庭、困难家庭及社区妇女<br>④残障人士<br>⑤社区文化建设 | ①一站式便民利民服务<br>②家庭(妇女)服务<br>③社区长者服务<br>④青少年服务<br>⑤外来流动人员服务<br>⑥义工发展服务 |
| 番禺区石楼镇家庭综合服务中心 | ①60岁及以上老人<br>②6~24岁的儿童及青少年<br>③社区中的特殊家庭、困难家庭及妇女<br>④社区内残障人士及家属<br>⑤社区内外来流动人员 | ①家庭综合服务<br>②长者服务<br>③儿童青少年服务<br>④外来人员服务<br>⑤残障人士服务<br>⑥社区文化建设服务 |

资料来源："普爱"社会工作服务社。

## 七　香港

香港社会福利署于2004~2005年开始采用香港大学顾问团的建议，透过重整家庭服务资源，分阶段设立综合家庭服务中心。截至 2010 年，全香港共有 61 个家庭服务中心，其中 40 个由社会福利署营办，其余 21 个分别由 9 家非政府机构营办。为巩固家庭并满足社区内个人及家庭的各种需要，综合家庭服务中心按"儿童为本、家庭为本、社区为基础"的服务方向，以"方便使用、及早识别、整合服务和伙伴关系"为服务原则，通过综合家庭服务中心的三个主要组成部分，即家庭资源组、家庭支援组和家庭辅导组，来提供一系列有预防、发展、教育、支援、充能和补救作用的服务。

为提供一个解决常见运作问题的平台，香港有关方面于 2004 年 5 月成立了推行综合家庭服务中心专责小组，虽然重整服务的工作并不影响成本开支，但社会福利署分别在 2005～2008 年向综合家庭服务中心投入额外的经常性资源，借此加强人手及临床/督导支援和额外的支出。这些支出包括：延长开放时间、加强区内协作、举办更多预防性和支援性的小组活动以及管理较大的场所等（香港社会福利署，2010）。

## 第四节　被调研城市的服务提供模式分析

通过对以上九个地方的综合家庭服务定义与运作的分析，我们大致可以将其分为四种模式。

### 一　散点建设型

在这种模式中，家庭服务仍停留在口径较窄、对象单一的阶段，比如哈尔滨、鞍山和沈阳所推行的家庭服务就是仅以老年人为核心。其中值得一提的是，这种简单运作的家庭服务模式有其精细化的一面，比如鞍山市政府针对各个社区进行的家庭服务活动会进行定期的评估，以保证家庭服务的顺利进行。评估主要根据社区进行家庭服务的频率、工作人员的服务态度、服务质量等对孤寡老人进行走访，据此得出该社区进行家庭服务的基本情况。社区的家庭服务主要通过社区组织工作人员及社区志愿者参与的形式，为社区内广大的孤寡老人提供生活上的帮助和精神上的安慰，在运行中既按照社会工作的规范要求，又体现出人文关怀，是一项符合当地情况的社区家庭服务。

而沈阳市的家庭综合服务是以政府为主导，以社区服务为主体的家庭服务模式。无论是一对一网格服务、日间照料站、关爱空巢老人，还是居家养老、居家养残，提供服务的工作人员都得到了政府和社区设置的公益性岗位，由政府支付薪资，即政府购买公共服务、受助居民享受无偿服务。此外，还有本社区居民志愿者，由社区统一组织志愿者对有家庭服务需求的本社区居民提供服务。这种家庭服务模式在一定程度上缓解了家庭照顾的压力。不过通过调查，当地的社区工作者一致认为：由社区运作的家庭综合服务从长远意义上看，推行符合国家统一标准的家庭服务是当务之急。

江苏省句容市的社区服务则只停留在中介的作用范畴。目前，句容市在社区层面运作的家庭服务发展并不成熟，呈现概念很模糊、机制不完善、内容不明细、人员不充足、筹资渠道较为单一等特征。当地的社区工作应立足实际，将社区家庭服务纳入社区建设之中，构建集养老、医疗、家政等内容为一体的社区家庭服务体系，拓展多元化的筹资渠道，规范社区家庭服务的提供模式，引进专业化、能够提供稳定的家庭服务的社区工作人员，与志愿者组织保持长期合作关系。同时，政府也要加强政策引导，拓展市场化运作渠道，以形成规范化、专业化、多元化的社区家庭服务项目体系。

## 二 杭州模式——民政主导的大综合

杭州市政府对家庭服务工作高度重视。在2012年3月9日召开的"杭州市发展家庭服务业促进就业联席会议"第一次会议中，杭州市发展和改革委员会代表提到，在国家"十二五"规划纲要中，杭州市把发展现代服务业放在了一个非常重要的位置，家政服务业是现代服务业的重要组成部分，也是杭州市在未来五年要重点扶持和大力发展的行业。与此同时，杭州市财政局、工商局、质监局都把促进家政服务业的发展当成一个工作重点。而从面向社区提供的服务内容来看，各个项目的侧重点各有不同，细分后可以归纳为照护服务、医疗服务、就餐服务、日常生活服务和教育服务几类。在这一系列家庭服务项目中，针对老年群体的服务占了很大比例，这类服务的运作时间较长，也相对成熟。以上的几类服务按照运作部门区分，除了西湖区"创建幸福家庭服务"活动由计生委发起，以及拱墅区"党员带团员，助残志愿行"活动由市共青团发起，其余项目均由社区运作。在这些社区运作的服务项目中，一些项目是居民因日常需求而自发运作的，如"邻里值班室"，但更多是因街道、社区贯彻杭州市加强社区服务建设的政策而开始的有规划的建设和运作。无论如何，这些社区服务项目都被纳入民政部门社区建设的范畴。

### 三　甬沪模式——计生部门主导的家庭计划

根据对上海和宁波的实际运作模式的考察，我们发现两地的特点是，都划分了关于综合家庭服务的类别，其中的日常家政服务主要采用社会化满足的方式。家庭服务业面向有需要的居民，公益性强、社会需求大、涉及各个领域，所以要充分调动政府各职能部门发展家庭服务业的积极性，出台一系列的家庭服务业的产业政策，提供减免税费、小额贷款、经营场地、给予咨询服务等优惠政策。政府在这个环节做的是搭台唱戏，整合各类能够满足家庭服务需求的资源，正如宁波市"81890"信息服务平台所做的，以政府信用为保障，对接市民、企业和政府部门，并通过完善的体系化建设，形成了一套完整的监督、反馈系统，巧妙地实现了目前的三赢局面。

除了日常需求，还有一个家庭发展视角的工作问题。在调研中，宁波人口计生委的工作人员向我们就此问题进行了深入的分析。他们认为，关于家庭的服务应该通过普遍联系的方法把家庭和更广阔的方面与领域联系起来。"创建幸福家庭活动"也是以此为基础，试图建立真正全面的"家庭视角"。人口计生工作向家庭发展的转型是时代的要求，开展家庭发展的工作不能只从手段、方法上进行简单的改变，而要从价值观上进行全面的革新。宁波现在在体制上进行的创新就是对家庭视角服务新路径的探索。如果说宁波家庭工作最开始是从特殊困难群体入手进行帮扶的救济型，那么之后就提升到了目前的服务型，设立专门的机构，如"多代屋""幸福加油站""12345 热线"这类平台着重改进目前的家庭生活，而正在规划和实现中的目标则是一个促进家庭发展的部门，在力所能及的范围内促进家庭及其成员素质的提高，并在社区中创造使用相应的资源，使家庭发展走出一条新路。

## 四 粤港模式① ——政府购买服务设立中心

香港综合家庭服务中心的成立，是香港家庭服务发展新里程的标志。由于推行家庭服务中心的模式涉及相当大的转变，包括要采用新的服务模式，要改变思维模式，吸取知识和学习技巧，以及掌握与当地团体及个人建立关系网络和协作的能力，管理层和一线人员均需经过一段调整适应期。尽管如此，仍有其他问题值得关注，比如繁重的工作量、个案日趋复杂、公众对综合家庭服务中心的角色和功能的期望太高、人手不足、员工流动及加强督导支援的需要等。

源自香港理念的广州政府购买社会服务的方式，也是由民办社会工作服务机构承接运营。家庭综合服务中心日常开展的服务以无偿为主、低偿为辅。开展低偿服务的，必须遵守相关法律法规，在确保无偿服务质量不受影响的情况下开展。低偿服务所得收益必须全部用于拓展和加强家庭综合服务，不得用于分红；其服务对象既面对全体居民，又重点突出家庭、老年人和青少年。在运行中，低偿服务突出了"民间"和"专业社会工作"的特色，是一项社会管理和公共服务的创新。同时鼓励工会、共青团、妇联、残联等人民团体引导成立民办社会工作服务机构，承接家庭综合服务中心的服务；同时还鼓励和引导各类基金会、企业、社会团体、志愿者组织支持民办社会工作服务机构，参与街道家庭综合服务中心运营。

其实，无论是哪种模式，只要能无缝地为市民提供良好的服务就是可以借鉴和学习的好的模式。如表4-6所示，杭州主要是由民政部门和社区推动，上海、宁波是由人口计生部门牵头，而香港和广州则是以政府购买服务设立专门中心的方式。我们可以看到，即便香港社会福利署全包了家庭综合服务中心的运行，它之下也设立了一个专责小组来总揽这些事务。而广州婚育类家庭服务和残疾人士服务还是归入相应的部门运行。这就涉及政府部门设置的问题，工作分割化以后，如果缺乏一个总括的从家庭视角思考问题的部门，服务的开展是稍有欠缺的。杭州的民政主导大综合模式虽是可以考虑的，但民政的工作要点主要在于救济，对于家庭的支

---

① 香港大学社会工作及社会行政学系顾问团：《建构有效家庭服务：综合家庭服务中心服务模式实施情况检讨》（香港社会福利署，2010）。

持和发展服务缺乏一以贯之的思考习惯，所以如果开展综合家庭服务，对于他们可能是一个挑战。

表4-6　关于家庭综合服务提供的三种模式归纳

| 家庭服务项目 | 杭州 | 上海 | 宁波 | 广州 | 香港 |
|---|---|---|---|---|---|
| 儿童与青少年服务 |  |  |  |  |  |
| 婚育类家庭服务 |  |  |  |  |  |
| 综合家庭问题服务 |  |  |  |  |  |
| 家政服务 |  |  |  |  |  |
| 义工、志愿者发展 |  |  |  |  |  |
| 外来人口服务 |  |  |  |  |  |
| 残疾人士服务 |  |  |  |  |  |
| 中年期、残缺家庭 |  |  |  |  |  |
| 长者服务 |  |  |  |  |  |
| 模式类型 | 民政主导大综合 | 计生主导家庭计划 | | 政府购买服务中心 | |

注：服务内容中的"综合家庭服务"，指的是以家庭为服务对象，运用社会工作专业方法提供包括个案咨询、教育培训、亲子互动教育、婚姻家庭辅导等服务，以增进家庭功能建设，促进家庭美满和谐。

| 服务提供者 | 人口计生 | 民政社区 | 残联妇联 | 商业组织 | 非营利组织 |
|---|---|---|---|---|---|

## 第五节　关于家庭福利的政策建议

无论过去还是现在，家庭作为人类社会最基本的细胞单位，在所有的国家中，都是社会成员最重要的福利资源。任何在家庭以外建立起来的正规的社会保护制度都不能取代家庭的功能和责任，而只是政府在不同程度上用不同的方式对家庭责任的分担（张秀兰、徐月宾，2003）。人类历史上最早的救助和互助都是以家庭为单位或者是以家庭为主导的。第二次世界大战以后，由于人口结构和社会经济发展的变化，发端于《贝弗里奇报告》的社会保障思想为此发生了很大的变化，特别是家庭保障被逐渐边缘化，以社会保险为主的个人保障开始勃发。但我们不应该忽视的是，家庭在成员互济和精神慰藉上所能够起到的作用仍是不可替代的。

在传统上，中国人重视家庭。个人保险保障推广产生的一个问题是家庭纽带容易变得比较松散。中国拥有良好的家庭保障基础，社会保障和社会保险近年来虽然有所发展，但是社会化的保障并没有完全把家庭保障的纽带打散，这是一个天然的优势。在西方重新审视并重视家庭保障功能和作用的今天，我们不要等家庭保障的制度完全崩塌才改革，而是要把目光更多地投向并关注家庭。"家庭作为对社会成员的工作和生活都有直接影响的社会单位，既是社会不同系统政策最终发生作用的地方，也是经济政策和社会政策的结合点，因而也是社会政策促进社会整体功能有效发挥的焦点。这样，以增强家庭功能为目标的家庭政策所体现的则是政府对经济和社会发展的投资。"（张秀兰、徐月宾，2003）

谈到了家庭福利的重要性之后，我们又回到一个问题，制度安排中的这些事务适合由哪个部门来承担并负责操作？一直以来，中国的社会福利服务主要由民政部等部门提供，国家和集体包办了为数不多的福利机构，民政部门对福利机构是直属、直办、直管。在中国城市经济制度转型的背景下，城市社会福利制度安排也发生了很大变化。转型前的劳动保险制度是依附于公有制经济单位的，由单位给职工及其家属提供全方位的社会保障。民政部门提供社会福利给特殊人群，但并没有面向全体居民的家庭支持服务。

在转型中，新的模式是，依附在企业单位中的福利被逐渐剥离，国家、企业和个人分担了社会保险的责任，失业、医疗和养老保险应市场经济的要求开始建立和发展，社会保险提供了基本的生活保障。政府在社会成员遭遇风险时，承担了补救的任务。由于就业制度的改革，劳动力自由流动的市场发育起来。在劳动力市场风险增加的同时，国家建立了就业支持服务网络。再就业中心、人才市场、职业介绍机构提供了就业支持服务。在家庭成员照顾方面，居家供养仍然是民政部门工作的基本原则。国家鼓励开展多种内容的小区服务，多种所有制的社会福利机构并存。

在家庭制度层面，家庭的经济互助在转型前后都存在。当社会成员面临家庭收入低而不稳定、开支安排困难的时候，亲属的经济援助解决了他们的部分生活问题。在转型前后，家庭都面临着家庭照顾问题，其中主要包括对孩子、老人、病人和残障家庭成员的照顾问题。但是在转型过程中，由于流动和市场化等因素的影响，家庭照顾问题变得越来越突出，这就需要社会政策的响应（见表4-7）。

表 4 - 7　转型中的中国城市福利三角制度

| 福利三角制度 | 转型前的制度安排 | 转型中的制度安排 |
|---|---|---|
| 经济制度<br>（以就业为例） | 计划经济体制国家分配资源统包统配,国家、单位、学校、街道安排就业 | 劳动者自主择业,市场调节就业,国家促进就业 |
| 社会福利制度 | 依附于公有制经济单位,<br>单位全面保障,国家财政保底,<br>就业终身制＋少量的就业支持服务,<br>在居家供养的基础上国家、集体包办,<br>民政部门直属、直办、直管,依附于公有制经济单位 | 国家/企业/个人分担责任;<br>基本生活保障,政府的补救作用;<br>建立就业支持服务组织网络,帮助就业;<br>人才市场/职业介绍机构/街道工作结合;<br>在居家供养基础上提供社会福利服务,多种所有制的社会福利机构并存;国家、企业、个人分担责任 |
| 家庭制度 | 经济互助,成员照顾,<br>家庭收入稳定,<br>亲属的经济援助,<br>家庭内部解决照顾问题 | 经济互助,成员照顾;<br>家庭收入变化;<br>亲属的经济援助;<br>家庭内部照顾与家庭外部照顾结合 |

资料来源：彭华民，2006。

　　总体而言，中国直接或间接涉及家庭的政策数量并不少，但是缺乏专门的家庭政策，而且现有政策可操作性也不强。中国目前家庭政策的主要对象包括两类：一是针对家庭中儿童的保护与发展，涉及儿童的教育、抚养、安全、福利以及特殊儿童，政策目的主要是保护儿童和提升儿童福利水平。二是针对贫困家庭，包括最低生活保障、困难家庭医疗保险、廉租房、政府购买养老服务、生育保险等社会保障政策和社会福利措施，为低收入家庭提供了一张安全网；此外，对于计划生育家庭，政府专门制定了一系列奖励扶助制度。

　　经过梳理，我们发现中国目前涉及家庭的社会政策主要包括57项，其中，专项法1项，综合法律14项，专项法规条例7项，综合性法规条例20项，社会福利项目15项（见表4-8）。这些家庭政策所覆盖的领域包括低收入家庭的财政支持、就业扶助、儿童支持、计划生育家庭奖励扶助和其他方面五个领域。

　　（1）财政支持政策，包括对家庭及家庭成员的现金支持和物资支持，主要体现为对贫困家庭和低收入家庭的援助。

表 4 – 8    中国现行涉及家庭的社会政策类型分析

单位：项，%

| 社会政策类型 | 财政支持 | 就业 | 儿童 | 计划生育家庭 | 其他 | 总计 |
|---|---|---|---|---|---|---|
| 专项法律 | 0 | 0 | 0 | 1(100) | 0 | 1(1.8) |
| 综合性法律 | 0 | 3(21.4) | 7(50) | 0 | 4(28.6) | 14(24.6) |
| 专项法规、条例 | 5(71.4) | 0 | 0 | 2(28.6) | 0 | 7(12.2) |
| 综合性法规、条例 | 2(10) | 5(25) | 11(55) | 2(10) | 0 | 20(35.1) |
| 社会项目与行动 | 3(20) | 0 | 7(46.7) | 5(33.3) | 0 | 15(26.3) |
| 总　　计 | 10(17.5) | 8(14) | 25(44) | 10(17.5) | 4(7) | 57(100) |

（2）支持就业，尤其是扶助女性及其他特殊群体的就业，实现女性家庭－工作平衡，包括女性在孕期和哺乳期的劳动权利、女性产假、男性产假、育儿假期以及扶助其他特殊家庭成员的就业等。

（3）对家庭中儿童的支持和服务，包括针对各类儿童（一般儿童和特殊儿童）提供的资助和托儿等各种服务。

（4）计划生育家庭的奖励扶助制度，专门针对计划生育家庭，尤其是农村地区的计划生育家庭实施的各种补助和优惠政策。

（5）其他与家庭相关的政策，包括对家庭养老、单亲家庭、残疾人家庭的支持和援助等（吴帆，2012）。

所以，从目前来看，针对家庭中各个年龄群体分别进行政策设计非常有必要。现有的面向家庭人群的各类工作，条块分割问题非常严重。比如，老龄委针对老年群体，他们主要的工作是理念设计、情况调研，实际工作的开展有限；残疾人联合会不是政府部门，所以在工作的力度和广度上有所欠缺；妇联的工作着重妇女儿童，对其他人群的关注较少；而中国现有的社区组织则重管理轻服务。目前社区主要由居民委员会、物业管理机构、业主委员会等部分组成。社区居民委员会承担了众多政府功能，日益成为维持治安和应对政府差事的社会管理机构；物业管理机构是市场化运行的主体，以营利为主要目的；而业主委员会主要关注物业维权问题。这三个组织都不会从根本上关注家庭福利供给压力问题（丁元竹，2008）。所以，从以往的工作经历和背景来分析，人口和计生部门转型成本最低，被赋予家庭计划和发展的职责也是比较恰当的一个选择。

计划生育，在国际上更常见的提法是家庭计划。家庭计划在 20 世纪 30

年代由英国首先提出使用，以后又逐步在一些国家流行。它与计划生育性质不同，是一项以家庭为单位各自考虑其经济条件和妻子的健康状况而有意识地安排生育数和生育间隔的措施。它不仅仅是减少生育，还包括在人口老龄化的时候鼓励生育，促进家庭健康发展，制定符合国家、社会发展的健康的人口福利发展政策。

人口福利是针对所有社会成员的福利，是结合计生工作及人口发展而给社会成员提供包括基本生活、医疗卫生、教育、住房、就业、养老以及特殊福利在内的所有福利政策与福利举措。家庭是"人们在不同生命阶段（儿童、青少年、成年人、老人等）相关问题的交汇点"（张秀兰，徐月宾，2003），无论是人口问题的解决、人口福利的实现，还是家庭福利的实现，作为"基本的福利单位而存在的家庭"（张秀兰，2010）都起着至关重要的作用。家庭作为对社会成员的工作和生活具有直接影响的社会细胞，既是社会各政策系统最终发生作用的地方，也是人口政策和福利政策的结合点。所以人口和计划生育部门的工作远不是那么狭窄的，它应该并能够肩负起促进家庭发展的责任。

我国的社会生产力发展水平和综合国力现状决定了家庭福利事业发展在很大程度上必须紧紧依靠政府而不是排斥政府的作用。我国当前家庭福利的主要问题，并非政府政策的不到位，而是应该强化政府的责任和地位。

考虑到中国的政府管理体制习惯，关注家庭有一个前提，就是需要一个统一的部门来管理家庭服务，有一个体现"家庭视角"的牵头部门。在调研中，我们发现基层的一些人口计生部门，比如宁波市人口计生委虽进行了很有意义的工作创新，但在实际工作中，有些跨部门跨区域的问题无法解决，因为赋权不明总有一种一厢情愿的味道。所以目前需要做的工作是确定一个家庭发展工作的总体愿景，超越部门之见，破除这种缺乏体系、分隔割裂的碎片化工作形式，实现家庭发展的全方位提升。

所以，第一，我们建议成立"人口、家庭福利与公共服务部"，将散落于各政府部门间的职能赋予一个专门的部门，由该部门进行综合的、全面的家庭福利政策体系与家庭服务体系建设。家庭福利政策体系体现出碎片化的特征，因而有必要逐步建立统一的、充满活力的家庭福利管理体制。根据我国现行家庭福利资源的情况，重新调整家庭福利事务的行政管理体制，成立

"人口、家庭福利与公共服务部",可以解决多头审批、盲目设置、重复建设和无序竞争的局面。

第二,在城乡社区设立专业的服务家庭的机构。对老人、儿童、病残者以及其他需要帮助的人群提供服务,建立法律咨询、婚姻咨询、家庭教育、家庭人际关系调适等专业咨询队伍,帮助解决家庭困难,满足各类家庭的不同福利需求。构建家庭福利政策体系的关键,是在全社会建立一个支持家庭、投资于家庭成员、有利于提高家庭成员的生存质量和发展机遇的社会环境和制度体系,形成一个政府、市场组织、社区等都有责任来支持家庭,帮助家庭更好履行职责的制度框架。在这个制度框架中,社区的作用至关重要,因为福利不能直接从政府到家庭,而必须通过一个中间环节——社区。社区是处于政府和家庭之间的中间层,社区与家庭相互促进,社区建设的目的是为家庭及其成员提供一个良好的、积极的社会环境,而稳定和健康的家庭是社区稳定和充分发挥功能的基础。因此,政府需要以社区为依托,把增强家庭功能、保护儿童发展、照顾老人等家庭服务作为目前社区建设中最重要的内容。

第三,推进家庭福利领域公民社会的培育与发展。在现代社会各种功能日益分化的背景下,政府办的社会福利机构是必需的也是必然的。社会福利机构通过其"以人为本"的服务理念和专业化的方法,可以有效地为其服务对象提供高质量的服务,也会提高服务对象的福利效果。当前在我国,对于发展非营利组织以支持家庭福利服务还是有障碍的。但是没有这些组织的培育与发展,完全依赖政府,家庭福利制度就难以形成并持续有效地发挥作用。

第四,政府购买公共服务。当前我国家庭福利仍处于探讨和构建阶段,可以在一定程度上尝试西方福利国家"购买服务"的经验。比如在养老问题上,可以根据不同的家庭所面临的具体问题采取不同的服务形式,通过订立服务合同,向老年人提供医疗、康复、护理、洗涤、购物、餐饮、心理咨询等全方位的服务。

第五,推动家庭福利自我再造。我们不能把家庭仅仅看作一个接受社会福利和接受社会服务的客体,也应该看到家庭是具有自我创造、自我设计和自我调整能力的行为主体。家庭具有自造福利和自造资源的社会功能,因此,应该把激发和鼓励家庭的这种功能作为政府的重要工作。

**参考文献**

晁流，2004，《社区自治中的利益博弈——以南京"中青园"为例》，《社会》第 4 期。

丁元竹，2008，《中国社区建设：问题与方向》（英文），《中国社会科学》（英文版）第 1 期。

刘云香，2009，《儒家文化圈背景下的家庭价值观与社会保障制度》，《重庆邮电大学学报：社会科学版》第 6 期。

刘中一，2011，《构建符合我国国情的家庭福利政策体系研究》，《社会保障研究》第 3 期。

彭华民，2006，《福利三角：一以个社会政策分析的范式》，《社会学研究》第 4 期。

吴帆，2012，《第二次人口转变背景下的中国家庭变迁及政策思考》，《广东社会科学》第 2 期。

香港社会福利署及香港大学社会工作及社会行政学系顾问团，2010，《建构有效家庭服务：综合家庭服务中心服务模式实施情况检讨》，2 月。

许义平，2011，《公共服务的组织与分工——81890 制度结构分析》，中国社会出版社。

张秀兰，2010，《整合家庭与社区福利资源提升北京市民家庭福利水平》，《北京观察》第 3 期。

张秀兰、方黎明、王文君，2010，《城市家庭福利需求压力和社区福利供给体系建设》，《江苏社会科学》第 2 期。

张秀兰、徐月宾，2003，《建构中国的发展型家庭政策》，《中国社会科学》第 6 期。

# 附录一
# 10 个国家和地区的家庭政策评述

马春华

## 第一节　美国家庭政策：强调工作福利，
## 提供最低限度的家庭支持

虽然美国总统和公众都承认家庭是社会的基石，但是因为强调家庭的隐私性，他们从来不鼓吹政府要对家庭进行干预，而是把家庭福利供给的责任留给家庭本身和慈善机构。因此，美国一直没有明确的全国性家庭政策，现有的家庭政策不仅是隐晦的而且是残补式的，是碎片化的和类别化的。美国的家庭政策主要关注的是贫困的儿童和家庭，包括单亲家庭在内。美国是主要资本主义国家中唯一没有普惠制的儿童津贴和法定产假的国家（诺尔曼·金斯伯格，2010：128），也没有住房津贴或普遍的学前教育体系。美国改善家庭经济状况的家庭政策，是让贫困家庭除了社会安全薪资税（Social Security payroll taxes）外免交任何赋税，给低收入家庭提供中等程度的现金补贴，给中上等阶级提供税收补贴（Kamerman & Kahn，1997：307）。

### 一　美国家庭政策形成和发展的背景

美国的家庭政策和整体社会福利体制建构都基于其特定的社会文化背景和价值理念。工作伦理居于美国所有价值体系的核心位置，因此美国强调工作福利而不是福利救济。美国在《独立宣言》和宪法中都明确阐明了基于自然权利的个人主义，限制了国家干预个体和家庭的可能。在美国盛行的社会达尔文主义，则强调对"适者生存"的自然秩序进行社会干预是破坏生产力的。自由放任的经济和社会政策，被认为是能够带来社会发展和繁荣的主要意识形态。美国人认为无论是慈善、福利还是社会政策，都不能减少公民工作的动力，公民必须通过市场获得成功和家庭成员所需要的福利。国家也不可以通过立法来强制推行社会福利，因为"善"必须是出于自愿的，因此美国在社会福利方面更加倾向于自愿主义（voluntarism）（Kamerman & Kahn, 1997：307 - 308）。

美国在"二战"后也形成和发展出对于福利国家的许多制度性支持和认同。这些政策的实施大多集中于几个改革时期："进步时代"（the Progressive Era, 1895 - 1920），"新政"（the New Deal, 1932 - 54），和之后的"向贫困宣战"及"伟大社会"（the War on Poverty and the Great Society, 1960 - 74）时期。美国在"进步时代"进行了儿童政策改革，在"新政"时期建构了最低限度的福利国家，联邦政府第一次成为现金福利的提供者和推动者。到了"伟大社会"和"向贫困宣战"时期，社会福利的深度、广度、覆盖面和支出都有了大幅上升，联邦政府在社会福利供给方面的作用真正得到提升。但是到了里根 - 布什执政时代，联邦政府的监管和领导能力都被故意消解了，社会福利的供给者成了州政府和志愿团体。克林顿执政之后，重新调整了家庭政策，强调以工作福利取代福利救济。但是在他执政中期，出现了一股保守主义思潮，改变了美国 60 年来社会权利不断增长的历史（Kamerman & Kahn, 1997：307 - 311）。

美国家庭政策和家庭法的变动更多跟随着人口和家庭的变迁。从 19 世纪末开始，美国的家庭就开始出现了变动，但是到 20 世纪 60 年代，家庭变迁的速度加快了。结婚率降低，离婚和非婚生育变得更为普遍，同居成为被普遍接受的一种家庭模式，特别是婚前同居（Cherlin, 1992）。美国家庭户（family household）的规模在缩小，家庭户成员也变得越来越不确定，比如，不一定包括儿童，不一定包括两位异性的父母。单亲家庭在增加。随着女性就业率的上升，儿童抚育和生活安排也相应地发生了急剧的变化。同时，随着整个 19 世纪到 20 世纪初，以及 20 世纪 70 年代和 80 年代大规模移民潮的涌入，美国人口呈现多样化，家庭也形成了各种各样的模式。伴随着这些人口家庭变迁，家庭法中增加了无过错离婚，对非婚生育和堕胎进行立法，在儿童监护权中采取更为中立的态度。和变迁趋势的出现相比较，公共政策的回应和相关立法的修订都明显滞后了（Kamerman & Kahn，1997：313 – 333）。

## 二 美国家庭政策的具体内容

现金补贴。美国没有普惠制的儿童津贴或者家庭津贴，有限的现金补贴主要提供给贫困家庭、单亲家庭、有残疾儿童家庭等需要帮助的家庭。"入息税务津贴"（the Earned Income Tax Credit，EITC）是为低薪雇员及其家庭设计的税务津贴（Simpson，N. B.，et al.，2010）。"食品券计划"（Food Stamp）是由联邦政府和地方政府共同发放的一种购买食品的票券，目的是为了确保贫困者能够获得基本的食物。"社会安全生活补助金"（Supplemental Security Income，SSI）是针对年龄超过65岁的低收入和没有收入的老人，以及任何年龄的盲人或伤残人员的现金救助。"贫困家庭临时援助"（Temporary Assistance for Needy Families，TANF）是1996年开始实施的，受益家庭多数是单亲或者父母中有一人无劳动能力或者长期失业的家庭，重点放在督促和帮助失业者再就业，旨在通过提高受助人的工作愿望和增加他们的个人责任来减低他们对福利救济的依赖。

养老金。美国政府也提供了一定的公共养老金，但是私营部门发挥的作用更为重要，对于贫困、失业等弱势群体的保护相对不足。公共养老金，是由政府强制执行的社会保障计划（Social Security Program），向全社会65岁以上有一定工作年资的老年人提供基本养老金，范围还包括其配偶和子女等，这是美国养老金体系的基石。私营部门的养老金包括雇主出资带有福利性质的职业养老金计划和个人自行管理的个人退休账户（Individual Retirement Accounts）。职业养老金有确定给付和确定缴费制两种，近来还有两者混合的现金余额型计划等。不同行业的员工也有不同的职业养老金计划。个人退休金账户，个人可以在退休后以任何方式提取和使用，但是必须在70岁之后才能动用（叶至诚，2011：78 – 80）。

假期政策。美国至今没有全国统一法定的产假和育儿假期及假期津贴。"家庭及医疗休假法令"（Family and Medical Leave Act，FMLA）1993年出台，家中有新生儿、病重的孩子、病重的配偶或者父母，可以享受12周的无薪休假。各个州情况又有所不同。加利福尼亚、夏威夷、新泽西、纽约和罗德岛五个州及波多黎各实施了"暂时丧失工作能力保险计划"（Temporary Disability Insurance，TDI），给那些因为短期无法工作而没有收入的雇员提供部分补偿（标准和失业保险福利一致，为原有收入的一半）。明尼苏达州、蒙大拿州和新墨西哥州都在积极推动"在家婴儿照料政策"（At-Home Infant Care policy），孩子出生的第一年或者收养孩子的第一年，在家照顾孩子的父母能够获得现金补贴，能够弥补部分父母无法外出工作造成的收入减少（Kamerman & Waldfoge，2012）。

儿童保育。美国的儿童保育，倾向于依赖市场和志愿者团体解决，欠缺普及的公立托育系统。美国职业妇女的孩子，常常不得不在亲戚、非正规的儿童保育机构和正规的儿童保育机构之间奔波（Clawson & Gerstel，2002）。政府出资的学前教育（Head Start）、社会服务街区补助计划和儿童托育营养计划，主要供给福利依赖者和低收入的母亲（Hofferth，S.，et al.，1991），但是对中低家庭补助的金额和名额都不足。

长者护理。美国把家庭当作儿童和老人的主要照顾者，因此一直尝试通过出台各种政策来支持家庭护理需要照料的老人。"国家家庭照料者支持项目"（the National Family Caregiver Support Program）从 2000 年开始，由联邦政府提供资金，支持照顾老年人（60 岁以上）的家庭和那些照顾孙子孙女的祖父母（Department of Health and Human Services，2004）。美国没有普惠制的医疗保健体系，只有资产调查性质的"医疗补助计划"（Medic Aid），这是一项公共医疗保险计划，由联邦政府和州政府共同出资，只有低收入的老人或者需要高额长期护理费用的老人才能够享受这项福利（Eiken，S.，et al.，2010）。"长期护理合作伙伴项目"（Long-term Care Partnership Program），在有些州实施，目标是那些购买了长期护理保险计划的家庭。公共资金在老人长期护理这方面的支持依然不足，美国老人长期护理私有化的倾向非常明显。

## 三　美国家庭政策的结果和评价

美国至今也没有形成系统的内在一致的全国性家庭政策。美国有许多福利国家的主要特征，但是没有欧洲福利国家的全部特征。在从 19 世纪末开始到 20 世纪 60 年代之后加速的家庭变迁的推动下，美国联邦政府和州政府出台了一系列零散的甚至相互矛盾的对家庭和儿童产生影响的社会政策。和其他工业化国家相比较，美国的这些家庭政策只能被称为最低限度的家庭政策，是美国最低限度的社会保护体系的一部分。

美国家庭政策强调就业的重要性，强调以工作福利取代救济性福利，但是却没有提供足够的政策支持工作父母在工作和家庭责任之间取得平衡。美国的家庭政策更多的是对单亲家庭的儿童和其父母的需求做出回应。但是实际上，父母双全的家庭如果收入低、失业或者就业不充分，那么其在解决时间压力和儿童保育等方面也需要公共政策给予支持。美国给予单亲家庭的支持也是不足的。在国家对老年人长期护理的支持方面，虽然公共支出在迅速增长，但老年人和其家庭仍可能因老年人长期护理而面临个人财务风险（Brown & Finkelstein，2011）。很难确定在不久的将来，美国家庭政策对于家庭变迁的回应能否和欧洲福利国家一致，因为执政党总是偏向于那些保守的政策，这会导致美国的家庭政策不愿对家庭变迁的趋势做出回应。

## 第二节 英国家庭政策：以儿童为中心，强调个人责任

英国和美国一样，都是被划分为"自由福利国家体制"和"不干预家庭政策体制"的国家。和欧洲其他国家相比，在家庭政策制定方面很多都处于落后的位置。如果家庭、市场和国家都是可以帮助家庭适应或应对人口与社会经济变迁的机制，那么英国把主要责任留给了市场，让市场去协调家庭关系，去调整劳资关系，让妇女自己在工作和家庭之间取得平衡。

英国的儿童贫困问题和欧洲其他国家相比非常突出，1999 年英国儿童的绝对贫困率达到了 26.1%，儿童贫困成为英国一个亟待解决的社会问题，特别是因为结婚率下降和离婚率上升导致的单亲家庭中儿童的贫困问题。因此，1997 年工党政府上台之后，改变了对家庭这种相对不干预的态度，承认自己在儿童保育服务方面疏忽已久，承诺要加大政府对于家庭和儿童在这方面的支持，试图打破儿童贫困循环，减少贫困儿童被社会排斥的现象，帮助他们建立更好更有前景的人生开端。20 世纪 80 年代后期到 21 世纪，英国政府相继出台了儿童法案和儿童保育战略，启动了包括"稳健起步计划"在内的项目。但是从中也可以看出，英国儿童保育战略的模式和其社会政策长期以来的模式实际上还是一脉相承的，就是更为关注贫困的和处于风险之中的儿童与他们的家庭，就是所谓家庭政策的残补模式。

但是，英国对于家庭相对不干预的这个倾向依然在继续。2010年，保守党和自由民主党共同上台执政，组成联合政府，他们面临的最大问题是庞大的财政赤字，而且他们坚信工党提供的各种福利是造成英国社会问题丛生和"破裂社会"的重要原因，因此大幅度削减福利支出，强调个人要通过努力工作来支撑家庭生活，抚育幼小的孩子，个人应该自己承担养家糊口的责任，而不应该完全依赖政府所提供的福利和服务。

## 一　英国家庭政策的形成和发展背景

和欧洲其他国家相比，英国在家庭政策制定方面很多都处于落后的位置，家庭政策一直都是隐性的，没有明确的成体系的家庭政策。这和英国社会政策发展的历史有着密切的关系。英国社会政策的起点是1834年的《济贫法案（修正案）》（*Poor Law Amendment Act* 1834），这个法案秉承的原则就是，家庭福利要靠家庭成员努力工作去实现，国家只需要救济那些贫困的家庭（Ringen, S., 1997: 32）。第二次世界大战之后，《贝弗里奇报告》（*Beveridge Report*）成为影响英国社会政策发展的主要文件，它强调个体通过社会保险的方式获得福利保障，奠定了英国社会政策的普遍性原则（Wolman, L., 1943）。但是1978年保守党上台执政之后，对英国福利体系进行重构和大幅度削减，普遍性原则被搁置，导致年轻人的高失业状态。"从福利到工作"（from welfare-to-work），就成为工党政府1997年上台之后社会政策发展的基调（Jarvis, Tim, 1997）。2010年上台的保守党自由民主党联合政府，把英国的福利制度当作各种社会问题的一个渊薮（Cameron, D., 2009），上台伊始就大幅削减英国在福利方面的开支，同时，继续强调通过工作获得福利的理念（Wiggan, Jay, 2010）。

英国的社会政策建立在男性养家的传统家庭模式的基础之上（McDonald, 2000）。但是从20世纪60年代开始，英国经历了许多发达国家所经历过的人口变动（Finch, N., 2002），传统家庭模式受到冲击，社会政策原来的基础发生了变化，不得不对社会政策进行调整和改革，以适应人口和家庭的变动。和英国家庭政策变动关系最为密切的是非婚生育率的上升和单亲家庭比例的急剧上升。英国单身家庭数量比大多数经合组织成员国的都多（Coleman & Riley, 2012）。单亲母亲经常处于失业状态，经济上缺乏保障，特别是那些未婚生育也没有固定伴侣的年轻女性，而单亲家庭的儿童更可能生活在贫困之中（Coleman & Riley，2012）。如何帮助单亲家庭的父母和儿童摆脱贫困，成为英国家庭政策面临的主要挑战。英国家庭政策主要围绕着改善儿童福利来制定和实施。

## 二 英国家庭政策的具体内容

现金补贴。儿童福利金（Child Benefit），是普惠制的，是所有 16 岁以下（或者 20 岁以下仍然在校）的儿童都能够享受的儿童津贴。监护者津贴（Guardian's allowance），是普惠制的，无父无母儿童的监护者可以申请这项津贴，但是儿童必须同时申请儿童福利金。儿童税收减免（Child Tax Credit），是资产审查式的福利，但大多数至少有一个孩子未满 16 岁的家庭都可以享受这项补贴。儿童信托基金（Child Trust Fund），是提供给儿童的免税储蓄和投资账户。政府和儿童的家人与朋友都可以给这个账户提供基金。儿童在年满 18 周岁前不得动用账户的资金。托儿券（Children Voucher），是雇主在儿童保育方面给雇员提供的支持，用于弥补家庭育儿的成本。[①]

养老金。英国的养老金由基本国家养老金（Basic State Pension）、职业养老金及私人养老金三大支柱组成。基本国家养老金，包括对全体符合条件的纳税人提供的国家基本养老金（State Basic Pension）和对雇员提供的国家第二养老金（State Second Pension），两者都采用现收现付制。职业养老金计划由雇主为雇员提供养老金和相关福利，分为雇员和雇主共同出资的"缴费型养老金计划"（contributory pension schemes）和雇主单独出资的"非缴费型养老金计划"（non-contributory pension schemes）。在英国，个人也可以自己缴费建立自己的私人养老金计划（individual or personal pensions），包括投资分享型养老金计划（Stakeholder Pensions Schemes）、团体个人养老金计划（Group personal pensions plan，GPPP）和自我投资个人养老金计划（Self-invested personal pension，SIPP）[②]（郑秉文、胡云超，2003）。

---

① 有关英国家庭政策中现金补贴的相关资料，请参阅英国相关政府网站：http://www. hmrc. gov. uk/rates/taxcredits. htm；http://www. adviceguide. org. uk/england/benefits _ e/benefits_ children_ and_ young_ people_ ew/benefits_ for_ families_ and_ children. htm# child_ benefit。

② 有关英国养老金的资料，请参阅英国工作和养老金部（Department for Work and Pensions）的研究报告，http://www. dwp. gov. uk/publications/policy-publications/#pensions。

**假期政策**。英国的产假一共 52 周，分为 26 周的"正常产假"（Ordinary Maternity Leave，OML）和 26 周的"额外产假"（Additional Maternity leave，AML），11 周可以在产前休。符合一定条件的产妇有权利享受"法定产假给付"（Statutory Maternity Pay，SMP），没有资格的可享受孕妇津贴（Maternity Allowance，MA）。产妇可以把 20 周之外的产假转让给她的伴侣，被称为额外陪产假（Additional Paternity Leave，APL），最少 2 周，最多 26 周，最多 19 周有薪。每位父母每个孩子有 13 周的育儿假，没有薪水（O'Brien & Moss，2012）。英国父母收养儿童的时候，其中一位可以享受 52 周有薪的"收养儿童假期"。雇员有最多 18 周的无薪的"照顾家属假期"，还有法定权利向雇主申请灵活工作时间（比如削减工作时间，改变上班的时间或者在家工作）。

**儿童保育**。在教育领域，英国一直处于领先地位，但是在非教育领域，英国明显落后于其他国家（Public Policy Research Center，2008），在工党 1997 年上台之前，儿童保育从来没有被当作政府应该解决的问题（Lewis，Jane，ed.，2006）。1998 年工党政府出台《应对儿童保育的挑战》绿皮书，承认家庭和儿童是社会的核心。1998 年启动的"稳健起步计划"（Sure Start Programme），目的是确保社会经济贫困地区 0～4 岁儿童有个最稳健最好的开端（Barnes，J.，et al.，2005；Brown and Liddle，2005）。2006 年，英国通过了《儿童保育法》（*Childcare Act*），要求地方当局保证为在职的父母在他们居住地区为其提供充分的、经济上可负担的儿童保育服务，包括为残障儿童提供儿童保育服务。

**长者护理**。英国的国家卫生服务体系和社会照料服务在长者护理的许多方面都处于世界领先的位置。2001 年，英国出台了"长者服务全国性框架"（National Service Framework for Older People，NSFOP）。而在此之前英国已经为长者提供了很多服务，虽然很多集中于帮助处于危机中的最脆弱的长者。"长者服务全国性框架"主要包括：改善照料服务的标准，扩展了针对长者的服务，提供更多资助长者独立的服务，帮助长者保持健康（Department of Health，UK，2001）。在这个框架下，英国现在的长者护理体系，主要由国家卫生服务体系和社会照料服务体系（National Health System and Social Care）构成。国家卫生服务体系和地方政府对护理资源进行配置，不同的机构按长者的实际需要和经济承受能力提供不同的服务，由老年人自主选择。对生活困难的长者，政府提供补贴乃至免费。社会照料服务体系，对家中或者机构中的长者提供长期或短期的社会照料服务等。

### 三　英国家庭政策的结果和评价

英国给家庭提供的现金福利体系极为复杂，而且一直都处于变动和修订的过程中，总体效果难以评估，但是其对英国儿童贫困状况的影响是非常明显的。随着英国经济停滞，英国养老金制度面临新一轮的改革，由政府资助的低成本的国家职业储蓄信托（National Employment Savings Trust，NEST）将成为英国养老金的主体。英国的家庭政策强调从"福利到工作"，在工作和家庭平衡上，英国还是基本上留给市场去解决，育儿假体系随着新政府上台正处于重构过程之中，国家在考虑增加儿童保育的设施。但是这些政策的实施效果需要相当长一段时间才能够展现出来。英国在长者服务方面已经提供了相对系统完整的服务，包括长者的生理和心理需求，也包括长者的照顾者的需求。但相对长者的需求来说，政府提供的服务总体来说是有限的。这些政策总体上还是秉承了英国家庭政策的一贯模式，具有残补的特征，在公共资源的分配上倾向于贫困家庭和处于风险的家庭。

英国的家庭政策，虽然和法国、德国、瑞典等欧洲大陆国家相比不足，没有构建完整的家庭政策体系，曾经拒绝签署 1998 年欧盟社会宪章（EC Social Charter）和 1991 年马斯特里赫条约中有关社会保障的条款（Social Chapter of the Maastricht Treaty）（Crompton & Lyonette，2005）；但是和美国相比还是相对完备的，特别是在 20 世纪末 21 世纪初，英国因深受欧盟推动成员国建立家庭政策和分享最佳实践的影响，形成了更加完备的隐性家庭政策，特别是在针对儿童的政策以及给工作父母提供有薪产假和育儿假期方面。因此，在 20 世纪末，有研究者称英国的家庭政策正在朝北欧等国家的家庭体制发展。但是到 2010 年，英国保守党和自由民主党联合执政以来，由于面临着巨大的财政压力，政府开始视各种福利开支为负担，大幅度削减福利开支，英国不仅没有朝着欧洲大陆国家更加完备的社会政策体系和更为慷慨的现金补贴方向发展，反而有向美国家庭政策模式滑动的趋势，被有些研究者称为欧洲福利制度的美国化。

## 第三节    法国家庭政策：多子多孙多福利，
## 政策目标多元化

欧盟没有把支持生育作为欧洲家庭政策的目标之一，但由于法国是欧洲第一个经历生育率下降的国家，而且 20 世纪上半叶生育率持续下降，因此支持生育一直是法国家庭政策的核心。法国家庭政策的设计都是以生育和儿童抚养为中心的。他们对于各种模式的家庭都采取一视同仁的补助方式，不论儿童是否本国公民所生，是婚生还是非婚生，来自婚姻还是同居家庭，只要有孩子需要照抚，都可以申请在欧盟各国中最为丰厚的家庭津贴。法国这种以孩子为主体，而不以婚姻关系为条件的家庭津贴补助方式，不仅能够让每个儿童得到公平的照顾，也让有意愿生孩子但不一定愿意结婚的成年人能够放心地生养孩子（朱圣惠，2011）。而且，为了鼓励大家庭的出现，孩子越多能够享受的福利越多，是典型的多子多孙多福利。

法国从 1945 年以后就居于欧洲各国前列的生育率，证明了法国家庭政策的成功（Kaufmann，Franz-Xaver，2002），但同时也导致法国家庭政策不再像以前那样以鼓励生育为主，而是趋向家庭政策目标多元化。法国政府高级家庭政策顾问弗雷德里克·勒普斯指出法国家庭政策主要有六个目标，包括补贴家庭开支，有力地降低家庭贫困，帮助父母实现家庭计划（帮助未来的父母生育他们希望有的子女数量），促进家庭生活和职业生活的衔接，帮助年轻人和他们的父母，协助父母履行责任和义务（弗雷德里克·勒普斯，2012）。这六个目标都是相辅相成的，但是具体如何设计和实施还存在很多的争议。

### 一    法国家庭政策形成和发展的背景

法国人口变动的历史不同于欧盟其他国家。法国是欧洲第一个经历生育率下降的国家（King，L.，1998）。法国的人口出生率在 1830 年左右就陷于停顿，在 19 世纪末和 20 世纪初也没有经历人口高速增长（Kaufmann，Franz-Xaver，2002）。1870 年和 1914～1918 年的战争，更导致法国出现生育率危机（弗雷德里克·勒普斯，2012）。在这种情况下，出现了两种支持生育率的运动，这对法国形成支持生育的家庭政策有着极大的影响（Public

Policy Research Center，2008）。19 世纪末，出现了"鼓励生育者"，这些人都是医生、高级公务员等上流社会的人，他们相信法国的国力取决于人口数量，呼吁国家通过支持家庭来提高生育率（Lenoir，R.，1991）。而主要由天主教领导者和社会活动家组成的"家庭主义者"，也开始推动父权制大家庭的出现，重建在尊重"自然"层次结构和天主教价值观基础上的道德秩序，他们把小家庭看作道德崩溃的结果（Pedersen，S.，1993）。

这两个社会运动推动法国逐步形成明确清晰的家庭政策，成为欧洲第一个有着明确家庭政策的国家。随着 1939 年法国《家庭法案》（*Family Code*）出台，家庭成为法国公共政策的一个独立组成部分（Baker，M.，1995）。1945 年"二战"后初期，法国就建立了包括补偿基金在内的社会保障制度，创立了家庭补助基金和家庭补助金，建立起有利于家庭和鼓励生育的税收制度，同时成立了全国家庭协会联盟，出台了保护妇女儿童的政策（弗雷德里克·勒普斯，2012）。到 20 世纪 80 年代，法国的家庭政策还是以支持生育为主，但是采用的政策工具变得更加多元化：除了为家庭提供丰厚的现金补贴，还创建幼儿托管模式帮助妇女兼顾就业和家庭。儿童贫困问题也逐步被意识到，法国不仅像以前那样一致关注多子女家庭，也开始关注单亲家庭（弗雷德里克·勒普斯，2012）。

## 二　法国家庭政策的内容

现金补贴。通过现金福利来弥补家庭生育和养育孩子的成本，是法国家庭政策支持生育的主要措施。法国的家庭现金福利非常慷慨，特别是对多子女的家庭法国会不断递进补贴的金额。法国家庭政策中涉及的儿童都是指不超过 20 岁的。法国家庭现金福利根据每年政府调整和确定的"每月基本家庭津贴"（Base Mensuelle d'Allocations Familiales，BMAF）计算。法国家庭现金福利包括"家庭津贴"（basic benefits for maintenance）、"幼儿津贴"（early childhood benefits）和"特殊家庭津贴"（CLEISS，2012c）。

法国的"家庭津贴"包括"儿童津贴"（child benefit）、"定额津贴"（flat-rate allowance）、"家庭收入补充津贴"（family income supplement）和"家庭支持津贴"（family support allowance）。"儿童津贴"是普惠制的。"定额津贴"，只有大家庭（三个或者更多孩子）才能够获得，"家庭支持津贴"是提供给孤儿和半孤儿的。"幼儿津贴"包括用于弥补生育和养育孩子所需成本的各种津贴，具体包括"生育/收养津贴"（birth/adoption grant）、"基本津贴"（basic allowance）、"自由选择工作时间补充津贴"（supplement for free choice of working time，CLCA）和"可选择补充津贴"（optional supplement for free choice of working time，COLCA）、"自由选择儿童保育方式补充津贴"（supplement for free choice of childcare）。除了 CLCA 和 COLCA，其余都不是普惠制津贴。

养老金。法国领取全额养老金的年龄，根据《2012 社会保障资金法案》（2012 Social Security Financing Act），1955 年 1 月 1 日之后出生的延长到 67 岁。法国的养老金包括基本养老金（basic pension）和强制补充养老金（compulsory supplementary pension）。基本养老金的额度，取决于基本收入或者平均年收入、支付比例和保险的总体时限。那些没有到法定最低退休年龄的或者没有资格获得全额养老金的，可以申请按比例减付养老金（rate-reduced pension）。那些已经达到法定最低退休年龄或者已经有资格获得全额养老金但继续工作的，可以按比例增持养老金（rate-increased pension）（CLEISS，2012b）。补充养老金对于所有雇员都是强制性的，领取的年龄为 65～67 岁。私营部门所有行业的雇员，包括农场主和农场工人，由"雇员补充养老金计划协会"（Association for Employee's Supplementary Schemes，ARRCO）管理，"行政人员退休机构协会"（General Association of Retirement Institutions for Executives，AGIRC）只负责管理人员和行政人员的补充养老金。补充养老金的额度是根据领取养老金人的分值来计算的。

假期政策。法国所有的雇员和自我雇佣者都可以享受 16 周产假（产前 6 周），从第三个孩子开始延长到 26 周（产前 8 周）。国有部门和某些大公司的雇员产假津贴是原来收入的 100%，其他雇员如果月收入不超过一定标准也是原来收入的 100%，由雇员和雇主共同缴费的医疗保险支付。陪产假为 2 周（11 个工作日），所有的父亲都可以享受，陪产假津贴也由医疗保险支付。收养假（adoption leave）是 10 周，如果被收养的孩子是家中第三个孩子或排行更加靠后，则延长到 18 周。在孩子三周岁之前，父母都可以休育儿假，领取 CLCA，大家庭的还可以选择 COLCA。根据劳动法的规定，法国的父母每年可以有 3～5 天照顾生病子女的假期（CLEISS，2012a；弗雷德里克·勒普斯，2012；Fagnani & Boyer，2012）。

儿童保育。根据法律规定，法国所有 3～6 岁的儿童，只要家庭申请，就有权进入居所附近的公立托育机构接受照料。有些没有就业的父母也会把孩子送入幼儿园，他们相信这样对孩子来说是最好的，因为法国幼儿园的老师都必须有硕士学位。法国幼儿的托育系统和学校系统是整合在一起的，因此儿童保育被作为学前教育的一部分。所有的儿童，无论是富裕的还是贫穷的，本国居民的还是移民的，都同样是国家教育体系的一部分。即使在儿童保育方面有额外的资助，也不是针对贫困儿童（或家庭），而是根据地理区域提供额外的资源。某些区域的学校（大多数是城市的）接受额外资金的目的是给教师提供额外的培训和奖金，提供额外的材料和雇佣特殊教师（Clawson & Gerstel，2002）。

**长者护理。** 法国对那些因为年迈使得日常生活都要依赖帮助的人（至少60岁以上，经过能力评估）提供的长期服务和救助，包括安老院护理，医院、疗养院护理服务，家居照顾服务，日间护理中心服务，最近相关政策还提出对非正式照料人员的支持等。法国只有大约10%的老人住在养老院，大部分老人还是更喜欢在家中接受由地方政府提供的服务（Joel，Marie-Eve，et al.，2010）。对于能够自理的老人，法国提供的服务包括：第一，居家护理和机构照顾。居家服务包括在宅服务、送餐服务、紧急服务、住宅改善、照护服务等。第二，地方或其他社会福利相关团体提供的志愿服务，例如咨询与预防服务、休闲活动服务、生活援助服务、保健服务及餐饮服务等。机构照护主要有高龄者住宅和老人之家。高龄者住宅以自主性高的老人入住为主，他们可自行生活，同时供应餐饮以及提供长期照护服务、准医疗服务及休闲活动等。老人之家分为公立与私立机构，提供长期照护服务，但不提供医疗行为服务（叶至诚，2011：60 – 63）。

### 三 法国家庭政策的结果和评价

鼓励生育曾经是法国家庭政策的主要目标。丰厚的现金补贴和相对较长的产假与育儿假，帮助法国将生育率维持在较高的水准。2012 年，法国的总和生育率为 2.01，远远高于欧洲各国的平均水平。也就是说，法国家庭政策的主要目标实现了。同时，这些政策也补贴了家庭经济，缩小了有子女家庭和没有子女家庭的生活差距；降低了儿童贫困率；提高了女性劳动参与率，2012 年，法国在职女性占女性总人数的比例已经高达 65%（弗雷德里克·勒普斯，2012）。

法国家庭政策成功造就了欧洲各国中最高的出生率和相对较高的女性就业率，为家长、儿童和青少年提供了整体来说质量较高的家庭生活。对于老人的照料和护理，法国表现出更为明显的保守主义福利体制特征，也就是推行家庭照顾策略，通过给家庭提供支持，维系家庭照顾的功能，以减轻国家财政负担（叶至诚，2011：201）。法国人更乐意接受政府介入老人长期护理体系，然后才是由家庭提供相关的照料和护理（David, M., 2008）。

## 第四节　瑞典家庭政策：以"去家庭化"的政策设计，给予家庭最充分支持

瑞典是典型的社会民主主义福利体制和家庭体制的国家，这种体制的主要特点之一就是"去家庭化"，也就是说国家不是等到家庭没有能力对家庭成员提供支持时再提供帮助，而是先发地将家庭关系成本社会化，最大可能地减少个体对于家庭的依赖，为个体提供所需的独立于家庭之外的各种资源（Esping-Anderson, Gøsta, 1999：78）。但是这种"去家庭化"并不意味着国家强行侵入家庭生活，而是在国家确保了家庭的经济安全，承担了家庭原来的照顾责任时，家庭可以更为自由地选择最合乎实际的选择。研究表明，当家庭成员的经济负担和照顾负担都减轻了，代际的联系反而变得更强而且紧密（刘毓秀，2009）。瑞典通过"去家庭化"的政策设计，给予了家庭最充分的支持和最大的选择自由，也给了女性最大的自由去选择就业还是在家照顾孩子，这样才有可能真正地促进两性平等。

### 一　瑞典家庭政策形成和发展的背景

瑞典的家庭政策是建立在普遍主义和平等主义这两个核心价值观基础上的。瑞典人认为只要是公民，无论其经济地位、婚姻状况或者性别如何，都有权享受基本的福利（Esping-Anderson, Gøsta, 1999：78 - 80）。20 世纪 30年代，社会民主党就以平等、关爱、合作和助人为特征的"人民之家"来形容瑞典未来的福利社会（Korpi, W., 1978：84）。瑞典家庭政策的普遍主义，还体现在它不仅为弱势群体或者贫困阶层的家庭提供高额津贴补助或者免费的托育服务或赡养服务，而且还把中产阶级的服务需求考虑在内，实现了福利服务的跨阶级共享，形塑了瑞典的社会团结，减少了社会冲突

（刘毓秀，2006）。

瑞典普遍性的家庭政策得以形成和充分发展，还有一个重要原因就是瑞典公民身份定位在 20 世纪 60 年代前后从"劳工公民"（citizen worker）向"劳工－父母公民"（citizen worker-parent）转换（刘毓秀，2009），这导致男女两性在工作、家庭和全社会中应该享有平等的地位成为全社会的共识（Ohlander, Anne-Sofie. 1992：232）。这种身份定位背后的意义，完全不同于家庭主义家庭政策认定应该由母亲亲自来抚育幼儿，或者像自由主义福利国家那样把育儿责任归于个别家庭和父母，或者依赖市场解决这个问题（刘毓秀，1997）。这种身份定位奠定了瑞典家庭政策的基调。

## 二　瑞典家庭政策内容

**现金补贴**。除了和假期政策相关的津贴，瑞典还有儿童津贴（child allowance）、儿童保育津贴（cash for childcare scheme）、房屋津贴（housing allowance）、单亲家庭津贴（single-parent allowance）以及残疾/生病儿童的照料津贴（care allowance for sick and disabled children）。瑞典的儿童津贴是普惠制的，所有 16 岁以下（在全日制学校就读的 16 岁以上）的儿童都可以获得这种津贴。没有进入公立的日托机构可以获得儿童保育津贴（Ellingster, A. L., 2012）。房屋津贴是资产审查式的，单亲家庭津贴是提供给那些父母不住在一起的儿童。孩子因生病或者残疾需要至少 6 个月以上特别监护的父母，可以申请残疾/生病儿童照料津贴。

**养老金**。从 2000 年开始，瑞典开始执行新的国民养老金体系。这个体系分为所得养老金（income-based pension）、额外准备养老金（premium pension）和给低收入或者无收入人群提供的保障性养老金（guaranteed pension）。瑞典领取养老金没有固定的年龄，长者从 61 岁开始就可以选择部分或者全部领取所得养老金和额外准备养老金。从 65 岁开始可以领取保障性养老金。人们领取养老金的同时还可以工作（Government Offices of Sweden, 2012）。所得养老金是瑞典国民养老金体系的主要组成部分，是根据养老金领取者一生的总收入来计算的，采取随收随付的方式。额外准备养老金是完全提取的，为每个参加者建立真正的个人账户，投资于经额外准备养老金管理局核定的各种基金。保障性养老金的资金来源为财政收入，为老年人提供最低养老金收入保障。政府设定一个最低养老金标准，对于所得养老金的额度达不到这个标准的老年人进行补贴（叶至诚，2012：88－90；
Government Offices of Sweden，2012）。

**假期政策。**孕期假期（pregnancy leave），在孕期最后 60 天可以休息 50
天，收入为原来工资的 80%。产前或产后必须休息 2 周，这是强制性的。
这段时间母亲可以自己决定是否申请带薪育儿保险福利（paid parental
insurance benefit）。瑞典有 10 天和孩子出生/收养有关的短暂假期①，所有员
工都有权享受，津贴为原来工资的 80%。这项福利是性别中立的。带薪育
儿假期长达 480 天，是欧洲各国中最长的。每位父母都有专享的 60 天假期，
不能够转让。剩下的育儿假，父母一人一半，但可以彼此转让。390 天育儿
假期能够获得原来 80% 的工资，剩下的 90 天是每天固定 180 克朗（20 欧
元）。父母平等使用每一天育儿假，都可以获得"性别平等奖励"（Gender
Equality Bonus）。在收养孩子 10 岁前，父母都可以使用育儿假期。临时育儿
假（Temporary Parental leave），12 岁以下的儿童，每个儿童的父母每年有
120 天临时育儿假期，12～15 岁的需要有医生的证明，津贴为收入的 80%。
在孩子 8 岁之前或者进入小学二年级就读之前，瑞典父母有权把日常工作时
间削减为原来的 25%，削减的工作时间没有薪酬（Haas & Duvander，
2012）。

**儿童保育。**瑞典的公共托育服务体系是各国中最为完善的，是根据普遍
性原则设计的，为所有 1～6 岁的儿童提供学龄前教育，唯一条件是父母双
方（或单亲）至少有一方工作，或者失业父母在参与再就业培训。瑞典的
儿童保育服务品质非常高。在发达国家中，瑞典的早期儿童服务体系居于首
位（UNICEF，2008）。在瑞典的机构化托育中，民间托育机构也扮演着相
当重要的角色。但这些民营托育机构接受跟公营托育机构同样比例的政府补
助，也一样以参与式民主方式营运，并派代表参加地方政府的民主参与式托
育委员会，因此，也属于公立的托育机构（刘毓秀，2009）。

**长者护理。**瑞典的长者福利在欧洲各国排名在前位，在长者的社会融合
和医疗保健方面表现特别突出。瑞典《社会服务法案》（*Social Service Act*）
规定老年人必须能够在安全的环境下独立生活，在别人的陪伴下生活得更加
积极和有意义。地方政府负责给老人提供服务和照料的资金、确定内容及真

---

① 其他国家都用的是"陪产假"，瑞典因为强调性别中立，不使用这个词。

正提供服务，老人有权选择什么时候和怎样获得支持，是在家还是在其他机构中接受服务（Ministry of Health and Social Affairs，Sweden，2012）。瑞典也有一小部分给老人提供服务和照料的机构是由非营利组织或类非营利组织提供的，但它们都被纳入政府管理和给付的范围，因此也不脱"公共"的基本性质（刘毓秀，2010）。

## 三　瑞典家庭政策结果和评价

由于秉承普遍主义和平均主义的理念，瑞典的家庭政策从设计之初就针对全部公民、全部儿童和全部家庭。瑞典的福利开支在发达国家中都是居于前列的。它给年幼孩子的父母提供了普遍的现金补贴，这也是瑞典平等主义价值理念的一种体现，因为通过这些津贴，有孩子的家庭和没有孩子的家庭在经济条件和生活状况方面的差距得以缩小。和现金补贴相比较，瑞典的育儿假期和公立儿童保育设施在瑞典的家庭政策体系中比现金支持更为重要（Public Policy Research Center，2008）。瑞典的公立儿童保育模式是北欧社会福利服务模式的典范（刘毓秀，2009），再加上育儿假期政策，以及地方政府承担了长者照料和护理的责任，瑞典女性有了最大的选择自由。传统家庭与保守意识形态下的"养家糊口的男人与家庭主妇的相互责任（他赚钱养家、她负责家务育儿）"，在瑞典已经为"成年公民与国家的相互责任（成年公民参与劳动、国家于工作时间为他们育儿照料老人）"所取代（Ketola，O.，et al.，1997：88）。

瑞典通过"去家庭化"家庭政策给家庭和个人提供了最大的选择自由，通过让所有人都平等的家庭和福利政策，为女性带来了在工作场所、家庭和社会中与男性真正的平等。不可否认，瑞典的家庭政策中包含着一些相对"自由主义"的因素，反映了瑞典人广为接受和支持的一些价值观，比如承认非婚生子女的地位、离婚自由、对于单身母亲和其子女的支持越来越普遍化等。这些自由主义价值观深深植根于瑞典的传统文化和社会经济历史之中（Myrdal，A.，1968）。虽然它们导致瑞典的结婚率低、离婚率高，但这并不意味着瑞典家庭团结相对较低，因为这些结果不是瑞典家庭政策设计的结果，最多只能说瑞典的家庭政策没有提供刺激人们结婚的因素。另外，所谓父母和未婚子女组建的家庭只是传统家庭模式，瑞典只是对于各种形式的家庭有更多的包容性，比如同居家庭和同性恋家庭。在瑞典"去家庭化"家庭政策的影响下，不同模式的家庭内部更为团结，因为这是瑞典人在不考虑经济和物质需求的情况下，在不需要承担儿童保育和老人照料责任的情况下，根据自己意愿做出的最真实的选择。

## 第五节　波兰家庭政策：家庭政策母性化，
## 公共服务私有化

当西欧和北欧的家庭政策正倾向于更加"去家庭化"，使女性更加容易平衡工作和家庭时，中欧和东欧的前共产主义国家的家庭政策却表现出相反的方向，促使女性从工作场所走回家庭，表现出"再家庭化"（re-familization）和"母性化"（maternalism）的趋势（Fultz, E., et al., 2003；Glass & Fodor, 2007）。与匈牙利和捷克等国家相比，波兰在这方面表现得更为明显。波兰因保守主义天主教教会传统和 1989 年负外债最多而不得不进行最深刻的市场化改革，是导致波兰社会政策和家庭政策出现这种转向的重要因素（Saxonberg & Szelewa, 2007；Glass & Fodor, 2007）。

1989 年之后的波兰的家庭政策，更加倾向自由主义家庭体制，更多地依赖市场解决家庭问题，福利也多是资产审查式的，很少有普惠制的（Saxonberg & Szelewa, 2007）。国家给家庭提供的现金支持，虽种类繁多但是额度大多很低；育儿假期时间虽然长，但是除了微薄的育儿津贴，基本是无薪的；公立儿童托育体系的消失，儿童托育的市场化，使得儿童进入正规保育机构的比例在经合组织成员国中成为垫底的（OECD, 2009）。妇女重新被看作主要的照料者，承担着照料家中的老人、孩子和其他需要照料的家庭成员的责任，波兰从普遍福利制的"共产主义"走向"潜在的家庭主义"（implicit familisim）（Szelewa, Dorota, 2012）。

### 一　波兰家庭政策形成和发展的背景

波兰在"二战"后建立了社会主义国家，家庭政策是国家实施的整体社会政策的一部分。那时波兰宪法明确规定，婚姻、母亲身份和家庭都应该得到国家的捍卫和保护，国家应该对于多子家庭提供特殊的保护等。1964年，波兰出台了《家庭和福利法案》（*Family and Welfare Code*），并在此后建立了对家庭提供多方位支持的家庭政策体系（Dyczewski, L., 2010）。虽然波兰在儿童保育方面表现出某种"去家庭化"的特征，但是在假期政策方面却表现出传统保守主义倾向（Saxonberg & Szelewa，2007）。波兰的大量公立托儿所也因服务品质不高而名声欠佳（Heinen & Wator，2006）。这些前共产主义社会的遗产，都对1989年之后的波兰家庭政策变化产生了重要影响。

1989年是波兰社会剧烈转型时期，也是家庭政策变化的关键点。波兰对之前的家庭政策体系进行改革，政策的目的也从推动女性外出工作转到推动女性回归家庭（Saxonberg & Szelewa，2007）。波兰家庭政策的"再家庭化"，其中可能有天主教教会的作用，因为他们更支持传统家庭模式，认为女性须重回母亲和妻子应承担的角色（Glass，Christy & Fodor，éva，2007）；可能也有1989年波兰市场化改革的影响，因为其中一项改革内容就是大幅削减福利开支，把儿童保育服务和老人护理服务市场化，整体社会及家庭政策都更倾向于自由主义的市场化取向（Saxonberg & Szelewa，2007）。

## 二　波兰家庭政策内容

现金补贴。家庭津贴（family allowance），资产审查式津贴，任何家中有不满18岁的孩子都有资格获得。孩子的年龄不同和数量不同，家庭津贴的数量不同。波兰家庭津贴还有七项补充：孩子出生的一次性补助金，育儿假期的保育补助金，单身父母补助金，多子家庭补助金，残疾儿童复健补助金，社区提供的学年启动补助金，孩子离家在外上学补助金。这些补助金都是资产审查式的，额度都相对较小。照料津贴（care allowance）包括看护保障（nursing benefit）和护理津贴（nursing allowance）。看护保障是提供给照料者的，看护津贴是给不超过16岁的残疾儿童的。75岁以上的老人，如果没有获得护理补充津贴（nursing supplement），也有资格获得这项津贴（Ministry of Labour and Social Policy of Poland，2012）。

养老金。养老金体系主要由公共养老金（public pension）和私营养老金体系（private pension system）组成。公共养老金和私人养老金体系中的"强制性个人养老金"（mandatory personal pension）有着密切的关系。公共养老金是在退休的时候一次性支付的，男性的退休年龄为65岁，女性为60岁。要获得最低额度的养老金（minimum pension），男性必须缴费25年以上，女性必须缴费 20 年以上（OECD，2011）。强制性个人养老金体系，所有社会保障的参保者都可以参加，由特定的养老金基金管理公司来管理。波兰的私营养老金体系还包括自愿职业养老金，这是建立在雇员和雇主达成一致的合同基础上的。任何年满 16 周岁的波兰人都可以参加私人自愿养老金计划，账户由私人金融机构管理，收益没有任何保障（OECD，2009）。

**假期政策**。产假一共 24 周，其中 14 周是强制性的，产前最多只能休 2 周。强制性产假之外的假期可以转让。所有社会保险参保的女性雇员和自雇者都有权享受产假。产假津贴为孩子出生前 12 个月母亲平均收入的 100%，没有上限。资金来源于社会保险基金（Social Insurance Fund）。陪产假为 2 周，津贴也是孩子出生前 12 个月父亲平均收入的 100%，没有上限。育儿假期一共 36 个月，没有育儿津贴，只有家庭津贴的补充津贴，基本支付时间是 24 个月。假期可以连续使用，也可以分开使用，孩子 4 周岁前都可以使用。低收入家庭使用育儿假期的时候，每个月有固定津贴。收养孩子和生育孩子的假期政策相同。每个雇员每年最多可以有 14 天假期照顾需要照料的家庭成员，津贴为原来收入的 80%。孩子 8 岁之前（残疾或者长期病重的孩子为 14 岁），雇员可以请假照顾孩子，最多 60 天，津贴为原来收入的 80%（Michoń & Kotowska，2012）。

**儿童保育**。2011 年 4 月，波兰出台了一项新的法案，推动重建新的儿童保育场所，改善 4 岁以下幼儿的儿童保育服务和设施。这项新法案提出新的公立儿童保育体系包括：托儿所（Crèches，由政府或者非政府组织建立，为 3 岁以下儿童提供每天最多 10 个小时的儿童保育服务），儿童俱乐部（由地方政府运作的，为 1~3 岁的儿童提供每天最多 5 个小时的儿童保育服务），幼儿托管人（Childminders，在幼儿托管人家照顾最多 5 名 3 岁以下的儿童）和保姆（Nannies，父母雇佣保姆在家照顾幼儿）。波兰劳动和社会政策部同时也在实施一个项目（"Maluch" "A Little One"），目的是为了鼓励地方政府建立托儿所和儿童俱乐部（European Alliance for Families，2012）。

**老人护理**。波兰的老人照料和护理体系属于社会救济体系（social assistance system）的一部分。这个体系是由中央政府、地方政府与诸如基金会、天主教教会、其他宗教团体、雇主以及其他法人自然人等合作建构的，由社会救济中心（social assistance centers）、市级家庭支持中心（poviat centers for family support）和区域社会政策中心（regional social policy centers）构成。各级地方政府和行政部门也在其中扮演重要的作用。另外一个和老人照料护理有关的机构是卫生部（Ministry of Health）和其下属的养老院（Kuska, P., 2010）。地方政府负责居家照顾，并协调不同的长期护理机构。长期护理服务的资金有公共的和私营的。卫生保健服务资金来自一般税收和国民健康保险计划的缴费。社会救助体系中的长期护理部分资金主要来自国家、被照料者、家庭和地方政府的社会预算（OECD, 2011a）。

### 三　波兰家庭政策的结果和评价

1989年波兰全面市场化，把波兰原来的家庭政策从"去家庭化"（女性劳动力就业和公立儿童保育体系）和"家庭化"（假期政策和津贴）的混合态势转向全面"再家庭化"的趋势，所有的家庭政策指向推动女性重新回到家庭。这一方面可以在经济形势严峻和失业率居高不下的情况下保护男性工人的工作和就业岗位；另一方面在外债累累和财政赤字数字惊人的情况下、在只能依靠削减各方面支出特别是社会保障领域的支出来缓解经济形势的情况下、在公立儿童保育设施几乎消失的情况下，让女性重新承担起照顾幼儿和长者的责任（OECD, 2011b）。

与匈牙利和捷克相比较，波兰的家庭政策也表现出更为市场化的倾向，带来了更为严重的负面后果。波兰大部分父亲的收入微薄，无法供养整个家庭，而产假津贴和儿童津贴都太少，无法弥补母亲不工作给家庭经济带来的损失（Saxonberg & Szelewa, 2007）。2011年，波兰女性就业的比例只有53.1%，22%的波兰儿童都生活在贫困的风险之中（European Alliance for Families, 2012）。波兰的家庭收入太低，既无力购买私营托育服务（Michoń & Kotowska, 2012），也没有廉价的移民劳工可以利用，女性难以平衡就业和家庭责任，导致波兰的总和生育率只有1.3，成为欧盟生育率最低的国家之一（European Alliance for Families, 2012）。

波兰从2006年开始还进行了一系列家庭政策改革，除了增加家庭现金津贴、增加免税额度、延长产假、增加陪产假等，还增加了公共儿童保育服务。波兰为了解决儿童保育设施不足，正在欧洲结构基金（EU Structural Funds）的大力支持下重建幼儿园。2011年4月还出台了重建公立儿童保育体系的新法案，劳动和社会保障部还在实施鼓励地方政府重建托儿所和儿童俱乐部的项目。到目前为止还看不出波兰家庭政策改革的效果，但是能从中明显地看到欧盟家庭政策对波兰的影响。

# 第六节　西班牙家庭政策：从支持"家族主义"逐步转向支持"双薪家庭"

西班牙的家庭政策清楚地展现了南欧福利体制的"家族主义"特点，也就是说家族（包括核心家庭成员和亲属）在福利供给中处于核心的地位，而天主教教会和非政府组织处于辅助的位置（Reher D. S.，1998）。西班牙的社会权利并不立足于个体，也不立足于核心家庭，而是包括亲属在内的大家庭（家族）（Naldini，M.，2003）。尽管西班牙在 20 世纪经历了巨大的经济社会变迁，但是家庭依然保持了强大的代际关系纽带和亲属内部的团结，照料孩子和老人在很大程度上依然由家庭成员和亲属承担，强烈的家族义务感依然广为人们所接受，这被称为"家庭亲属团结模式"（Naldini & Jurado，2012）。

不过在过去数十年，从女性就业的角度来看，从有薪工作和无薪工作的分配来看，西班牙家庭的情况发生了很大的变化，双薪制的核心家庭模式已经越来越居主流位置，西班牙正在逐步偏离家族亲属团结模式。在过去十年，西班牙妇女就业率不断上升，已经接近欧盟平均水平，在经济危机中妇女仍然坚持积极参与经济活动。同时，西班牙家庭分工中的两性差异不断缩小，越来越多的人认同父亲也有能力照顾孩子。政府也出台了一些政策，帮助这些双薪制家庭的父母在工作和家庭之前取得平衡，比如更长时间更灵活的育儿假期政策，更多的公立儿童保育服务等，但其基本特征还是残补式的，家庭政策的发展并没有跟上家庭的发展（Naldini & Jurado，2012）。

## 一　西班牙家庭政策形成和发展的背景

西班牙家庭政策的发展，是和整个 20 世纪西班牙深刻的社会、经济及政治转型交织在一起的。早在 20 世纪 30 年代佛朗哥独裁统治时，独裁政府为了获得合法性和社会支持，就出台和建构了清晰的家庭政策，帮助重建父权制家庭经济、法律和意识形态基础，巩固社会秩序。随着资本主义发展，西班牙的家庭政策被逐步调整，但是并没有改变支持父权制家庭的目标。

1975 年，西班牙结束了独裁统治，开始了民主化进程，但明确的家庭政策体系因为曾经被用于支持独裁统治而失去了合法性，家庭政策从显性转为隐性，家庭政策变成主要针对低收入家庭，所提供的福利也变成了资产审查式的。而 20 世纪 90 年代之后出现的极低生育率，导致家庭政策开始更为关注儿童保育和假期政策等方面，希望以此来给工作的父母以支持，弥补家庭承担儿童和老人照料所需的成本。但是到目前为止，家庭政策的改革还跟不上家庭的需要（Meil, G., 2006）。

西班牙的家庭价值观对西班牙家庭政策的形成和发展来说是一个极为重要的因素。西班牙把家庭看作收入和资源的单位，每个人都根据自己的机会和能力为家庭做出贡献。西班牙福利体制强调的是包括亲属在内的家庭团结和已婚女性、母亲在照顾方面的基本责任（Saraceno, C., 1994）。虽然经过持续的家庭变迁，西班牙代际之间还是保持着密切联系，亲属之间保持着强大的凝聚力（Maria, K., 2007）。这使得大家庭（家族）能够成为福利的主要提供者，反过来这又培养了把家庭作为服务和福利主要提供者的意识形态，导致了消极的和发展不足的家庭政策。而社会安全网残缺不全和对家庭支持不足，又转而迫使家庭成员更加紧密地团结在一起互相依赖。整个社会对通过普遍的家庭网络来交换资源和服务，对于家庭成员的责任和义务都有着普遍的认同。家庭团结和强烈的家族主义价值观，既是西班牙缺乏系统明确的家庭政策的原因，又是后者的结果，两者相互作用，形成恶性循环（Flaquer, L., 2000）。

## 二 西班牙家庭政策内容

现金补贴。除了和假期政策相关的津贴，西班牙家庭政策还包含以下现金补贴。"儿童出生/收养津贴"（Economic benefit for the birth or adoption of a child），它部分弥补家庭生育或者收养儿童所需成本，但该儿童在此之前必须在西班牙合法生活两年以上。 "抚养照料儿童或未成年人津贴"（Economic benefit for dependent child or minor in foster care），是资产审查式福利，只要家庭收入不超过一定限度，并且抚养照料 18 岁以下的儿童，或者残疾程度超过 65% 以上的 18 岁以上的儿童，无论家庭关系如何都可以获得这一补贴。"生育或者收养第三个或更多孩子津贴"（Economic benefit for the birth or adoption of a third or successive children），资产审查式福利，是一次性津贴，部分补偿生育或者收养第三个或更多孩子不断增长的成本。"多胎生育或收养津贴"（Economic benefit for multiple births or adoptions），一次性津贴，部分补偿多胎生育或收养两个孩子不断增长的成本。"儿童保育津贴"（Economic benefit for child care），正规就业的 3 岁以下孩子的父母，每个月可以通过税收减免 100 欧元；那些没有工作的或者失业的母亲，不能享受这项福利。"大家庭、单亲家庭或者残疾母亲生育或收养孩子的津贴"（Economic benefit due to the birth or adoption of a child by a large family, single parent family or a handicapped mother），资产审查式福利，一次性经济补偿，提供给生育/收养孩子的大家庭、单亲家庭或者残疾程度在 65% 以上的母亲（Ministerio De Empleo Y Seguridad Social, 2012）。

**养老金**。西班牙的国民养老金（State Pension）分为非缴费型（non-contributory）和缴费型（contributory）。西班牙现在领取养老金的年龄，男女都为 65 岁。如果西班牙国民年满 65 岁，养老金缴费不够，或者没有资格申请国民缴费型养老金，那么就可以申请非缴费型养老金。这种养老金的资金来源主要是税收。所有的雇员和自雇者都可以参加（OECD, 2011b）。领取自愿职业养老金的年龄，男女都是 65 岁。西班牙国民个人也可以参加金融机构提供的"税收资格合格养老金计划"（tax-qualifying pension scheme），建立个人的养老金计划，只有收益固定的模式（OECD, 2009a）。

**假期政策**。产假是 16 周，产后 6 周是强制性的。如果和减少工作时间的应享权利合并在一起，实际上产假可以延长 2 ~ 4 周。所有被雇佣的女性都有权享受产假，但是必须满足获得与收入有关的产假津贴的条件。自雇的母亲可以部分时间休产假。产假津贴是原来收入的 100%，来源于社会保险，由雇主和雇员共同支付。可以转让的产假为 10 周。陪产假为 15 天，津贴为原来收入的 100%，由社会保障基金支付。在孩子 3 岁之前，每位父母都有权休育儿假，没有给付。抚养和收养 6 岁以下的儿童，适用规则和生养父母一样。每个员工每年有 2 天假期照顾重病的孩子，津贴由雇主支付（Escobedo & Meil, 2012）。

**儿童保育**。从 1990 年教育改革开始，给 3 ~ 6 岁儿童提供的儿童保育实际上是全日制的学前教育，这些服务由国家直接提供，或者市场提供国家资助。教育部规范这些服务，地方政府的教育部门管理具体的实施，对于家庭来说是免费的（Valiente, C., 2010）。而对于 3 岁以下儿童的托育服务，主要是由非正规机构（家庭或者保姆）提供的，公立托育服务非常匮乏。2008 年西班牙出台了推动 0～3 岁儿童教育的"教育计划 3"（Plan Educa3），准备在 2008～2012 年总计投资 10.87 亿欧元，增加 0～3 岁儿童公立托育机构，改善教育的品质，促进托育老师的专业化。到 2010 年，这方面的情况已经有所改善（Ministerio de Educación, Cultura y Deporte, 2012）。

**长者护理。**"自主性和照料依赖者体系"（Sistema para la Autonomía y Atención a la Dependencia, System for Autonomy and Care for Dependcey, SSAD），为那些需要照料不能够自理的老人提供服务。这项法案提供了四种福利：第一种，以获得公共服务或者公共补贴服务为第一位考量（远程健康照护、兼职护理和养老院）；第二种，获得现金补贴选择私营服务；第三种，在特殊情况下，给那些非常需要照顾的老人提供现金补贴以帮助他们获得个人服务；第四种，在特殊情况下，给家庭内部提供照顾的人提供现金补贴。"自主性和照料依赖者体系"的资金来源于一般税收，主要由中央政府和地方政府支付，受益人自己需要支付的部分视其收入和资产而定。需要支付的额度，根据受益者需要照顾的程度而定，一共分为 6 类。计划从 2007 年开始，执行到 2015 年，逐步从需要程度高的推进到低的，所有公民都有权参与这个计划（Naldini & Jurado, 2012）。

### 三 西班牙家庭政策的结果和评价

虽然传统的亲属家庭团结模式在西班牙一直展示着强大的生命力，但是随着生育率的下降和女性劳动参与率的提高，特别是女性全职工作比例的增加，加上欧盟整体家庭政策的推动，西班牙的家庭政策重心逐步转移到协助双薪家庭平衡家庭和就业上，如延长产假、陪产假和育儿假期并提供相关的津贴，扩大公立儿童保育设施，提供老人照顾服务等。但是总体而言，这些家庭政策还不成体系，不足以真正帮助工作的父母平衡家庭和工作。如果没有祖父母之类的亲属帮忙，女性很难兼顾育儿和工作。随着大量女性移民进入西班牙，西班牙中上等收入的家户，可以通过购买移民的服务，来应对缺乏公共服务照顾幼儿、老人和其他有这方面需要的家庭成员的需求，但低收入家庭依然无法负担此项开支（Maria, K., 2007）。西班牙的照顾模式正在从家庭模式转化为家庭－移民照顾模式，也就是家庭－市场混合模式，但这种模式的发展伴随着给老人提供的公共服务和福利的提高（Naldini & Jurado，2012）。

尽管西班牙在 2009 年遭遇了经济危机和财政危机，但是在教育上面的支出还是呈现稳步上升的趋势。2000 ~ 2009 年，学前教育和小学入学的人数都呈稳定上升趋势。2000 年每个孩子教育的公共支出是 2665 欧元，到 2009 年已经达到 4330 欧元，西班牙在扩大教育支出方面付出了极大的努力。不过，西班牙在给老人提供的新的照料体系方面的支出，2007 ~ 2009 年，中央政府支付给自治区政府的转移支付几乎增加了一倍，但是从 2010 年之后就停止了。经济危机导致资源有限。2007 年西班牙出台了带薪陪产假，目的是促进男女平等和男性更多地参与儿童保育服务，这也有助于双薪家庭模式的维系。但是因为经费不足，一直在推迟实施的日期（Naldini and Jurado，2012）。总之，在经济危机和财政危机的影响下，西班牙政府可能很难继续家庭政策明确化和体系化的过程，很难维系对于家庭政策的投入和对于双薪家庭模式的支持，甚至可能削减这方面的开支。再加上随着工作机会匮乏带来失业情况增多，西班牙家庭政策的转型步伐可能受到阻碍，人们可能会转向需求传统的家庭网络的支持，强化家庭关系和代际关系，强化已经被逐步削弱的"家族主义"。

## 第七节  日本的家庭政策：从传统的"家庭照料体制"走向"社会照料体制"

埃斯平在讨论日本的福利体制时，强调它兼具保守主义福利体制和自由主义福利体制的特点（Esping-Andersen，G. 1997）。也就是说，日本在很长时间对家庭都是持不干预的态度，即使出台了一些碎片化和残补式的家庭政策，也都是支持"男主外女主内"的传统家庭模式。这种残补式的家庭政策模式在经济持续发展、男性充分就业和家庭结构稳定的情况下是可以维持的。但是在 20 世纪 70 年代中期以后，由于日本面临着一系列的社会人口变迁，包括人口老龄化、生育率下降、结婚生育推迟、女性劳动参与率增加等，传统的男性养家糊口模式逐渐失去了生存的土壤。90 年代末期，日本的家庭政策重新调整了方向，其深度和广度都在不断扩大，包括提供更多的公立儿童保育设施、调整产假和育儿假以及提供普惠制的儿童津贴等（Tokoro，M.，2012）。日本成为东亚家庭政策改革的领头雁（Public Policy Research Center，2009），但是对传统家庭的支持依然是其不变的基调。

## 一 日本家庭政策的形成和发展背景

日本"二战"后的家庭体系建立在"男主外女主内"这一传统的两性分工模式的基础之上。这种家庭模式和支撑"二战"后日本福利国家体系的以公司为核心的组织框架相互补充（Peng，Ito，2002）。国家满足的社会需要都是为了追求经济重建和经济发展（Vij，R.，2007）。国家主导和推动经济的发展，使公司能够给雇员提供高薪和优厚的福利；男性只要努力工作，就能够拥有足以养家糊口的薪水和满足家庭需要的福利；女性在家操持家务，照料老人和孩子，满足家庭成员对于照料的需求。这样，国家、公司、家庭（男性和女性）之间的分工构成了一个稳定的相互支撑的结构，既保证了国家经济高速发展，也保证了雇员和家庭的经济安全和生活品质。再加上"家庭的事情最好还是在家庭内部解决"的理念（Kingston，J.，2004），日本政府数十年来都对家庭事务持不干预主义和保守主义态度。

但是，日本"二战"后建构起来的这种福利模式，在1990年经济出现长期衰退后面临严峻的挑战。再加上20世纪70年代中期以后的一系列的社会人口变迁，家庭和公司都发现自己已经越来越难以承担在原来福利分工模式中的角色。要维系结构的稳定和平衡，国家不得不改变自己原来承担的角色。从90年代末开始，日本逐步改变原来对于家庭政策的不干预态度，对整体的家庭政策进行重大的调整（Public Policy Research Center，2009）。为了回应日本逐步进入人口老龄化社会的要求，日本家庭政策调整首先从增加对于老人的护理和服务开始。2000年出台"长期护理保险制度体系"，标志着日本成为第一个由国家主要负担老人长期护理所需费用的亚洲国家，日本的照料体制已经从家庭照料转向社会照料（Timonen，V.，2008）。随着生育率的持续下降，日本的家庭政策逐步转向关注工作和家庭的平衡，帮助工作的父母不因为就业而放弃或者减少生育。日本这个阶段的家庭政策也开始关注扩充公立儿童保育服务和提供儿童津贴与育儿津贴。但和对老人照料的支持相比，在这方面的进展不是那么令人满意（Public Policy Research Center，2009）。

### 二　日本家庭政策的内容

**现金补贴。**"儿童津贴"，2010年4月开始实施，资产审查式福利，每位15岁以下孩子的父母或者监护人每个月可以获得15000日元的儿童津贴。"育儿津贴"，单亲家庭或者残疾的父亲或者母亲，抚养18岁以下的儿童，并且家庭收入低于一定标准可以申请。"特殊育儿津贴"，父亲、母亲或者抚养者所照顾的孩子有精神上或生理上残疾可以申请的津贴。"婴幼儿医疗费津贴"（Infant medical expenses allowance system），居住在户籍所在地，有医疗保险的婴幼儿，保险个人负担部分可以给予补贴。"儿童医疗费津贴"（Medical expenses allowance for children），居住在户籍所在地，有医疗保险的学龄儿童，保险个人负担部分可以给予补贴。"单亲家庭医疗费补贴"（Medical expenses allowance for lone-parent household），资产审查式福利，孩子未满18岁的单亲家庭，个人负担的医疗保险部分可以使用这个津贴（Fujimino International Cultural Exchange Center，2012）。

**养老金。**日本的公共养老金体系由两部分组成：基本定额养老金计划（国民养老金）和收入关联养老金（雇员养老金计划、厚生养老金）。个人在65岁的时候可以开始领取基本养老金，最小缴费年限为25年，全额养老金的缴费年限为40年。收入关联养老金的受益者，必须参加基本养老金计划，那么缴费一个月就可以获得收入关联养老金。领取一次性基本养老金的年龄，现在男女都为60岁；男性从2013年，女性从2018年增加到65岁；领取收入关联养老金，现在男女也都为60岁；男性从2025年，女性从2030年增加到65岁（OECD，2011c）。日本最普遍的私营养老金是职业养老金，是一种终止补偿计划。现在日本还有四种补充性职业养老金，这是建立在自愿基础之上的。这些养老金，都只包括私营企业的员工，公营部门的雇员有不同的养老金安排（OECD，2009b）。

**假期政策。**产假共14周，产前6周，产后8周，其中6周是强制性的。产假津贴为母亲日常平均收入的2/3。资金来自于雇员健康保险（Employees' Health Insurance systems），由雇员、雇主、地方政府和国家共同支付。所有的女性都可以享受产假，但是只有被雇员健康保险覆盖的女性可以享受产假津贴。日本没有陪产假。孩子12个月之前都可以享受育儿假，是个人的应享权利。如果父母分享育儿假，假期可以延长到14个月。父母双方都参加了就业保险，就都可以享受育儿津贴。育儿假津贴为原来收入的50%，资金来源于就业保险（Employment Insurance system），由雇主、雇员和国家共同支付。家庭照顾假期，上限是93天，津贴为平时收入的40%，可以用于照顾需要照顾的家庭成员。每个父母每年还有5天的无薪假期可以照顾不到学龄（6岁）的儿童（Nakazato & Nishimura，2012）。

儿童保育。"保育院"（Day-care center / nursing school），孩子在上小学前，家长因为工作或疾病等理由不能照顾孩子的时候，可以由保育院代为照顾孩子，费用根据家长的课税金额决定。"家庭支持中心"，地方互相协助养育儿童的制度，采取会员制。志愿者可以到托儿所和幼稚园接孩子，送孩子回家，或者帮助需要照料的儿童。"育儿支援中心"（Kosodateshien center），提供育儿中的家长和孩子交流的场所，透过育儿结交朋友，遇到困难可以提出商量，另外还提供有关育儿方面的信息等。"课后儿童俱乐部（学童保育室）"［Hokago Jido Club（Gakudo hoikushitsu）］，为那些家长因工作关系无法照顾的课后学童，在课后和暑假时提供照料的一般生活场所。"儿童馆·儿童中心"（Jido Kan ·Jido Center），通过集体活动及游戏体验，让儿童健康成长，并结交朋友，增进人与人之间的友好关系（Fujimino International Cultural Exchange Center，2012）。

长者护理。2000年，日本政府推出"长期护理保险制度体系"，长期护理保险正式加入日本社会保险体系，日本也成为亚洲第一个为以社区为基础的居家养老和机构性养老提供财政支持的国家，也是第一个对老人的福利从提供医疗保险转向提供长期护理财政支持的亚洲国家。日本长期护理保险由地方政府管理，其保险费50%由中央政府（占25%）和地方政府（占25%）财政负担，50%由国民负担。日本长期护理保险采用强制政策，被保险人分为两类，65岁及以上的老年人称为第1号被保险者，只要有护理需要，保险权自然产生；40~64岁的人称为第2号被保险者，其护理需求局限在痴呆等15类疾病范围中。对于那些经过认证需要不同形式的照料的保单持有者，这个计划将支付90%的费用（尹成远、田伶、李浩然，2006）。

## 三 日本家庭政策的结果和评价

和过去相比，日本在最近二十年来表现出更为积极干预家庭事务的态势，这主要体现在日本改变传统的照顾体制上。比较而言，在儿童照料方面，日本的家庭政策调整似乎不是那么成功。2010 年日本出台的新型儿童津贴，不仅额度比预先计划的削减了一半，而且也从普惠制变成了资产审查式的。日本的儿童保育和工作家庭平衡很大程度上还是要依赖家庭本身（Tokoro，M.，2012）。越来越多职业女性陷于无法兼顾工作和家庭的困境，政府也更为积极地给外出工作女性以帮助，但是帮助也极为有限。日本是世界上经济最为发达的国家之一，但是日本的福利体系和西欧北欧各国相比还是相对滞后的。在东亚各国中，日本在推进家庭政策改革和构建方面相对领先，但是要真正有效地给家庭提供全面的支持，日本还有很漫长的路需要走，特别是在经济发展停滞和财政紧张的时代。

## 第八节　韩国家庭政策：照顾服务产业化，家庭福利供给多元化

同为东亚国家，同样属于儒家文化圈中的一员，韩国的社会政策体制传统上和日本一样都显示出强烈的家庭主义倾向，家庭承担了提供福利产品的主要责任，照料责任主要由妇女承担，而且几乎没有任何可以替代的方式。迄今为止，韩国残补式的家庭政策特点和这种家庭主义倾向始终保持一致（Public Policy Research Center，2009）。韩国二元制就业体系通过就业保护和分层社会保险体系让男性员工居于有利的地位，这样就形成制度性的结构来支持男性间接的和女性直接的家庭照顾责任，也支持了传统家庭主义的福利提供模式的再生产（Peng，Ito，2009）。

但是进入 21 世纪以来，面对家庭结构的变迁和生育率的持续下降带来的挑战，特别是经济危机导致韩国经济发展停滞，传统的家庭主义福利提供模式不再能够有效运作，韩国开始构建明确的家庭政策体系，这标志着韩国从传统上不干预家庭事务转向积极支持和主动创建有利于家庭发展的环境。韩国家庭政策的远景是要建构"一个让所有家庭都感到快乐和得到平等对待的社会"；政策总体目标是"让家庭中的成员无论年龄性别都能和谐相处，提高所有家庭成员的生活品质"；具体目标包括：建设让儿童能够得到良好保育和照料的社区，强化家庭的能力，建设对家庭友好的社区，帮助多元文化家庭融入社会（Ministry of Gender Equality and Family，Korea，2012）。

## 一 韩国家庭政策形成和发展的背景

长期以来受到儒家文化的影响，韩国一直把扶老育幼当作家庭的责任，因此一直到 20 世纪 90 年代，韩国政府都拒绝把儿童保育看作公共部门的责任，更倾向于鼓励社区组织和企业商业部门给工作母亲提供儿童保育服务（Won & Pascall, 2004）。三代同堂和代际间的经济互助是韩国人长期以来普遍接受的文化理念，因此大部分韩国人仍然无法接受由非家庭成员照顾自己的父母，自己年纪大了也不愿意在家接受机构照料或者进养老院（Choi, Sung-Jae, 2002）。因此，虽然在 20 世纪 70 年代韩国的人口老龄化就引起了公众的注意，但是韩国政府一直也没有出台相关政策（Choi, Sung-Jae, 2002），直到 2007 年才正式出台"老人长期照顾保险体系"。

20 世纪 80 年代到 90 年代中期是韩国社会政策扩张的时期，韩国政府实施了一系列改革，包括建立社会保险体系，增加公共救助项目针对儿童、老人和残疾人提供社会服务的法律框架的整合等（Public Policy Research Center, 2009）。但到是 90 年代，韩国依然没有准备放弃以家庭为主的福利体系。直到 1997 年经济急剧衰退导致传统的福利体系再也无法维系下去时，韩国政府才开始改革社会保障体系和就业项目。同一个时期，老年人普遍出现的贫困也推动政府增加老年津贴。这标志着政府在家庭政策方面已经偏离了不干预主义模式（Kwon, Huck-ju, 2002）。进入 21 世纪之后，为了回应人口老龄化，韩国家庭政策的改革主要放在老人照料和护理上（Peng, Ito, 2009）。

## 二 韩国家庭政策的内容

现金补贴。韩国目前只给有特殊需要的家庭提供现金补贴。育儿津贴，2009 年 7 月 1 日出台，只提供给那些没有在儿童保育中心注册的 0 ~ 2 岁的贫困家庭儿童。出生津贴（birth grant），部分地方政府提供给 0 ~ 2 岁的儿童育儿津贴，只有第二个或者排序更靠后的孩子能够获得这些津贴（Ministry of Health and Welfare, Korea, 2012a）。"单亲家庭儿童保育津贴"，给低收入的单亲家庭提供 12 岁以下儿童保育和上学的费用（Ministry of Gender Equality and Family, Korea, 2012）。

**养老金**。韩国的公共养老金体系建立相对较晚。韩国的养老金是收入关联计划，具体收益是建立在个人收入和所有参保人平均收入的基础上的。现在能够获得养老金的年龄是 60 岁，老人必须缴费 10 年以上。到 2033 年，获得养老金的年龄将逐步增加到 65 岁。退休后，养老金会和物价挂钩。60 岁以上的老人不用缴费，这个阶段之后养老金不会根据年龄进行调整（OECD，2011d）。韩国的私营养老金包括"强制性职业养老金"和"个人自愿养老金"。前者覆盖了在私营部门工作的雇员，是一种所有公司都必须给雇员提供的"退休福利体系"（retirement benefit system，RBS）。从 1994 年开始，韩国开始实施个人自愿养老金计划，以"个人退休账户"的形式，不需要缴费（OECD，2009）。

**假期政策**。法定产假为 90 天（每周 7 个工作日）。前 60 天产假薪酬为原来收入的 100%，剩下 30 天总共最多支付 135 万韩币。法定陪产假为 5 天（孩子出生 30 天内），其中 3 天有薪，薪酬为原来收入的 100%，2 天无薪。法定育儿假期是每位父母 12 个月，薪酬为原来收入的 40%（限额为 50 ~ 100 万韩币）。有些地方政府会为第二个孩子或排序更靠后的孩子提供产假津贴（maternity allowance or maternity grant），不同地方津贴的水平不同，但是获得津贴家庭必须收入在贫困线以下。（Shin，et al.，2012）

**儿童保育**。"为一岁以下的婴儿提供全日制的儿童保育服务"，给工作父母或单亲的 3 ~ 12 个月的婴儿提供上门儿童保育服务；"为 3 个月到 12 岁的儿童提供临时的和应急的儿童保育服务"，在父母因为出差、上夜班或者生病无法照顾孩子的时候，提供儿童保育服务。"社区儿童保育中心"，为居民提供儿童保育空间和信息交流机会。"弹性儿童保育网络"，在社区内建立弹性儿童保育网络，交换儿童保育工作和教育子女的经验，补充儿童保育的漏洞（Ministry of Gender Equality and Family，Korea，2012）。

**长者护理**。"老人长期照顾保险体系"（the elderly long-term care insurance system），2007 年出台，是一种社会保障计划，为那些由于年老或者长期患病却无法获得他人帮助的老人，提供包括护理、洗浴和家务料理之类的公共服务。这个体系覆盖的老人，是"国民健康保险"参保者中 65 岁以上的老人或者 64 岁以下但是有病的老人，和收入水平没有关系。这项体系以公私合营的模式来资助对于老人的照顾，由"健康和福利部"及各级地方政府与"国民健康保险公司"（National Health Insurance Corporation）合作。政府负责支付部分项目费用，受益者负责支付机构所需费用的20%或居家护理所需费用的15%，低收入家庭所需支付费用削减一半（Ministry of Health and Welfare，2012b）。

### 三　韩国家庭政策的结果和评价

韩国从20世纪90年代以后，在国家、家庭和市场三个家庭福利供给方中，国家逐渐发挥了越来越重要的作用，而且还准备发挥更为重要的作用。由于劳动力市场的改革，市场在供应和维持男性养家糊口者的稳定就业方面的作用削弱了，但是它被重新定位为社会服务和家庭福利的供给者，主要是提供对于老人和儿童的照顾与服务。家庭还是家庭福利和照顾服务的重要提供者，但是因为国家和市场在福利供给中的作用增加了，它的作用在被弱化。同时，还可以看到，非政府组织和志愿组织的作用在加强。也就是说，韩国整体家庭福利的供给，在从主要依赖家庭（提供照顾服务）和市场（为男性养家者提供稳定的就业和高薪）转向国家、家庭、市场和非政府/志愿者组织之间更为平衡的分配（Peng，Ito，2009）。

重新定位市场在韩国家庭福利供给中的角色和位置，是韩国家庭政策改革的最新动向。因为一方面，过低的生育率和人口快速老龄化，要求韩国政府在家庭政策层面做出回应；另一方面，1997年的经济危机导致韩国的经济发展出现停滞，政府没有足够的资金直接构建公立儿童保育和老人照料服务体系并提供服务。因此，韩国政府主动构建了一个公私合作系统，市场化原来非市场化的照顾工作，以加强儿童保育和老人护理，来帮助妇女取得工作生活更好的平衡。同时通过社会化儿童保育和老人照料来刺激经济发展。韩国通过长期社会投资策略，创造了经济增长和社会福利发展之间的良性循环（Public Policy Research Center，2009）。

韩国最近十年的家庭政策改革，以及正在构建的家庭政策体系，都显示了韩国政府正在从不干预转为主动承担自己在家庭福利供给中应该承担的角色。但是，要从根本上颠覆家庭主义和父权主义的福利体制，韩国还有很长的路要走。1990年后，韩国在家庭福利上的支出开始增加，占GDP的比例从1990年的0.16%增加到2000年的0.33%，再增加到2009年的1.0%，但还是远远低于2009年经合组织成员国的平均水平2.6%，更不用说超过占 4% 的爱尔兰、英国和卢森堡（OECD Family Database，2012）。韩国未来家庭政策的目标，包容性很强但也很模糊，其走向还有待观察。

## 第九节　中国台湾家庭政策：从"家庭照顾"到"照顾家庭"

在过去的数十年，台湾的经济发展也遵循着发展型国家和地区的经济发展路径，致力于发展经济和推动工业化，所有的社会政策和家庭政策的形成发展都要从属于经济发展的需要。政府在承担主导经济发展的责任的同时，把家庭福利供给的责任留给了家庭，强调家庭责任和个人需求的结合，只有在家庭失去功能的时候才提供最低程度的帮助。作为台湾家庭政策主轴的家庭照顾、社区照顾、福利社区化等政策，也都含有强烈的家庭主义倾向，表现出家庭政策的"私有化"和"家庭化"的倾向（许雅惠，2000）。

当台湾经历了类似于其他东亚社会的人口家庭变迁之后，传统的"家庭主义"福利提供模式已经越来越难以维系。但是直到 2004 年，台湾"行政院"才明确要求"内政部"组织专家制定台湾的家庭政策，其核心思想"乃基于支持家庭的理念，而非无限制地侵入家庭，或者管制家庭"，而"家庭所面对的问题和需求，亟须国家与社会给予协助"（台湾"行政院社会福利促进委员会"，2004）。这标志着台湾开始更加积极地介入家庭事务，从家庭成员福利依赖"家庭照顾"转向政府和社会"照顾家庭"。但是台湾并不准备采用瑞典等北欧国家的福利体制，而是更加倾向于保守主义福利体制，因为政府拟定的家庭政策除了回应台湾社会、经济、文化变迁对于家庭的影响，更多是为了维护传统家庭的稳定，支持家庭履行照顾的责任（台湾"行政院社会福利促进委员会"，2004）。

### 一　台湾家庭政策形成和发展的背景

台湾在 20 世纪对家庭一直持不干预的政策，这深受传统家庭意识形态的影响。传统家庭意识形态，强调"男主外女主内"的传统两性分工，鼓励三代同堂和代际之间的互惠互助，认同家庭在儿童保育和老人照顾方面承担的责任。这种传统家庭意识形态，是支撑台湾能够在短时间内实现经济快速发展的一个重要因素。因此，一方面，台湾家庭政策的直接目标或者隐性假设，都显示出强烈的"家庭主义"倾向；另一方面，政府也利用这种传统的意识形态，比如支持和倡导三代同堂，对家庭变迁中出现的多元化家庭模式持消极回应的态度，来回避政府在家庭福利供给上的责任（许雅惠，2000）。传统家庭意识形态，为台湾不干预的家庭政策提供了合法性基础；而这种消极、勉强回应福利需求的家庭政策模式，又给传统家庭意识形态提供了支持。

但是面对 20 世纪 80 年代开始的一系列人口和家庭变迁，传统家庭意识形态已经不能够支持现代家庭运作，单靠家庭本身、代际交互的力量已经不足以满足家庭成员的需求（许雅惠，2000）。20 世纪 90 年代政党之争直接推动了台湾社会福利制度的建立和扩张。进入 21 世纪之后，台湾试图更为有效而公平地介入家庭生活，支持和稳定传统家庭。2004 年台湾出台的家庭政策制定了五个具体目标，包括：保障家庭经济安全，增进性别平等，支持家庭照顾能力和分担家庭照顾责任，预防并协助家庭解决家庭成员的问题以及促进社会包容（台湾"行政院社会福利促进委员会"，2004）。在"人口政策白皮书"中，政府针对少子化、高龄化和移民问题拟定了一套完整的家庭政策改革方案和措施，明确提出无论是在营造有利生育养育的环境，还是在儿童保育和老人照料方面，政府都应该扮演更为积极的角色。（台湾"内政部"，2008）

## 二　台湾家庭政策的内容

现金补贴。生育给付，"国保"、劳保和农保都提供生育给付，但是这三种保险的生育给付不能重复申领。托育津贴，地方性鼓励生育政策，不是每个市县都有。如果父母（或监护人）双方或单亲一方就业，或父母一方就业、另一方因各种原因无法在家中自行照顾未满 2 岁幼儿，而需送请保姆等照顾的，并符合一定收入标准，可以申请托育津贴（台湾"行政院劳工委员会"，2012）。幼儿教育券，普惠制的福利，入读私立小学的儿童可以获得的福利（胡倩瑜，2012）。

养老金。台湾的养老金体系以"国民年金"为基础，建立了包括个人储金账户制度和商业年金保险在内的三个层次的养老金体系。台湾的养老保险和被保险人的职业密切相关，台湾地区现行的养老保险制度根据职业分为劳工养老保险、军公教养老保险、私校教职员养老保险、"国民年金"养老保险四种。其中,军公教养老保险的给付是最为丰厚的,而私校教职员养老保险的给付相对微薄,"国民年金"养老保险针对的是没有被任何养老保险包括在内的 25~65 岁的公民(陈登源,2011)。

**假期政策**。产假一共 8 周。员工怀孕期间,可以申请调动工作。有 3 天带薪陪产假,为原来收入的 100%。台湾的育婴假期为两年,在子女满三岁之前可申请休假。前 6 个月带薪,为原来工资的 60%,由劳工保险支付,其后则无薪。同时抚育两名以上儿童者,其育婴留职停薪时间应合并计算,最长时间以最幼子女抚育满 2 年计算。

**儿童保育**。从 2000 年开始推行"社区保姆支持与督导体系",落实托育福利社区化,使孩子能够就近得到托育服务,并能有效地管控保姆品质(马祖琳、张斯宁,2007)。因效果不佳,2008 年 4 月全面实施"保姆托育管理与托育费用补助计划",遵循"政府与民间组织合作管理保姆托育 + 低度补助家长 + 促进就业措施",编列年度预算为 14 亿多新台币。2009 年,台湾于各县市已设置 56 个小区保姆系统。2001 年"儿童与少年福利法"立法时,将小学学童课后照顾服务纳入福利措施项目中。这些服务以"自办"(即由小学老师从事课后照顾服务)居多,而采取"委托办理"(即委托民间组织或立案托教机构办理)的仅约占一成,但是后者的满意度明显更高(邱干国,2008)。"行政院妇权会"提出"小区自治幼儿园"的构想,"教育部"进一步发展"友善教保实验计划",虽然未能如预期扩大实施,但其部分实验园所却相当成功(刘毓秀,2009)。

**长者护理**。2007 年,台湾"行政院"制定颁布了"长期照顾十年计划",企图整合相关政策及部分业务,应对老龄化的冲击,为老人提供多元连续服务、在地老化和全日照顾。计划依据需求者家户经济能力及失能程度,提供不同额度阶梯式的补助。现在政府预算是长期照顾制度的财务来源,强调"效率"与"效益",通常以资产调查来区分给付的多寡或者部分负担的程度(吴玉琴,2011)。"长期照顾十年计划"还建立长期照顾管理中心,整合居家服务等 11 项服务,实物给付(服务提供)为主要照顾资源提供形式。服务提供形式包括居家、小区及机构式服务,服务内容也整合了居家服务、居家护理与复健服务(陈正芬,2011)。

### 三 台湾家庭政策的结果和评价

少子化和人口老龄化是台湾现在面对的两个主要问题。2011 年，台湾的总和生育率下降到 1.065（台湾"内政部统计处"，2012），65 岁以上的人口占总人口的 11.15%（台湾"内政部统计处"，2013）。这两个问题造成劳动力减少、抚养负担加重、长期照护与社会保险等众多问题。因此，台湾制定的家庭政策，一方面着力于营造有利生育和养育的环境，推动婴儿照顾及保护责任；另一方面积极协助家庭给老人提供有尊严和完整的照料与护理。但是因为时日尚短，目前成效并不是很令人满意。

从统计数据来看，台湾 2011 年的总和生育率相对 2010 年的 0.895 有所提升，但是台湾还远没有形成有利于儿童生育和养育的环境。从儿童托育制度来看，台湾目前的托育制度还是呈现高度私营化，学龄前托育机构所提供的服务量中，公、私比例呈现三比七的悬殊差距。公教机构多附设幼托园所服务其所属人员，以到台湾政策的决策与执行阶层，以及幼托和福利制度的研究者，都能够从中获益，使托育制度的改革更缺动力。同时，托育质量良莠不齐，价格差距很大，中低阶层买不起昂贵的服务，也享受不了公立幼托，只好求助价低质劣的服务，造成了托育阶级区分现象。但是"行政院妇权会"小区自治幼儿园和"教育部"友善教保实验计划部分实验园的成功，也展现出台湾的托育体系正明显朝向"（对就业家庭的）普及公共托育＋积极促进就业"的北欧模式方向发展（刘毓秀，2009）。

台湾老人长期照顾政策，从 1979 年之前的贫困救济和收容安置，到把老人照顾的责任完全归于家庭，到老人福利机构全面合法立案和老人长期照顾实验方案大量涌向，到 2007 年出台"老人长期照顾十年计划"，台湾的长期照顾政策从选择主义开始向普遍主义移动，政府不再只是在老人面临经济贫困或者家庭照护资源匮乏的情况下，才通过资产调查经过社会救济体系为老人提供照料和护理，而开始积极协助家庭为老人提供有效的照料和护理。但是现在，长期照料服务资源除了机构式的资源发展充足，家居式的及社区式服务严重不足。而且各地资源分布不平均，特别是偏远山区或离岛的建构更加不易，服务成本过高，政府的诱因不够，不易吸引服务资源的投入。机构式的资源，品质参差不齐，而且其提供的基本服务已经无法满足老人各方面的需求。整体预算也有可能不足。这些都将考验台湾未来的老人长期照顾体系是否能够应对人口快速老龄化所带来的挑战（吴玉琴，2011）。

台湾家庭政策发展脉络展现了东亚发展型福利体制的基本特征。也就是说，台湾为了推动经济发展，把所有资源都放在经济发展之上，忽视了福利支出和社会投资，把满足个体和家庭需求的责任都放在传统家庭的身上，让家庭照顾所有家庭成员的福利需求。但是，由于经济变迁改变了性别关系和代际关系，妇女越来越难以平衡有薪职业和无薪的照顾工作，进而带来了人口老龄化和少子化，表明传统的家庭主义福利模式已经无法支撑现代家庭的福利需求，社会要求政府"照顾家庭"，积极介入家庭事务，帮助和支持家庭承担原有的责任。但是，儒家主义文化遗产，依然是解释台湾家庭变迁和家庭政策的一个重要因素（Public Policy Research Center，2009）。台湾的家庭政策目标也强调要支持传统家庭，保持传统家庭的稳定。这表明台湾家庭政策更加倾向保守主义家庭政策体制。

## 第十节 新加坡的家庭政策：塑造理想家庭模式，鼓励生育更多子女

和许多东亚国家一样，新加坡的福利体制清楚地显示了东亚福利体制的特点，也就是所有的社会政策必须为经济发展服务，无论是新加坡建国之初通过家庭计划控制生育，还是到 20 世纪 80 年代之后为缓解生育率持续下降而出台的政策，都遵循着这个逻辑。控制人口，是为了使家庭不成为经济发展的负担；鼓励家庭（特别是接受过高等教育的父母）生育更多的孩子，是为了给经济发展培养高素质和数量充足的劳动力；而对于家庭的支持方面，除了中央公积金和公共住房，无论是现金补贴还是假期政策方面，一直都非常有限，特别是在 20 世纪 90 年代末之前。

进入 21 世纪以后，新加坡出台了从结婚、成家、生育、养育、家庭和工作协调到老人照料和护理一系列的家庭政策，通过货币或者非货币的措施从人们生命历程的各个阶段来对家庭和婚姻提供支持与帮助。同时，新加坡还努力在意识形态方面宣传和肯定家庭的重要价值，从强调"社会的基本单位是家庭"，到"强大而稳定的家庭"，到"新加坡，家庭的圣地"（刘笑言，2012），到"强大而稳定的家庭是蓬勃发展和成功国家的基础"

（National Family Council，2012），来鼓励人们认同和肯定自己的家庭角色，认同政府塑造的理想家庭模式，即拥有职业角色的育龄妇女，在丈夫的陪伴下奉养老人和孕育儿女（刘笑言，2012）。不过，从目前来看，新加坡这一做法的效果并不理想，生育率持续下降的趋势并没有得到缓解。

## 一　新加坡家庭政策形成和发展的背景

和许多东亚国家一样，新加坡在建国之初，由于内忧外患的政治经济环境，国家生存和经济发展成为政府首先要考虑的问题，所有的社会政策设计的出发点都服务于经济发展的需要。国家一方面把家庭福利供给的责任放在家庭身上，另一方面通过"家庭计划项目"来控制生育率，清除人口大规模增长可能会对经济发展造成的不利影响。那个时候，国家权力强行侵入家庭，对家庭的生育行为进行控制，这种家庭政策被当成国家的生存策略来推进和实施（Wong & Yeoh，2003）。这样，家庭不仅不会成为经济发展的负担，反而会因为承担了满足家庭成员福利需求的功能，成为经济发展的动力。

到了20世纪80年代以后，新加坡基本实现了工业化和经济发展的目标，政府开始把注意力从经济发展上转移一部分到家庭和社会事务上。在这段时间里，新加坡生育率持续下降，越来越多的女性外出工作。而且随着女性受教育程度的提高，越来越多的女性推迟结婚或者选择不婚。新加坡开始关注是否会出现人口逆淘汰，因此开始出台更多的政策来鼓励大学生早婚早育和生育更多的孩子，但是对于接受教育较少的妇女，则不鼓励她们生育更多的孩子。这种明显带有歧视性的政策，执行时间不久就被废除了（Wong & Yeoh，2003）。在接下来的20年中，新加坡采取了更为中立的政策来鼓励生育，包括提供现金补贴、延长产假育儿假期、增加假期津贴等。

## 二　新加坡家庭政策内容

现金补贴。儿童发展共同储蓄计划（婴儿红利计划）（Children Development Co-saving（Baby Bonus）Scheme），2001年开始实施，目的是通过减轻抚养孩子的成本来支持父母生育更多的孩子。婴儿红利计划包括一份给出生婴儿的现金大礼和一个儿童发展账户。儿童发展账户，12岁以前的儿童可以开设，父母可以往账户内存款，政府给予相同额度的补贴。新生儿保健储蓄津贴（Medicate Grant for Newborns），每个新生儿都会有一个中央公积金保健储蓄账户，政府在其中会存入新生儿保健储蓄津贴 3000 元，分两次存入。父母税收返还（Parenthood Tax Rebate，PTR），不同孩子返还额度不同。有资格/残疾儿童救助（Qualifying/Handicapped Child Relief，QCR/HCR），每个有资格的儿童可获得 4000 元救助，每个残疾儿童可获得 5500 元救助。工作母亲儿童救助（Working Mother's Child Relief，WMCR），工作父母生育孩子可以获得津贴，孩子数量不同，津贴不同。祖父母照顾者救助（Grandparent Caregiver Relief，GCR），如果孩子年龄不足 12 岁而且由祖父母照顾，那么工作母亲可以要求 3000 元补贴。托育补贴（Subsidies for Center-Based Infant Care & Child Care），父母现在每个月可以获得 600 元的婴儿照料补贴和 300 元的儿童照料补贴。外籍女佣征税减免（Foreign Domestic Worker Levy Concession），如果家中孩子不足 12 岁，或有老人或残疾人，父母可以享受外籍女佣征税减免（Ministry of Social and Family Development，Singapore，2013）。

**养老金。**新加坡的中央公积金（the Central Provident Fund，CPF）覆盖了所有的工作人员，包括大部分的公务员。中央公积金是缴费确定性计划。一次性领取养老金的正常年龄是 55 岁，62 岁之后可以分阶段领取养老金。对于私营部门的雇员和雇主来说，中央公积金最高缴费额度根据基本收入上限（月收入 4500 新加坡元）计算。超过总额上限的将作为一笔养老金支付给参保者，而没有超过上限的养老金可以分成 20 年提取。不同年龄中央公积金的缴费额度不同。在正常退休年龄之前不能够提取养老金，除非是用于教育或者房屋购置；但推迟退休可以推迟领取养老金，而且可以继续向基金缴费，养老金也根据缴费进行调整（OECD，2009c）。

**假期政策。**产假为 16 周，产前 4 周产后 12 周。产假津贴由雇主支付，但是国家会偿还前两个孩子最后 8 周的产假津贴，以及第三个或更多孩子 16 周产假的所有津贴。陪产假为 1 周。只要获得母亲的同意，工作的父亲可以分享母亲 16 周产假中的 1 周。如果至少有一个孩子不到 7 岁，那么每位父母每年可以有 6 天的育儿假，前 3 天由雇主付薪，后 3 天由政府付薪。每位父母每年有 6 天婴儿看护假（Infant Care Leave）。如果养父母收养婴儿不足 12 个月，那么有 4 周的有薪收养假。如果工作的母亲在怀孕期间没有充分理由被解雇或者裁员，那么同样有权利要求获得产假福利（Ministry of Manpower，Singapore，2013）。

**儿童保育。**新加坡没有公立儿童保育服务。学前班和儿童托育中心是新加坡两种主要的早期儿童托育服务机构，它们都是由个人、社区、非政府组织或者企业来运作的，政府只是负责监督和资助这些非公共服务。儿童托育中心由新加坡社区发展部（Ministry of Community Development，Youth and Sports，MCYS）管辖，为2个月～6岁的儿童提供托育服务，也为4～6岁的儿童提供学前班教育。学前班归新加坡教育部管辖（Ministry of Education，MOE），为4～6岁儿童提供学前教育。为了监督这些非公立机构提供的服务品质，政府建立了认证体系，也制定和出台了创办与提供这些服务的法规。同时，政府给那些使用儿童托育中心的家庭提供补贴，对于贫困家庭有额外的补贴。对于那些服务提供者，国家会提供政府建筑物（废弃的政府大楼或者办公室）用于创办儿童托育中心，并同时提供资助，还有补贴用于装修和购买服务设备等（Choi，Soo-Hyang，2007）。

**长者护理**。新加坡为长者提供了系统的服务，目的是为了使长者和照料者能够通过各种服务，加强长者的独立性和个人安全，使长者能够安享晚年。这些服务都是由国家福利理事会（National Council of Social Services）资助或者管理的。具体内容包括益友服务（Befriending services）、照料者支援服务（Caregivers support services）、社区个案管理服务（Community case management service）、社区/庇护性收容所（Community home）、辅导服务（Counselling service）、长者日间托管中心、日间康复医疗中心（Day rehabilitation centers）、老年痴呆症日间托管中心（Domentia day care centres）、居家护理服务（居家辅导服务及居家看护/医药服务）（Home care（Home help service and home nursing/medical services））、慈怀服务（Hospice service）、邻里联系服务（Neighbourhood links）、安全归来–失智症患者登记卡（Safe return card）、疗养院（Nursing homes）、年长者活动中心（Senior activity centres）、长者救援热线等（National Council of Social Services，2013）。

### 三 新加坡家庭政策结果和评价

提高生育率是新加坡家庭政策的核心目标。虽然新加坡出台了各种鼓励生育的政策，但是新加坡的生育率从1990年到2010年的20年间，尽管中间有小的波动，但是整体还是保持着持续下降的趋势，到2010新加坡的总和生育率只有1.15（National Family Council，2012）。新加坡家庭政策至少在提高生育率方面效果并不理想。即使新加坡另辟蹊径，在意识形态上强调生育和孝道，仍然没有缓解新加坡面临的这个主要问题。这可能与新加坡的家庭政策对于现代家庭多样化缺乏包容有关，很多家庭政策对于申请资格的要求之一就是"父母的婚姻是合法的"（Ministry of Manpower, Singapore, 2013）。这导致选择非传统家庭模式的伴侣无法从中受惠，因而放弃生育。

新加坡和其他国家还有一个明显差异，就是没有公立的儿童托育系统。儿童托育中心和学前班都是由个人、社区、非政府组织或者企业来运作的，政府只是负责监督、认证和给予一定的经济资助。实际上，早在1949年，新加坡政府就为贫困的母亲建立了公立的儿童托育中心。但是到了1979年，政府把经营儿童托育中心的责任转交给非政府组织"全国工会代表大会"（National Trades Union Congress, NTUC），托育中心从那个时候起就不再是公立机构。新加坡政府认为儿童托育中心作为公立机构运营成本过高，由私营部门经营、政府提供资助会是更好的选择。这也因为新加坡执政当局倾向小政府，宁愿选择把经营责任转交给私营部门或者非政府组织，而自己只承担监督责任、设置准入条件、对于运营者和使用这些服务的父母都提供不同的资助，他们认为这样的儿童托育系统会更有效，而且品质也能够得到保证（Choi, Soo-Hyang, 2007）。

新加坡的福利制度表现出和英美自由主义福利体制类似的特点，也就是强调通过工作来满足福利的需求。正如新加坡社区发展部部长和联合国代表团团长林素芬在联合国社会峰会上介绍新加坡社会发展的哲学和理念时所说："每个新加坡人都深信只有通过努力工作才能够获得报偿。"（Lim Soo Hoon（林素芬），2000）新加坡的家庭政策设计也基于这种理念，大部分家庭政策都是为工作的父母所设计的。如果父母没有工作，那么也就无法享受到这些福利；没有持续的固定收入，就不会持续从政府处获得各种津贴。中央公积金在新加坡整个家庭政策体系建构中举足轻重的位置也说明了这一点。中央公积金是只有工作或者自雇的人才能够有的，家庭政策所包含的许多补助或者津贴都是直接注入中央公积金账户。没有中央公积金账户，也就不可能从家庭政策中获得任何支持或者帮助。

**参考文献**

陈登源，2011，《台湾养老保险制度介绍》，《中国保险学会会刊》，http://www.csia.cn/

hknr/201104/t20110408_ 251050. htm。

陈正芬，2011，《我国长期照顾政策之规划与发展》，《社区发展季刊》第 133 期。

弗雷德里克·勒普斯，2012，《法国如何就家庭发展制定相关政策》，中法家庭政策研讨会，3 月 26、27 日，北京。

胡倩瑜，2012，《回顾我国幼儿教育券实施之成效》，《教育人力与专业发展》第 29 卷第 4 期。

刘笑言，2012，《家庭角色的式微——新加坡家庭政策的现状和挑战》，《东南亚研究》第 2 期。

刘毓秀，1997，《女性、国家、公民身份：欧美模式、斯堪的那维亚模式与台湾现况的比较》，见刘毓秀主编《女性、国家、照顾工作》，台北：女书。

刘毓秀，2006，《北欧托育制度》，《儿童及少年福利期刊》第 10 期，7~21 页。

刘毓秀，2009，《北欧普及照顾与充分就业政策及台湾转化》，台北，彭婉如基金会，"信任·效能·社会创新研讨会：迈向普及照顾服务模式"，12 月 18 日。

马祖琳、张斯宁，2007，《家庭保母督导与管理之规划研究报告》，台湾"内政部儿童局"委托研究报告。

诺尔曼·金斯伯格，2010，《福利分化：比较社会政策批判导论》，姚俊、张丽译，浙江大学出版社。

邱干国，2008，《国小学童课后照顾之家长满意度调查》，台北：台北教育大学教育政策与管理研究所硕士论文。

台湾"内政部"，2008，《人口政策"白皮书"》，http：//www. immigration. gov. tw/lp. asp? ctNode = 29707&CtUnit = 16500&BaseDSD = 7&mp = 1。

台湾"内政部统计处"，2012，《育龄妇女生育率》，http：//statis. moi. gov. tw/micst/ stmain. jsp? sys = 220&ym = 8800&ymt = 10000&kind = 21&type = 1&funid = c0120104&cycle = 4&outmode = 0&compmode = 0&outkind = 1&fldspc = 0，1，2，7， &cod00 = 1&rdm = lYuidjrl。

台湾"内政部统计处"，2013，《102 年第 4 周内政统计周报：101 年底人口结构分析》，http：//www. moi. gov. tw/stat/news_ content. aspx? sn = 7121。

台湾"行政院劳工委员会"，2012，《劳工相关法令》，http：//www. cla. gov. tw。

台湾"行政院社会福利促进委员会"，2004，《附录 2：家庭政策》，http：//sowf. moi. gov. tw/ 17/93/015. htm，2012。

吴玉琴，2011，《台湾老人长期照顾政策之回顾与展望》，"中华民国"老人福利联盟。

许雅惠，2000，《家庭政策之两难——从传统意识形态出发》，《社会政策与社会工作学刊》第 6 期。

叶至诚，2011，《老人福利国际借鉴》，台北：秀威信息科技出版。

尹成远、田伶、李浩然，2006，《日本长期护理保险对我国的借鉴与启示》，《日本问题研究》第 2 期。

郑秉文、胡云超，2003，《英国养老制度改革"市场化"取向的经验与教训》，《辽宁大学学报》第 4 期。

朱圣惠，2011，《孩子是甜蜜不是负荷——谈法国友善育儿措施》，台北：儿童福利联盟文教基金会。

Baker, Maureen. 1995. *Canadian Family Policy: Cross National Comparisons*, Toronto: University of Toronto Press.

Barnes, J., Desousal, C., Frost, M., Harper, H., Laban, D., and others, 2005, *Changes in the characteristics of Sure Start Local Programme areas - 2000/2001 to 2002/2003*, National Evaluation of Sure Start, http://www. ness. bbk. ac. uk/.

Brown and Liddle, 2005, "Service Domains - The New Communities: A Case Study of Peterlee Sure Start, UK", *Local Government Studies*, Vol. 31, No. 4, 449 - 473.

Brown, Jeffrey R. & Finkelstein, Amy, 2011, "Insuring Long-Term Care in the United States", *Journal of Economic Perspectives*, Vol. 25, No. 4, pp. 119 - 142.

Cameron, D., 2009, "Making Progressive Conservatism a reality", speech to the launch of the Progressive Conservatism project, Demos, Thursday 22nd, January.

Cherlin, A., 1992, *Marriage, divorce, and remarriage*, 2nd ed., Cambridge, Massachusetts: Harvard University Press.

Choi, Soo-Hyang, 2007, *Partnership with Non-Public Actors Singapore's Early Childhood Policy*, UNESCO Policy Brief on Early Childhood, Education Sector of UNESCO, unesdoc. unesco. org/images/0014/001494/149486e. pdf.

Choi, Sung-Jae, 2002, "National Policies on Ageing in Korea", in Phillips, David R. & Chan, Alfred C. M., (eds.), *Ageing and Long-term Care: National Policies in the Asia-Pacific*, Singapore: Institute of Southeast Asian Studies.

Clawson, D., Gerstel, N., 2002, "Caring for Our Young: Child Care in Europe and the United States", *Contexts* vol. 1 no. 4, pp. 28 - 35, Fall-Winter.

CLEISS, 2012a, *The French Social Security System I-Sickness, Maternity, Paternity, Disability and Death Branch*, http://www. cleiss. fr/docs/regimes/regime_ france/an_ 1. html, visited 2013/01/31.

CLEISS, 2012b, *The French Social Security System III-Retirement*, http://www. cleiss. fr/docs/regimes/regime_ france/an_ 3. html, visited 2013/01/31.

CLEISS, 2012c, *The French Social Security System IV-Family Benefits*, http://www. cleiss. fr/docs/regimes/regime_ france/an_ 4. html, visited 2013/01/31.

Coleman, N., & Riley, T., 2012, *Lone parent obligations: fowlloing lone parents' journeys from benefits to work*, research paper No. 818, Department of Work and Pension, UK.

Crompton, Rosemary; Lyonette, Sarah, 2005, *Worlk-life balance in Europe*, GeNet Working Paper, No. 10.

David, M., 2008, L'évolution des opinions des Fran? ais sur les questions sociales entre 2002 et 2007, *Etudes et Résultats*, No. 652, August.

Department of Health, UK, 2001, National Service Framework for Older People: Executive Summary, http://www. dh. gov. uk/en/Publicationsandstatistics/Publications/Publications Policy AndGuidance/DH_ 4010161.

Dyczewski, Leon, 2010, "Family and state in twentieth - century Poland", in Grandits, Hanes, (ed.) *Family, Kinship and State in Contemporary Europe*, Frankfurt/New York: Campus Verlag.

Eiken, Steve, Kate Sredl, Brian Burwell, and Lisa Gold, 2010, *Medicaid Long-Term Care*

*Expenditures in FY 2009*, Research Paper. Thomas Reuters publication. http: //leg. mt. gov/content/Publications/fi scal/interim/fi nancemty_ nov2010/Managed-Care-Costs. pdf.

Ellingster, Anne Lise, 2012, *Cash for childcare: experiences from Finland, Norway and Sweden*, International policy analysis. Friedrich-Ebert-Stiftung.

Escobedo, Anna; Meil, Gerardo, 2012, *Leave policies and research country report: United States*, http: //www. leavenetwork. org/lp_ and_ r_ reports/country_ reports/? S = ohne% 3Ftype% 3D98% 3.

Esping-Andersen, Gøsta, 1997, "Hybrid or Unique?: the Japanese Welfare State Between Europe and America", *Journal of European Social Policy*, Vol. 7, No. 3, pp. 179 – 189.

Esping-Andersen, Gøsta, 1999, *Social foundation of postindustrial economics*, Oxford University Press.

European Alliance for Families, 2012, *Poland: Tackling the challenge of work-life reconciliation*, Country profile of Poland, EU, http: //europa. eu/familyalliance/countries/poland/index_ en. htm.

Fagnani, J. and Math, A., 2011, "The predicament of childcare policy in France: What is at Ssake?", *Journal of Contemporary European Studies*, Vol. 19, No. 4: 547 – 561.

Fagnani, J., & Boyer, D., 2012, *Leave policies and research country report: France*, http: // www. leavenetwork. org/lp_ and_ r_ reports/country_ reports/? S = ohne% 3Ftype% 3D98% 3F.

Finch, Naomi, 2002, "Demographic trends in the UK", first report for the project "Welfare Policy and Employment in the Context of Family Change", Social Policy Research Unit, University of York.

Flaquer, Lluís, 2000, "Family policy and welfare state in Southern Europe", WP núm. 185, Institut de Ciències Polítiques i Socials, Barcelona.

Fujimino International Cultural Exchange Center, 2012, "Cash Benefit", http: //www. ficec. jp.

Fultz, Elaine, Marcus Ruck and Silke Steinhilber, eds, 2003, *The Gender Dimension of Social Security Reform in Central and Eastern Europe*, Budapest: ILO.

Glass, Christy & Fodor, éva, 2007, "From Public to Private Maternalism? Gender and Welfare in Poland and Hungary after 1989", *Social Policy*, Vol. 14, No. 3, 323 – 350.

Government Office of Sweden, 2012, "Pension in Sweden", http: //www. government. se/sb/ d/15473/a/183496.

Haas, L., & Duvander, Ann-Zofie, 2012, *Leave policies and research country report: Sweden*, http: //www. leavenetwork. org/lp_ and_ r_ reports/country_ reports/? S = ohne% 3Ftype% 3D98% 3F.

Heinen, Jacqueline and Monika Wator, 2006, "Child Care in Poland before during, and after the Transition: Still a Women's Business," *Social Politics* 13 (2): 189 – 216.

Hofferth, S., A. Brayfield, S. Deich, and P. Holcomb, 1991, *National child care survey 1990*. Urban Institute Report 91 – 5. Washington, D. C.: Urban Institute Press.

Jarvis, Tim, 1997, "Welfare-to-work: the new deal", research paper 97/118, Business and Transport Section, House of Commons Library.

Joel, Marie-Eve; Dufour-Kippelen, Sandrine; Duchene, Catherine; Marmier, Mathilde, 2010, "The long-term care system for the elderly in France", Enepri Research Report, No. 7, European Network of Economic Policy Research Institutes, Assessing Needs of Care in European Nations.

Kamerman, Sheila B. & Kahn, Alfred J. , 1997, *Family change and family policies in Great Britain, Canada, New Zealand, and the United States*, Oxford University Press.

Kamerman, Sheila B. & Waldfoge, Jane, 2012, *Leave policies and research country report: United States*, http://www. leavenetwork. org/lp_ and_ r_ reports/country_ reports/? S = ohne% 3Ftype% 3D98% 3F.

Kaufmann, Franz-Xaver. 2002. "Politics and Politics towards the Family in 200 References Europe: A Framework and an Inquiry into their Differences and Convergences", in Franz-Xaver Kaufmann et al. , *Family Life and Family Policies in Europe, Volume 2: Problems and Issues in Comparative Perspective*, Oxford: Oxford University Press, pp. 419 – 490.

Ketola, Outi and Kare Thomsen, Hanne Warming Nielsen. 1997. "From poor relief to social rights and social care services' clienthood," in Sipila, Jorma, (ed. ), *Social Care Services: The Key to the Scandinavian Welfare Model*, ed. , Aldershot: Ashgate.

King, Leslie, 1998, "France Needs Children: Pronatalism, Nationalism and Women's Equity", *The Sociological Quarterly*, January 1998, Vol. 39, Iss. 1, pp. 33 – 52.

Kingston, Jeff, 2004, *Japan's Quiet Transformation: Social Change and Civil Society in the Twenty-First Century*, New York: Routledge Curzon.

Korpi, W. , 1978, *The Working Class in Welfare Capitalism*, London: Routldge.

Kuska, Pawel, 2010, "Elderly care in Poland", Sustainable Sweden Southeast AB, www. halsoteknik. com.

Kwon, Huck-ju, 2002, "Welfare reform and future challenges in the Republic of Korea: Beyond the developmental welfare state?" *International Social Security Review*, Vol. 55, No. 4, pp. 23 – 38.

Lenoir, R. 1991. "Family Policy in France Since 1938", in John S. Ambler ed. , *The French Welfare State: Surviving Social and Ideological Change*, New York: New York University Press, pp. 144 – 186.

Lewis, Jane, ed. , 2006, *Children, changing families and welfare states*, Edward Elgar.

Lim, Soo Hoon (林素芬), 2000. "'Singapore Statement' at the UN Social Summit", http://www. un. org/socialsummit/speeches/286sin. htm.

Maria, Karamessini, 2007, *The southern European social model: changes and continuities in recent decades*, Discussion paper series, The international institute of labour studies, Geneva.

McDonald, 2000, "The 'Toolbox' of Public Policies to Impact on Fertility-a Global view", paper presented at the seminar "low fertility, families and public poliices", organseid by the European Observatory on Family Matter, Sevilla, September 15 – 16.

Meil, Gerardo, 2006, "The evolution of family policy in Spain", *Marriage & Family Review*, Vol. 39, No. 3/4, pp. 359 – 380.

Michoń, Piotr & Kotowska, Irena E. , 2012, *Leave policies and research country report:*

Poland, http://www. leavenetwork. org/lp_ and_ r_ reports/country_ reports/? S = ohne% 3Ftype% 3D98% 3F.

Ministerio de Educación, Cultura y Deporte (Ministry of Education, Culture and Sport), 2012, "Plan Educa3", http://www. mecd. gob. es/educacion/comunidades-autonomas/ programas-cooperacion/plan-educa3. html.

Ministry of Gender Equality and Family, Korea, 2012, "Family Policies" . http:// english. mogef. go. kr/sub02/sub02_ 61. jsp.

Ministry of Health and Social Affairs, Sweden, 2012, Elderly Care in Sweden, http:// www. government. se/sb/d/15473/a/183501.

Ministry of Health and Welfare, Korea, 2012a, *Policies on Childcare*, *Support for Children in Needy of Care*, *Childbirth Promotion Policy*.

Ministry of Health and Welfare, Korea, 2012b, "Elderly long-term care insurance", http:// english. mw. go. kr/front_ eng/jc/sjc0105mn. jsp? PAR_ MENU_ ID = 100305&MENU_ ID = 10030502.

Ministry of Labour and Social Policy of Poland, 2012, Family Benefits, http://www. mpips. gov. pl/en/social-security-system-cooperation/family-benefits/.

Ministry of Manpower, Singapore, 2013, *Childcare Leaves*, http://www. mom. gov. sg/ employment-practices/leave-and-holidays/Pages/childcare-leave. aspx.

Ministry of Social and Family Development, Singapore, 2013, *Summary of Policies for supporting marriage and family*, http://www. heybaby. sg/summaryofmeasures. html.

Myrdal, A. , 1968, *Nation and Family*, Cambridge, MA: MIT Press.

Nakazato, Hideki & Nishimura, Junko, 2012, *Leave policies and research country report*: *United States*, http://www. leavenetwork. org/lp_ and_ r_ reports/country_ reports/? S = ohne% 3Ftype% 3D98% 3F.

Naldini, M. , 2003, *The Family in the Mediterranean Welfare States*, London/Portland: Frank Cass.

Naldini, Manuela and Jurado, Teresa, 2012, "The institutional context of recent family changes: Welfare state reorientation in Spain and Inertia in Italy", paper presented in 10th Annual ESPAnet Conference, Stream 12, *Tranforming family policies and the work-family relationship in cross-national perspective*, September 6 – 8, School of Social and Political Science, University of Edinburgh.

National Council of Social Services, 2013, *Eldercare services*, http://www. ncss. gov. sg/ social_ service/eldercare_ services. asp.

National Family Council, 2012, "State of the family report 2011", http://www. nfc. org. sg/ research. htm.

O'Brien, M. & Moss, P. , 2012, *United Kingdom International Review of Leave Policies and Related Research*, Available on http://www. leavenetwork. org.

OECD, 2009a, "Pension Country Profile: Spain", in *OECD Private Pensions Outlook 2008*.

OECD, 2009b, "Pension Country Profile: Japan", in *OECD Private Pensions Outlook 2008*.

OECD, 2009c, "Pension system of Singapore", www. oecd. org/els/pensionsystems/49454119.

pdf.

OECD, 2009, "Pension Country Profile: Poland", in *OECD Private Pensions Outlook 2008*, OECD Publishing. www. oecd. org/daf/pensions/outlook.

OECD, 2011a, "Poland: long-term care", www. oecd. org/poland/47877986. pdf.

OECD, 2011b, "Spain", in *Pensions at a Glance 2011: Retirementincome Systems in OECD and G20 Countries*, OECD Publishing. http: //dx. doi. org/10. 1787/pension_ glance - 2011 - 74 - en.

OECD, 2011c, "Japan", in *Pensions at a Glance 2011: Retirementincome Systems in OECD and G20 Countries*, OECD Publishing. http: //dx. doi. org/10. 1787/pension_ glance - 2011 - 63 - en.

OECD, 2011d, "Korea", in *Pensions at a Glance 2011: Retirementincome Systems in OECD and G20 Countries*, OECD Publishing. http: //dx. doi. org/10. 1787/pension_ glance - 2011 - 64 - en.

OECD, 2011, "Poland", in *Pensions at a Glance 2011: Retirementincome Systems in OECD and G20 Countries*, OECD Publishing. http: //dx. doi. org/10. 1787/pension_ glance - 2011 - 70 - en.

OECD Family Database, 2012, *PF1. 1: Public spending on family benefitse*, OECD-Social Policy Division-Directorate of Employment, Labour and Social Affairs, www. oecd. org/social/family/database.

Ohlander, Ann-Sofie, 1992, "The invisible child? The struggle over social democratic family policy", in K. Misgeld, K. Amark, eds. , *Creating social democracy: A century of the social democratic labor party in Sweden*, Pennsylvania State University Press.

Pedersen, Susan, 1993, "Catholicism, Feminism, and the Politics of Family During the Late Third Republic", in Seth Koven and Sonya Michel eds. , *Mothers of a New World: Maternalist Politics and the Origins of Welfare States*, New York: Routledge, 1993, PP. 246 - 276.

Peng, Ito, 2002, "Gender and Welfare State Restructing in Japan", in Aspltar, Christian, ( ed. ), *Discovering the Welfare State in East Asia*, Westport: Praeger.

Peng, Ito, 2009, "The political and social economy of care: Republic of Korea research report 3", Geneva: Unitied Nations Research Institute for Social Development.

Public Policy Research Center, 2008, *A cross-national comparision of family policy*, commissioned by and submitted to Central Policy Unit, Hong Kong SAR Government.

Public Policy Research Center, 2009, *A literature review of family policy in four East Asian societies*, commissioned by and submitted to Central Policy Unit, Hong Kong SAR Government, The Chinese University of Hong Kong.

Reher D. S. , 1998, "Family Ties in Western Europe: Persistent Contrasts", *Population and Development Review*, Vol. 24, No. 2. pp. 203 - 234.

Ringen, Stein, 1997, "Family change and family policies: Great Britain", in Kamerman, Sheila B. , and Kahn, Alfred J. , eds. , *Family Change and Fmaily Policies in Great Britain, Canada, New Zealand, and the United States*, pp. 31, Oxford: Clarendon Press.

Robert Wood Johnson Foundation, 2007, "Long-Term Care Partnership Expansion: A New Opportunity for States", Issue Brief. May. http://www.chcs.org/usr_doc/Long-Term_Care_Partnership_Expansion.pdf.

Saraceno, C., 1994, "The Ambivalent Familism of the Italian Welfare State", *Social Politics* Spring, pp. 60 – 82.

Saxonberg, Steven & Szelewa, Dorota, 2007, "The Continuing Legacy of the Communist Legacy? The development of family policies in Poland and the Czech Republic", *Social Politics*, Vol. 14, No. 3, pp. 351 – 379.

Shin, Yoon-Jeong; Kim, Hyunsik; Yi, Jihye, 2012, *OECD family database on Korea*, Policy paper 2012 – 46, OECD Korea Policy Centere, Korea Institute for Health and Social Affairs.

Simpson, Nicole B., Jill Tiefenthaler and Jameson Hyde, 2010, "The Impact of the Earned Income Tax Credit on Economic Well-Being: A Comparison across Household Types", *Population Research and Policy Review* 29: 843 – 864.

Szelewa, Dorota, 2012, *Childcare policies and gender relations in Eastern Europe: Hungary and Poland compared*, Harriet Taylor Mill-Institut für Ökonomie und Geschlechterforschung, Discussion Paper 17, March.

Timonen, Virpi, 2008, *Ageing Societies A Comparative Introduction*, Berkshire: Open University Press.

Tokoro, Michihiko, 2012, Family *policy under the new government in Japan: the case of new child benefit*, Working Paper. UK Social Policy Association. www.social-policy.org.uk/lincoln/Tokoro.pdf.

UNICEF, 2008, "The child care transition. A league table of early childhood education and care in economically advanced countries. Report Card 8", Florence: Innocenti Research Centre.

Valiente, Celia, 2010, "The Erosion of 'Familism' in the Spanish Welfare State: Childcae Policy since 1975", in Ajzenstadt, Mimi & Gal, John, (eds.), *Children, Gender and Families in Mediterranean Welfare States*, Springer.

Vij, Ritu, 2007, *Japanese Modernity and Welfare State, Civil Society, and Self in Contemporary Japan*, Hampshire: Palgrave Macmillian.

Wiggan, Jay, 2010, "Something red, bold and new? Welfare reform and the modern Conservative Party", paper presented Social Policy Association Conference, University of Lincoln, Lincoln.

Wolman, L., 1943, The Beveridge Report, *Political Science Quarterly*, Vol. 58, No. 1, pp. 1 – 10.

Wong, Theresa; and Brenda S. A. Yeoh, 2003, *Fertility and the Family: An Overview of Pro-natalist Population Policies in Singapore*, Asia MetaCentre Research Paper No. 12. National University of Singapore.

Won, Sook-yeon & Pascall, Gillian, 2004, "A Confucian War over Childcare? Practice and Policy in Childcare and Their Implications for Understanding the Korean Gender Regime", *Social Policy & Administration*, Vol. 38, No. 3, pp. 270 – 289.

# 附录二
# 12 个国家和地区政府负责
# 家庭事务的职能机构研究

## 澳大利亚家庭、住房、社区服务和原住民事务部
## （Department of Families，Housing，
## Community Services and Indigenous Affair）

卢 扬

### 一 家庭、住房、社区服务和原住民事务部概况

澳大利亚家庭、住房、社区服务和原住民事务部（简称 FaHCSIA），在
2005 年之前还称为家庭和社区服务部。2005 年增加了原住民服务，家庭和
社区服务部改名为家庭、社区服务和原住民事务部，简称为 FaCSIA。2008
年之后增加了住房服务，家庭、社区服务和原住民事务部改名为家庭、住
房、社区服务和原住民事务部。FaHCSIA 是澳大利亚政府社会政策的制定者
之一，同其他政府与非政府组织一起管理一系列的项目和服务计划，以提高
澳洲居民的生存状态。FaHCSIA 通过与其他政府和非政府组织合作，向服务
项目供应商（Service Providers）提供联邦资金（Commonwealth Funding）。
服务项目供应商是通过一系列筛选产生的。FaHCSIA 在网上随时更新公布可
申请的服务项目、筛选的过程及最新日期等，并通过非营利组织获取最新的
服务需求，以便提供最新的服务信息。FaHCSIA 现已拥有一套覆盖全州的组

织网络，办公总部设在首都堪培拉，在各省会城市设有办事处。各州、地区和地方层面办事处主要工作是管理相关的联邦政府政策、项目和计划。

FaHCSIA 通过与以下组织和个人建立联系，合作开展服务：（1）澳洲其他政府部门；（2）各州及大区政府；（3）地方政府；（4）外国政府；（5）商业团体；（6）非营利的社区部门；（7）组织的高层代表；（8）服务供应商；（9）研究人员；（10）个人、家庭及社区。

## 二　家庭、住房、社区服务和原住民事务部的职能

澳大利亚社会保障的实施权主要集中在联邦政府，社会保障事务分散在相关职能部门。社会保障和福利事业的主管部门经历了由社会保险部（Department of Social Security）、家庭和社区服务部（Department of Family and Community Services）到家庭、住房、社区服务和原住民事务部的转变历程。具体来说，FaHCSIA 的前身——家庭和社区服务部是澳大利亚负责公共福利事业的重要政府部门，曾负责残疾保障、家庭津贴、社区服务等主要社会保障项目政策的制定和实施（杨红燕、陈天红，2011）。家庭和社区服务部以制定增进社会福祉的社会政策为主，旨在将澳大利亚建成一个充满民族凝聚力的公正的国度，其职责包括：收入和住房政策的制定、社区服务、残疾人服务、儿童福利以及家庭支持计划等。2002 年，联邦政府的家庭与社区服务部支出 550 亿澳元用于社会福利项目及社区服务领域，其支出总额约占澳大利亚联邦预算的 1/3（孔娟，2003）。目前，FaHCSIA 是全国性的社会保障和福利主管部门，并在全国设有多个派出机构，通过前述网络在全国范围内开展工作。

### （一）澳大利亚社会福利的发展进程和背景介绍

澳大利亚的社会福利事业肇始于 1910 年设立的养老金、伤残抚恤金以及 1912 年实行的产妇补贴。当时，这样的社会福利被认为是激进的做法，但正是这一激进的做法为澳大利亚赢得了社会福利事业先驱的美誉。凡是由于年老、丧失工作能力、失业等而没有足够收入的人和家庭都可以从澳大利亚社会福利制度中获得经济支持，同时也包括为有能力参加工作的人提供寻找职业的渠道，等等。这些都是澳大利亚早期社会福利的主要形式。

自 20 世纪 70 年代开始，澳大利亚人口经历了急剧的变化，主要表现在以下几方面：之前的早婚与普遍婚姻的趋势发生了改变；50～60 年代稳定

的出生率遭到破坏，人口增长率降至更替水平之下；婚外育增加；离婚率上升；父母不能尽到养育子女的责任；单亲家庭、女性主导的家庭变得越来越普遍。随后，人们开始注意到，人口的改变并不独立于社会与经济的改变，并开始关注女性在社会经济中的地位，尤其是已婚女性和有孩子的女性在劳动力市场中的参与度及人们的认同度；家庭消费相对家庭收入而言急剧提高；劳动力市场中职业结构发生了改变；越来越多的人去接受第三次教育；来自其他国家的移民数量越来越多，国家越来越多地参与到家庭福利方面。这些变化使人们看到，对家庭的研究仅仅局限于人口方面远远不够，越来越多的人口与社会问题要求把家庭问题和社会问题结合起来进行分析。1983年澳大利亚国立大学社会科学学院提出家庭工程（Family Project）研究提案，针对以上人口与社会问题进行调查研究（Bracher，1978：106 – 122），并于 1984 年获得通过。同一时期，针对澳大利亚女性、移民等问题也有学者做过专门的研究。

（二）家庭、住房、社区服务和原住民事务部主要服务项目

作为澳大利亚社会福利实施的主体，FaHCSIA 开展的项目和服务（Programs & Services）主要针对以下几个方面[①]。

1. 家庭和儿童（Families and Children），具体服务项目包括以下几方面。(1) 儿童服务（Children）：保护澳大利亚儿童，成立专门应对儿童性虐待问题的机构；发起儿童和家庭圆桌计划（Children and Family Roundtable），以支持政府制定并实施提高儿童和家庭福利的政策与项目。

(2) 福利金改革（Welfare Payments Reform）：福利金改革的目标是使利益最大化地转向儿童；同时也为个人提供收入管理服务，以使个人有能力应对生活困境。

(3) 儿童支持计划（Children Support）：目的是应对澳大利亚儿童抚养问题，分居和离异以后妇女和儿童贫困的问题，以及由于父母未尽抚养义务而导致政府用在儿童抚养方面的开支与日俱增的问题等，确保儿童获得足够的财政支持。

(4) 抚养计划（Parenting）：包括带薪产假计划和家庭支持计划（The

---

① 澳大利亚家庭、住房、社区服务和原住民事务部官网 2013 年 6 月份更新公布的数据，可参考网址 http：//www.fahcsia.gov.au/about-fahcsia/programs-services。

Family Support Program），通过联邦资助提供综合整体的服务，保障儿童和家庭的健康、发展及安全。

（5）家庭经济援助（Family finance）：由联邦金融咨询（Commonwealth Financial Counselling）机构向正经历经济困难的个人提供咨询服务，包括环境因素导致的，如失业、疾病、家庭破产等。

（6）家庭关系（Family relationships）：认同同性关系（Recognition of same-sex relationships），保证同性夫妻家庭拥有相同的权力；促进家庭收养计划；等等。

（7）研究（Research）：由 CFCA（Child Family Community Australia）为专业的儿童保护、家庭支持和社区支持研究提供基于实证的信息资料；"成长在澳洲——澳大利亚儿童纵向研究"（Growing up in Australia—The Longitudinal Study of Australian Children），描绘了澳大利亚儿童及其家庭的全面影像；澳大利亚家庭、收入和劳动力调查（The Household, Income and Labour Dynamics in Australia Survey），目标是支持澳大利亚在收入、劳动力市场和家庭劳动力方面的研究。

2. 住房支持（Housing Support），具体包括：关注住房负担能力，减少无家可归者，建立社会福利房，发放住房基金，建立廉租房，更好地进行城市区域规划，确保各地方普通工薪家庭的购房租房能力。

3. 老年人（Seniors），具体包括：老年退休金信息服务，为退休老年人成立金融投资服务中心，帮助退休老人再就业，为老年人提供免费的网络及再就业培训，等等。

4. 社区与志愿群体（Communities and Vulnerable People），主要包括以下几方面。（1）社区支持：社区工作者工资支付，志愿者补助，紧急救助，自然灾害、传染病或其他破坏性事件的应对工作，社区援助。（2）社区发展：利用税收机制鼓励建立有利于社区发展的机构；促进政府政策和服务递送，向社区成员传达政府信息；设立社区投资项目，鼓励针对社区需求的非营利组织的发展。

5. 残疾群体及看护者（Disability and Carers），服务项目包括：为残疾群体和服务提供者提供的支持计划，为看护者提供的短期与长期休息支持项目，建立一个针对残疾群体的覆盖全国的社会支持网络，等等。

6. 妇女（Women）：主要包括促进妇女社会地位平等；实施妇女和儿童

暴力应对计划；促进女性组织和女性政策的国际参与；建立澳大利亚女性研究数据；提高澳大利亚女性安全，包括薪酬公平、退休金、金钱管理以及妇女在商业领域的安全；性别专题小组通过提供一系列的服务，支持性别专家的研究，将性别平等整合到政府政策、规划和研究中。

7. 原住民（Indigenous People）：缩小北部地区的差异，提高原住民生活，为原住民家庭、儿童和妇女提供服务，在住房、就业、法律、认同等各方面为原住民提供援助。

### 三　澳大利亚家庭、住房、社区服务和原住民事务部的服务实施过程

澳大利亚政府实行联邦政府、州政府与地方政府三级管理体制。社会服务的整体过程与三级政府相适应：在联邦政府层面，由家庭、住房、社区服务和原住民事务部负责行使总体的服务规划与管理，包括全国社会政策的制定，政府与社区之间伙伴关系的协调，以及各州和地方相关机构的关系协调等；州政府层面主要负责区域性公共事务，如社区间的主要道路、社会治安和小学、中学教育等；市（地方）政府负责具体任务的执行，落实地方日常事务安排。下文以澳大利亚社区服务为例，分析澳大利亚家庭、住房、社区服务和原住民事务部的服务实施过程。

#### （一）澳大利亚社区服务管理机构

澳大利亚是世界上城市化程度较高的国家之一，根据澳大利亚统计局2000年的数据，到1996年，约有76%的人口居住在中心城市，余下24%（429万）的人口居住在农村和小城镇；而且，在总人口中，约有53%的人居住在五个沿海城市。与澳大利亚高度城市化相伴的社区建设已非常成熟，并对澳大利亚的社会稳定起到重要作用。澳大利亚的地方基层政府就是它的社区管理部门，也就是说，社区的地理范围与地方政府管辖的范围一致。地方基层政府设在州以下，有的叫市（city），有的叫镇（town），有的叫地方理事会（local councils），还有直接叫社区（community），我们把它统称为市。市政府直接面对社区居民，是澳大利亚社区管理的主体，是澳大利亚最低层次的社区事务管理机关。市政府一般下设市政和财产管理处、环境与规划处、社区服务处、商务与财政处和机关事务管理处等部门。

## （二）社区服务的经费来源

澳大利亚社区服务的经费来源主要是联邦政府和州政府的财政拨款，以及房地产税收等。经费来源的渠道也直接决定了社区管理的服务方向。首先，澳大利亚是经济发达国家，联邦政府和州政府有强大的财政收入，两级政府的财政拨款构成了社区管理的主要经费来源。这些拨款主要用于市政府的运行费用，如市政府工作人员的工资、图书管理员和幼儿园老师的工资、一些大型项目的建设等；其次，市政府行使其职责的资金还有一部分来自房地产税收。在澳大利亚，社区居民每年都要缴纳一定的房地产税，其总额约为房地产价值的 0.3%，可以一次交清，也可以分季度缴纳。市政府使用这笔费用提供的服务也不少，如垃圾收取、街道照明、街道清洁、公园、图书馆、地方道路、人行道、下水道、紧急服务、家庭与社区照料服务等。

## （三）动员社会力量开展服务

澳大利亚在 1998 年成立了非营利性的事业机构"中央联接局"（Centre Link），简称"中联"，其目的是将澳大利亚就业服务外包，建立一个由政府、中联、就业服务提供者，以及社区服务组织组成的公共就业服务体系。该机构与政府各部门保持联系，承担委托的各种服务项目，被澳洲居民称为"政府与百姓之间服务的桥梁"。在澳大利亚社会服务实施过程中，类似"中央联接局"的社会非营利机构的作用不可忽视。在前文提到，FaHCSIA 通过与其他政府部门、商业团体、非营利的社区部门、服务供应商等合作开展服务。非营利社区部门、商业团体等扎根社区，能有效地了解地方实际需求，由其提供服务更有针对性，也能提高行政效率。如在社区组织管理中，教会是组织参与社区建设的重要机构，其除了提供社区内宗教信仰活动的场所，还组织一些小的救助、社区义工招募等活动。

总体而言，澳大利亚对家庭的支持和服务在发起之初主要以社会福利的形式展开，实施主体逐渐转移到家庭与社区服务部。之后，因为经济与社会的发展，女性、儿童、原住民等问题更加突出，家庭与社区服务部针对这些问题开展了更多的服务，以保证人们的生活福利。在服务实施过程中，政府承担了重要的责任，主要表现在财政支持方面，并依托社区，更好地开展服务；同时，社会公益组织与宗教团体都为澳大利亚社会服务的有效开展提供了有力支持。

# 法国负责家庭事务的相关组织及其组织架构

唐　灿

## 一　法国政府负责家庭事务的部门

2012 年奥朗德政府上台，撤并了原有的环境、教育和家庭部，大部分职能归并到了新成立的社会问题与卫生部（Ministère des Affaires sociales et de la Santé），负责家庭事务的部门降低为一个司局级机构——家庭事务司（Délégation interministérielle à la famille）（法国社会问题与卫生部官网，2013），其主要职能被解释为，部际家庭事务协调。或许是考虑到法国对于家庭事务重视的传统，政府指派了一位专门负责家庭事务的副部长（Ministre déléguée auprès de la ministre des affaires sociales et de la santé, chargée de la Famille）。

家庭事务司下设如下部门：办公室、儿童权益保护、公共事务关系、家庭权益、涉及家庭事务的公共管理、家庭补贴基金管理、亲属关系、与家庭有关的社团组织事务、基础教育、家庭与学校事务关系、奖学金管理、对儿童性侵管理、婴幼儿教育与照看等。

历经多次机构更迭，法国政府曾经负责家庭事务的部门有：公共卫生与人口部，卫生与家庭部，国家团结与家庭部，人口、移民劳工、国家团结与家庭部，社会、就业、卫生与家庭部，家庭与儿童部，工作、团结与公民服务部，儿童、青少年与家庭事务司，环境、教育和家庭部，等等。

2012 年 12 月，我们在法国有幸访问了三位法国专家，一位是法国政府的家庭问题顾问，还有两位是法国研究家庭问题的著名学者。法国政府的家庭问题顾问骄傲地告诉我们，法国政府对于家庭事务的关注由来已久，自 1958 年起，法国几乎没有哪届政府不设有部长、副部长或总理专门负责家庭事务。据 2011 年的统计，法国政府用于家庭政策方面的支出，占 GDP 的 5%左右，约合 250 亿欧元，这个支出是相当大的（菲利普·斯泰克，2011）。

据介绍，法国政府在 1978 年首次设立了专门负责家庭事务的部级机构——卫生与家庭部，专设了一名副部长负责家庭事务。此后，随着政府的更迭，负责家庭事务的政府部门时有更名，但不变的是，始终在国家层面有专职部门和专职的政府高级官员负责这方面的事务。与一些中欧或北欧国家随着政府更迭，政府的家庭事务部门时而存在时而消失，家庭政策难以有效持续有所不同，无论"左翼"还是"右翼"政党上台，法国政府负责家庭事务的机构始终保持了延续性，这也保证了法国的家庭政策不致因为其组织架构的过度变动和缺失而陷于中断。

其显著的成果有：其一，"二战"前，法国曾是世界上老龄化最严重的国家。从战前开始，政府就制定了各种政策鼓励生育，政府对家庭事务的积极干预使得法国的出生率逐年上升。目前法国成为欧洲出生率第二高的国家。最新统计数据显示，法国的总和生育率达到 2.01 人，远远高于欧洲邻国女性平均生育 1.5 个孩子的生育水平（王鹏，2012），这对于提高整个欧洲的生育率做出了极大贡献，同时也极大地缓解了法国的老龄化危机。

其二，由于政府大力鼓励发展托幼事业，积极回应家庭的需求，法国妇女就业率因此大大提高，位居欧洲第一位。1995 年，法国全职妇女占人口比例是 53%，到 2012 年上升到 65%（费雷德里克·勒普斯，2012），同时，兼职妇女的比例也达到 30%。

其三，政府推行的家庭生育补贴和住房补贴政策等，连同其他社会福利和税收政策一起，对于缩短有子女家庭和无子女家庭之间的贫富差距，实现社会再分配起到了积极的作用。据估计，法国两个孩子以上的多子女家庭仅占现有家庭总数的 1/5，而他们获得的各种家庭补助金却占家庭补助基金总额的 50% 多（王鹏，2012）。与一对没有子女的中等收入家庭相比，1990 年，一对中等收入、有两个孩子的家庭的生活水准只占前者的 75%，2010 年这一比例提高到 79%；三个及三个以上孩子家庭的这一比例，1990 年为 53%，2010 年提高到 65%（费雷德里克·勒普斯，2012）。

## 二 法国政府负责家庭事务机构设立的社会背景

19 世纪上半叶，法国曾经是欧洲最早经历生育率下降的国家。这种人口下降的趋势因为战争而进一步加剧。1870 年普鲁士战争和"一战"结束后，法国人口危机问题已经十分突出，劳动力市场工人紧缺。随着第二次世界大战的爆发，法国经历了进一步的人口锐减，生育率的问题已经是关系国家基本生存命脉的紧迫问题。为此，"二战"后的法国政府出台了一系列帮助家庭的政策，创建了家庭补助基金和家庭补助金，还建立了鼓励生育的税收优惠制度。20 世纪 60 年代，法国全国家庭协会成立，出台了一系列保护家庭和妇女儿童的政策。一直到 90 年代初期，法国家庭政策的主要特征都被认为是"多生主义"的，其最为人熟知为人称道的是对生育家庭的大力资助和鼓励。至 2012 年，妇女生育 1 个孩子每月可领到 177 欧元津贴，直至孩子长到 3 岁；3 年内若生第二胎，所有的孩子 6 岁前每月津贴达 600 欧元；如生第三胎，政府会负责所有孩子到 18 岁，每月津贴为 900 欧元（王鹏，2012）。

"二战"以后，战争的破坏导致了严重的住房紧张问题。随着 20 世纪 50 年代大规模工业化导致的农村人口向城市迁移，住房问题进一步突出。除了鼓励生育的家庭政策，这一时期，法国政府还出台了家庭住房补贴政策，为从农村流入城市的年轻工人提供一些特殊的住房，帮助年轻人找到工作。

20 世纪 70 年代初到 20 世纪 90 年代，法国的家庭模式和家庭关系出现变迁，传统家庭受到极大冲击。同时由于政府取消了给全职主妇的补贴政策，推动妇女就业，就业妇女数量大幅度增加。为了回应就业妇女的需求，幼儿托管模式等一些旨在协调家庭生活和工作关系的政策出现。此外，第一次石油危机引起了经济和社会危机，贫困家庭大量出现，社会分化问题引人关注。特别是在家庭模式变迁背景下的单亲家庭等，急需社会救济。开始出现针对非常困难家庭（包括单亲家庭）设立的福利措施，出现多样化的以家庭为单位的福利政策。这段时期的家庭政策也被认为是"社会主义"的，主要是对穷人家庭进行补贴的再分配政策。法国政府的目标是，帮助那些贫困家庭、单亲家庭，使他们不至于沦陷到非常贫穷的境地。这对社会平等是具有非常意义的贡献。

90 年代之后，法国的家庭政策被认为有这样两个特征：一个是转向"女权主义"，目的是进一步推动女性的全职工作，幼儿托管模式被进一步发展。同时，母亲生育后，如果选择在家照顾孩子，除生育津贴外，每个月还可以再领取 300 欧元，直到这个孩子年满 3 岁为止。以至于有文章认为，幼儿的看护机构是法国家庭政策的主要特点，因为法国的孩子从 3 岁起就可以进入托儿机构，3~6 岁的儿童享受免费教育制度。另一个家庭政策的特征是，支持父母成为一个好父母，以保障人们能够适应家庭的动荡和变革，保持家庭和社会的和谐稳定。由于家庭变迁和家庭模式多样化激化了父母 –

子女之间的矛盾，针对儿童保障和处境困难父母的社会政策都需要政府与社会提供。从 1990 年以后，在学者的积极介入下，政府主导了一系列家庭课堂项目，如给单亲家庭上课，告诉他们如何教育好孩子；利用图书馆、游戏厅等设施，要父母陪同孩子一起娱乐，鼓励父母睡前给孩子读书……总体的政策设计是，在家庭模式多样化变迁的背景下，努力建立起父母与孩子之间的关联，"创造亲密交往的条件"（M. 拉罗克，1982），促进家庭成员之间的交流与互相帮助。

在法国，创立和推行各种家庭政策的制度形式和制度体系大致是这样形成的："一战"前后，由雇主联合组织创建了第一批补偿基金，用于解决各种家庭面临的问题，包括年老退休后的生活补助，这也是法国最早的家庭工资以外的收入形式。据学者介绍，在 1939 年以前，和家庭有关的补偿金大都是由雇主解决的。法国目前几个主要的基金会，其制度基础也都是由雇主工会创建的。在法国有个传统，富人要做慈善。富人创立的慈善组织与国家通过税收进行再分配的方式相互补充，相得益彰。到 1932 年，补偿金制度进一步推广，企业被政府强制要求参加。

"二战"之后，戴高乐为了加强国家团结，创建了几个重要的基金，类似中国的社会保障基金，但不是政府管理，其中的雇员并不是政府雇员，而是由类似社会组织的基金会掌管，当然政府有监督权力。其中最重要的基金会是"全国家庭补助基金"（CNAF），其制度胚胎就是"一战"前后由雇主创建的补偿基金。这些基金会因为有钱，所以很有权力，里边有专门的研究机构，甚至还有学者接受基金会的资助进行有关研究。

20 世纪 60 年代，全国家庭协会联盟建立。这是一个家庭的各种诉求得以表达的制度形式，家庭作为社会权力平衡的一个维度，从此确立了它在社会中直接发声的地位。

70 年代末，为了应对各种家庭的变迁，解决贫困家庭的出现所带来的社会不平等，以及解决妇女就业带来的一系列家庭紧张问题，法国首次成立了正部级的家庭部。政府在宏观层面总揽家庭事务工作成为法国政治的最新传统之一。

1986 年，法国制定了《家庭法》。改变了实施 100 多年的《拿破仑法典》中家庭内各种不平等的法律规定，代之以对自由平等和博爱的价值宣扬。

### 三　价值理念与有关制度体系和各自职能

涂尔干认为，现代家庭的私有化需要国家的有力干预（转引自弗朗索瓦·辛格，2012）。在 20 世纪 60 年代之前，法国政府指导性地制定了模范家庭的参考标准，其主要内容是多生主义的，主要出发点是国家利益的考量，也被认为是国家主义的，如男主外女主内、多子女、禁止避孕。至 70 年代，特别是 90 年代之后，国家干预发生了变化，先是转为女性主义立场，大力支持女性就业，一方面实施一套幼儿政策和帮助女性在职业、家庭和个人等方面的协调政策；另一方面帮助要求离婚，却要比男性付出更多代价的女性，这也就是单亲家庭补助产生的原因。后来的政策越来越强调的是社会平等的价值理念。

在法国政府看来，家庭问题是社会问题的重要内容。同时他们还认为，家庭政策也是一种投资，虽然政府因此有很大的预算和支出，但是这种投资会帮助政府应对来自人口减少、老龄化、社会不平等等压力。特别表现在儿童早期发展政策上，法国政府笃信，投入的资金不光是一个量的问题，国家需要儿童能够获得高质量的生长（菲利普·斯泰克，2011）。今天的投资，将来必定会以法国人力资本提升的形式获得回报。

法国对家庭进行补贴的资金主要来自三个方面：一是来自国家，但是只有很少一部分，主要起鼓励作用；二是来自各种补助基金组织，虽然它们是社会组织，但都是在国家的支持和监督下建立和运行的；三是地方政府，在法国，地方政府并不代表国家，而是属于社会，有自己的政策，主要代表地方利益。地方政府的出资仅次于基金会，也是个大头。具体的家庭政策大都是由地方政府推动的。

法国与家庭有关的政府和社会组织的制度体系和架构如下。

1. 国家（包括政府和议会）的职责

（1）制定家庭政策的战略、标准，从法律上规定家庭政策的原则，并提交议会批准；（2）对家庭政策进行可行性分析，评估各项家庭政策对社会的影响；（3）制定必要的制度框架，把市场、社会组织和地方政府等纳入国家的"伙伴关系"中，成为国家为家庭提供福利的政策工具；（4）规定家庭补助金的社会分摊金比例，以及配置方式；（5）对家庭政策的执行机构，包括社会基金会和地方政府等，进行必要的支持和监督；（6）宏观上对地方（大区）政府的家庭政策进行指导，防止区域之间的不平衡。在这方面，法国学者戏称，法国政府的职责有中央集权的倾向。

2. 社会保障机构

（1）全国家庭补助基金（CNAF），这个机构在决定法国的家庭政策方面有着举足轻重的地位，它是由工会组织的，其中包括社会保险、养老保险、家庭补助金等，每个法国的雇员都要向这个组织交纳各种保险金，由这个组织进行再分配。和这个组织的分支机构——各地家庭补助基金（CAF）相加，两者在所有家庭补贴方面贡献的份额将近60%。（2）农业社会保障国家基金（CMSA），其主要职责是，①发放家庭福利、住房补贴和最低社会救济补助，②与各市镇一起共同资助各项为家庭提供的服务，③通过增加养老金补偿家庭支出。

3. 地方（大区）政府

其主要职责包括：制定补充性的地方性家庭政策，例如有的大区的家庭政策是更倾向于帮助贫困家庭的，有些地方则是更多平等主义的，还有些地方直接规定了学校必须有食堂，这导致法国比德国有更多的全职妇女（德国学校没有食堂，所以德国妇女多半工作到中午必须下班回家给孩子做饭）。地方政府（不包括CAF等基金会的地方分支机构）通过税收转移到各种家庭补助金的资金投入，是各种家庭政策开支的主要来源之一，占到总开支的14%～18%。

4. 全国医疗保险基金和市镇及省级基金

其主要职责包括：提供父母亲产假，儿童医疗费用报销（无论有无子女，雇员缴纳社会福利分摊金的比例是相同的）。

5. 协会组织（不提供资金支持）

包括（1）全国家庭协会联盟（UNAF）和各省家庭协会联盟（UDAF）。这个协会联盟是家庭表达不满的一个组织形式，其运作资金来源于家庭补助基金提供一定额度的家庭福利金（占0.1%）。（2）法国家庭的正式公共代表机构，约有7%的法国家庭是该联盟的成员。（3）慈善性协会和管理性协会，其主要职责是维护某种理念和管理为家庭设立的社会服务与设施。

6. 其他组织机构（也不提供资金支持）

（1）雇主：职责是组织工作时间（许多企业在国家政策之外，会制定补充性政策，如减少工作时间、改善劳动条件以支持家庭），支付产假补贴，参与为家庭和儿童提供服务及资助。（2）高级家庭问题顾问团。由法国总理直接领导，主要职责，研究家庭政策、提出建议和改革议案。其共有3名顾问，包括一名代表团长；还有50多名成员，包括工会、雇主、家庭协会代表；另有2名议员和2名参议员，以及其他人士和行政代表。作为一种制度形式，高级家庭顾问团的建立，保证了政府对家庭持续的关注，也保证了政府能够通过制度渠道，听取各种关于家庭的专家性意见和建议。

在法国，影响家庭的不只是家庭部。男女关系平等部门，以及其他一些政府部门，如学校教育部门、卫生部门等，也对家庭问题和家庭发展起着重要作用。例如养老问题，就同时有家庭部和卫生部主管，后者实际担负更重要的责任，因为所有和生老病死、人的生命全过程相关的事务都由这个部门主管。

# 德国家庭事务主管部门及家庭政策的发展

肖　今　卢　杨

## 一　德国联邦家庭事务、老年、妇女及青年部概况

目前，德国家庭事务的主管部门是联邦家庭事务、老年、妇女及青年部（Bundesministerium für Familie, Senioren, Frauen und Jugend）。联邦家庭事务、老年、妇女及青年部是德国的联邦部会之一，总部位于柏林，波恩设有第二办公室。1953年，德国成立联邦家庭事务部（Bundesministerium für Familienfragen）。1957年，联邦家庭事务部改名为联邦家庭及青年事务部（Bundesministerium für Familien- und Jugendfragen），1963年改为联邦家庭及青年部（Bundesministerium für Familie und Jugend）。1961年，联邦家庭及青年部与成立的卫生部合并，改名为联邦青年、家庭及卫生部（Bundesministerium für Gesundheit），1986年，再度改名为联邦青年、家庭、妇女及卫生部（Bundesministerium für Jugend, Familie, Frauen und Gesundheit）。1991年，卫生领域独立成联邦卫生部，剩余则分为联邦妇女及青年部（Bundesministerium für Frauen und Jugend）、联邦家庭及老年部（Bundesministerium für Familie und Senioren），1994年，两部会再度合并为联

邦家庭事务、老年、妇女及青年部。

联邦家庭事务、老年、妇女及青年部下分六大部门：（1）中央行政（Zentralabteilung）；（2）家庭、社会福利、雇佣政策（Familie，Wohlfahrtspflege，Engagement- politik）；（3）老年民众（ltere Menschen）；（4）平等（Gleichstellung）；（5）青年（Teilhabe junger Menschen）；（6）儿童与青少年援助（Kinder-und Jugendhilfe）。

## 二　德国的家庭变迁

20 世纪 60 年代后期以来，欧洲的家庭形式和生活方式发生了结构性变化。虽然这些变化在不同国家有着显著差异，但仍存在一些共同趋势，包括：初婚和生育年龄推迟；非婚生育人数增加；整体出生率降低，据德国联邦统计局的数据显示，2010 年德国的总和生育率只有 1.4；结婚率下降和离婚率上升；人口老龄化，2010 年德国女性的预期寿命为 82.59 年，男性为 77.51 岁；在家庭形式方面，传统"核心家庭"减少，其他家庭形式数量增加，尤其是单亲家庭、再婚家庭和同居家庭。但是相较欧洲其他国家，尤其是北欧，德国家庭形式的多元化相对较弱，2007 年，最常见的家庭类型仍然由已婚夫妇组成，占 74%，其次是单亲家庭，占 18%，同居夫妇占 8%。

德国联邦家庭部的设立与德国人重视家庭，特别是重视传统家庭模式的观念密切相关。据报道，联邦家庭部曾进行过一项调查，结果显示，近 80% 的人认为，家庭是他们生活中最重要的领域。他们将"家庭"这一概念与一些积极的东西联系起来，如互相帮助、相互信赖、爱和亲情等。不过，也有 1/4 的人将家庭与压力和负担联系起来，1/3 的人把家庭与争吵联系起来。德国前联邦家庭部部长冯德莱恩曾说："人们越来越看重家庭，把家庭当作联系不同代人的纽带。"特别是在经济不景气的时候，人们往往更倾向于回归家庭（《环球时报》，2010 年 5 月 6 日）。

## 三　德国家庭政策的发展

德国是世界上最早提出"社会政策"理念的国家。早在俾斯麦统一德意志以后家庭政策就在德国的社会生活中被确定下来，家庭政策在社会政策中始终占有举足轻重的地位。有学者将德国的家庭政策分为如下四个时期，

魏玛时代①、纳粹时代、战后东德与西德分裂时期、德国实现统一之后（张
敏杰，2011）。

**（一）　魏玛政府的家庭政策**

第一次世界大战后，德国面临大量伤兵需要供养和家庭居住困难这两大
难题。为应对战后国内危急，魏玛政府通过立法来保障因战争导致的人员伤
害问题，使"战争牺牲者们"获得了有关医疗、职业恢复、教育培训，以
及养老金方面的法律保证和许诺；同时，政府也陆续加强对家庭的关注，如
增加了子女、怀孕妇女的津贴费用等；此外，针对战后家庭的居住困难问
题，魏玛政府直接参与了住宅和公益事业建设，由国家负责制订住宅建筑计
划，补贴私人建房者和建房合作社，严格控制房租上涨。但是，由于 20 世
纪 30 年代的大危机，魏玛政府不得不消减家庭的福利津贴费，从而造成受
济者心理上安全保障感的丧失，导致了社会矛盾的激化。

**（二）　纳粹时代的家庭政策**

1933 年希特勒掌控德国政权，纳粹统治开始。在家庭政策方面，纳粹
政府以种族主义理论为依据，在复兴、稳定家庭的口号下，推行以"保种
保族"为主要内容的家庭政策，利用家庭为国家政策服务，主张家庭应服
务于社会。其具体政策和措施可概括为以下三个方面：鼓励结婚，强化传统
的家庭角色分工；资助多子女家庭，推行种族主义的生育政策；破坏传统的
家庭价值观，推动家庭的纳粹化。纳粹时期的家庭政策以经济资助的方式来
推动实行，并辅之以法律上的强制和宣传教育方面的鼓动。虽然纳粹时期的
家庭策略是为促进人口发展的，但是，纳粹"复兴家庭"政策并非是家庭
至上和母亲优先的政策，而是利用国家改变了家庭，使家庭支持国家政策，
达到家庭服务于纳粹政权的目的。

**（三）"二战"后东德与西德家庭政策的分野**

"二战"后，分裂后的联邦德国（西德）与民主德国（东德）的家庭
政策朝不同的方向发展，分别出台了一系列重建及稳定家庭的政策，以适应
家庭、社会环境及人口结构的新变化。

1. 民主德国的家庭政策

民主德国政府在"二战"后实施了一系列强有力的"去家庭"（de-

---

① 魏玛时代指 1919～1933 年德国共和政体统治时期，由于当时的共和国的宪法是在魏玛召开
　的国民议会上通过的，因此这个共和政府就被称为魏玛共和国。

familising）措施，试图使家庭事务政治化。1949 年，东德宪法宣布，不允许任何阻碍实现两性平等的现象存在，所有与妇女的平等权利相抵触的法令和规定，一律立即废止。1950 年，东德颁布了《儿童、母亲和妇女权利的保护法》，正式否定了妇女的经济依赖性，倡导男女权利平等，保护妇女合法权益，促进妇女解放。同时，东德政府认为发展公共托儿事业是根据社会主义原则教育儿童，并使妇女能投身工作岗位的重要措施。而以高就业率为特征的女性就业模式，满足了国家在社会经济建设过程中对劳动力资源的需求，改善了妇女在家庭和公共生活领域里的地位。东德政府采取鼓励生育的政策，这些政策优先考虑的是增加人口数量，而不论儿童的家庭形式和其父母的婚姻状况。社会主义的"供给型国家"支配了家庭的基本功能，不但父母角色以及依靠丈夫养家糊口的功能发生了变化，而且也导致家庭生活方式的变化，出现由未婚先育的同居者组成的新的、平等的准家庭生活方式和建立在性别平等基础之上的婚姻家庭生活方式同步发展的现象（张敏杰，2011）。

### 2. 联邦德国的家庭政策

与民主德国不同，联邦德国的传统家庭生活方式在"二战"后基本保持未变。政府通过福利政策来加强对于家庭的各项支持，使家庭的经济功能、情感功能、抗风险功能等得到增强，包括儿童津贴、母育假与父育假津贴、鼓励妇女平衡就业与家庭关系的各类政策。西德在很长时间内的人口政策倾向消极，人口出生率自 20 世纪 50 年代以来呈缓慢下降趋势。"二战"以后，联邦德国的家庭政策主要针对三个方面的问题：一是平衡家庭负担，二是为抚养子女的工作提供咨询和帮助，三是协调家庭内部的和谐与家庭的稳定。第一点主要由联邦政府的家庭政策解决，第二个问题则较多地由联邦州或行业内部的机构组织或文化教育部门负责，而第三点则更多地属于个人事务并且受到全社会的价值观及舆论的影响（张雨露，2007）。

### （四）德国统一后的家庭政策

随着柏林墙的倒塌，东西德于 1990 年 10 月实现了统一，家庭政策也被纳入了合并的方向，基本上朝着东德的思维方向发展。出生率低、人口老龄化的加剧、劳动力日趋萎缩、家庭结构发生转变、不以生育为动机的"非婚生活联合体"或"非婚同居"的生活方式蔚然成风、离婚人数持续上升、完整家庭数量下降、单亲家庭数量不断增加等，这些都成为影响家庭政策的重要因素。这一时期家庭政策的主要目标是促进人口出生率的提高，调整有子女家庭和无子女家庭、多子女家庭和少子女家庭的收入分配，对家庭中的父母和子女提供生活保障，保证儿童在受教育等方面的机会均等。

虽然德国政府有重视家庭政策的传统，但是与其他社会政策相比起来，家庭政策在德国的发展还是显得滞后且进展迟缓。例如，虽然德国面临出生率降低和老龄化等人口与家庭问题，但是德国政府依然维持着对家庭的"不干预"的价值观和态度，家庭政策严重滞后于家庭的变迁，甚至在德国，很少有人研究人口问题，听凭家庭维持自然、原生的状态。

# 美国政府的儿童与家庭局
## （ Administration for Children & Family ）

肖　今　卢　杨

## 一　儿童与家庭局概况

美国政府的儿童与家庭局（Administration for Children & Family），简称 ACF。早在 1900 年，美国社会改革家佛劳伦斯·凯利（Florence Kelley）等人就呼吁建立一个联邦政府机构来帮助解决美国婴幼期儿童死亡问题、贫困儿童问题，以及在工厂矿区和其他恶劣环境中工作的儿童问题。1912 年 9 月威廉·霍华德·塔夫脱总统签署成立儿童局（Children's Bureau），以调查影响不同阶层生存状况的相关问题，提高儿童福利。这个部门一直得以延续到今天。起初儿童局隶属于工商部（the Department of Commerce and Labor），1913 年经整合转移到劳动部，1991 年通过与国家已有的几项职能合并成立儿童与家庭局，现属于美国卫生与公众服务部（the Department of Health and Human Services）管理之下的第二大部门。

美国卫生与公众服务部，是美国政府保护美国人健康的主要机构，其为美国居民提供最基本的公共服务。美国卫生和公众服务部占用了将近 1/4 的联邦支出，它负责管理的款项多于其他所有联邦机构的总数，该部的医疗保险计划是美国最大的健康保险承担者，医疗保险和医疗补助覆盖了美国人口的 1/4。卫生与公众服务部下属的美国儿童与家庭局目标是提升家庭、儿童、个人以及社区的经济和社会福利（美国卫生与公众服务部官网，2013）。

美国儿童与家庭局提供约 60 个促进家庭、儿童、个人、社区经济和社会福利发展的项目，负责州 – 联邦政府福利项目和全国的儿童资助执行体系的管理。主要服务包括：贫困家庭的临时帮助（Temporary Assistance to Needy Families），在 1998 年 9 月为包括 630 万儿童在内的近 730 万美国人提供帮助；管理智力开发（Head Start）项目，为 87.7 万多学龄前儿童提供服务；对低收入家庭提供基金资助，支付儿童照顾费用，并支持州领养照顾和收养帮助项目；建立防止虐待儿童和家庭暴力项目的基金。美国儿童与家庭局有雇员 1532 名（2001 年数据），总部设在华盛顿特区，管理局长被称为儿童和家庭助理部长（Assistant Secretary for Children and Families），2001 年财政年度预算为 434 亿美元①。目前该局针对 60 多个服务项目有超过 510 亿美元的年预算计划（2012 年数据），这些项目包括社会福利援助、收养援助、寄养家庭、儿童看护和儿童虐待等。

ACF 的目标有以下几方面。（1）增进家庭和个人能力，以提高他们的经济独立性和生产能力。（2）建立坚实健康的社区支持环境，使其对儿童生活质量和儿童发展产生积极作用。（3）与一线服务提供者、州、地方和部落社区建立联系，确定并完善服务项目。（4）通过项目的规划、改革、整合，扩大服务范围。（5）以弱势群体（包括发育障碍者、难民和移民等）的需要、优势和能力为导向。

ACF 工作项目主要有以下几方面。（1）美国原住民管理：为实现美国原住民的经济和社会自足，通过津贴项目为原住民提供就业机会，建立社区发展项目，提供语言训练，建立地方立法系统等。（2）发育障碍管理：改善和提高针对发育障碍群体的服务，通过给予支持，保证他们有获得独立生活、贡献社会的机会，使他们免遭忽视、经济剥夺、性虐待以及其他侵犯他们权利和违法的行为。（3）儿童服务：支持和领导必要的儿童服务，与各州、部落和社区建立伙伴关系，保证提供安全、持久的儿童福利。（4）儿童保育（Child Care）服务：当儿童父母参加工作或教育培训时，通过向州、

---

① 出自网上下载的关于美国卫生和公众服务部介绍的文章，所提供的为 2001 年的数据，见 http：//www.fdc-intl.com/detail_info/detail_455.html。

地区和部落提供政府资金，为低收入家庭提供儿童保育支持。（5）家庭与青年服务管理：在青年和家庭问题上提供国家性的支持和领导，通过地方、部落、州及国家之间的协作，提高儿童、青少年和家庭的卫生服务。（6）社区服务。（7）难民重新安置。

## 二　美国家庭援助政策的发展历程

20世纪30年代，经济危机使得美国的广大民众经历了长时间的困苦生活，民间慈善救济已经无济于事。1931年，时任纽约州州长的富兰克林·罗斯福促进纽约州立法机构通过了向该州失去工作的民众提供救济的法案，救济工作从民间自愿行为开始转向由政府负责。随着民间生活危急愈演愈烈，1935年罗斯福总统颁布了《社会保障法案》，其中实施的公共救助计划包括"抚养儿童援助计划"（The Aid to Dependent Children，简称ADC）[①]，目标是解决儿童贫困问题。各州利用联邦政府拨款，向有子女死亡的家庭、抚养子女的父母、无工作能力家庭或单亲家庭提供帮助。20世纪60年代初，ADC政策经过重大变革，先是将ADC与失业父母结合，父母因家里有需要抚养的儿童而受到援助，而后又将ADC改为"抚养儿童家庭援助计划"（Aid to Families with Dependent Children，简称AFDC），援助开始以家庭为单位进行（丁吉英，2010）。

儿童福利政策实施以后，很多人认为由于该措施主要援助对象是"无父"的家庭，很多家庭为获得福利而解体。这个政策因此被认为具有明显的反家庭倾向。在这些援助没有起到鼓励贫困家庭就业的作用，反而大大扩张了受援人口，增加了福利开支等背景下，尼克松于1968年提出了新的改革方案"家庭援助计划"（于金辉，2007），该计划以负所得税理论[②]为依据，以现金支付为手段，以接受工作培训为条件，要求除老年体弱以及学龄前儿童的母亲外，每个受益人只要在适当距离内有合适的工作，就必须接受

---

① 丁吉英称"The Aid to Dependent Children"为"失依儿童补助计划"。
② 美国诺贝尔经济学家米尔顿·弗里德曼最早提出负所得税理论。负所得税是政府对于低收入者，按照其实际收入与维持一定社会生活水平需要的差额，运用税收形式，依率计算给予低收入者补助的一种方法，补助的依据是被补助人的收入水平，补助的程度取决于被补助人的所得低到何种程度，补助的数额会随着其收入的增加而逐步减少。计算公式：负所得税＝收入保障数－个人实际收入×所得税率。

这项工作或参加为适应这项工作而举办的培训班。新家庭援助计划的基本方针是不工作就不能享受福利，强调"工作福利"代替"福利援助"。由于该家庭援助计划新提案是对当时福利制度的大刀阔斧的改革，因而受到南方贫困人群、保守党、自由派和女权人士的反对，终归没有能在参议院通过，反对者认为新法案使得贫困人口的援助降低，是福利的倒退。

1981年里根政府对未成年儿童家庭援助计划做了重大变革。改革的总体趋势是大幅度改变对抚养未成年儿童家庭的津贴数目，降低联邦政府对各州的补贴率，增加了抚养未成年儿童家庭援助的附加条件。援助计划规定：任何收入高于州所需标准150%的家庭不能享受抚养未成年儿童的家庭补贴；凡抚养未成年儿童的家庭，如果孩子不准备读完中学或到19岁时仍不接受假期培训者，不再受益；享受抚养未成年儿童家庭津贴的人需在一些公共服务部门工作，领取相当于政府提供津贴的报酬等九项详细的规定。这一计划的实施使得许多家庭徘徊在贫困线之下，穷人更加贫穷。由于降低了工作刺激因素，使得贫困家庭开始工作后反而比领取津贴时的生活水平更低。该计划的流产，促使美国国会在1988年通过《家庭援助法案》，要求重新加强"工作福利"力度，各州至少要求20%的受益者参加培训和寻找工作。该法案旨在将"未成年孩子家庭援助"项目的收入支持计划转向强制工作和培训计划，但收效甚微（丁吉英，2010）。

克林顿上台后，美国的社会福利保障制度普遍面临三大危机，即社会福利保障赤字财源危机、老年危机和家庭危机。社会保障过度也造成竞争观念淡薄和家庭观念、道德观念淡化。许多年轻人甚至认为照顾老人完全是政府和社会的事，抚养未成年子女也被认为是政府的责任。失业穷人不愿结婚或假离婚，骗取社会保障金的现象屡见不鲜，这些引起了美国的家庭危机。一方面，政府、公司团体和私人都不堪负担医疗费用；另一方面，又有相当一部分相对贫困家庭和群体缺乏必要的医疗保健的保障。克林顿家庭福利改革方案的基本思路是：凡有劳动能力的居民应以劳动为生，而不应无限期地领取救济金；政府通过教育、培训增加他们的就业能力与机会，帮助他们就业；有劳动能力的成年男女领取救济金的时间不得超过二年；对无职业技能文化水平低下者，政府提供免费培训；有幼小子女者由政府出资送幼儿园；政府将以每安排一人就业提供补贴5000美元，来鼓励私营企业接收领救济金者参加工作；政府出资开办一些服务性企业，吸收领取救济金的穷人参加工作。1996 新的福利改革法案获得通过，这一议案被认为是罗斯福建立福利制度以来美国福利政策发生的最重大的变革。至此，"未成年孩子家庭援助"被彻底废除，代之以"贫困家庭临时援助"（Temporary Assistance for Needy Families，简称 TANF）（黄安年，1997）。至今，这些法案多数都由儿童与家庭局来督导执行。

### 三　美国家庭政策运作体系与儿童家庭局职能

#### （一）美国家庭政策的制定

美国的家庭政策来源于两种途径：①立法，它与州级别或者全国级别政策制定过程相似。②政府部门或者各行各业制定的内部政策。家庭领域专业人员和普通公民均可对这两个途径产生影响（Anderson，J. R. & Wilde，J. L.，2012）。

通过各州或者联邦立法途径影响政策时，立法机关的某个成员或者团队书写一个法案，由两个政党组成的委员会对法案进行讨论，并且有可能做出改进。在整个立法机构进行讨论之前，法案要得到相应委员会的批准。法案在表决之前，也可以在国会辩论中得到修正，得到多数赞成票的法案会递交给执行者（州长或者总统）签字同意或者否决。执行者签字同意后，法案生成法律。法院可以通过反对程序对该法律提出争议，法官可以声称该法案违反宪法，否决此法律，或者以宪法为依据决定该法律合法（Anderson，J. R. & Wilde，J. L.，2012）。

在美国，家庭领域的专业人士与其他公民都可以通过大量途径来影响家庭政策。最基本的途径是投票选举，由此可以参与当地政党的组织活动，支持那些将提出家庭政策议题的候选人的竞选活动，公民也可以写信支持或者反对某些影响家庭的立法。专业人员可以就某个特定的家庭政策议题，与议员取得联系并表达希望和立法委员会委员对话的愿望，他们会被邀请参加法案的论证会。较为间接的途径有：公民和专业人员可以在当地报纸或其他新闻媒体上发表观点，可以参与有关政策的研究，或参与到那些积极主张家庭政策的组织当中。公众意见的力量也可以影响私人组织实行有利于家庭的政策。因此，尽管普通公民通常不能直接参与政策制定的过程，但是他们可以通过各种方式来影响政策制定过程（Anderson，J. R. & Wilde，J. L.，2012）。

### (二) 儿童与家庭政策的执行

联邦政府通过卫生与公众服务部下属的儿童与家庭局实施有关的法律和政策规定。儿童与家庭局的使命是对联邦政府负责,改善家庭、儿童、个人和社区的经济与福利状况,主要的任务是为州和有关的机构提供政策与运作资金。儿童与家庭局作为项目基金提供者,根据法律法规制定具体项目的政策和指引,并建立一个有效率的中央基金分配、使用、监管体系,通过对各州及地方周期性的管理,实现项目基金分配和评估监督,保障基金到达执行目标的终端。联邦级政府与州政府及法律专业机构等达成一致,提出基金方案 (Grant Solution),保证基金的提供和基金使用的高效透明度,以及监督管理程序的简便化,以提高公职人员的工作效率。儿童与家庭局目前有 33 类资助项目,每一类服务项目之下有几项至十几项的具体计划。

州一级主要的目标任务是与相关部门协作形成网络性服务体系,为儿童和家庭提供情感与社会福利等服务。各州获得的基金数量要依据该州服务人群的数量和需求而定。儿童与家庭局为州政府设计的服务规定很多,例如,有三项儿童托儿照顾服务、五项儿童援助服务和四项儿童福利服务,每一项服务都有相应的联邦政府法律条文。一般在州政府的服务局下面,有政府提供的各项针对儿童和家庭的食品、托儿照顾、医疗、家庭和社区、青少年犯罪等服务,还有领养寄养和一系列联邦政府规定的服务。在美国各州内的很多社区,儿童服务和家庭服务已经有几十年乃至上百年的历史,已经形成网络性的服务体系。所以,对州政府而言,在协调服务机构、分配政府资金和技术支持方面相对比较容易。除了州政府的办公室,州政府在各县也设有相应的儿童、家庭和社区服务的办公室,通过发展会员机构已建立起综合性的社会服务和热线服务,服务项目包括个人、家庭、怀孕指导、家庭暴力、凌辱、青少年犯罪、领养和寄养、老年援助等。美国的县区——国家的社会服务管理已有悠久的历史和完整的服务网络体系。联邦政府的家庭局有完整全面的法律法规、服务项目政策规定和单项服务的指引,州和县级有清晰可从的服务规范和标准。

整个儿童和家庭服务体系是面向全州的、非营利性和非宗教性的社会服务组织。这个体系建有综合资料库,并对全州的非营利组织提供服务性的支持，为其提供资金资助，使其能够直接服务于儿童和家庭。州政府一级除了协调服务机构、提供资金，还向服务机构提供支持、培训和指导，支持当地的非营利组织来分配服务资金和项目，通过与志愿组织签订服务合同等方式充分利用社会力量进行各项社会服务。个人和私立机构通过参加政府服务项目获取政府报酬。除此以外，在志愿服务体系中只有很少部分但却备受大众欢迎的有偿志愿服务市场逐渐壮大起来，这些补充构成了美国家庭服务的完整体系。一个具体的例子是 1971 年由儿童与家庭服务机构倡导发起的完全志愿性的赠送圣诞礼物活动 ——"Operation Good Cheer"，通过帮助寄养儿童实现圣诞愿望的方式，来更好地关注寄养儿童的生活，服务对象包括婴儿、幼儿、青少年和有残疾的成年人，有上千名志愿者参加每年的志愿活动，每年约有 4000 名儿童在圣诞节的早晨接到礼物，该活动至今帮助 82080 名儿童实现了圣诞愿望。

# 加拿大不列颠哥伦比亚省①儿童与家庭发展部

肖　今　卢　杨

## 一　加拿大家庭服务概况

加拿大政府分为三级体制：联邦政府、省政府或地方领地政府、市政府。联邦政府负责全国性事务，包括外交、国家防务、贸易和商业、刑法、社会福利等；省政府负责教育、卫生、社会服务、市政府管理等方面的工作，在移民、农业及其他一些事务上与联邦政府享有共同的管辖权；市政府比联邦和省政府小许多，主管地方具体事务如学校、水、垃圾清理、交通、消防等。

在家庭服务方面，联邦政府并未设立专门的机构负责。2005 年成立的服务加拿大（Sevice Canada）是联邦政府为更好地服务个人及家庭而建立的服务网站，该网站上给出了所有与家庭及个人生活相关的服务需求指导，旨

---

① 不列颠哥伦比亚省（British Columbia）简称 B.C.，又称卑诗省 Province of British Columbia，位于加拿大西岸，面临太平洋，全省面积 947800 平方公里，只有 414.13 万人口。

在使政府更便捷、快速、方便地服务加拿大人。Service Canada 在网站上给出了用户服务需求的指导和链接，并建立了遍及全国的呼叫中心、互联网和600多个服务办公点，使公民能够接触并参与到项目和服务中。所有政府提供的关于家庭、老人、儿童等的服务都在 Service Canada 中给出。Service Canada 列出一些重要的生活事件（Life Events）和服务主题，包含教育培训、职业、健康、住房、移民、收入援助、法律援助、个人档案、储蓄计划、特殊事件、创业、旅行等，个人根据需要进行选择，通过点击链接可找到每一项服务的详细说明。

该网站主要包含以下重要的生活事件（Life Events）。（1）看护者，保姆（Being a Caregiver）；（2）买房（Buying a House）；（3）地址更换（Changing your Address）；（4）找工作（Finding a Job）；（5）离婚（Getting Divorced）；（6）结婚（Getting Married）；（7）生育（Having a Baby）；（8）证书认证（Having your Credentials Recognized）；（9）残疾（Living with a Disability）；（10）钱包丢失（Lost Wallet）；（11）借款管理（Managing your Debt）；（12）养家（Raising a Family）；（13）退休计划（Retirement Planning）；（14）创业（Starting a Business）；（15）接受高等教育（Starting Post-Secondary Education）；（16）出国旅行（Travelling Abroad）；（17）死亡的相关事项（What to Do Following a Death）。

## 二 不列颠哥伦比亚省儿童与家庭发展部

在加拿大，各省政府承担社会服务的具体实施工作。各省可根据需要设立相关部门以更好地进行服务。以加拿大不列颠哥伦比亚省（British Columbia，简称 B. C. 省）为例，该省与家庭服务密切相关的事务由不列颠哥伦比亚省下设的儿童与家庭发展部（Ministry of Children and Family Development）承担。儿童与家庭发展部是加拿大不列颠哥伦比亚省为促进儿童和家庭更好地发展而成立的专门服务部门，其目标群体是儿童、家长和原著居民，为家庭提供儿童看护、就业等服务，服务涵盖不列颠哥伦比亚省四个地区的所有社区。政府预算拨款支持服务方案和计划的实施，以确保儿童和家庭在安全、关怀和包容性的社区中生活，保证儿童和家庭获得最大的成功和成长机会，并已建立起一套完整的立法体系来支持服务的实施。

### （一）儿童与家庭发展部成立的背景

在儿童与家庭发展部成立之前，以 Ted Hughes 等人为代表，他们倡导政府为家庭和儿童保护提供更多的支持和服务，主要对原著居民儿童、儿童犯罪和死亡给予更多关注，并向立法代表委员会提出儿童问题报告。B. C. 省法医服务部门儿童死亡复检组对 18 岁及以下的死亡青少年、儿童进行检查和调查，目的是为了更好地分析理解儿童死亡的原因，并有效预防儿童的死亡，提高 B. C. 省儿童的健康、安全和福利。

2005 年 5 月，儿童死亡报告和相关的原因分析面向公众，2006 年各项儿童死亡分析报告和福利改革建议提交给政府，政府接受了报告并做出了相应的改革行动，之后成立了工作小组来检查计划的实施①，同时完善了相关立法以检查政府行为。为使立法部门能够独立监管政府服务行为，还通过了《儿童青少年代表法》（*Representative for Children and Youth Act*，简称 RCYA），通过 RCYA 任命第一位代表，然后授予代表权利，由其组建自己的工作团队，被任命的代表和其工作队伍一方面倡导支持儿童福利机构提供服务，另一方面对福利机构提供的服务进行监督。

### （二）儿童与家庭发展部服务介绍

儿童与家庭发展部通过政府的战略投资，支持依托社区的家庭服务系统的建立，促进家庭服务的创新和公平发展，提高个人及社区的社会责任心，推进儿童早期发展和青少年群体的健康和福利。

**1. 儿童家庭发展部主要服务项目包括以下几方面。**

（1）儿童保护和家庭发展（Child Protection and Family Development）；

（2）收养（Adoption）；

（3）寄养（Foster Care）；

（4）儿童早期发展教育和儿童看护（Early Childhood Development and Child Care）；

（5）儿童和青少年心理健康（Child and Youth Mental Health）；

（6）青年司法和青少年服务（Youth Justice and Youth Services）；

---

① 通过 B. C. 省儿童家庭发展局官网给出的信息，估计该工作小组很可能是儿童家庭发展局的前身。

（7）儿童和青少年的特殊需求（Special Needs Children & Youth）。

2. 儿童家庭发展部的主要目标有以下几点。

（1）儿童和青少年能够参与到社区中并能为社区做出贡献，实现其潜能的最大发展；

（2）保证儿童和青少年在其家庭和社区中的健康安全；

（3）有效地支持和监管依托社区的服务系统。

3. 儿童及家庭服务的实施与服务新动向

在儿童及家庭发展服务的整体实施过程中，儿童与家庭发展部的责任是与联邦政府、省地区级政府、市地政府合作，保证对服务的综合协调。联邦政府层面的功能是协调，具体服务则是在不列颠哥伦比亚省的各个大区（Coast Fraser，Interior，North and Vancouver Island）内，由各地方负责执行。儿童与家庭发展部通过为每个区提供一系列的服务，包括儿童照顾及相关资助、特殊需求服务（如自闭症和医疗）、聋哑儿童服务、为心理病症者提供的服务项目等；同时，儿童与家庭发展部与专业组织合作，设计和试验新的服务项目；并按照法律法规的指引，与社区机构及原著居民协调商议服务的实施。这些法规包括，儿童、家庭和社区服务形态条例、领养条例、青年管教条例、儿童养育条例、儿童养育资助条例、社会工作条例等。

目前，经济发展、人口变化及新技术的使用影响着儿童和家庭服务的方向，主要表现在：全球经济下滑，加拿大和英属哥伦比亚地区也难以免除负面的影响，欧洲债务严重影响金融市场的稳定，亚洲的经济增长减缓了对加拿大出口的需求，而美元疲软增加了加拿大出口的成本，这些使得 B.C. 省社会服务的开展面临巨大经济压力；逐渐老龄化的人口，需要社会对不同年龄群体的需求提出不同的应对方式，并要有足够的服务人员来为孩子和家庭提供服务；大量的外来移民虽补充了加拿大的劳动力市场，但仍不足以填补劳动市场的劳力需求的空缺，同时政府还要针对新移民提供服务；信息化的社会，政府与有服务需求的群体进行沟通更方便，这也为偏远的农业地区获取服务提供了机会；由于经济的衰退，待业的青年人数在上升；家庭成员因工作需要，减少了与家庭成员相处的时间，家庭的孩子数量也在减少，同时双职工父母，对高质量且实惠的托儿服务有较高的需求。儿童与家庭发展部为应对以上家庭服务需求的新动向，与提供服务的省和地方伙伴一起审视目前服务的进行，检查服务机构开展的服务是否有效；同时与工会、社区组织、私营机构一起采取新的方式来减少地方贫困，为有需要的儿童和家庭提供安全适当的服务，并通过建立基线调查和设定服务目标等方式全面监测前线服务供给的质量。

# 瑞典——全民福利保障

肖 今 卢 杨

## 一 瑞典社会福利的承担机构——卫生与社会事务部

"二战"后，瑞典和其他北欧国家建立起一套全面的由国家提供社会服务的福利模式，国家通过各种法定的福利保障计划形成一道社会保障网，实行从"摇篮到坟墓"式的高度丰富的社会福利，涵盖社会保障、社会福利、社会服务和社会补助等各个方面，使个人不因生、老、病、残等而影响正常的生活。目前，瑞典的社会福利和服务主要由政府设立的卫生与社会事务部（Ministry of Health and Social Affairs）承担，卫生与社会事务部主要有 11 个服务项目，这 11 项都有具体的工作目标和计划，囊括了一个人在整个生命过程中需要的照顾和服务。（1）儿童权利（Child rights）；（2）残疾人（Disability）；（3）老年人（Elderly care）；（4）卫生与医疗（Health and medical care）；（5）个人与家庭照顾（Individual and family care）；（6）父母保险（Parental insurance）；（7）退休金（Pensions）；（8）公共卫生（Public health）；（9）疾病保险（Sickness insurance）；（10）社会保险（Social insurance）；（11）社会服务（Social services）。

### （一）儿童权利

以《联合国儿童权利保护法》为基础，儿童权利政策用于保障儿童权益的实施，并以《联合国儿童权利保护法》为指导，开展工作。儿童权利政策为儿童和青少年的发展提供机会，保障儿童和青少年在安全的环境里生活，使儿童和青少年有机会获悉有关决策的信息，并能参与影响社会。保障儿童权利是瑞典政府工作的基础，是决策的核心原则。政府在保障儿童权利方面提供有效的国家监督，保障法律、法规和有关政策的执行。儿童专署

（The Ombudsman for Children）是专门负责儿童工作的政府机构，每年向政府提交关于儿童状况的报告和建议。儿童专署设有专家委员会和儿童代表，与儿童有频繁的接触。2012 年，儿童专署建立了一个监测不同地区儿童生活情况的平台，并有跟进体系评估和描述儿童生活的情况。对于分居的父母，政府根据社会服务条例，向父母提供最优质的、专业的调解咨询，让他们从孩子的角度考虑最佳监护、居住和沟通的安排。2012 年政府尤其要抵制儿童暴力和其他方面的虐待，特别针对滥用药物的和有精神疾病的家庭，向儿童和青少年提供支持。

### （二）个人与家庭照顾

个人与家庭照顾政策的目标是，为在经济和社会状况上比较弱势的个体提供社会融入的机会，提高他们融入社会的能力。市政府提供建设性的援助，包括分享知识和经验等。在国家层面，卫生与福利部的作用非常重要，要提供足够的知识、指引、数据、指标，并做到公开的比较。另外，在《联合国儿童权利保护法》的指导下，对儿童和青少年问题提供援助，提高儿童和青少年的权利和福利，并让他们有机会知晓影响他们权利的各项事宜，保证法律法规的贯彻实施。2012 年政府的优先工作是保护弱势儿童，特别是为受到侵犯的儿童提供社会服务。政府继续为基层提供支持，为缺少房屋和无家可归者提供援助，并提出防范性的措施。

### （三）老年人服务

老年人服务的目标是引导老人们积极生活，使他们能够在安全、保持独立的环境中安度晚年，让老人受到尊重，并能获得良好的卫生和社会保健服务。政府的工作是为每一个不同兴趣和背景的老人提供照顾服务，使他们受到尊重并获得良好的福利待遇。政府尽量让老人住在自己的居所，如果他们有特别的需求或感到不适，可以搬到特别的卫生院，以保障老人的健康和社会照顾。通过服务让老人们对健康和医疗的质量有信心，让他们认识到，受过良好教育和有经验的工作人员时刻在关怀他们，好的健康和社会保障服务同时包括维护个人在人生晚年的尊严。2012 年的工作计划有以下几方面。

（1）住房计划（Initiatives in housing）。已通过一项针对保障性住房和其他改编形式的老年住房的方案，还要开发一种专门为老人提供的特殊形式的住房。政府已经决定从 2012 年起持续投资支持该方案，老年夫妻和同伴在愿意的情况下能够继续住在为老人提供的特殊住房中，即使夫妻双方中的一个人有特别需要也可以提出申请。计划同时希望提高老人们在安全和独立生活的前提下住在自己的居所的可能性。

（2）老年教育（Knowledge promotion）。老年教育的一个例子是知识门户网站的开发①，它用于收集最好的常用知识，用于指导和工具开发，以适应老年人工作需要。

（3）在调查基础上开展的实验（Evidence-based practice）。在 2012 ~ 2014 年，为一些市区提供资金，支持这些地区的老年痴呆症研究，在实地研究的基础上开发老年痴呆症的救治模型，并对模型进行测试，以展示国家对老年痴呆症患者的健康和社会保健服务。政府投资 43 亿瑞典克朗为大多数的病弱老人提供健康和社会照料服务，投资的方向是社会照顾、健康中心、医院，以帮助生病的老人。政府继续对各市区提供支持，引入保障老人尊严的地方服务，培训医护人员。

**（四）父母亲保险和补贴**

政府的目标是通过对家庭的经济政策（financial family policy）提高有孩子家庭的经济和生活标准，同时提高他们选择的自由和掌握自己的生活的能力。政府通过提升父母双方平衡工作与家庭的能力，使得服务更容易将工作与家庭生活结合。政府现代家庭政策观念的几个关键点是，关注孩子（a focus on the child）、选择自由（freedom of choice）、增强责任（increased responsibility）、学前教育与其他教育活动的多元化（diversity in pre-school and other educational activities）、父母对子女的责任（and the responsibility of both parents for the child）。在 2013 年的政府预算中，地区经济政策中投向家庭的支出为 780 亿瑞典克朗，其中还不包括市区的育儿津贴。

政府 2012 年的优先工作任务有以下几点。

（1）提高父母津贴的基础水平（Increased basic level of parental benefit）。政府以此改善低收入群体的经济状况。该政策自 2013 年 1 月 1 日开始执行，主要针对目前仍没有能力进入劳动力市场以及基于各种原因不能获得最低水平父母津贴的低收入年轻父母。

（2）废除 VAB 认证（VAB certificate abolished）。简化父母保险的监管框架，废除父母津贴申请时所需的孩子不在日托中心或学校的证明。

---

① 详细内容可参考 www.kunskapsguiden.se。

（3）改善父母保险（Improved parental insurance）。2013 年，政府计划建议瑞典国会保留父母在儿童四岁以后仍享受 480 天育儿假期（parental benefit days）的 20%，也就是父母在孩子四岁以后可以申请最多享受 96 天的福利假期。此外，政府打算将父母福利假期申请时间的上限从 8 年提高到 12 年，同时父母保险也考虑到单亲家庭及家庭的多样化和灵活性。

（4）共享育儿津贴（Shared child allowance）。过去的几十年，越来越多的孩子交替着与分开的父母一起生活，而在目前的系统中，母亲比父亲在享受育儿津贴上更有优先权。由于目前的监管政策无法适应现实，政府提出了新的法案以使父亲也能平等地享受育儿津贴。

（5）儿童抚养法规（Regulation of child maintenance）。针对离异父母常常忽略孩子的现实，政府通过立法确保孩子得到足够的关注。

（6）残疾人津贴评估（Review of certain benefits to people with disabilities）。卫生和社会事务部打算通过任命一个部际工作小组（inter-ministerial working group）来审查残疾人汽车津贴、残疾津贴和残疾儿童照料津贴等。目的是确保随着时间的推移，对残疾人的支持具有可预测性和法律上的安全持续性。

## 二　瑞典社会福利的实施

瑞典的福利执行主要由卫生与社会事务部来承担，同时教育与研究部和劳工部也担负其必须承担的法律责任。除了政府的公立机构，也有私立机构提供有关的福利服务。瑞典福利服务的初始主要是由教会承担的贫困救济。1734 年，瑞典各郊区出现了救济院①。19 世纪，出现了私立的疾病救济团体。1913 年，自由党政府通过了国家的老人退休金法案。1934 年，私立的失业团体开始像疾病救助团体一样，可提供法定的失业补助。到了 1961 年，救助疾病的民间团体由县这一级的公共保险替代，独立工会管理的失业福利金团体，都由中央政府取代，由各级政府来实施。之后的 50 年，瑞典不断地走向了全民福利保障，通过县和城市的政府税收支持来实现平等的全面健康和医疗制度。政府拥有的卫生和医疗体系通过公开投标，由私立的机构来管理，实行费用与机构服务质量挂钩的管理方式；而劳动市场的管理由政府

---

① 参阅维基百科，http://en.wikipedia.org/wiki/Social_ welfare_ in_ Sweden。

的就业部负责，劳动就业部的责任是保证最充分的就业率，以保障政府的公共税收。

全面保障服务体系的提高并非只有政府参与，私立机构也可以参与到提高公共服务的活动中来。政府以公立和私立并举的服务方式来提高完善福利保障服务。举两个例子来说明瑞典的全面保障体系实施的情况。

**（一）儿童托管服务**

瑞典与其他欧洲国家一样面临劳动力紧缺的问题，因此政府的政策意图是尽可能帮助父母返回工作岗位，这样既增加家庭收入又能多向政府纳税。而父母一旦返回工作岗位，相应的幼儿托管照顾服务就需要发展起来。在瑞典，幼儿园是社会保障系统的重要部分，凡年满一周岁的儿童都能保证入托。

瑞典幼儿园有三种形式（吴平、陈雪霏，2011）：一种是地方政府出资办的公立幼儿园，这种幼儿园目前在斯德哥尔摩约1000家幼儿园中占近65%；第二种是私立幼儿园，是20世纪90年代为满足家庭需要而设立的；第三种是家庭办的"日托妈妈"，由具有资质的女性承办。这三种儿童托管方式都获得地方政府的统一财政支持，后两种是公立幼儿园的很好补充。例如，斯德哥尔摩市政府一年平均要为每个入托儿童承担10万瑞典克朗（约1538美元）的成本，家长只承担很小的费用。按照规定，头一个孩子所交纳的入托费不得超过家庭收入的3%，或者每月的上限为1260瑞典克朗（194美元）；第二和第三个孩子每月的入托费不得超过家庭收入的2%和1%，上限分别为840瑞典克朗（150美元）和420瑞典克朗（65美元），第四个孩子则完全免费。低收入家庭或者单身母亲家庭享受全部免费。入托报名排队实现电子化，透明度很高。家长可以在政府网站上了解全市所有幼儿园的情况，选择自己最中意的。同时，会在网上公布家长对幼儿园十几项指标的意见和评估结果，以供社会审视。家长的选择权也给幼儿园带来竞争压力，因为政府所拨经费是随孩子走的，孩子换幼儿园后，其经费也跟着拨到孩子所去的幼儿园。

**（二）医疗卫生体系**

瑞典的医疗体系是综合医院和社区卫生服务并存（上海市卫生局（专访），2012）。在城市一级有大型的医院，例如卡罗林斯卡大学附属

Huddinge 医院，每年收治病人 8.9 万人次（斯德哥尔摩当地人口 50 万）。居民先在社区卫生服务中心注册，在社区卫生中心首诊。大型医院主要收治急诊与社区转诊的疑难杂症患者。瑞典的社区卫生服务中心 60% 是公立的。政府针对公立与私立机构的政策一视同仁，获得注册来就诊的居民越多获得的政府经费就越多。因此，社区卫生服务中心把提供优质服务吸引并留住居民作为基本行为准则。社区卫生服务中心自 1993 年就开始对居民设电子病历，建立了临床标准化指南 VISS，家庭医生可直接登录指南电子网站，下载相关疾病的治疗规范，等等。

政府设有社区卫生管理部门，政策包括：一是保障每个公民公平享有同等的医疗卫生服务，获得哪些医疗卫生服务取决于公民需要，与贫富、地位等没有关系；二是利用 Vardguiden 系统的网页、电话与手机，为居民提供自我保健与简单的诊断处理，患者可以与家庭医生、护士取得联系；三是医疗质量报告，针对社区卫生服务中心的服务，实现服务质量透明化。由于瑞典设有广泛的社区卫生服务机构（包括社区卫生服务中心、妇儿保健中心、理疗中心等），全国 95% 的诊疗发生在社区卫生服务机构，只有 7% ~10% 的病人被转往上级医疗机构。由于社区卫生服务中心发挥了"守门人"作用，瑞典的卫生费用近年来下降了 6%，尤其是住院病人大大减少。

瑞典全面社会福利的实施，有着国家法律和法规的保障。政府负责整个体系的行政管理和政策制定，充分考虑人权，服务公民，在尊重每一个个体尊严的基础上，保障从出生到死亡的各个生命周期的有关服务和照顾。

在实施体系上，政府建立的卫生与社会事务部承担了大部分的工作。县和城市一级以税收来保障卫生和福利体系的运作资金（由于本研究资料局限，今后的研究应该审视县和市一级的税收与财政制度如何保证全民的福利体系运作）。在执行服务层面，政府引入了民间和私立机构共同参与管理的策略。在提供福利拨款上，政府也采取市场激励和竞争的策略，利用电子信息，对儿童托管、卫生和医疗服务进行公开化评估。市民自由选择服务。政府给每个公民发放的福利和补贴，跟随市民转移到他们自由选择的服务机构。公开和透明的评估体系，保障了公民选择服务的权利，也督促服务机构提高改善服务质量。

# 英国儿童、学校和家庭部介绍

卢　杨

儿童、学校和家庭部（Department for Children, Schools and Families，简称为 DCSF），2007~2010 年隶属于英国政府，主要处理英国 19 岁以下儿童和青年群体的各种问题，包括儿童保护和教育。DCSF 成立于 2007 年 6 月 28 日。此前主管儿童事务的部门是英国教育与技能部（Department for Education and Skills），2007 年这个机构被分解，其原有的职能一部分由商业改革和技能部（Department for Business, Innovation and Skills）接管，另一部分公立学校事务则由 DCSF 直接接管。2010 年，英国新的联合政府上台后，英国儿童、学校和家庭部的名称被改回为教育部（Department for Education），儿童事务也继续由教育部接管。

英国和美国一样，是个主张以"工作福利"替代政府的"福利援助"的国家，也被一些西方学者诟病为"与其他社会政策相比，家庭政策的发展滞后且进展迟缓，直到今天，其制度化程度仍相对较低"，主要例证是，"没有设立专司家庭事务的政府部分"（转引自 B., Sonja, 2012）。英国的儿童贫困一直是一个亟待解决的社会问题，特别是单亲家庭的儿童贫困是个非常突出的问题。1997 年工党政府上台之后，一段时间改变了政府对家庭的不干预的态度，承认自己在儿童服务方面疏忽已久，承诺要加大政府对于家庭和儿童的支持，并首次在英国政府中设立了儿童学校部。1998 年，工党政府编写了《应对儿童保育的挑战》绿皮书，在其中承认了家庭和儿童是社会的核心。

儿童、学校和家庭部是英国布朗政府新成立的三个主要政府部门之一。政府如果致力于解决儿童贫困问题，并使所有儿童和年轻人都能充分发挥潜能，这就需要一个强有力的领导机构保证儿童的权利，相关机构的成立表明了当时新政府致力于解决儿童问题的态度，意味着新政府更加专注于上述目标的实现。英国首相布朗在任命内阁成员时讲道："政府的目的是确保每一个孩子得到最佳的人生开端，接受持续的支持和保护，满足他们和其家人的需要，帮助和促使儿童发挥潜能。我今天宣布新成立的儿童、学校和家庭部，第一次将影响儿童和青少年各方面的政策整合在一起，这个新部门将发挥强有力的领导作用，积极推动有关儿童及青少年的政策协调发展。"英国历史上首任儿童、学校和家庭部大臣埃德·鲍尔斯在任职时也讲道："作为历史上首位儿童、学校和家庭部大臣，既是我的荣幸也是一份责任，儿童和家庭是社会的基础，英国历史上第一次将所有影响儿童和青年人的政策整合在一起，以便更好地促进其发展。"可见，儿童、学校和家庭部所关注的核心实际上是儿童问题，为此政府将整合影响儿童发展的各个方面的力量，同其他各个部门合作共同解决实际问题，如和卫生部合作解决学生肥胖问题，和内务部共同处理学生吸毒问题等（苑大勇，2008）。

2010年，英国的保守党自由民主党组成新的联合政府，上台伊始就开始缩减各项福利政策和福利开支。儿童、学校和家庭部除了名称被改回为教育部，工党时代的"DCSF"的彩虹标志也已经从教育部网站上撤掉①。这是保守党人迈克尔·高夫（Michael Gove）就任新的教育大臣之后，首要的重点工作之一。

# 日本平等就业、儿童与家庭局及家庭福利政策介绍

肖 今 卢 杨

## 一 日本平等就业、儿童与家庭局概况

日本平等就业、儿童与家庭局（Equal Employment, Children and Family Bureau），隶属于卫生与劳动福利部，日语又称为厚生劳动省（Ministry of Health, Labour and Welfare）②。"厚生"出自《尚书·大禹谟》，意为使人民生活富足。厚生劳动省是日本负责医疗卫生和社会保障的主要部门，日本社会福利与劳务，譬如医疗、卫生、福利、公积金等，都是厚生劳动省所掌管的范围。厚生劳动省设有11个局，主要负责日本的国民健康、医疗保险、医疗服务提供、药品和食品安全、社会保险和社会保障、劳动就业、弱势群

---

① BBC新闻，2010年5月17日，www.bbc.co.uk/zhongwen/.../100517_edu_dfe_name.shtml。
② 参考维基百科：http://zh.wikipedia.org/wiki/%E5%8E%9A%E7%94%9F%E5%8B%9E%E5%8B%95%E7%9C%81。

体社会救助等职责。儿童与家庭局属于这 11 个局中的重要部门。

日本平等就业、儿童与家庭局的宗旨包括：（1）促进男女就业机会平等和待遇平等，创造一个男女两性在工作、家庭和社区各方面共同参与的社会；（2）制定与家庭和儿童相关的政策，提高儿童和家庭的福利水平、医疗保险、津贴和护理服务以应对人口出生率迅速下降的问题；（3）预防儿童虐待问题；（4）为单亲（父亲）家庭的儿童护理提供服务，帮助单身丧偶女性实现独立；（5）帮助儿童健康成长；（6）提供儿童医疗保险服务和儿童津贴；（7）为女性提供就业机会。

日本平等就业、儿童与家庭局组织框架主要由以下部门组成：（1）总务部（General Affairs Division），（2）平等就业政策部（Equal Employment Policy Division），（3）工作与家庭协调部（Work and Family Harmonization Division），（4）兼职与家庭工作部（Part-time Work and Home Work Division），（5）家庭福利部（Family's Welfare Division），（6）育儿促进部（Child-rearing Promotion Division），（7）日间护理部（Day Care Division），（8）母婴健康部（Maternal and Child Health Division）。其 2011 年工作目标：创造一个支持儿童，护理儿童，珍视儿童的社会（Toward the creation of a society that supports all children and childcare）。

## 二　服务项目介绍

### （一）应对日本的低出生率

2005 年日本平均每个妇女的生育数是 1.26，2009 年略提升至 1.37，之后呈现迅速下降的趋势。而调查显示，很多家庭期待要两个或多于两个孩子，这样，在实际和期待生育子女数量方面就存在一个鸿沟。实际生育率低的原因在于年轻人无法兼顾家庭与工作，所以他们就要在职业发展和照顾家庭之间做出选择。

平等就业、儿童与家庭局为应对日本低出生率的问题，在两方面展开工作：（1）平衡家庭生活与工作（providing a good work-life balance），主要包括支持妇女工作和针对兼职工作者提供服务；（2）提高儿童护理支持服务（improving childcare support services.），主要包括育儿护理服务、防止儿童虐待以及母婴健康管理。

### （二）儿童支持和儿童保护

为支持日本儿童健康成长，提高儿童福利，平等就业、儿童与家庭局为家庭中 15 岁以下的儿童提供福利津贴，日托中心和课后儿童俱乐部为工作的母亲提供一系列的支持服务。针对农村条件匮乏，很多儿童根本没办法进入日托中心的问题，平等就业、儿童与家庭局建立了一些区域性的便捷日托中心来解决这一问题。2010 年制定了一套系统的儿童服务措施，以实现支持和保护儿童的五年计划愿景。

### （三）实现一个工作与生活平衡的社会

为了改善儿童护理中心和女性工作的环境，平等就业、儿童与家庭局制定了育儿休假制度，以鼓励男性照顾孩子，为那些喜欢照顾儿童并期望通过照顾儿童提高自身的男性提供资格认证；同时修订了《儿童护理与家庭护理假期法》（*Child Care and Family Care Leave Law*），为需要照顾 3 岁以下儿童的工作女性制定了新的工作时间系统，育儿休假时间也做了调整。

### （四）防止儿童被虐待，为女性提供良好分娩与生育环境

日本的儿童被虐待问题一直非常严重，为应对这一问题，平等就业、儿童与家庭局规定市政府要按规定拜访所有有婴孩的家庭；同时该局也致力于提高完善寄养父母与孤儿院系统以防止儿童被虐待问题。政府部门与私人组织联合，制作了一个防止虐待儿童的 logo 以提高公众防止儿童被虐待的意识；该部门也为分娩期的女性提供健康检查，为其提供一个安全的分娩与生育环境。

## 三 日本家庭福利的发展过程

### （一）"二战"后儿童福利政策

在介绍日本家庭福利之前，首先需要特别指出日本儿童福利的发展进程。1947 年 3 月，日本政府在厚生省设置了儿童局主管儿童福利。儿童局的设立主要源于两次世界大战对日本产生的极大冲击。裘晓兰在研究日本儿童福利发展历程时指出，一方面，长年的战争导致了日本国民生活困窘，不少儿童流落街头游荡乞讨，甚至靠偷窃生活；另一方面，"二战"后，日本劳动力不足，大量征用未成年人参与工厂劳动，从而导致因营养不足、卫生条件差和过度劳累等而病倒的儿童数量剧增；此外，长年战争造成大量无家可归的孤儿，他们的生活安置和人身保障也都成为了亟待解决的社会问题。

为了改善儿童的生活状况，政府在 1945 年制定了《战灾孤儿等保护对策要纲》，1946 年制定了《有关实施流浪儿童及其他儿童保护等的紧急措施》。20 世纪 50 年代，日本开始进入经济高速发展时期，与此同时，相关儿童福利政策也有了进一步的发展和完善，但这一时期儿童福利政策的核心是向贫困或有身心障碍等需要特殊照顾的儿童和家庭提供援助（裴晓兰，2011）。

**（二）以家庭为中心的福利政策的开始**

1947 年实施的《日本国宪法》以及在此基础上修改的民法《亲属编》和《继承编》废除了专制的家长权和长子优先继承权，日本的家庭结构、家庭功能乃至家庭关系由此步入了全新的阶段。父子轴心的家庭关系被打破，全国核心家庭的比率持续上升，从 1955 年的 62%，1965 年的 68%，上升至 1975 年的 74%；户均人数从 1950 年的 5.02 人，下降至 1970 年的 3.41 人。以都市工薪阶层为主体的中产阶级组成的核心家庭，代表了日本现代家庭制度的主流模式（田晓虹，2008）。这种核心家庭模式使得正处于育儿期的年轻父母难以直接得到来自长辈的育儿指导和帮助，进而导致了 20 世纪 70 年代后日本社会中儿童厌学、暴力、行为不良、情绪不稳、抑郁甚至于自杀等比例的不断上升；与此同时，妇女就业率的上升、父亲参与育儿程度低、双职工家庭的普及、离婚家庭的增加，加上现代人际关系冷漠造成的社区联系稀薄化，以及社会支援体制的不足等，都给抚育孩子带来了实际的困难，如此巨大的育儿压力也成为日本陷入少子化困境的主因之一。在这样的社会背景下，仅仅依靠家庭来承担所有育儿功能的传统育儿模式呈现许多不足，以儿童为主要对象的儿童福利政策也明显表现出局限性，无法实现儿童健康成长的目标。社会的发展对育儿提出了新的要求，构建一个以家庭为中心，社会整体参与的育儿模式，成为 90 年代后日本从以问题儿童和需要帮助的儿童为主要对象的儿童福利转变为以所有的儿童及其家庭为对象的"儿童，家庭福利"的主要推力（裴晓兰，2011）。

总体来看，日本社会的福利制度在"二战"后才被提到议事日程上来。从 20 世纪 70 年代起，日本构建了"日本型福利社会论"，这一理论把家庭置于福利政策基本方针中极为重要的位置。所谓的"日本型福利社会"就是尊重日本传统的自立自助的精神、相互协作的组织结构和家庭内的趋同意识等，靠自己亲属和近邻的互相帮助，而不依靠国家。对于那些不被国家福利保障的需要救助人群，其亲属，即父母兄弟姐妹所形成的亲属网络成为他们获得救济、维持生活的来源。日本政府把 1973 年作为日本的福利元年，它不仅制定了弹性的福利政策、家庭政策，还制定了最低的社会保障制度。1979 年日本推出的《关于充实家庭基础生活的对策》，在老人赡养问题上，把三代同堂作为理想的家庭模式，并向此类家庭提供相应的福利政策。在三代同堂的家庭模式中，女性在育儿和对老人的看护中起着不可忽视的重要作用，而家庭政策的根基就是强调重视女性在家庭中不容忽视的作用。

### （三）家庭政策的新视角

1984 年、1985 年、1988 年，国家通过税金、年金给予家庭主妇许多优惠的鼓励政策，使得女性再次被封闭在家庭之中。然而，对那些不适应被禁锢在家庭中，变成被期待的那种女性形象的人而言，自然就成了被政策遗忘的角落。因此，这一政策受到的批判也较多。日本的家庭表面看似很安定，但是从那个时候开始出现了家庭内离婚、少子化和晚婚化现象。所谓家庭内离婚，是指夫妇在法律形式上婚姻关系不解除，同宅而不同居、不同食、不交谈。这种现象和向家庭主妇提供优惠政策所期待的目的截然不同。所以，日本型福利社会、日本型现代家庭，以及以此为特征的社会结构体系，从其内部必然发生根本性的变化（王海燕，2006）。

1998 年、1999 年《厚生白书》提出"少子社会的思考——构筑生育、养育子女的社会"的目标，重新思考日本出现的老龄化和少子化问题。单靠家庭来承担老人和儿童的护理已经远远不够，"走看护社会化的道路"在国家政策中被体现出来。1994 年制定的"新黄金计划"是对此前"黄金计划"的修订，因为"黄金计划"中所规定的政策指标过低，已不能适应 21世纪老龄化的进展。与此同时，在传统三代同堂由女性承担家务、育儿和看护的模式已经发生改变的背景下，需要从女性就业的角度去观察现实社会（裴晓兰，2011）。

如今，日本政府在卫生与劳动福利部（厚生劳动省）下面设有"平等就业、儿童及家庭局""老人健康和福利局""劳动标准局""卫生政策局""就业安全局""卫生服务局"等。卫生与劳动福利部的功能是设计与人整个生命周期的生活最为密切相关的社会性保障体系，并负责执行其项目，包括医疗、就业、儿童支持等，其使命是"为了人、为了生命、为了未来"。平等就业、儿童及家庭局的目标群体是家长、儿童和家庭，其战略和终极目标是满足人们的生活愿望，集中社会力量，建立起兼顾工作与养育孩子并让孩子健康成长的社会环境。

# 韩国性别平等与家庭部
## （Ministry of Gender Equality & Family）

卢　杨

## 一　韩国性别平等与家庭部概况

韩国性别平等与家庭部（Ministry of Gender Equality & Family，简称 MOGEF），成立于 1988 年，其宗旨是建立一个两性平等、家庭幸福的社会，促进妇女人力资源的开发，改善妇女权益，提供与妇女相关的教育和各种调查研究项目，提出家庭和青年发展的相关政策。

发展过程。韩国性别平等与家庭部在 1988 年成立时，名为政治事务部（Ministry of Political Affairs），主要职责是关注与妇女相关的社会文化问题（socio-cultural issues with a special focus on women.），随着《妇女发展行动法令》（Women's Development Act）的颁布，该部门的工作人员不断增多；1998 年，负责妇女事务的总统委员会成立（the Presidential Commission on Women Affairs），主要负责规划起草妇女政策，颁布《反性别歧视和救济法案》（Gender Discrimination Prevention and Relief Act）；2001 年成立性别平等部（Ministry of Gender Equality），计划并起草反性别歧视的政策，开发妇女人力资源，培养女性计算机运用能力，并从卫生和福利部接管了婴儿和儿童保育的职责；为加强政策执行和资金规划运作，成立了政策管理与公众关系办公室（Policy Management & Public Relations Office）。2005 年性别平等与家庭部（Ministry of Gender Equality & Family）成立，主要承担对妇女、家庭和婴儿照顾的责任，加强对嫁到韩国的移民妇女的支持，发展和完善性别平等与提高女性地位的政策，加强对事业中断女性的支持。2010 年起，性别平等与家庭部主要负责女性、家庭、青少年、儿童政策事务。

其目标包括以下几个方面。（1）规划协调妇女政策，提高妇女权利地位；（2）建立、调解并支持文化多元性的家庭政策，负责与健康家庭相关的儿童事务；（3）为青少年谋求福利和保护；（4）反对家庭暴力，保护妇女、儿童和青少年。

其职责包括以下几个方面。（1）规划协调与性别相关的政策（Planning and coordinating gender-related policies）；（2）分析评估性别敏感性政策（Analyzing and evaluating gender-sensitive policies）；（3）开发利用女性资源（Developing and utilizing women resources）；（4）扩大女性的社会参与（Expanding women's participation in society）；（5）防止卖淫，保护受害者（Preventing prostitution and protecting its victims）；（6）预防家庭暴力和性别暴力，保护受害者（Preventing domestic and sexual violence and protecting its victims）；（7）与和妇女有关的民间团体及国际组织建立联系（Forging partnership with women's civil groups and international organizations）。

政策（Policy）主要涵盖八个方面。

1. 性别敏感性政策（Gender Sensitive Policy）：通过性别影响因素评估，把影响性别不平等的因素作为评价性别现状和地位的重要标准，在制定性别敏感性政策（Gender Sensitive Policy）时，考虑到生物性、社会性、性别角色和性别需要等因素的影响。

2. 女性资源开发（Women Resources Development）：针对目前韩国女性就业困难、工作环境和工作条件差以及职业中断后再就业困难的问题，颁布相应立法，进行女性培训等。

3. 女性权利保护（Women's Rights Protection）：为暴力受害者提供全面的支持服务，包括24小时热线，成立妇女和儿童暴力救助中心，为受害者提供教育和培训的机会等。

4. 家庭政策（Family Policy）：由于韩国家庭的多样性，家庭规模在缩小，家庭功能在弱化，个人教育费用支出在增加和经济危机等因素的影响，工作和家庭之间越来越难以保持平衡。对此，韩国的家庭政策主要在四个方面进行改进。（1）社区儿童照顾服务系统化；（2）对单亲家庭、隔代抚养家庭（祖父母或者外祖父母与孙子女组成的家庭）和处在艰难期的家庭提供支持，完备家庭的功能，提高家庭应对风险的能力；（3）营造家庭友好型（family-friendly）的文化氛围，在公司内部建立家庭友好型的管理制度，实行兼顾家庭与工作的灵活工作时间；（4）整合多元文化家庭，支持在多元文化家庭中成长的儿童，使其更好地融入社会，提高婚姻移民的经济和社会地位，保护跨国婚姻中个人的权利。

5. 青少年政策（Youth Policy）：由于培养青少年的环境不够良好，学校教育与就业不衔接，韩国青少年的社会参与度很低，加之不利于青少年健康成长的社会环境因素的威胁和家庭功能弱化的影响，处于危险中的青少年数量越来越多。一些促进青少年健康发展的政策不断推出。主要在以下四个方面。（1）实施新的青少年政策，开设韩国青少年工作机构（Korea Youth Work Agency），扩大最基层的青少年培训设施；（2）开展青少年活动项目，提高青少年项目参与率，促进不同国家和地区的青少年交流，帮助青少年培养兴趣；（3）建立青少年社会安全网络，加强对处于危险期青少年的支持；（4）预防青少年离家出走和进行少年犯矫治。

6. 移民女性（Migrant Women）：（1）成立紧急救援中心，用不同语言为移民女性提供有关人权和法律问题的咨询服务；（2）为性暴力受害者提供紧急庇护以及药物和法律援助服务；（3）为防止家庭暴力，向那些将要缔结跨国婚姻的男性提供人权教育。

7. 政府与非政府团体的合作：性别平等与家庭部和韩国的非政府女性团体之间有共同的合作，称为"Joint cooperation business"，通过向非政府的女性团体说明政策任务，支持和资助这些妇女团体开展服务。据 2012 年的数据，性别平等与家庭部向 120 个妇女组织投入了 20 亿韩元，妇女团体具体在以下六个方面开展工作。（1）性别平等；（2）预防和反对女性暴力；（3）改善家庭纲常伦理制；（4）扩大女性的政治参与；（5）解决性别不平衡问题；（6）提高女性的健康。

具体合作方式包含以下两方面。（1）支持女性团体（Support for Women's Group）：通过与女性团体合作，扩大政策实施范围。（2）支持女性志愿者（Support for Women's Volunteering Work）：通过女性志愿者中心（Women's Volunteering Work Center）建立起女性志愿者基金会；根据地方和实际需要对一些志愿者的需要提供项目支持（Program Support）和教育支持（Education Support），向志愿者开设指导课程。

8. 国际合作（International Cooperation）：与国际妇女组织合作，开展妇女权利保护活动。

2013 年预算及目标。韩国政府为性别平等与家庭部制定的 2013 年预算资金为 5240 亿韩元，主要服务方向有以下几个方面。（1）通过扩大对单亲家庭育儿服务的支持，减少家庭儿童保育的负担，维持多元文化下家庭的稳定；（2）加强对日益扩大的儿童和妇女性暴力受害者的支持，增强性暴力预防系统；（3）扩大社会安全网，以保护因学校暴力而离家出走的青少年；（4）通过为职业中断女性创造再就业机会，扩大妇女就业的基础。

## 二 韩国女性政策的发展过程

20 世纪 70 年代以后，与女性相关的问题在韩国开始得到社会关注，主要是因为女性参与到社会经济活动中，韩国的社会经济发生了巨大变化，家庭伦理和女性生活也有明显的改变。在联合国为主的国际社会的影响下，1983 年，韩国设立了韩国女性开发院（崔鲜香，2008）集中调查研究女性相关问题。1987 年，在修改宪法和民主运动的过程中，女性要求在经济领域中消除歧视性工资待遇、婚后或孕后退职制、职场中的暴力等对女性的歧视，要求促进女性福利、保护女性。随着女性参与经济活动的增多和妇女运动的高涨，1988 年韩国政府设立了国务总理下属统管女性问题的相关行政机构——政治事务部。1989 年，为稳定母子家庭的生活，制定了《母子福祉法》，以低收入阶层母子家庭为保护对象，规定了福利发放、贷款、母子福利设施等事项。1989 年再次修改《家庭法》，大大调整了原《家庭法》中父母、夫妻、子女间的不平等内容，承认婚姻中女性在形成家庭财产方面所做出的贡献。2001 年，韩国将负责女性事务的总统委员会改设为独立的性别平等部（Ministry of Gender Equality）。性别平等部除掌管过去总统委员会的业务以外，还掌管原归卫生和福利部主管的与性暴力、家庭暴力、性买卖相关的业务，从 2004 年起又加进了婴幼儿保育业务。2002 年，修改《女性发展基本法》时，为了有效地推进各部处中分散施行的女性政策，国务总理下新设了女性政策调整委员会，在各部处中指定女性政策责任官。到 2005 年，将性别平等部改为性别平等与家庭部，这些机构的设立是韩国女性政策发展过程中的重要转机。家庭政策通过十几年的变化，人们开始能够公开谈论过去属于私人领域的性和家庭暴力问题，改变了韩国社会中的公、私领域的界限（崔鲜香，2008）。

到 2005 年，在妇女运动的推动下，国会通过了以废止户主制为核心的民法修改案，制定出《健康家庭基本法》，并于 2008 年 1 月开始执行。该法案废除了韩国户主制的相关条例，以新的身份登记制作为代替，把家庭范围重新界定为夫妻和与其共同生活的直系血亲。新法案保护了家庭内的个人尊严及男女平等，从而限制了一直以来在私人领域里具有歧视性的户主权（崔鲜香，2008）。也是因为家庭户主制的废除，家庭中的每个人，包括儿童在内都得到了法律意义上的身份肯定，家庭中儿童、青少年问题等逐渐得到社会的关注。这就不难理解为什么从 2010 年开始，性别平等与家庭部在服务对象范围上，由以女性为主扩大到女性、家庭、青少年、儿童政策事务。2012 年，韩国女性就业率为 54.9%，与世界经济合作组织（OECD）61.8% 的值相比依然不高，同时已婚女性中受过大学教育的只有 62.1%，与 OECD 国家 82.6% 的值（2010 年数据）相比也很低，同时女性育儿、家务重担、就业苦难、工作环境差等方面的问题依然严重。目前，性别平等与家庭部通过与劳动就业部、教育部等合作制定相应政策以应对以上问题。

# 印度卫生与家庭福利部
## （Ministry of Health and Family Welfare）

肖　今　卢　杨

## 一　印度卫生与家庭福利部概况

印度卫生与家庭福利部（Ministry of Health and Family Welfare）由以下部门组成：卫生与家庭福利局、AYUSH 局、卫生研究局、艾滋病控制局。卫生服务理事会是该部的总办公部，理事会就医疗与公共卫生问题提供技术性的建议并参与实施到各项卫生服务中，同时各地方设有办公中心，负责地方工作的开展。

卫生与家庭福利局（Department Of Health and Family Welfare）服务项目有近 70 项，主要包括：家庭计划、盲人控制项目、癌症控制计划、心血管疾病、儿童健康等。

AYUSH 局（Department of AYUSH）：1995 年 3 月设立的药物及顺势疗法局（Medicine and Homoeopathy）（ISM&H）于 2003 年 11 月被重新命名为

AYUSH 局，它是 Ayurveda（印度韦达养生学）、Yoga（瑜伽）、Naturopathy（物理疗法）、Unani、Siddha 和 Homoeopathy 的简称。

卫生研究局（Department of Health Research），简称为 DHR，于 2007 年 10 月正式设立。

艾滋病控制局（National AIDS Control Organization），简称为 NACO，向 35 个国家艾滋病控制社团提供艾滋病控制项目。

印度卫生与家庭福利部主要开展的项目有以下几项。（1）全国农村卫生任务（The National Rural Health Mission），简称 NRHM，2005 年 4 月由 Hon'ble 首相提出，目标是为偏远农村地区的贫困家庭提供卫生服务。（2）中央政府卫生计划（The Central Government Health Scheme），简称 CGHS，目的是向 CGHS 计划的受益人（主要为中央政府的工作人员如国会成员、退休人员及亲属等）提供综合的卫生保健服务，该计划自 1954 年开始实行。（3）医学教育及咨询（Medical Education & Counseling）等。

## 二　印度的"家庭计划"和处于转型期的印度家庭

要研究印度家庭政策的发展必须首先研究印度的家庭计划（Family Planning），因为印度的家庭政策始终与控制人口的家庭计划紧密相连。印度家庭计划的目标是使已婚夫妇家庭控制家庭规模的大小和婴儿的出生，使儿童的出生与其家庭的社会、经济和健康状况相协调。

### （一）20 世纪 90 年代之前印度"家庭计划"的发展

Savitri 总结了印度"家庭计划"的发展历程。早在 1919 年，Family Planing 的概念首次在 Shri Pyare Kishen Wattal 发行的 *The Population Problem in India* 中被提及，在这本书中 Shri 提出要对家庭进行限制。印度国大党（Indian National Congress）1935 年成立了国家计划委员会（The National Planning Committee），强烈支持通过自控及避孕措施来控制人口。其提出控制人口主要出于三方面的考虑：国家的经济与资源问题，母亲的健康问题，减少婴儿的死亡率与堕胎率（Savitri，1963）。

印度真正的人口控制计划是在 1952 年开始提出的，这使印度成为世界上最早将人口控制作为国家计划的国家。计划的目的是"把人口稳定在与国民经济的要求相一致的水平上"（to stabilize the population at a level consistent with the requirement of national economy）（印度中文网，2012）。1952 年以后随着医疗卫生的发展，印度人口死亡率急剧下降，但出生率并未同时下降，这被印度政府认为是人口高速增长的主要原因。为了发展经济、提高国民的生活质量，必须首先解决人口问题，这成为印度政府的基本考虑。政府强调，要实现人口计划必须考虑以下方面：（1）影响印度人口增长的主要因素有哪些；（2）发展出适当的人口计划技术，并设计出传播这些技术的方法；（3）使家庭计划成为医院服务和健康机构的一部分。总体而言，整个 20 世纪 50 年代，印度的家庭计划政策都是比较温和的，以倡导的方式实施计划生育。

印度的第一个五年计划自 1951 年开始，1952 年提出人口控制计划。但总体上收效不大，尽管人们普遍意识到人口计划的重要性，但是教育、训练、服务与研究等措施都没有跟上，也没能实现人口计划的目标。

第二个五年计划期间，计划委员会意识到人口计划需要更进一步地发展系统的实施办法，要对人口问题进行持续的研究。其间，成立了印度国家人口控制委员会，针对农村地区人口计划落后的问题采取了一系列的措施，如为解决农村医护人员缺乏的问题向年轻的领导者和女性提供培训等。在第二个五年计划期间，家庭福利工作者以个人或者小组的形式与家庭接触，研究影响人们社区态度、信仰以及行为模式的因素，希望使人们了解到人口控制与家庭福利之间的关系。

第三个五年计划期间，印度政府开展了"家庭计划宣传行动研究"（Family Planning Communication Action Research），主要包含以下三个相关的部分：（1）拒绝或采纳家庭计划者的态度和动机分析；（2）通过研究与评估，尽力改变人们拒绝家庭计划的态度，促进家庭计划的开展；（3）评估特定项目对社区、邻舍的影响及其在改变人们的态度行为方面的作用（Savitri，1963）。

1966 年印度家庭计划局（Family Planning Department）成立，隶属于印度卫生部（the Ministry of Health）。Nair 描述了该部门的工作在 20 世纪 60 年代发生的变化：从"家庭计划"开始逐渐转向"人口控制"。前者更关注的是家庭的生育健康与幸福，而后者则主要关注国家的目标——降低人口出生率。这种转变的缘由在于，当时的政策制定者已经开始深刻地意识到，较高的人口出生率已成为经济发展的巨大障碍。

70 年代，印度的经济状况恶化，国家局势动荡。1975 年，印度为了应对国内的政治危机，根据宪法宣布实行紧急状态，人口过多成为政府无能力改变政治、经济和社会状况的替罪羊。1976 年，印度修改了宪法，英迪拉·甘地总理开始进行强制性的人口控制，但是遭到顽强的抵抗。1977 年大选，由于推行强制性的人口控制计划，英迪拉·甘地落败，家庭计划严重受阻。印度人民党当选后开始实行以自愿和政策鼓励为导向的家庭幸福工程。新的"家庭福利计划"（The new Family Welfare Programme）实施，将家庭计划与母婴健康照料并重。国家卫生与家庭福利部就是在这样的背景下成立并开始实施家庭福利计划的（Alan & John，1998）。

**（二）20 世纪 90 年代后印度"家庭计划"面临的新问题**

20 世纪 90 年代印度家庭政策出现了新的发展动向，从关注人口目标逐渐转向对家庭个体需求的重视。20 世纪 90 年代，179 个国家通过了一项国际人口政策行动方案，该行动方案将人口与发展相关联，关注女性与男性个体需求的满足而不仅仅是实现人口目标，该政策对印度也产生了影响（India Country Report—Population and Development：10 Years sine ICPD，2004）。20 世纪 90 年代左右，印度社会的政治、经济、文化以及社会的转变对家庭产生了极大的影响。经济方面，由于工业化、城市化以及消费的转变，大批人口涌入城市，贫民增加，种姓和家族导向的职业模式发生转变，市场竞争加剧，使得家庭结构、家庭功能和家庭关系等都发生了巨大变化。个体从大家族中逐步脱离，并在城市中形成小型的核心家庭；传统家庭承担的功能逐渐由学校、日托中心、商业和娱乐中心代替；传统上依据性别、年龄和亲属关系所承担的角色也因为社会和经济的变革而改变；女性走出家庭进入工作岗位，对自由、个体权利的期待也发生了变化；传统的服从长者、关怀他人、父母和男性权威等被自我中心和自我权利主张的观念取代；家庭观念变得越来倾向于物质主义、个人主义和自由主义；传统的尊长、关心弱者、职守尽责以及合作的伦理观被竞争、争取更高位置的观念代替。这些改变使得家庭中忽视儿童、老人，青年人酗酒、吸毒等问题越来越严重。同时，印度家庭还出现了新的形式，单亲家庭、女性占主导地位的家庭、双重收入家庭、无子女的家庭以及收养家庭越来越多（Policies and Programmes for Family Welfare：India Family in Transition，2012），贫困家庭也大量存在。该阶段印度的家庭政策主要针对以下方面。（1）关注家庭中有残疾、重大疾病以及药物成瘾等问题的个体；（2）生育问题，如不育、未婚已育的问题；（3）婚姻问题，如婚姻不和谐、婚姻破裂等问题；（4）家庭虐待问题，虐待妇女、儿童、老人以及残疾人问题；（5）家庭失业、负债、住房不足问题；（6）家庭面临的暴力、自然灾害、难民、移民问题等；（7）家庭贫困问题。

目前，印度城市和农村的人口生育率虽在降低，但是印度北部地区的家庭计划服务仍有待提高。人口计划还考虑到移民、城市化以及老年人口增加带来的影响，并在福利服务中有针对性地解决以上问题。随着经济的发展，印度收入不平等问题越来越严重。收入不平等问题又影响到人们能否平等地获得公共服务，如教育、卫生保健等。印度政府承诺尽可能地使贫困人口获取教育与公共服务。2012 年，印度政府宣布将针对全印度的贫困家庭发放现金补贴，补贴总额将达到 4 万亿卢比，估计有 1 亿户贫困家庭可以通过这项计划，每年获得约合 4000 元人民币的政府补贴（吴顺煌，2012）。

2001 年，印度推出女性赋权政策（National Policy for Empowerment of Women），目的是保证女性在家庭内与家庭外同男性一样享受权利。1997 年印度政府成立生育与儿童卫生中心（the Reproductive and Child Health，简称 RCH），RCH 的目标是提高现有设施的利用率而不是形成新的机构，通过使用志愿者和私营部门提供的服务来提高服务效率，消除公共服务与私领域服务的鸿沟。自 20 世纪 90 年代以来开展的印度家庭健康调查，提供了印度各地方死亡率、生育率、健康状况、家庭计划形势及其他人口与健康指标等丰富的信息。许多研究机构也就人口与健康问题进行培训。

总体而言，1997 年之后，印度政府制定的生育与健康计划主要包括以下几点：一是把儿童的健康服务包含在计划内；二是提高生育和健康计划的管理与执行质量，包括撤销硬性指标，提高现有设施的使用率而不是再造新的设施等；三是利用志愿者和私立部门提供服务并由政府补充其不足；四是利用地区一级的监督办公室，保证及时应对家庭的需要，提高服务的质量；五是复兴农村地方社区，增加中介服务，利用社区设施增加药品和设备供应，为社区和客户提供咨询服务，并为社区人员开展培训。

# 新加坡的社会和家庭发展部与家庭政策

陆德泉　唐　灿

## 一　新加坡的社会和家庭发展部

2012 年，新加坡政府正式设立了社会和家庭发展部（Ministry of Social and Family Development）。此前，家庭事务曾被如下不断更迭的政府部门管理：社会事务部、文化和社会事务部、社区发展部、社区发展和体育部、社区发展、青年与体育部。家庭事务多半是在上述部门中设立一个司局级部门，由它具体负责管理。

新成立的社会和家庭发展部下设三个大的部门，社会发展与支持、家庭发展与支持、社团支持。在家庭发展与支持部门之下，设立了四个具体部门，家庭政策组、家庭教育与推广科、社会发展网络、家庭服务部。

新加坡十分重视以家庭为基石的治理原则，其社会与家庭发展部对外宣示的使命是，增加个人的适应性，增强家庭，建立一个关怀他人的社会；其宣示的价值观是，专业、激情、尊重个体、以人为本。与此相一致，其整体的家庭服务也建立在如下五大共同价值观基础之上："国家至上，社会为先；家庭为根，社会为本；社会关怀，尊重个人；协商共识，避免冲突；种族和谐，宗教宽容。"

新加坡对于家庭事务的重视并不始自 2012 年。在社会和家庭发展部正式设立之前，新加坡和中国香港类似，也有国家家庭议会。家庭议会成立于 2006 年 5 月 1 日，事实上担负着新加坡家庭和家庭事务委员会的角色，是新加坡政府家庭相关政策、问题和计划的重要的顾问与协商机构。职责范围包括以下几方面。（1）促进新加坡有韧性家庭的建设；（2）就政府提供的家庭政策、家庭教育计划、研究和服务征询公众，进行反馈；（3）提高社会、私营部门和公共部门主要利益相关者的参与，为家庭创造有利的环境；（4）提供资源分配上的投入，以提高家庭服务部门的能力和才能。

## 二　新加坡家庭政策的背景

新加坡在 1965 年独立后，人民行动党把新加坡的社会和经济发展作为压倒一切的国家目标，通过建屋发展局解决大量人口的住房问题，把鼓励家庭养老和抑制生育作为主要的家庭相关政策目标。

新加坡的家庭政策经历了从刚开始关注控制人口，到为应对晚婚、生育率降低和人口老龄化等趋势造成的人口出生率降低而开始从 20 世纪 80 年代中期转向鼓励生育模式的转变。

20 世纪 80 年代末到 90 年代初，新加坡有四个社会人口趋势凸显。（1）30 岁以上的单身女性的比例越来越大；（2）更多受过高等教育的妇女中单身女性的比例越来越大；（3）实际出生率和社会所需要的达到替代水平的出生率之间的差距扩大；（4）新加坡步入老龄化社会，老人的赡养问题陆续浮现。

新加坡的家庭政策长期以来一直服从于经济发展的政策（刘笑言，2012），大致可以分为以下三个不同的阶段。

**（一）不鼓励生育阶段（1966~1982 年）**

在新加坡独立后，政府开始实施"家庭计划"方案，控制人口增长，以免经济发展受到人口过度增长的限制。当时主要的问题包括：城市住房短缺、大规模失业、人口随着死亡率下降和出生率过高出现净增长。1966 年，新加坡政府设立了家庭计划和人口委员会，以降低新加坡的出生率和人口净增长率为任务，把零人口增长率作为最终目标。政府以"生存"策略为宣传主旨，通过提供奖励和惩罚的措施，对只生两个小孩的，鼓励家庭采取自愿绝育的措施，只生两个孩子。

**（二）优生优育阶段（1983~1986 年）**

新加坡在 20 世纪 80 年代初期开始生育率大幅下降。各方面研究认为，生育率下降的主要原因是女性劳动力市场参与率的上升和核心家庭模式的比例增加。基于出生于较高教育水平家庭的孩子减少，而出生于低教育水平家庭的孩子增加，加之生育率低于更替水平等原因，新加坡制定家庭政策鼓励大学毕业生早婚和生育更多的孩子。新加坡政府为那些愿意生育三个或更多孩子的高文化水平的妇女提供更大幅度的税收减免和小学入学优先权的奖励，并于 1984 年成立社会发展部促进大学毕业生之间的婚配。政府为了减少受教育较少妇女生孩数量，采取对其提供绝育补贴的政策。对年龄在 30 岁以下的妇女，只要在中学毕业考试中没有达到及格水平，可以在其一个或两个孩子出生后申请 1 万新币的绝育奖励。这个政策的歧视性色彩使得优生政策非常不得人心。因此，优生政策只持续了几年。

### （三）鼓励生育阶段（1987 年以后）

在最近二十年间，新加坡为了回应人口老龄化的趋势，鼓励生育一直是家庭政策的主要议题。1987 年新加坡出台了鼓励生育政策，主要口号是"如果负担得起，生育三个或更多的孩子"。为此，新加坡政府启动了一系列奖励措施，包括幼儿照护、小学注册、住房分配和税收等优惠。此外，新加坡的家庭政策越来倾向于维系传统家庭的模式。政府认为家庭是社会文化赋予的福利单位，而国家则通过支持家庭整体以维护家庭中不同个体的福利。除了鼓励生育，新加坡的家庭政策大力宣扬婚姻是社会的普遍愿望和家庭在照顾老人与儿童方面的责任。随着传统家庭模式逐渐改变，其照顾老人和儿童的角色受到严重挑战，新加坡政府在 2006 年成立了国家家庭委员会，在新加坡推动建设有韧性家庭的议程。

### 三　新加坡家庭相关政策对家庭的假设和理念

新加坡制定家庭政策的相关政府部门将理想家庭形式定义为：（1）由男性与女性婚姻组成的核心家庭形态；（2）孩子出生于合法的婚姻；（3）生育孩子有一定的数量；（4）接受过良好教育的母亲；（5）女性照护孩子后返回工作岗位；（6）以家庭为基础对老人和孩子的照顾，可以由外籍佣工进行。

尽管新加坡政府长期以来宣传国家的福祉就是家庭的福祉，以此将国家介入家庭事务合理化。但是，新加坡政府还一直坚持家庭自力更生的伦理原则，尽量避免家庭对政府资金支持的过度依赖。

例如，新加坡的中央公积金（CPF）虽是老年人退休后的主要经济来源，但在老年人资金来源不足的情况下，老人主要的生活还是依赖成年子女。政府为此大力宣传强调"孝道"，主张老年人与他们的成年子女生活在一起，将家庭看作老年照顾的主要支持系统，政府不对老年人提供直接的经济援助，而主要通过政策激励和资金帮扶的方式鼓励成年子女与父母同住，照顾自己年老的父母。新加坡公共住房申请上的已婚子女优先计划（MCP）和中央公积金住房补助金计划（HGS）均意在鼓励已婚子女和父母居住在同一处房产或是相邻的房产中，以促进对年老父母的照顾（刘笑言，2012）。

### 四　新加坡的家庭服务中心

新加坡政府非常重视社区基层的组织建设，虽然几经更迭，但政府多数情况下都设有社区发展部。新加坡执政党——人民行动党非常重视把执政基础扎根在基层。在新加坡，社区基层服务组织都掌握在人民行动党的基层领导手中，也就是议员手里。议员既是选区党组织的支部主席，又是市政理事会主席或常任理事、社区基金会主席，也是人民协会的顾问。就是说，所有"为人民服务"的好事都由人民行动党的议会议员和由人民行动党控制的基层组织包揽。

新加坡的社区家庭服务中心依托于基层社区，是富有新加坡特色的家庭政策执行机构。家庭服务中心是个自愿福利团体，由政府规划，并统一招标确定。政府根据各慈善团体的服务能力、宗教特点等，招标选择合适的团体，并每年对其进行评估，对五年连续不达标的，由政府组织重新招标。目前，新加坡共有 36 个家庭服务中心。家庭服务中心的服务场所由政府在规划建设时提供。政府提供 90% 或 38 万新币（取其低者）开办经费，其余则需要中心自筹（多半由宗教团体等支持）；平时的运行费用政府出 50%，自筹 50%。家庭服务中心的主要任务是为有需要的、贫困的或在危急中的人提供全面系统的服务，并帮助不幸和有缺陷的人群学习独立，目的是通过团队合作，提供高素质、有创意、可信赖和细心的社会服务，以满足人们的各类需求，实现人的生命素质的提升，达到家庭和社会的和谐。

在新加坡，慈善团体和志愿者服务是非常活跃的非政府组织，在社区和家庭建设中发挥着重要作用，是政府制定家庭政策的主要执行者、合作者。

# 中国香港家庭及儿童福利科与家庭政策的实施

陆德泉　肖　今

## 一　家庭及儿童福利科概况

家庭及儿童福利科属于香港社会福利署下设的科室之一。香港社会福利署属于政府统辖，共有 11 个科：（1）安老服务科，负责发展老人服务；

（2）家庭及儿童福利科，负责管理家庭和儿童福利服务；（3）康复及医务社会服务科，负责督导为残疾人士提供的服务及管理医务社会服务；（4）社会保障科，负责执行各项社会保障计划；（5）青年及感化服务科，负责督导为过犯和青少年提供的服务及社区发展服务；（6）临床心理服务科，负责厘定和评估有关临床心理服务的政策、规则及程序；（7）行政科，负责处理总部的行政、人事管理及员工关系工作；（8）财务科，负责控制及监察所有财务事宜及财务管理资讯系统；（9）资讯系统及科技科，推行社会福利署部门资讯系统策略计划及电子服务，并推广本署及非政府机构运用资讯科技来更有效管理机构和提供福利服务；（10）津贴科，为非政府机构所举办的活动提供津贴及奖券基金拨款，并监察有关情况；（11）人力资源管理科。

家庭及儿童福利科目标：维系和加强家庭凝聚力，促使家庭和睦，协助个人和家庭预防或应付问题，并为未能自行应付需要的家庭提供协助。

家庭及儿童福利科服务类别：（1）领养服务；（2）慈善信托基金；（3）社会福利署热线服务；（4）家务指导服务；（5）保护家庭及儿童服务；（6）幼儿服务；（7）体恤安置；（8）家庭危机支援中心；（9）危机介入及支援中心；（10）家庭生活教育；（11）寄养服务；（12）综合家庭服务；（13）儿童住宿照顾服务；（14）受虐妇女住宿服务；（15）预防及处理虐待长者服务；（16）露宿者服务；（17）性暴力受害人士服务；（18）防止自杀服务；（19）临时收容中心/市区单身人士宿舍；（20）支援虐儿、虐待配偶/同居情侣及性暴力个案受害人服务；（21）工作小组/咨询委员会；（22）综合家庭服务中心委员会；（23）家庭暴力受害人支援计划；（24）短期食物援助服务计划；（25）程序指引：包括处理虐待儿童个案程序指引，处理亲密伴侣暴力个案程序指引，处理成年人性暴力个案程序指引。

## 二 香港家庭政策的发展过程

学者梁国平认为，60年代的香港政府提出政府服务不应破坏自然和传统的家庭责任（梁国平、吴俊雄等，2003）。1973年《香港社会福利白皮书》基本重申这样的观点，同时提出"家庭生活教育"的服务计划，以预防家庭瓦解，维护家庭的稳定。香港政府对家庭采取不干预政策，并实行有限的弥补家庭失效的补救性社会福利政策，这成为当时的香港政府对家庭采取的社会政策态度，并一直延续到 1997 年香港回归。

周永新从 20 世纪 80 年代开始一直是香港社会福利咨询委员会的委员和主席，并于 1996 年发表一篇题为《中国社会与香港家庭政策》的文章。他推崇中国的儒家理想和传统家庭价值作为香港社会福利的基础理念，在文章中他探讨了香港家庭中传统中国家庭价值的消逝所带来的家庭危机，从而论证香港政府必须建立系统和连贯的家庭政策。他认为社会不能仅仅满足于强化一个正急速变化的社会制度而丢掉家庭传统。假如传统价值已经不再主导香港的家庭，香港家庭已经衍生新的价值和信念，就已经构成了很充分的条件，需要重新设计家庭政策（Chow，1996）。

2001 年，香港特别行政区立法会开展了对香港家庭政策动议的辩论。香港社会服务界的辩论引起了政府和社会关注。当时卫生与福利局局长杨永强在立法会上重申了对殖民地时期家庭相关政策的基本态度和立场的原则：（1）维系和加强家庭作为一个基本单位的功能，使它能够为家庭中的成员提供健康、情绪和适应社会发展方面的支持；（2）为遇到困难的家庭提供援助支持，促进家庭的运作；（3）恢复困难家庭自力更生的能力（杨永强，2001）。杨永强在立法会上的回应基本上代表了香港特区政府。

2006 年，特首曾荫权的施政报告中提到解决社会问题须从支持和强化家庭出发，认同老人、妇女、青少年、儿童等都是家庭的成员，并推动家庭成员承担各自的责任和义务（香港特区政府报告，2006）。特区政府成立了家庭议会，设立了一个综合、整体、高层次的家庭事务委员会，负责支持家庭政策和措施。同时，社会福利措施和不同的决策部门都有与家庭相关的政策及措施。

家庭议会由特区政府政务司司长领导，其职权范围包括下列几个方面：（1）提倡重视家庭观念作为促进社会和谐的原动力，推广以家庭为核心的支持网络，以巩固亲密和睦的家庭关系；（2）就制定全面的支持强化家庭的政策和发展相关计划活动方面，向政府提意见，监察政策活动的推行情况；（3）就如何整合政府各政策局、部门、不同年龄组别和性别的家庭政策计划，向政府提意见，以确保互相之间的协调；（4）筹划并推行针对特定年龄及性别的计划活动；理顺安老事务委员会、妇女事务委员会及青年事务委员会的工作；（5）就加强社会对家庭事务的认识方面，在必要时进行研究（香港家庭议会，2007）。

同时，香港特区政府的中央政策组展开了有关家庭政策的研究，委托香港中文大学亚太研究中心收集了其他国家和地区的家庭政策，并于2008年12月举办了"强化香港家庭：从整合的家庭角度制订社会政策及筹划社会服务研讨会"（香港特区政府中央政策组，2008）。

特区政府的中央政策组审视了各发达国家的家庭政策（Central Policy Unit, Hong Kong SAR Government，2008），其审视的家庭政策专指由政府向有儿童的家庭所提供的支持和服务，包括以下三个方面：（1）财政支持，包括现金支持，税务减免，对低收入家庭的援助；（2）假期，包括女士产假，男士产假和育儿假期；（3）托儿，包括提供财政资助和托儿服务。基于以上三点，特区政府中央政策组的研究报告发现：英国实行了"不干预家庭"的政策；新加坡的家庭政策倾向保持传统家庭中的男女分工，因此，女性在平衡工作和家庭时有较大压力；中国香港的社会政治情况介于英国和新加坡之间。香港一直坚持"小政府"原则，同时也维护传统家庭的价值。香港同样面对低生育率的问题，两性平等情况虽持续改善，但家庭团结程度却有下降的倾向。

基于香港家庭情况的实际和已经在实施的福利与税收政策，报告提出了六项具体的政策建议：（1）鉴于各项家庭政策的目标往往不能同时达到，政策优先考虑加强协助女性平衡家庭和工作；（2）香港家庭政策应该照顾家庭多元化的趋势，除了着重支持传统家庭，也不能忽略在职母亲和单亲家庭的需要；（3）"男主外，女主内"的传统家庭内的分工模式在转变，家庭政策应该照顾不同家庭中两性分工的差异，男士产假是值得考虑的措施；（4）以儿童为本的家庭政策可保障在家庭形态多元化的发展趋势下，儿童得到应有的照顾。提供具有时间弹性的托儿所服务及儿童基金等，是值得考虑的措施；（5）平衡工作和家庭，特别是针对双职家庭和单亲家庭中的母亲要面对的双重压力，对女性的家庭政策应包括延长育婴和育儿假期，资助托儿服务等；（6）联合协调政府、市场和社区的资源，而不一定要通过提高税收来推行这些家庭政策。政府要检讨现有的资源是否能有效地重新整合，以达致"取诸家庭，用诸家庭"的效果。

参考香港新妇女协进会的观点，畲云楚与黄碧云认为香港政府的家庭政策隐含的家庭意识形态包含了下列元素：（1）一对一异性夫妻核心家庭的霸权性，剥夺了延伸家庭成员的社会福利和服务权利，也剥夺了其他形式家庭成员的社会福利和服务权利；（2）生理性别的分工成见："男主外，女主内"的性别分工的刻板意识形态；（3）把"家庭"理想化，假设一对一异性夫妻核心家庭是利于儿童的社会化环境，夫妻和谐地扮演家庭中的角色，各家庭成员都可以和谐地生活在一起；（4）有倾向性地选取"传统中国家庭伦理"，把家庭问题简单化为价值冲突，忽视社会和政策制度上对个人实践家庭照顾责任的限制；（5）私人－公共领域的二元分割，简单把家庭看作私人领域，因此，解决家庭问题完全是家庭成员内部的责任，政府不应干预；（6）家庭政策的工具化和选择性的干预主义——更看重家庭政策的工具作用，而很少关注家庭政策自身的价值，只有在需要控制人口、打击犯罪、吸收移民、维护社会稳定时，才制定相关的家庭政策（Chaw & Wong，2010：161－190）。

总之，家庭和儿童有关的福利，不再是一个以家庭成员的福利和社会为决然分界线的福利问题，零碎的对家庭成员的援助难以提供家庭成员所需要的服务。香港特区政府家庭议会的工作范围，通过 2011 年的工作计划可见一斑：（1）推广家庭核心价值。组织开心家庭运动、家庭友善企业奖励计划、电视节目以及拍摄以家庭为题的电视剧集。（2）政策制定要从家庭角度考虑，向所有政策制定部门发出通告，促请留意其所制定的政策是否对家庭构成影响，并邀请各部门从职权范围内的政策、计划、措施及服务出发，就如何建立有利于家庭的环境提出意见。（3）家庭教育。进行家庭教育顾问研究，以总结家庭教育情况。制定家庭教育课程评审架构，制作家庭教育教材和家庭治疗教材。（4）制定有利于家庭和支持家庭的措施。举办企业奖励计划，对疏忽儿童和长者、青少年吸毒及青少年卖淫等问题进行研究，并进行家庭现况研究（香港家庭议会，2011）。这些建议目前正在倡导中，其效果还有待评估。

在 NGO 服务层面，可以利用庞大的 NGO 服务体系开展服务。社会服务联会进一步提出了下面的建议，期望把工作集中在宣扬家庭核心价值活动上：（1）协调不同政策，巩固家庭功能，建立有效机制让社会知晓各政策制定部门推行家庭政策的进度情况；（2）动员社会力量，实践家庭核心价值，营造家庭友善环境；（3）善用现有平台，促进社会各界参与讨论，加强家庭支持，建议家庭议会与社会各界及第一线工作人员进行沟通，了解单亲、再婚、跨境、同居、一孩、跨代及少数族裔家庭的需要，从而制定全面的家庭支持策略；（4）汇聚各方支持，鼓励家庭研究，建构健康家庭。家庭议会应制定香港长远的家庭研究蓝图，通过追踪研究，建立长期的研究，作为政策制定及服务改善的依据（香港社会服务联会家庭及社区服务专责委员会，2010）。

### 三 家庭和儿童服务的执行体系

香港政府的决策和执行体系有独到之处。社会政策的决策具有广泛的社会参与性。自 20 世纪 60 年代起，政府就实行了行政吸纳政治的策略①。所有关于发展政策的制定都邀请民间、商界、专业团体、非政府组织的精英代表参加并提出意见。按照金耀基教授的观点，香港的治理模式是"共治"。"六七暴动"后，香港市民的自觉意识崛起，对收入和生活、康乐和家庭等有了诉求。港英政府为了回应"政治整合"，自觉地或不自觉地采取了"共治"的运作原则，把非英国的中国精英逐次地吸纳到行政决策结构中。从而，在行政体系之外，很少有与这个体系对抗的政治人（金耀基，1997：28；康晓光，2004）。

香港民间服务主要由香港社会服务联会与政府协商开展。第二次世界大战结束后，香港的经济和社会环境发生剧变，加上大量难民由内地涌至，民间纷纷成立了慈善团体和福利机构提供服务及援助。为了有系统地统筹策划各种福利服务工作，志愿机构组成了"紧急救济联会"，1947 年转为香港社会服务联会（简称社联）。由于福利机构的数目不断增加和服务日趋多元化，协调和联络工作变得更加重要。社联代表非政府社会服务机构，致力推动香港社会服务的发展。社联现时共有约 400 个机构会员，它们通过其属下遍布全港的 3000 多个服务单位，为香港市民提供超过九成的社会福利服务。政府听取社联建议，亦通过社联把社会福利有关的服务承包给社会工作组织、NGO、民间私立慈善机构等。

---

① 1966 年天星小轮加价造成九龙骚动。港英政府出动军警镇压，最后造成 1 人死亡，18 人受伤，1800 多人被捕。1967 年 5 月由于劳资纠纷引起的暴动，结果 51 人直接在暴动中丧失性命，另外超过 800 人受伤。这次运动反映了香港经济起飞后，年青一代的成长和香港人自我意识逐渐抬头。之后港英政府采取行政吸纳政治的策略，在制定政策时，广泛吸收民间、商界、专业团体、非政府组织的意见，通过各种议会、联会的方法，请他们参与政策咨询和会议。

例如，在家庭与儿童处下设立的综合家庭服务委员会，2012 年 3 月 1 日的第 6 次会议，有福利署 15 名政府工作人员、11 名不同 NGO 成员、5 名社会工作者和其他人员参加，会议讨论要对新招聘的社会工作者提供有关综合家庭服务的培训项目。培训包括：（1）处理儿童福利问题；（2）处理各种族人群事务；（3）婚姻治理；（4）处理赌徒问题；（5）男性服务使用者的工作；（6）在社会工作场景中的陈述训练。在这样的决策中，政府与直接深入在社区开展家庭服务的各种组织协作，组织则直接把家庭和社区服务的问题带入政府的执行机构和决策机构。

在操作层的另外一个例子是香港各界妇女联合协进会。协会于 1993 年 6 月 28 日成立，主旨为团结香港各界妇女、关注香港事务、争取和维护妇女合法权益等，会员来自各阶层、各地区、各种族、各行业，包括工商界行政人员、专业人士、在职妇女、家庭主妇以及热心推动妇女工作的女性。现有个人会员超过 1000 人，团体会员 60 多个，分布在香港、九龙、新界及离岛。同时，在各个区设有服务点，如在三个培训中心通过与政府的雇员再培训局联合，为妇女提供再培训课程，包括家务助理证书训练、基础计算机操作、仓颉输入法、互联网应用等，以提高妇女的就业能力，同时还提供邻居纠纷调解和调解员训练的课程。

在政府的执行层面。社会福利署的网站上提供了各项福利支持等的信息。市民可以获得完整的信息，并可直接申请他们需要的援助。居民区的区议员、政府的康乐事务办公室、非政府组织等对需要援助的人提供服务转介。家庭和儿童服务处的许多工作会议有福利署的政府官员、非政府组织、社会工作者参加，他们一起检视家庭服务的需要，制定工作程序和项目。香港在港岛、九龙和新界共有 18 个区和区议会，每个区都有完备的市民康乐设施，包括图书馆、小区会堂、游泳池、医疗中心、托儿中心等，这些设施是保障儿童和家庭成员享受高质量健康娱乐的重要条件。并在每个区设立区议员办公室、NGO 和私立机构的服务中心等。议员每周都有固定的时间接见市民、处理市民的日常需求。在居住区内，家庭和儿童的一般需要可以通过区议员办公室、NGO 和私立机构得到回应。

## 四　香港家庭服务的开展——以被虐儿童保护为例

第一，香港有完整的未成年人社会保护机制。香港自从有法律条文以来就有保护儿童的法律法规，1981 年开始制订了对待虐儿个案的专业处理指引，培养专业社工，设立专门的处理小组。民间机构"防止虐待儿童会"已经有相当完善的方案和成熟的处理经验。香港的社会福利署处理虐儿有较强的专业能力①。福利署、专门的警方调查组和经专业训练的社工和医生，无论任何时间接到投诉都要立即出动。香港的专门儿童法庭不论在布置上还是开庭过程中都从保护儿童的角度出发，极富人性化。

第二，设有专属的病房可托管被虐小孩。接到举报后，福利署的专业社工到儿童家庭进行探访，确定儿童是否需要到医院进行身体检查或者治疗，之后可直接与最近的公立医院儿科医生取得联系，医生也会判断被虐儿童是否需要心理治疗。同时医院协助出具一份专业的被虐儿童身体受伤害程度的报告，以便作为个案处理的依据。社工和其他相关人员对被虐儿童进行评估，确定被虐儿童是否适合立即出院或接受治疗后回家居住。

第三，接受了专业训练的社工可以为被虐儿童申请保护令。香港的社工需要经过专业训练和实践才能成为个案经理。社工接到案子后，会以个案经理的角色去统筹整个个案的处理，当被虐儿童送到医院安顿下来后，他们还要通知警方介入调查。在事情发生的十天内，包括社工、警方、医生、心理医生以及该儿童所在学校的教师等，就会把各自搜集回来的资料集中起来召开一个多专业的联合会议，并做沟通和交流，讨论是否需要向儿童法庭申请保护令。

第四，香港设有专门的法庭，可发放保护令转移监护权，即香港法官可把监护权判给四类人/机构。如果发现儿童被家长虐待，在社工向儿童庭为儿童申请保护令后，保护令就可以把儿童转介到院社、儿童之家或者托管家庭。

第五，有专设的做证室避免儿童与施虐人见面。法庭对虐待儿童者进行制裁免不了要受害儿童的证供和需要儿童上庭作证指证犯案人。为了避免对儿童造成困扰，政府特意投资建设了三个专为取得儿童证供而建设的证供室，在法庭上也设置了一个儿童做供专用室，避免儿童与对其进行侵犯的人见面。

简言之，香港具有完善的家庭和儿童的救助体系。政府加强对家庭税务

---

① 2007 年 3 月 15 日《信息时报》记者走访香港处理虐儿事件的主要官方机构社会福利署。

法规的扶持，提供了各种益于家庭的免税政策，使得全民均能够享受福利保障。由于经济的发展，香港利用了邻近国家和地区的低廉家佣来看护儿童，妇女就业比较充分，女性的平等情况不算差。但是就业的压力对家庭也有很大的影响，妇女的生育率在下降，家庭规模在缩小，家庭类型趋于多元化，同时人口老龄化速度加快，这些都危及 15～20 年后香港经济的发展。香港政府虽为家庭提供了双方的分娩假期政策等，但由于工作节奏快、压力大，执行起来比较困难。而均等的免税政策，对鼓励生育也没有起到刺激作用。最近几年，无论是民间还是政府都期望秉承家庭价值观，推进家庭团结，在家庭内形成良好的养育孩子、照顾亲属的环境。

## 参考文献

崔鲜香，2008，《1980 年以后韩国女性政策的变化与发展》，《当代韩国》秋季号。

丁吉英，2010，《美国 AFDC 政策的演变》，《管理学研究》5 月。

菲利普·斯泰克，2011，《法国的家庭政策》，北京，"儿童早期发展国际研讨会"上的发言，见：http：//baby.sina.com.cn/news/2011－11－24/111051625.shtml，2012。

费雷德里克·勒普斯，2012，《法国如何就家庭发展制定相关政策》，提交北京"中法家庭政策研讨会"，PPT。

弗朗索瓦·辛格，2012，《法国家庭百年演变史简析》，提交北京"中法家庭政策研讨会"，PPT。

黄安年，1997，《克林顿政府改革美国家庭福利保障的对策》，《美国研究》第 2 期。

金耀基，1997，《行政吸纳政治——香港的政治模式》，载金耀基著《中国政治与文化》，牛津大学出版社。

康晓光，2004，《再论"行政吸纳政治"》，转引自网站"学者社区"，http：//www.china-review.com/sao.asp? id = 3295。

克罗蒂娅·阿蒂丝·德菲，2012，《现代家庭中的代际关系演变》，提交北京"中法家庭政策研讨会"，PPT。

孔娟，2003，《澳大利亚的社会福利》，《社会福利》第 5 期。

刘笑言，2012，《家庭角色的式微—新加坡家庭政策的现状和挑战》，《东亚论文》第 94 期。

裘晓兰，2011，《日本儿童福利政策的发展变迁》，《当代青年研究》第 7 期。

《全球家庭经历巨变阵痛　回归传统仍是主流呼声》，2010，《环球时报》5 月 6 日。

上海市卫生局（专访），《上海市卫生局张勘处长一行出访英国、瑞典的考察报告》，2012，http：//wsj.sh.gov.cn/website/b/75258.shtml，7 月 20 日。

田晓虹，2008，《近代日本家庭制度的变迁》，《社会科学》第 2 期。

王海燕，2006，《家庭福利政策的选择—转型期日本社会福利政策调整的圭泉》，《社会保障研究》第 2 期。

王鹏，2012，《法国的家庭政策》，《学习时报》10 月 8 日。

吴平、陈雪霏，2011，《瑞典公私并举解决儿童入托》，http：//news. xinhuanet. com/world/2011 – 02/19/c_ 13739812. htm，2 月 18 日。

吴顺煌，2012，《印度大规模向贫困家庭发钱计划搅动政坛》，引自《新浪财经》，http：//finance. sina. com. cn/world/yzjj/20121207/205113936791. shtml，12 月 7 日。

香港家庭议会，2007，家庭议会第 1/2007 号文件：《家庭议会的目的、成员、职权范围及运作模式》，http：//www. familycouncil. gov. hk/english/docs/Family_ Paper_ FC_ 1_ 2007. pdf。

香港家庭议会，2011，《香港家庭状况报告》，http：//www. familycouncil. gov. hk/sc_ chi/files/research/FamilySurvey2011_ Report. pdf。

香港社会服务联会家庭及社区服务专责委员会，2010，《有关家庭议会工作方向之建议》，http：//www. hkcss. org. hk/fs/download/ HKCSS% 20SCFC% 20to% 20Family% 20Council% 202010% 20Jun. pdf.

香港社会福利署官网，http：//www. swd. gov. hk/sc/index/site_ pubsvc/page_ family/。

香港特区政府报告，2006，《以民为本，务实进取：香港特区政府施政报告》。

香港特区政府中央政策组，2008，"强化香港家庭：从整合的家庭角度制订社会政策及筹划社会服务"研讨会，http：//www. cpu. gov. hk/chinese/conference_ 20081203. htm。

杨红燕、陈天红，2011，《澳大利亚财政社会保障支出状况及启示》，《财政经济评论》第 1 期。

杨永强，2011，《2001 年 5 月 16 日在香港立法会对有关家庭政策的官方回应演辞》，http：//www. info. gov. hk/gia/general/200105/16/0516316. htm。

《印度宽松的家庭计划生育政策》，2012，引自印度中文网，http：//www. indiacn. com/national/introduce/7841. html，11 月 28 日。

于金辉，2007，《尼克松政府/家庭援助计划的失败原因探析》，《华南农业大学学报（社会科学版）》第 1 期。

苑大勇，2008，《英国布朗首相执政后教育管理机构的变化》，中国论文下载中心，http：//www. studa. net/Education/080404/16555747，4 月 4 日。

张敏杰，2011，《德国家庭政策的回顾与探析》，《浙江学刊》第 3 期。

张雨露，2007，《家庭、个人与社会的博弈——关于德国家庭现状及目前家庭政策的分析》，《德国研究》第 1 期。

Administration for Children & Family, USA, 2012, http：//www. usa. gov/directory/federal/administration-for-children-families. shtml.

Alan M. & John S. , The Integration of Family Planning and Development Activities in India, 2012, *Geography*, 1998, 83（3）, http：//mohfw. nic. in/.

Anderson, J. R. & Wilde, J. L. , 2012, 《美国的家庭政策概述》，转引自上海市人口和家庭计划指导服务中心网站，http：//www. popfamily. org. cn/science/index. jhtml。

B. , Sonja, 2011, 《德国和欧洲的家庭变化与家庭政策》，"中国家庭变化与公共政策"国际研讨会，10 月 29 ~ 30 日。

Bundesministerium für Familie, Senioren, Frauen und Jugend von Deutschland, 2012, http: //www. bmfsfj. de/.

Central Policy Unit, Hong Kong SAR Government, 2008, *A Cross-National Comparison of Family Policy Commissioned* by and Submitted to Public Policy Research Centre, Hong Kong Institute of Asia-Pacific Studies the Chinese University of Hong Kong, February 2008.

Chow, Nelson W. S. , 1996, "The Chinese Society and Family Policy for Hong Kong". *Marriage and Family Review*, 22 (1/2): 55 – 72.

Department for Children, Schools and Familes, Britain, 2012, http: //webarchive. nationalarchives. gov. uk/20100408085833/http: //www. dcsf. gov. uk/.

Department for Education, Britain, http: //www. education. gov. uk/.

Department of Families, Housing, Community Services and Indigenous Affair, Australia, 2012, http: //www. fahcsia. gov. au/.

Department of Health and Human Services, USA, 2012, http: //www. hhs. gov/about/.

Equal Employment, Children and Family Bureau, Jepan, 2012, http: //www. mhlw. go. jp/ english/org/detail/index. html.

Frangois Heran, 2012, "The French 'demographic policy' in the field fertility", 尚未发表.

From: http: //www. socsc. hku. hk/cosc/Full% 20paper/Leung% 20Benjamin_ full. pdf.

German Federal Statistical Office, 2012, www. destatis. de.

http: //en. wikipedia. org/wiki/Social_ welfare_ in_ Sweden.

https: //zh. wikipedia. org/zh – cn.

http: //www. nfc. org. sg/ aboutus. htm.

India Country Report – Population and Development: 10 Years sine ICPD, 2004, 转引自印度家庭福利部官网, http: //mohfw. nic. in/, 2012 年 6 月。

Leung, Benjamin K. P. , Chun-hung Ng, Th omas W. P. Wong, Cindy Y. W. Chu and Anita K. W. Chan (梁国平、吴俊雄、黄伟邦、朱英华等), 2003, "Social Cohesion and the Hong Kong Family. " Paper presented at the Conference on Social Cohesion, Nov. 28 – 29. Hong Kong: The University of Hong Kong. From: http: //www. socsc. hku. hk/coc/ Fuu% 20Paper/Leung% 20Benjamin_ full. pdf.

M. D. Bracher, 1987, the Australian Family Project, *Journal of the Australian Population Association*, Vol. 4, No. 2.

Ministère des Affaires sociales et de la Santé, 2013, http: //www. sante. gouv. fr/.

Ministry of Children and Family Development, British Columbia, Canada, 2012, http: // www. gov. bc. ca/mcf/.

Ministry of Community Development, Youth and Sports, Singapore, 2013, http: //app1. mcys. gov. sg/Policies/StrongandStableFamilies/ SupportingFamilies / . aspx.

Ministry of Gender Equality & Family, Korea, 2012, http: //www. moge. go. kr/index. jsp.

Ministry of Health and Social Affairs, Sweden, 2012, http: //www. government. se/sb/d/ 2061.

Ministry of Social and Family Development, Singapore, 2013, http: //app. msf. gov. sg/

AboutMSF/OurOrganisation/HistoryMilestones. aspx.

Minitry of Health, Labour and Welfare, Jepan, 2012, http：//www. mhlw. go. jp/english/.

Mukul G. Asher & Amarendu Nandy, 2009, Managing prolonged low fertility: the case of Singapore, *Journal of Asian Public Policy*, 2：1, 4 – 16.

M·拉罗克, 1982,《法国的家庭体制和家庭政策》, 殷世才译,《国外社会科学》第 8 期。

National Family Council, 2007, Building Resilient Families: the Road Ahead. Singapore.

National Family Council, Singapore, 2012, http：//www. nfc. org. sg/ aboutus. htm.

OECD Family Database, 2013, http：//www. oecd. org/social/family/database.

Policies and Programmes for Family Welfare: India Family in Transition, 2012, http：// mohfw. nic. in/.

Province of British Columbia, 2012, http：//www2. gov. bc. ca/.

Public Policy Research Centre, Hong Kong Institute of Asia-Pacific Studies, The Chinese University of Hong Kong, 2008, A Cross-National Comparison of Family Policy, commissioned and submitted to Central Policy Unit, Hong Kong SAR Government.

Quah, Stella. , 1999, *Study on the Singapore Family*, Ministry of Community Development, Singapore. http：//www. nfc. org. sg/ aboutus. htm.

Savitri Thapar, 1963, Family Planing in India, *Population Studies*, 17 (1), 2012 查阅, http：//mohfw. nic. in/.

Shae Wan Chaw, Wong Pik-Wan, 2009, Familial Ideology and Family Policy in Hong Kong in K. B. Chan, Agnes Ku and Chu Yin-Wah eds. , *Doing Families in Hong Kong*, Leiden: Brill Academic Publishes.

Sun, Shirley Hsiao-li, 2009, Re-producing Citizens: Gender, Employment, and Work-Family Balance Policies in Singapore, *Journal of Workplace Rights*, Vol. 14 (3) 351 – 374.

Tenth Five Year Plan (2002 – 07): (Chapter 2. 10), Family Welfare, 2012, http：//mohfw. nic. in/.

Teo, Youyenn, 2009, Gender Disarmed: How Gendered Policies Produce Gender-Neutral Politics in Singapore, *Signs*, Vol. 34, No. 3, pp. 533 – 558.

Teo, Youyenn, 2010, "Shaping the Singapore Family, Producing the State and Society", *Economy and Society*, 39：3, 337 – 359.

Wong, Theresa; and Brenda S. A. Yeoh, 2003, "Fertility and the Family: An Overview of Pro-natalist Population Policies in Singapore", *Asia MetaCentre Research Paper* No. 12, National University of Singapore.

# 后　记

　　这本著作缘起于 2011 年底，时任国家人口和计划生育委员会宣教司司长的张建跟我的一次谈话。他告诉我，胡锦涛总书记在一次讲话中专门提到，建立家庭发展的政策体系，提高家庭发展能力；国务院印发国家人口发展"十二五"规划的通知中，也明确提出"加快建立和完善提高家庭发展能力的政策体系"的设想。所有这些政策设想当时都落脚在原"计生委"的宣教司。张建司长略带迷茫地探问我，国外主管家庭发展的政府部门是如何设置的，出于什么样的考虑？它们的主要职责和任务是什么？国外的家庭政策是怎样设计的，都是什么样的体系呢？我一时语塞。但是在张建司长的头脑中，一个念头开始形成，这就是借助中国社会科学院的研究力量，解答上述疑惑，给政府促进家庭发展的工作一些启示和借鉴，同时也对中国家庭的发展能力和家庭政策现状给出客观的评价。政府开始重视家庭发展和家庭政策了！这对做家庭社会学研究的我来说，不啻为一个惊喜。我和张建司长的念头一拍即合。汇报上去，我的领导对合作开展家庭政策的研究也连连说好，大力支持。

　　对这个合作研究项目最终拍板的是更高层的领导。2012 年初，原国家人口和计划生育委员会副主任崔丽同时任中国社会科学院纪检组组长的李秋芳，还有当时还只是社会学研究所所长的李培林在一起共同确定了合作研究的意向。事毕，大家握手言欢，都很兴奋。张建和李培林是这个合作团队的副组长，我是具体干活的，与当时的"计生委"宣教司副司长莫丽霞共同任执行副组长。为了表示重视，社会学研究所还把这个研究项目列入了中国社会科学院的"创新工程项目"。

　　有机会走进"计生委"才发现，即使在学术界都处于边缘位置的家庭议题，居然在这个部委成为重头工作。为了落实促进家庭发展的规划，这里几乎每个司局都在做与推动家庭发展有关的事，一派热火朝天。在这个环境中，我们这些做家庭研究的，似乎可以展望到家庭被保护、被关注、被重新置于社会价值中心的那一天的到来！随着国务院机构改革，"计生委"与卫生部合并为"卫计委"，让人庆幸的是，原"计生委"重视家庭发展的特殊传统得到了延续。在"卫计委"中，成立了一个新的司局——"家庭司"，一批更年轻，更有干劲，更有想法的官员在主管这个部门，朝气蓬勃。我们寄希望于他们！

定名为"促进家庭发展研究"的合作课题在 2012 年 5 月正式启动，历时将近一年。课题组成员通过多地调查研讨，以及在浩瀚的文献和数据中的艰苦爬梳，终于成就了这本专著。其间课题组还经历了有的章节因为资料匮乏研究者中途退出、几经易人的事件。好在这一切都已过去。手捧着沉甸甸的书稿，我们内心充满喜悦。毕竟，通过辛苦的劳作，我们对中国家庭的发展能力和基层政府在微观层面进行的促进家庭发展的创新活动有了比较清晰的了解与认识；同时，对欧美各国和东亚地区的家庭政策也有了比较系统的了解与认识。对比之下，中国应该制定什么样的家庭政策，相信人们也会开始形成更深入、更切合实际的思考。

最后，我想要感谢这样两个人，一个是莫丽霞女士——一位温文尔雅、极具书卷气的女性副司长，她实际上是本书不具名的编者之一。作为本课题的执行副组长之一，她审核了书中的每一章节，提出了许多有价值的建议和思考。另一位要感谢的人是我的上司李培林，他是课题组的副组长，我请他署名主编但他推辞了。我始终搞不清楚的是，他这样的一个大忙人，怎么能有时间阅读那么多的书籍和文稿，本书稿也包括在列，他基本上都一一过目审核。

唐　灿

2013 年 11 月 1 日

**图书在版编目（CIP）数据**

家庭问题与政府责任：促进家庭发展的国内外比较研究/唐灿，张建主编. —北京：社会科学文献出版社，2013.11
　ISBN 978 - 7 - 5097 - 5272 - 2

　Ⅰ.①家…　Ⅱ.①唐…②张…　Ⅲ.①家庭问题 - 社会政策 - 对比研究 - 中国、国外　Ⅳ.①D669.1

中国版本图书馆 CIP 数据核字（2013）第 265142 号

家庭问题与政府责任
　　——促进家庭发展的国内外比较研究

主　　编／唐　灿　张　建

出 版 人／谢寿光
出 版 者／社会科学文献出版社
地　　址／北京市西城区北三环中路甲 29 号院 3 号楼华龙大厦
邮政编码／100029

责任部门／社会政法分社（010）59367156　　责任编辑／史雪莲　秦静花
电子信箱／shekebu@ ssap. cn　　　　　　　　责任校对／张　羡
项目统筹／童根兴　　　　　　　　　　　　　　责任印制／岳　阳
经　　销／社会科学文献出版社市场营销中心（010）59367081　59367089
读者服务／读者服务中心（010）59367028

印　　装／北京季蜂印刷有限公司
开　　本／787mm×1092mm　1/16　　　　　印　　张／18.5
版　　次／2013 年 11 月第 1 版　　　　　　字　　数／312 千字
印　　次／2013 年 11 月第 1 次印刷
书　　号／ISBN 978 - 7 - 5097 - 5272 - 2
定　　价／69.00 元